■《资本论》专题研究丛书

全国中国特色社会主义政治经济学研究中心（福建师范大学）2022年重点项目研究成果

全国经济综合竞争力研究中心2022年重点项目研究成果

福建省"双一流"建设学科——福建师范大学理论经济学科2022年重大项目研究成果

福建省社会科学研究基地——福建师范大学竞争力研究中心2022年资助研究成果

《资本论》专题研究参考资料　　1

《资本论》研究对象

主编：李建平　黄　瑾

执行主编：陈晓枫

中国财经出版传媒集团

经济科学出版社

Economic Science Press

图书在版编目（CIP）数据

《资本论》研究对象/李建平，黄瑾主编；陈晓枫
执行主编. -- 北京：经济科学出版社，2023.1
（《资本论》专题研究丛书.《资本论》专题研究参
考资料；1）
ISBN 978 - 7 - 5218 - 4519 - 8

Ⅰ.①资…　Ⅱ.①李…②黄…③陈…　Ⅲ.①《资本
论》- 马克思著作研究　Ⅳ.①A811.23

中国国家版本馆 CIP 数据核字（2023）第 024083 号

责任编辑：孙丽丽　纪小小
责任校对：王苗苗
责任印制：范　艳

《资本论》研究对象

——《资本论》专题研究参考资料·1

主　　编　李建平　黄　瑾

执行主编　陈晓枫

经济科学出版社出版、发行　新华书店经销

社址：北京市海淀区阜成路甲 28 号　邮编：100142

总编部电话：010 - 88191217　发行部电话：010 - 88191522

网址：www. esp. com. cn

电子邮箱：esp@ esp. com. cn

天猫网店：经济科学出版社旗舰店

网址：http：//jjkxcbs. tmall. com

北京季蜂印刷有限公司印装

710 × 1000　16 开　22.5 印张　360000 字

2023 年 9 月第 1 版　2023 年 9 月第 1 次印刷

ISBN 978 - 7 - 5218 - 4519 - 8　定价：96.00 元

（图书出现印装问题，本社负责调换。电话：010 - 88191545）

（版权所有　侵权必究　打击盗版　举报热线：010 - 88191661

QQ：2242791300　营销中心电话：010 - 88191537

电子邮箱：dbts@ esp. com. cn）

绪　　论

　　《资本论》的研究对象问题，既是马克思主义政治经济学理论体系中最为重要的基本问题，也是我国经济理论界长期争论、悬而未决的著名"难题"之一。马克思在《资本论》第 1 卷德文第 1 版序言中明确指出："我要在本书研究的，是资本主义生产方式以及和它相适应的生产关系和交换关系。"[①] 新中国成立 70 余年来，国内学界基于对这一经典表述的不同理解，形成了对这一重要问题的三种学术观点：其一，生产关系说，即《资本论》的研究对象是资本主义生产关系；其二，生产力说，即《资本论》的研究对象不仅包括生产关系，还应包括生产力；其三，生产方式说，即政治经济学的研究对象是生产方式以及与它相适应的生产关系，但对生产方式的内涵又有多种理解。

一、生产关系说

　　"生产关系说"的思想源头来自列宁、斯大林思想和苏联教科书，此观点在我国经济理论界产生了重大而深远的影响。新中国成立以来，众多学者从不同角度对此展开了研究和论证，成果十分丰富。时至今日，《资本论》研究对象是生产关系的主张仍然占据着主流的地位。

（一）《资本论》的研究对象是资本主义生产关系

　　1961 年，王学文和刘诗白在《经济研究》先后发表文章《"资本论"的研究对象》和《论马克思列宁主义政治经济学的对象》阐述他们各自关于

[①] 《马克思恩格斯全集》第 44 卷，人民出版社 2001 年版，第 8 页。

《资本论》研究对象的认识。王学文（1961）认为，《资本论》的研究对象是资本主义生产关系，研究的目的在于阐明资本主义经济的运动规律。刘诗白（1961）认为"只要认真研究《资本论》的内容，便可发现《资本论》所深刻分析论证的各个范畴，正是资本主义生产关系的理论表现"。该观点得到了多数学者的支持。

陈征（1978）、张秋舫（1980）等提出马克思在批判资产阶级政治经济学的基础上，依据历史唯物主义的观点，从人类社会生存和发展的基础——物质资料的生产出发，把一切社会关系中最基本的关系——社会生产关系及其发展规律作为政治经济学的研究对象，《资本论》的研究对象，就是资本主义生产关系。卫兴华（1982；2006）、洪远朋（1982）、雍文远（1982）、奚兆永（1998）、张俊山（2009）、吴宣恭（2013）等学者主要从《资本论》第1卷第1版序言中的"资本主义生产方式"涵义，《资本论》的内容本身，马克思、恩格斯、列宁、斯大林等的论述等方面论证了《资本论》的研究对象是资本主义生产关系。杨长福（1981）、杨继国和袁仁书（2018）、朱鹏华和王天义（2019）等学者则认为，《资本论》的研究对象是资本主义生产关系，可以用《资本论》本身的内容和框架来加以说明。例如，《资本论》的内容，从商品开始，通过价值、货币、资本、剩余价值、利润、平均利润率、生产价格直到利息、地租等范畴，无不是生产关系的理论表现（杨长福，1981）；《资本论》的研究对象是资本主义生产方式中的"广义生产关系"，由狭义的生产关系和广义的交换关系组成，后者再一分为二为狭义的交换关系和分配关系，分别对应于《资本论》第1、第2、第3卷（杨继国和袁仁书，2018）；《资本论》的研究内容和框架表明，马克思对以剩余价值为核心的资本主义生产关系（广义）进行了全面分析（朱鹏华和王天义，2019）。

此外，胡培兆和孙连成（1982）提出，辨析《资本论》的研究对象，既不可把研究领域和研究对象混为一谈，也不能不对研究手段和研究对象加以区分。对以上问题进行深入辨析后便可明确，《资本论》的研究对象就是资本主义生产关系。刘荣材（2020）则通过梳理《资本论》研究对象与研究方法、研究对象与研究目的、研究对象与内容体系三对辩证关系发现，《资本论》的直接研究对象是商品、商品生产及商品交换，核心研究对象是资本及其增殖运动，而最终研究对象则是资本主义生产关系及其运动规律。

正是通过对资本主义生产关系的研究，马克思才揭示了资本主义发生、发展和灭亡的规律，得出了资本主义必然要为社会主义所代替的革命结论（陈征，1978；杨长福，1980；张秋舫，1980；王学文和任维忠，1981）。

（二）生产力、上层建筑以及生产方式都不是《资本论》的研究对象

《资本论》不是孤立地研究生产关系。首先，生产力作为最活跃、最革命的要素和社会历史发展的最终决定力量（洪远朋，1982；卫兴华，2018），充分研究生产力的性质和状况，生产关系才能得到合乎规律的说明（胡钧，1997）。因此，考察生产力方面的材料，是研究生产关系必不可少的一种手段（胡培兆和孙连成，1982）。但不是从技术的角度（从自然科学上），而是从生产力决定生产关系的角度（王学文，1961），将生产关系的发展变化归结到生产力的高度来进行（王学文和任维忠，1981）。吴宣恭（2013）也认为，在生产力生产关系矛盾统一体的框架下研究社会生产关系及其发展规律，这可能是对马克思提出的——"我要在本书研究的，是资本主义生产方式以及和它相适应的生产关系和交换关系"①——名言，最符合历史唯物主义基本原理和方法，在逻辑和语义上最少矛盾的解释。

不仅如此，研究生产关系还必须联系上层建筑（王学文，1961；王学文和任维忠，1981；洪远朋，1982；卫兴华，2018；周新城，2018），这是因为资本主义生产关系在以生产力为推动力而运动的同时，还在上层建筑的影响下运动。正如列宁所评价的那样："《资本论》的骨骼就是如此。可是全部问题在于马克思并不以这个骨骼为满足，并不仅以通常意义的'经济理论'为限；虽然他完全用生产关系来说明该社会形态的构成和发展，但又随时随地探究与这种生产关系相适应的上层建筑，使骨骼有血有肉。"② 卫兴华

---

① 《马克思恩格斯全集》第44卷，人民出版社2001年版，第8页。
② 《列宁全集》第1卷，人民出版社2013年版，第111页。

（2018）进一步论证指出，《资本论》第1卷第五章"工作日"中探讨国家立法直接影响劳动与资本的生产关系，进而影响工人阶级的切身利益；第二十四章"所谓原始积累"第三节中阐明国家立法强制被剥夺了土地的个体农民成为受资本压榨的雇佣劳动者等，都是马克思用具体事例来表明上层建筑对经济社会的发展产生重要的作用。陈征（1978）、洪远朋（1982）、周新城（2018）等则从矛盾论的视角指出，生产关系不仅与生产力密切联系，同时也与上层建筑紧密相连，经济基础与上层建筑之间的矛盾是社会的基本矛盾之一。因此，研究生产关系不能脱离上层建筑。

但是，生产力和上层建筑并不是《资本论》的研究对象，不能认为《资本论》的研究对象既包括生产关系又包括生产力和上层建筑（洪远朋，1982；周新城，2018）。生产力本身并不是《资本论》的研究对象（张秋舫，1980；卫兴华，2006），生产力只有在研究生产关系所必要的限度内才属于政治经济学的研究范围（田光，1981），或者说，只有在说明生产关系的性质、发展、变化所必需的范围内才进入《资本论》的研究领域（胡钧，1997）。如果把生产关系与生产力并列为政治经济学的对象，一方面，不可避免地引导政治经济学的注意力去研究生产力，这样就会混淆政治经济学和生产力经济学，也会进而用对物的研究、对技术的研究代替对人与人关系的研究；另一方面，既研究生产关系，又研究生产力，就不可能集中主要精力在生产关系与生产力的相互关系当中深刻揭示生产关系及其发展规律，也不可能充分研究生产力本身的发展规律，最终会导致对两者的同步忽视（张秋舫，1980）。上层建筑同样也不是《资本论》的研究对象，"上层建筑的研究太发展了，就成为阶级斗争论、国家论了"[1]，这就会脱离政治经济学的本质。

此外，生产方式也不属于《资本论》研究对象的范围。张秋舫（1980）认为，《资本论》第一版序言中的"资本主义生产方式"就是指广义的资本主义生产关系，因为此时马克思还没有把生产方式和生产关系从概念上加以严格区分开来。进而从序言的全部内容来看，其最后明确了《资本论》的最

---

① 《毛泽东文集》第8卷，人民出版社1999年版，第130~131页。

终目的是"揭示现代社会经济运动的规律"，即资本主义发生、发展和灭亡的经济规律，也即生产关系的发展规律。由此可以断定，《资本论》的研究对象是资本主义生产关系，资本主义生产方式并不在研究对象的范围之内。雍文远（1982）则认为，生产方式既不能理解为生产关系，也不能理解为生产关系与生产力的统一，而应理解为用什么劳动资料进行生产以及怎样进行生产的劳动方式。《资本论》中所说的资本主义生产方式是指当时已在英国确立的社会化大生产。《资本论》研究资本主义生产方式，为的是研究和它相适应的生产关系和交换关系。换言之，是划定研究生产关系的前提、领域或范围（田光，1981；马拥军，2015）。但是，不能将前提、领域或范围当作研究对象本身（胡培兆和孙连成，1982；胡钧，1997；张作云，2018），研究的最后落脚点仍然是生产关系，目的是深入探索生产关系发展的客观规律（雍文远，1982）。

总而言之，《资本论》的研究对象，不应该是生产力、上层建筑或生产方式，而只能是资本主义生产关系。

（三）作为《资本论》研究对象的生产关系究竟是何所指？

改革开放前，国内学界对生产关系涵义的理解，基本上依照斯大林在《苏联社会主义经济问题》一书中所提出的观点，即生产关系包括所有制、劳动生产中人与人的关系、产品分配三方面的内容。1979 年，孙冶方率先发文对流行了多年的斯大林关于生产关系的定义提出了质疑，指出斯大林将交换（流通）从生产关系中剔除，同时把生产资料所有制形式独立化作为生产关系的重要方面，是对恩格斯关于生产关系定义的两个退步，由此引发了对生产关系的内涵的广泛讨论。

洪远朋（1982）认为，生产关系就是人们在生产过程中结成的社会联系和关系。生产过程作为不断反复的过程，就是社会再生产。社会再生产是生产、交换、分配、消费的统一。生产（指直接生产）表现为起点，消费表现为终点，交换和分配是中间环节。四个环节不可分割地联系在一起。研究生产关系，实际上应该包括人民在直接生产过程中的关系、交换过程中的关系、分配过程中的关系和消费过程中的关系。卫兴华和聂大海（2017）则认为，从《资本论》的研究对象看，生产关系不限于再生产四环节的关系，还包括资本主义经济制度形成前的资本原始积累；生产资料转化为资本和劳动成为商品，从而资本和雇佣劳动关系以及资本主义所有制的形成；这些都属于资本直接生产过程前的关系，即狭义生产关系产生前的生产关系；此外，《资本论》还研究了资本主义积累的历史趋势，阐明了资本主义私有制被社会主义公有制取代的历史必然性，这也超出了再生产四环节的内容。

在马克思和恩格斯的著作中，生产关系还有狭义和广义之分（卫兴华，2006）。狭义的生产关系，是指直接生产过程中的关系（卫兴华，2006；吴宣恭，2013）。也就是马克思所讲的——"和它相适应的生产关系和交换关系"中的"生产关系"（张秋舫，1980；杨长福，1981；杨继国和袁仁书，2018；朱鹏华和王天义，2019）。对于广义的生产关系，则存在以下不同的观点：王学文（1961）、陈征（1982）认为广义的生产关系是包括生产、分配、交换、消费四个方面的有机整体；而杨继国、袁仁书（2018）则认为将消费环节也纳入广义生产关系中是不恰当的，广义生产关系只包含生产、分配、交换三个环节，也即狭义生产关系和"广义交换关系"（包含交换和分配两个环节）；在卫兴华（2006）看来，其所涵盖的范围很广，包括所有制、生产资料与劳动力的结合方式，直接生产过程中的关系，以及交换、分配、消费等关系；杨长福（1981）、周新城（2018）、朱鹏华和王天义（2019）等学者均持《资本论》第1卷序言中的"生产关系和交换关系"就是广义的生产关系这一观点。具体而言，周新城（2018）认为这里的"生产关系和交换关系"都属于人与人之间的经济关系，也就是通常概念中的广义生产关系。杨长福（1981）则指出，资本主义社会还存在着封建、个体等非资本主义经济形式，《资本论》所研究的广义生产关系，是在资本主义社会中占主导地位的生产关系（狭义的）和交换关系。换言之，是建立在资本和雇佣劳动对立基础上的直接生产过程中的人与人的关系（狭义生产关系）和交换过程中人与人的社会关系（朱鹏华和王天义，2019）；此外，张秋舫（1980）考证马克思的原意，提出"资本主义生产方式"就是广义生产关系的观点；吴宣恭（2013）

则认为，广义生产关系是社会生产关系或经济关系的总合。

最后需要明确的是，无论生产关系所涵盖的范围如何，狭义生产关系和广义生产关系究竟该怎样界定，生产资料所有制都是生产关系的基础（吴宣恭，2013），而具体到资本主义生产关系体系的决定性基础，那就是资本与雇佣劳动相结合的方式与生产资料所有制的结合（卫兴华和聂大海，2017）。

二、生产力说

20 世纪 50 年代中期，随着我国社会主义改造的基本完成，社会主要矛盾由阶级矛盾转变为人民对于建立先进的工业国的要求同落后的农业国的现实之间的矛盾，人民对于经济文化迅速发展的需要同当前经济文化不能满足人民需要的状况之间的矛盾。集中力量发展社会生产力成为社会发展的主要任务。在此背景下，理论界将生产力与生产关系并列纳入政治经济学研究对象便有了现实依托，《资本论》的研究对象是否包括生产力也引发了热烈探讨。

（一）“生产力说”的发端

1959 年，平心依据生产力与生产关系的矛盾统一法则提出政治经济学不单以生产关系为研究对象的假设。进而，平心（1960）引证恩格斯在《反杜林论》中的表述——“政治经济学，从最广的意义上说，是研究人类社会中支配物质生活资料的生产和交换的规律的科学”①，认为其中所说的“生产”绝不单指生产关系，而必然包括生产力，政治经济学的研究对象不应排除生产力的结构与运动规律而专门研究生产关系。此后，他发表了《论生产力性质》《再论生产力性质——关于生产力的二重性质的初步分析》《三论生产力性质——关于生产力性质的涵义问题及其它》《四论生产力性质——给“有关生产力的几个理论问题”的作者谢昌余先生的一封信》《关于生产力性质几个问题的发言》《论生产力与生产关系的相互推动和生产力的相对独立增长——七论生产力性质》《略论生产力与生产关系的区别——八论生产力性质》等系

---

① 恩格斯：《反杜林论》，人民出版社 2018 年版，第 155 页。

列文章，阐述了生产力研究的重要意义，也揭开了在生产关系之外将生产力纳入《资本论》研究对象的讨论序幕。同一时期，方文（1961）撰文指出马克思在《资本论》中所研究的不单是生产关系，而是包括生产力在内的生产方式。

（二）《资本论》的研究对象应当包括生产力

"生产力说"最具代表性的学者是熊映梧。熊映梧（1981）认为，《资本论》的研究对象绝不仅仅是资本主义生产关系，因为马克思是按照"生产力—生产方式—生产关系"这样的层次顺序研究资本主义经济形态的。生产方式是社会生产力的实现形态，生产力决定着与其相适应的生产方式。社会生产力同样也决定生产关系，这是阐述社会发展的基本规律。《资本论》是依据唯物史观，具体地分析社会生产力决定生产关系的过程，研究生产力的实现形态——生产方式，以及一定社会的生产方式要求什么样的生产关系（熊映梧，1983）。理论经济学的任务，是要从总体上揭示社会再生产运动的规律性，即首先揭示生产力自身发展的规律，并在此基础上揭示生产关系和生产力相互关系的规律（熊映梧，1980）。因此，无论说《资本论》是研究生产方式还是生产关系，生产力都是核心研究对象。

张照珂和王廷湘（1980）在《政治经济学研究的对象应当包括生产力》一文中提出，不论从《资本论》中"我要在本书研究的，是资本主义生产方式以及和它相适应的生产关系和交换关系"这句话的前后文意思来看，还是从马克思在其他地方的论述来看，该句话指的，都应该是资本主义的生产力和与这种生产力发展相适应的生产关系。生产力是一个经济范畴，只有把生产力作为政治经济学研究对象的有机组成部分（也是《资本论》研究对象的有机组成部分），具体考察生产力的性质和水平，才能正确认识和调整生产关系，使生产关系真正符合生产力的发展要求，促进生产力的发展。

林岗（2012）认为，在马克思的著作中，"生产方式"是使用频率很高的概念，而且在不同的语境下，往往有着不同的含义，大体上可分为以下几种：第一，是在生产力的意义上的生产方法或劳动方式，即采用什么样的生产资料、通过什么样的劳动组织进行生产。第二，指社会生产关系。第三，指社会经济形态，即一定社会历史条件下形成的生产力与生产关系的矛盾统一体。马克思在规定《资本论》的研究对象时，采用的是第一种理解。因为，生产方式若是社会生产关系，那会存在逻辑矛盾，而外延甚广的社会经济形态又已经包含生产关系和交换关系。据此，可以将马克思对《资本论》研究对象的经典表述解读为：作为资本主义经济形成的生产力基础的生产组织或劳动方式，以及与它相适应的资本主义生产关系和交换关系。这种解读是与作为《资本论》的方法论原则的历史唯物主义的生产力决定生产关系的原理相一致的。按照这个原理，研究任何社会经济形态，都必须首先研究作为其根基的生产力（林岗，2012）。

类似的观点还有：程启智（2013）认为，即使单从理论经济学来说，虽然《资本论》的研究对象或者说主体理论是生产关系，即生产的资本主义社会形式，但马克思也在《资本论》第 1 卷第五章和第十一至十三章中重点研究了撇开生产关系的生产及其生产力问题；罗雄飞、徐泽林（2021）也提出，无论从什么角度理解，都很难说《资本论》第一版序言仅仅表明它的研究对象是生产关系。依照马克思的唯物史观，生产力发展到一定历史阶段产生的资本主义生产，必然表现为生产力与生产关系的有机统一。对于一个社会的经济运动规律，既不能片面地从一般的物质生产过程来把握，也不能片面地从生产关系来把握，而必须从它们的矛盾运动来把握，例如相对剩余价值、生产价格、级差地租等范畴，离开了基于一定生产力的物质生产是无法理解的。因此，《资本论》事实上的研究对象除了生产关系外还应包括生产力。

（三）如何界定作为《资本论》研究对象的"生产力"？

平心（1959）认为，生产力包含生产物质财富所使用的劳动资料（首先是生产工具）和具有劳动经验与生产技能、使用劳动资料生产物质财富的人。各个历史时代作用于社会生产中人的要素与物的要素的矛盾统一体，就是一定社会经济形态中的生产力总和。张照珂、王廷湘（1980）进一步指出，生产力既不是任何自然科学的范畴，也不是既是自然科学又是社会科学的综合性范畴，而是一个社会范畴中的经济范畴。生产力这一范畴，有着它自己的特定内涵，它既不包括生产力中"物"的因素的物理的、化学的和其他技术学的内容和属性，也不包括生产力中"人"的因素的人类学、人口学等"人"的其他内容和属性，它仅仅是指在物质资料生产中人们征服、控制和支配自然的能力。程启智（2013）认为马克思所阐释的生产力有"要素"和"协作"的双向维度：马克思在《资本论》第1卷第五章分析"劳动过程"的三要素，换个角度看，就是生产力的三要素。这种撇开了生产社会形式的、借助劳动资料作用于劳动对象的、有用而具体的劳动的力量（或能力），就是创造使用价值的生产力，这是要素维度的生产力；而在既定的生产力诸要素质量不变条件下，仅仅由生产要素数量的某种形式的集合而创造的一种生产力，即是协作维度的生产力。这在《资本论》第1卷第四篇第十一至十三章的论述中已得到清晰的阐述。在现实生活中，生产及其生产力是一个统一的整体，协作生产力和要素生产力互动演进，并同时发生作用。

三、生产方式说

"生产方式说"直接源自马克思在《资本论》第1卷德文第1版序言中陈述《资本论》研究对象时置于"生产关系和交换关系"之前的"资本主义生产方式"。改革开放后，随着思想上的解放，我国学术界多有打破苏联关于生产关系是政治经济学研究对象之理论束缚的动议，对"生产方式"的内涵解读也呈现出百家争鸣的态势。由此，越来越多的学者主张将资本主义生产方式纳入《资本论》研究对象。主要观点如下：

（一）《资本论》的研究对象包括生产方式抑或就是生产方式

上文提到的方文（1961）、张照珂和王廷湘（1980）、林岗（2012）等学者虽均认为《资本论》的研究对象是生产方式，但其突出思想却是将生产力纳入《资本论》的研究对象范围之内。也即是，认为《资本论》不仅要研究生产关系，而且要研究生产力。因此，他们均被归入"生产力说"。不同于以上学者，陈招顺和李石泉（1980）、李扬（1981）、马家驹和蔺子荣（1981）、吴易风（1997）、胡世祯（1999）、赵学清（2007）、高峰（2012）等认为《资本论》的研究对象是生产方式和生产关系，抑或生产方式以及与其相适应的生产关系，但并不包括生产力。

而郭冠清（2003）、刘明远（2014）和张开（2020）等学者，虽然分别以马克思《经济学手稿（1857－1858 年)》和恩格斯《反杜林论》中对研究对象的相关表述、《资本论》第 1 卷第 1 版序言中的有关论述表明马克思所讲的研究对象是一个整体等为主要论据，但均引证了由艾威林翻译、恩格斯亲自审校过的《资本论》德文第一版序言的英文翻译表述——"In this work I have to examine the capitalist mode of production，and the conditions of production and exchange corresponding to that mode. Up to the present time，their classic ground is England"[①]，并根据此中"conditions"应译为"条件"的理解，最终得出结论——《资本论》的研究对象是资本主义生产方式以及与它相适应的生产条件和交换条件。

（二）生产方式的含义

虽然主张《资本论》的研究对象包括生产方式的学者逐渐增多，但是对于生产方式的内涵却众说纷纭。具体说来，主要有以下几种观点：

1. 生产方式是生产力和生产关系的统一

早期受苏联政治经济学体系影响较深的学者大多赞成"生产方式是生产力和生产关系的统一"这一说法，如平心（1959）、方文（1961）等。改革开放以后，持这类观点的学者渐少，赵家祥（2007）、吴宣恭（2013）和张俊山（1997）是其中比较具有代表性的，但需特别说明的是，他们对《资本论》研究对象的看法并不属于"生产方式说"。赵家祥（2007）认为，在不同场合、从不同角度的论述中，生产方式这一概念含义不尽相同，这是其本身的不完善之处。在科学史上，任何概念都是发展的，都有一个由含义不够确切到更加确切、由范围不够确定到更加确定、由多种含义到一种含义（简称

---

① Karl Marx. *Capital*，Vol. 1. Lawrence and Wishart press，2010：8.

"由多义到一义")的逐步完善的过程。因此,后人不应该在马克思、恩格斯对生产方式概念的论述上踏步不前,更不应该责备他们没有把这个概念论述得至善至美,而应该向前发展生产方式这个概念,使它的含义更加确切,适用的范围更加确定。因此,斯大林在1938年所著的《论辩证唯物主义和历史唯物主义》一文中将生产方式定义为物质资料生产过程中生产力和生产关系的统一,不仅符合马克思、恩格斯在多数情况下使用的生产方式的含义,而且具有一定的进步性。对此观点,吴宣恭(2013)明确表示支持,并认为这是对马克思历史唯物主义理论的发展。此外,张俊山(1997)也认为生产力与生产关系的统一构成了生产方式这种提法没有问题。更进一步而言,生产力和生产关系是生产方式的内部结构,生产方式是两者统一的外部表现(张俊山,1997)。

2. 生产方式是生产力和生产关系之间的中介

持这类观点的学者较多,陈招顺和李石泉(1980)最早提出生产方式作为劳动者和生产资料结合的方式方法,是将生产力和生产关系联系起来的中介。马家驹和蔺子荣(1981)也认为马克思所讲的生产方式并不是生产力和生产方式的统一,而是介于此两者之间从而把它们联系起来的一个范畴。并且,生产方式本身也有两个不同的含义,分别是劳动的方式和生产的社会形式。此后,吴易风(1997)提出,理解《资本论》研究对象的关键,在于理解生产力—生产方式—生产关系原理(生产力决定生产方式;生产方式决定生产关系;生产方式和生产关系具有历史暂时性),生产力、生产方式和生产关系三个范畴之间,既不存在替代关系,也不存在包容关系,而是中介关系。那么,再回到《资本论》的研究对象,马克思对其的规定就可被清晰地确定为:一是资本主义生产方式,二是与资本主义生产方式相适应的生产关系和交换关系,该观点在学术界引起了强烈反响。郭冠清(2003)在研读考证《马克思恩格斯全集》(中译本,1960年版)之后,也得出了与吴易风(1997)同样的结论。类似的观点还有:生产方式是由生产资料和劳动者构成的,一定的生产资料和一定的劳动者结合起来,就构成一定的生产方式。其与生产力和生产关系之间的关系,也是生产力决定生产方式、生产方式决定生产关系（胡世祯，1999）；《资本论》中"资本主义生产方式"指的是资本主义劳动方式，所谓劳动方式，是生产力和生产关系矛盾运动的中介体（高峰，2012）。

3. 生产方式是自然技术的范畴

将生产方式视为自然技术范畴的学者较少，其中以吴斌（1980）为代表。吴斌（1980）认为过去政治经济学教科书没有将生产方式作为政治经济学的研究对象，这主要是因为过去没有将生产方式的含义弄清楚。在《资本论》中，生产方式同生产关系、生产力一样都是生产范围的概念，所不同的是生产关系是社会经济范畴，而生产力和生产方式都是自然技术的范畴。具体来说，生产方式是人和物、人和自然之间互相结合的方式，生产方式指的是生产的自然性质。但与此同时，生产方式亦具有社会性质，一定的生产方式，要以一定的生产关系作为历史前提。

4. 生产方式是指资本主义生产或资本主义生产的具体实现形式

赵学清（2007）认为，资本主义生产方式就是建立在资本主义私有制和雇佣劳动基础之上的，采用机器大工业这种生产方法的社会化商品生产，即资本主义商品生产。马克思在《资本论》中通过对资本主义商品生产的直接生产过程、流通过程和资本主义生产总过程的分析，揭示出商品生产的一般规律和资本主义商品生产的特殊规律以及商品生产过程中被物掩盖的生产关系和交换关系。刘明远（2014）根据马克思的写作计划和《资本论》的不同版本，指出《资本论》中的"资本主义生产方式"实质上就是指"资本主义生产"，《资本论》研究资本主义生产就是揭示资本主义基本矛盾的发展规律。王明友（2017）进一步提出《资本论》第1卷序言中的"资本主义生产方式"就是在一定技术基础上，在一定生产力水平上，与一定所有制相联系的资本和雇佣劳动相结合的方式。张开（2020）则将作为《资本论》研究对象的"生产方式"概括为生产或生产过程的资本主义形式，生产条件和交换条件共同构成了生产过程的具体实现形式。只有对资本主义生产条件和交换条件进行分析，才能掌握生产的资本主义方式的实现条件，进而把握生产的资本主义方式；反之，抛开对资本主义生产条件和交换条件的考察，就无法真正掌握生产的资本主义方式。

四、简要小结

国内关于《资本论》研究对象的学术成果已较为丰硕，为后续的进一步深入研究提供了重要的学术滋养。综合学者们的主要观点，可以形成以下几点结论：

首先，资本主义生产关系是《资本论》的主要研究对象。毋庸说主张"生产关系说"的学者，即使是主张"生产力说"和"生产方式说"的学者也都承认，资本主义生产关系在《资本论》研究对象中居于重要地位。从任务和目的来看，马克思创作《资本论》是为了揭示经济运动规律，即一定社会属性的生产关系自产生、发展直至衰落而被更高级的生产关系所替代的规律。也正是因为对资本主义生产关系的深入解析，资本主义的不可持续性及其为新的社会形态（社会主义）所取代的历史必然性才得以被阐明；从框架和内容来看，三卷《资本论》就是基于商品、价值、资本、剩余价值等核心范畴的界定，逐层地、全面地、深刻地分析了资本主义生产、流通和剩余价值分配的广义资本主义生产关系。

其次，研究生产关系必须紧密联系生产力和上层建筑。生产力决定生产关系，生产关系对生产力有反作用；经济基础决定上层建筑，上层建筑也反作用于经济基础。因此，《资本论》绝不是孤立地、抽象地研究生产关系，而是在生产关系与生产力、上层建筑与经济基础的矛盾运动中科学地、客观地研究生产关系，进而揭示生产关系的变化发展规律。具体而言，《资本论》中系统性地阐述了协作、分工、机器等的应用使生产力得到飞跃式的提升及其与资本积累的互动关系，由此导致的资本技术构成进而资本有机构成变化，最终必然性地不断激化无产阶级与资产阶级之间的矛盾。倘若马克思不紧密结合生产力来研究生产关系，便不可能得出这一科学结论。此外，马克思在《资本论》中又用国家立法与劳资关系之间的相互影响，以及资产阶级通过国家立法强制个体农民成为雇佣劳动者以便于榨取更多剩余价值等具体事例，表明了上层建筑对经济发展的重要作用。这也正是从经济基础与上层建筑的矛盾中深刻剖析了资本主义生产关系。

再次，对于生产方式概念的界定及其是否属于《资本论》的研究对象均尚未达成共识。对这一概念的界定，目前的主流观点认为是生产资料与劳动力相结合的社会形式或方式方法，此外，也有观点认为是生产力和生产关系的统一，劳动方式、自然技术的范畴或资本主义生产等。关于《资本论》的研究对象究竟包不包含生产方式，目前学术界仍颇有争议。主张《资本论》研究对象包括生产方式的学者，其立论出发点有：生产方式是生产关系变化发展的重要依据、生产方式决定生产关系的性质，或为阐明《资本论》不仅不排除对资源配置的研究，还为生产一般的资源配置和特定生产方式的资源配置的区分与研究提供了科学的理论基础等，可谓众说纷纭。

最后，对《资本论》研究对象的探讨还需进一步深入。当前我国学术界对《资本论》研究对象的认识仍然存在较大分歧，这不仅是文本分歧，还涉及如何看待《资本论》对构建中国特色社会主义政治经济学理论体系的指导意义。研究对象的确立是构建理论体系的重要环节，《资本论》的研究对象虽然不能等同于中国特色社会主义政治经济学的研究对象，这是由经济社会不同的历史发展阶段、经济活动的时代特征以及中国处于社会主义初级阶段的特殊国情所决定的，但从马克思的方法论思想来看，两者又是逻辑一致的。只有正确认识《资本论》的指导意义，明确《资本论》的研究对象，才能在坚持中国特色社会主义政治经济学的马克思主义性质的基础上，构建起合理、完善、科学的理论体系。因此，还需进一步加深对《资本论》具体研究对象的探讨，以加快推动中国特色社会主义政治经济学体系的构建。

为反映国内学术界关于《资本论》研究对象这一重要问题的主要观点，本书选取了 21 篇比较具有代表性的论文，按照"生产关系说""生产力说"和"生产方式说"的分类进行编排，以供读者研读学习。需特别再次说明的是，主张"生产关系说"的学者认为《资本论》的研究对象就是资本主义生产关系，但研究生产关系须联系生产力和上层建筑。主张"生产力说"和"生产关系说"的学者并非将生产关系排斥于《资本论》研究对象之外，而是基本都承认资本主义生产关系是《资本论》的重要研究对象，但还应在此之外包括生产力或生产方式。对所选论文的作者们，我们在此谨表深深的谢意！由于本书篇幅有限、编写的时间仓促、编者学识有限，疏漏和错误之处在所难免，诚挚欢迎大家提出宝贵的批评建议。

【参考文献】

［1］陈招顺、李石泉：《政治经济学的研究对象是生产方式和生产关系》，载于《学术月刊》1980 年第 6 期，第 34～37 页。

［2］陈征：《政治经济学的对象不容篡改》，载于《福建师大学报》（哲学社会科学版）1978 年第 2 期，第 2～11 页。

［3］陈征：《〈资本论〉第三卷的研究对象、结构和方法》，载于《福建师大学报》（哲学社会科学版）1982 年第 2 期，第 1～9 页。

［4］程启智：《论马克思生产力理论的两个维度：要素生产力和协作生产力》，载于《当代经济研究》2013 年第 12 期，第 8～15、93 页。

［5］方文：《马克思列宁主义政治经济学的对象是社会生产方式》，载于《经济研究》1961 年第 7 期，第 42～53 页。

［6］高峰：《论"生产方式"》，载于《政治经济学评论》2012 年第 2 期，第 3～38 页。

［7］郭冠清：《马克思主义经济学研究对象重新解读》，载于《海派经济学》2003 年第 2 期，第 146～157 页。

［8］洪远朋：《关于〈资本论〉的研究对象问题》，载于《唯实》1982 年第 4 期，第 45～47 页（收录于洪远朋：《论〈资本论〉——洪远朋〈资本论〉研究文集》，复旦大学出版社 2013 年版，第 11～15 页）。

［9］胡钧：《对〈资本论〉研究对象的再认识》，载于《经济学家》1997 年第 2 期，第 13～18 页。

［10］胡培兆、孙连成：《论〈资本论〉研究对象——与马家驹、熊映梧等同志商榷》，载于《经济科学》1982 年第 2 期，第 28～33、27 页。

［11］胡世祯：《政治经济学研究对象中的生产方式》，载于《当代经济

研究》1999 年第 6 期，第 43～49 页。

[12] 李扬：《关于政治经济学对象的探讨》，载于《安徽大学学报》1981 年第 2 期，第 28～33 页。

[13] 林岗：《论〈资本论〉的研究对象、方法和分析范式》，载于《当代经济研究》2012 年第 6 期，第 1～7、93 页。

[14] 刘明远：《从"六册结构"计划看马克思经济学的研究对象》，载于《政治经济学评论》2014 年第 1 期，第 139～157 页。

[15] 刘荣材：《〈资本论〉研究对象的三重理论维度及其当代价值》，载于《经济纵横》2020 年第 2 期，第 64～72 页。

[16] 刘诗白：《论马克思列宁主义政治经济学的对象》，载于《经济研究》1961 年第 10 期，第 39～48 页。

[17] 罗雄飞、徐泽林：《关于〈资本论〉研究对象及相关问题的再认识》，载于《经济纵横》2021 年第 3 期，第 1～17、137 页。

[18] 马家驹、蔺子荣：《生产方式和政治经济学的研究对象》，载于《经济研究》1980 年第 6 期，第 65～72 页。

[19] 马拥军：《对〈资本论〉的九个根本性误读》，载于《天津社会科学》2015 年第 2 期，第 14～23 页。

[20] 平心：《关于生产力性质几个问题的发言》，载于《学术月刊》1960 年第 4 期，第 17～36、45 页。

[21] 平心：《论生产力性质》，载于《学术月刊》1959 年第 6 期，第 14～19、69 页。

[22] 孙冶方：《论作为政治经济学对象的生产关系》，载于《经济研究》1979 年第 8 期，第 3～13 页。

[23] 田光：《论〈资本论〉的对象问题》，载于《经济研究》1981 年第 5 期，第 47～54 页。

[24] 王明友：《对马克思〈资本论〉研究对象的几点思考》，载于《北京工业大学学报》（社会科学版）2017 年第 3 期，第 65～70 页。

[25] 王学文：《"资本论"的研究对象》，载于《经济研究》1961 年第 1

期，第 38 ~ 44 页。

[26] 王学文、任维忠：《试论政治经济学中有关社会生产力的几个问题》，载于《中国社会科学》1981 年第 4 期，第 91 ~ 102 页。

[27] 卫兴华：《马克思主义政治经济学对象问题再探讨》，载于《马克思主义研究》2006 年第 1 期，第 27 ~ 35 页。

[28] 卫兴华：《〈资本论〉的研究对象问题》，载于《经济理论与经济管理》1982 年第 1 期，第 46 ~ 52 页。

[29] 卫兴华：《遵照马克思的系统说明把握〈资本论〉的研究对象》，载于《经济学动态》2018 年第 10 期，第 21 ~ 26 页。

[30] 卫兴华、聂大海：《马克思主义政治经济学的研究对象与生产力的关系》，载于《经济纵横》2017 年第 1 期，第 1 ~ 7 页。

[31] 吴斌：《社会主义政治经济学也应研究生产方式》，载于《郑州大学学报》（社会科学版）1980 年第 1 期，第 60 ~ 65、77 页。

[32] 吴宣恭：《论作为政治经济学研究对象的生产方式范畴》，载于《当代经济研究》2013 年第 3 期，第 1 ~ 10、93 页。

[33] 吴易风：《论政治经济学或经济学的研究对象》，载于《中国社会科学》1997 年第 2 期，第 53 ~ 66 页。

[34] 奚兆永：《我的政治经济学研究对象观——关于〈资本论〉的研究对象的研究之三》，载于《当代经济研究》1998 年第 6 期，第 55 ~ 60 页。

[35] 熊映梧：《经济科学要把生产力的研究放在首位——兼评单独创立"生产力经济学"的主张》，载于《经济科学》1980 年第 2 期，第 1 ~ 7 页。

[36] 熊映梧：《生产力、劳动方式与生产方式》，载于《经济科学》1983 年第 2 期，第 1 ~ 8 页。

[37] 熊映梧：《〈资本论〉中关于生产力的问题》，载于《学术月刊》1981 年第 11 期，第 1 ~ 5 页。

[38] 杨长福：《关于政治经济学研究对象的几点商榷》，载于《经济研究》1981 年第 1 期，第 26 ~ 33 页。

[39] 杨继国、袁仁书：《政治经济学研究对象的"难题"新解——兼论

"中国特色社会主义政治经济学"研究对象》，载于《厦门大学学报》（哲学社会科学版）2018 年第 4 期，第 12 ~ 20 页。

[40] 雍文远：《怎样理解"我要在本书研究的，是资本主义生产方式以及和它相适应的生产关系和交换关系"?》，载于《上海经济研究》1982 年第 7 期，第 28 ~ 30 页。

[41] 张俊山：《对经济学中"资源稀缺性"假设的思考——兼论资源配置问题与政治经济学研究对象的关系》，载于《甘肃社会科学》2009 年第 2 期，第 40 ~ 46 页。

[42] 张开：《试论作为〈资本论〉研究对象的"生产形式"》，载于《经济纵横》2020 年第 8 期，第 1 ~ 8 页。

[43] 张秋舫：《评关于政治经济学研究对象的几种看法》，载于《学术月刊》1980 年第 5 期，第 20 ~ 25 页。

[44] 张照珂、王廷湘：《政治经济学研究的对象应当包括生产力》，载于《兰州大学学报》1980 年第 3 期，第 26 ~ 36 页。

[45] 张作云：《马克思〈资本论〉的研究对象及其当代意义》，载于《当代经济研究》2018 年第 2 期，第 5 ~ 16、97 页。

[46] 赵家祥：《生产方式概念含义的演变》，载于《北京大学学报》（哲学社会科学版）2007 年第 5 期，第 27 ~ 32 页。

[47] 赵学清：《〈资本论〉的研究对象及其启示》，载于《当代经济研究》2007 年第 11 期，第 1 ~ 5、73 页。

[48] 周新城：《关于中国特色社会主义政治经济学的研究对象》，载于《海派经济学》2018 年第 1 期，第 11 ~ 23 页。

[49] 朱鹏华、王天义：《中国特色社会主义政治经济学研究对象探析》，载于《马克思主义与现实》2019 年第 1 期，第 85 ~ 91 页。

目　　录

第一编　生产关系说

马克思主义政治经济学对象问题再探讨

卫兴华*

目前，马克思主义政治经济学在教学与研究中，碰到这样那样的问题与困惑。在外部，有来自非马克思主义的质疑与挑战；在内部，存在对基本原理认识与理解上的种种分歧；在所处环境中，有来自社会主义运动处于低潮时期马克思主义受到的冷漠；在实践中，有来自发展与改革需要提高解决实际经济问题能力的要求。所有这些都加重了马克思主义经济理论工作者的责任。

面对时代的要求与任务，需要坚持与发展马克思主义经济学，需要经济学的理论创新。这又要以研究和弄懂马克思经济学的基本原理与方法为前提。在研究中还需要弄清究竟哪些基本原理是必须长期坚持并随着时代的发展而发展的；哪些是被误解、错解甚至曲解而需要对理论是非进行澄清的；哪些是附加于马克思名下非科学的、错误的见解需要摒弃的。既不能教条主义地继承与坚持，也不能不切实际地去发展与创新，还不能把本是正确的见解硬说成是附加的错误的东西。因此，必须对马克思主义经济学的基本原理与方法进行深入系统的研究，把握其真谛，并结合实际予以发展。

首先要探讨的是马克思主义政治经济学研究对象的问题。

一、作为《资本论》研究对象的"资本主义生产方式"究竟是指什么

作为《资本论》研究对象的"资本主义生产方式"究竟是指什么？这是多年来一直存在分歧的一个理论问题。它既涉及对马克思研究对象本意的正确把握，也涉及社会主义政治经济学究竟应研究什么的问题。一般认为，马

---

* 卫兴华：中国人民大学经济学系原主任、教授。

克思主义政治经济学的对象是社会生产关系，是揭示社会经济规律。也有学者认为政治经济学应把生产力的研究放在首要地位，其理论根据是：马克思在《〈政治经济学批判〉导言》中一开始就讲"摆在面前的对象，首先是物质生产"。有的学者引证《资本论》第 1 卷第一版序言中的话："我要在本书研究的，是资本主义生产方式以及和它相适应的生产关系和交换关系"，认为马克思的经济学首先要研究资本主义生产方式，然后才研究由这种生产方式决定的生产关系和交换关系，从而认为一般教材与教学中讲政治经济学的研究对象是生产关系并不符合马克思的原意。但资本主义生产方式究竟是指什么，又有种种不同的理解。最近看到一份转发的研究成果，其中提出，作为《资本论》研究对象的"资本主义生产方式"是指生产力，并批评说，过去把马克思主义政治经济学的对象理解为研究生产关系，不研究生产力，是附加在马克思名下的错误观点。

应当肯定，马克思的政治经济学的对象，是着重研究资本主义生产关系、揭示资本主义经济规律的。它固然也考察了资本主义所经历的从简单协作、分工的工场手工业，到机器大工业的发展，考察了生产力和科学技术的发展，也事实上论述了资本主义市场经济体制和运行机制的特点及其发展变化，但这些考察和论述都是服从于揭示资本主义生产关系的实质及其发展与变化的，是揭示资本主义经济运动规律所需要的。马克思在《资本论》和其他有关著作中，系统地论述了随着科技进步和生产力的发展，资本主义生产关系主要是资本与雇佣劳动的关系怎样相应地发展和加深，怎样由劳动对资本的形式上的隶属，发展为实质上的隶属；适应生产力发展的需要，资本主义市场经济体制与运行机制怎样发展与变化，怎样由所有权与经营权相统一的业主制逐步发展为两权完全分离的股份制；生产力和资本主义生产关系的发展，产生了什么样的矛盾，怎样为未来转向社会主义准备了物质的和社会的条件。总之，马克思是紧密结合生产力的发展变化，生产条件的发展变化，来研究资本主义经济关系的本质、矛盾及其表现形式和发展趋势的。并通过对资本主义经济的分析，预见到未来新社会制度的一些基本特征。但是，马克思并没有把生产力本身作为政治经济学的研究对象。认为马克思讲过研究对象

"首先是物质生产",是张冠李戴式的误解。

马克思《〈政治经济学批判〉导言》的第一节,是"生产、消费、分配、交换(流通)"。其第 1 目是"生产",接着讲"摆在面前的对象,首先是物质生产"。显然,这里并不是指政治经济学的对象首先是物质生产,而是说明:在进一步阐述生产与消费、分配、交换诸环节之间的关系前,首先要分析和阐述"生产"自身。有"首先"就有其次,其次就是接着分析生产与消费、生产与分配以及生产与交换的关系。即使专门分析生产时,马克思一开始就强调"在社会中进行生产的个人,——因而,这些个人的一定社会性质的生产,当然是出发点"。这里所强调的是生产的社会性质即社会关系,是以生产的社会关系作为"出发点"的。同时还批评了斯密和李嘉图把"单个的孤立的猎人和渔夫"作为研究的出发点,称其为"属于 18 世纪的缺乏想象力的虚构","是鲁滨逊一类的故事"。可见,马克思在这里分析生产,是着重于生产的社会关系方面,而非生产的自然方面。他还明确说明:"政治经济学所研究的是财富的特殊社会形式。"① 恩格斯也明确指出:"经济学所研究的不是物,而是人和人之间的关系。"② 列宁也强调说明:"政治经济学决不是研究'生产',而是研究人们在生产上的社会关系,生产的社会结构。"③

这里又涉及对马克思在《资本论》第 1 卷序言中的一句话的理解与把握问题。"我在本书研究的,是资本主义生产方式以及和它相适应的生产关系和交换关系。"这里的"资本主义生产方式"究竟是指什么?首先应肯定,在《资本论》和马克思的其他著作中,"生产方式"的含义,不是斯大林所定义的生产力与生产关系的统一。它是含义比较广泛的概念,用在不同的地方有不同的具体含义。但概括起来,是指生产的技术方式和社会方式。有时专指生产的技术方式,即用什么样的工具和其他条件进行生产。有时专指生产的社会方式,即在什么社会关系下进行生产。生产的技术方式一般属于生产力范畴,不具有阶级关系和特定的社会性质。而且,在讲技术生产方式时,一

---

① 《马克思恩格斯全集》第 46 卷下册,人民出版社 1980 年版,第 383 页。
② 《马克思恩格斯选集》第 2 卷,人民出版社 1995 年版,第 44 页。
③ 《列宁选集》第 1 卷,人民出版社 1995 年版,第 188 页。

般不在"生产方式"前加"资本主义"这一定语。例如,《资本论》论述相对剩余价值生产时,说明要提高劳动生产力就需要改变劳动资料和劳动方法,也就是改变生产方式。"不改变他的劳动资料或他的劳动方法,或不同时改变这二者,就不能把劳动生产力提高一倍。因此,他的劳动生产条件,也就是他的生产方式,从而劳动过程本身,必须发生革命。"① 这里讲的"生产方式",是特指生产中所用的劳动资料和劳动方法,统称"劳动生产条件"。这种"生产方式"就是从生产力的涵义上讲的,不具有资本主义性质。因而在"生产方式"前没有冠以"资本主义"定语。当讲"资本主义生产方式"时,特别冠以"资本主义",便表示具有资本主义性质。有时指资本主义经济制度,有时指资本主义所有制,有时指生产资料与劳动力相结合的方式。但决不会是指生产力,也不会包括生产力。例如,"从封建生产方式向资本主义生产方式的转变过程"② 就是指从封建经济制度向资本主义经济制度的转变。在法文版中,马克思就是改用这句语言表达的,即用"资本主义经济制度"取代了"资本主义生产方式"。又如,马克思讥讽"资本的献媚者政治经济学家从理论上把资本主义生产方式和它本身的对立面说成是同一的"③,这里所讲的与资本主义生产方式的对立面,是指与资本主义所有制相对立的个体劳动者所有制,前者是在剥夺后者的基础上建立起来的。在法文版中,马克思将此处的"资本主义生产方式",具体化为"资本主义所有制"。再如,在《资本论》第1卷第2版跋中,马克思讲:无产阶级的"历史使命是推翻资本主义生产方式和最后消灭阶级",显然,这里的"资本主义生产方式"不能解释为资本主义生产力。一是生产力不具有阶级性和资本主义属性;二是无产阶级不存在推翻资本主义制度下发展起来的生产力的任务,只能在继承已有生产力的基础上,进一步解放和发展生产力。

回过头来再探讨《资本论》第1版序言中所讲的"我在本书研究的,是资本主义生产方式……"究竟是指什么。通过上面的分析可以排除理解为生

---

① 《马克思恩格斯全集》第 23 卷,人民出版社 1972 年版,第 350 页。
② 《马克思恩格斯全集》第 23 卷,人民出版社 1972 年版,第 819 页。
③ 《马克思恩格斯全集》第 23 卷,人民出版社 1972 年版,第 834 页。

产力的观点。将其解释为"资本主义所有制"，也讲得通。正是在资本主义所有制的基础上形成了与其相适应的生产关系和交换关系。但是，从《资本论》的论述和逻辑结构看，作为其研究对象重要内容的"资本主义生产方式"，不仅仅指资本主义所有制。所有制是生产关系的基础，这是马克思主义经济学家所认同的一般原理。然而人们往往忽视，马克思在阐述所有制的基础性作用时，一般是与生产资料和劳动力的结合方式紧密联系在一起的。因为一定的生产资料所有制，要表现为一定的生产资料与劳动力相结合的方式。在不同的结合方式的基础上，建立起不同的生产关系体系即经济制度。马克思十分重视这个问题，他强调指出："不论生产的社会形式如何，劳动者和生产资料始终是生产的因素……凡要进行生产，就必须使它们结合起来。实行这种结合的特殊方式和方法，使社会结构区分为各个不同的经济时期。"① 这就是说，不同的社会经济结构即经济制度，是由生产资料和劳动力的不同结合方式来区分的。生产因素相结合的特殊方式，一方面要以生产因素不同的所有状况为条件；另一方面，它又决定着所有制的性质。比如，对于奴隶制度、封建制度、资本主义制度，根据什么区分？它们都是以一定的所有制为基础的，似乎可以用不同的所有制来说明。但是，对于奴隶制所有制、封建主义所有制、资本主义所有制，又是根据什么来区分呢？为什么都是不劳动者占有生产资料，有的定位为奴隶主，有的定位为封建主，而有的则定位为资本家呢？离开生产资料与劳动力的特殊结合方式是无法说明这个问题的。如果不劳动者占有生产资料并占有劳动者，劳动者失去人身自由，只是作为会说话的工具在主人的皮鞭棍棒下与生产资料相结合，劳动者就是奴隶，所有者就是奴隶主。因而其所有制的性质就是奴隶制所有制，这就决定了奴隶制经济制度的存在。如果是不劳动者占有生产资料，劳动者以租佃者的身份，在超经济强制下与所有者的主要生产资料——土地相结合，劳动者就是农奴或佃农，生产资料所有者就是封建地主，这就是封建主义所有制，在此基础上就形成了封建主义生产关系体系即封建主义经济制度。如果所有者的生产资

---

① 《马克思恩格斯全集》第24卷，人民出版社1972年版，第44页。

料以资本的形式存在，而劳动者采取雇佣劳动的形式，生产资料与劳动力相结合的特殊方式是资本与雇佣劳动相结合，这样，所有者就是资本家，劳动者就是雇佣工人，在此基础上就建立起资本主义生产关系体系即资本主义经济制度。

正因为一定的生产资料所有制与生产资料和劳动力相结合的特殊方式密不可分，所以，马克思和恩格斯把资产阶级占有资本和由资本支配雇佣劳动，作为资本主义制度的基础和条件。《共产党宣言》中强调说明："资产阶级生存和统治的根本条件，是财富在私人手里的积累，是资本的形成和增殖；资本的条件是雇佣劳动。"① 马克思十分重视资本和雇佣劳动形式对资本主义制度的决定作用，他指出："已无须重新论证资本和雇佣劳动的关系怎样决定着这种生产方式的全部性质。"又说："劳动作为雇佣劳动的形式对整个过程的面貌和生产本身的特殊方式有决定的作用。"② 在《哥达纲领批判》中，马克思也讲："资本主义生产方式的基础是：生产的物质条件以资本和地产的形式掌握在非劳动者手中，而人民大众所有的只是生产的人身条件，即劳动力。"③

从以上的分析可以看出，马克思把资本主义所有制以及资本和雇佣劳动相结合的特殊方式，看作是资本主义生产关系体系（总和）即资本主义经济制度的基础或决定条件。由此可以判断，作为《资本论》研究对象的"资本主义生产方式以及和它相适应的生产关系和交换关系"其具体涵义究竟是什么了。在马恩著作中，生产关系有广义狭义之分。广义的生产关系包括所有制、生产资料与劳动力的结合方式，直接生产过程中的关系，以及交换、分配、消费等关系。而狭义的生产关系，是指直接生产过程中的关系。上述《资本论》研究对象中的"生产关系"就是狭义的生产关系，因为它后面接着有"交换关系"，前面有作为其基础和条件的"资本主义生产方式"。而《资本论》所研究的资本主义生产方式以及与它相适应的生产关系和交换关系，则是广义的资本主义生产关系，即资本主义生产关系体系或资本主义经

① 《马克思恩格斯选集》第 1 卷，人民出版社 1995 年版，第 284 页。
② 《马克思恩格斯全集》第 25 卷，人民出版社 1974 年版，第 995、997 页。
③ 《马克思恩格斯选集》第 3 卷，人民出版社 1995 年版，第 306 页。

济制度。

《资本论》的体系结构也体现出它的具体研究对象。《资本论》第 1 卷第一篇研究"商品和货币",是为进一步研究资本主义经济关系提供理论准备。从第二篇开始进入对资本主义经济的研究。但从第三篇开始才进入对资本主义直接生产过程的研究,包括对剩余价值生产过程和以后篇章对资本积累过程的研究。第二篇"货币转化为资本",事实上论述了资本主义直接生产过程的前提条件:与资本主义所有制相联系的资本与雇佣劳动的形成及其通过流通过程的结合。货币转化为资本的前提是劳动力成为商品。而马克思认为,劳动力成为商品,其劳动就是雇佣劳动。货币所有者购买生产资料和劳动力,以流通过程作媒介进入生产过程,就是生产资料与雇佣劳动相结合的关系。可见,资本与雇佣劳动相结合,就是资本主义经济中生产资料与劳动力相结合的特殊方式。正是由于这种相结合的特殊方式,决定了生产关系和交换关系的资本主义性质。马克思用形象的语言描述了这种情况:一离开 G－W 这个商品交换领域,走向生产领域,"就会看到,我们的剧中人的面貌已经起了某些变化。原来的货币所有者成了资本家,昂首前行;劳动力所有者成了他的工人,尾随于后。一个笑容满面,雄心勃勃;一个战战兢兢,畏缩不前,象在市场上出卖了自己的皮一样,只有一个前途——让人家来鞣"①。

由此可见,将作为《资本论》研究对象的"资本主义生产方式"解释为生产力,并据此批评将政治经济学的对象规定为社会生产关系,不包括生产力,是附加于马克思的错误观点,是多么武断与简单化。其实是批评者将自己的错误理解附加于马克思了。

通过以上分析可以看出,将作为《资本论》研究对象的"资本主义生产方式",理解为资本主义所有制和资本与雇佣劳动相结合的方式,符合马克思的原意,也符合《资本论》的篇章结构安排。

还有一个与政治经济学研究对象相关的问题,需要说明一下。有些学者在教学与研究中常常提到马克思在《〈政治经济学批判〉导言》中所讲的再

---

① 《马克思恩格斯全集》第 23 卷,人民出版社 1972 年版,第 200 页。

生产的四个环节：生产、分配、交换、消费，认为马克思政治经济学的研究
对象，就是这四个环节或四方面的经济关系。有的还主张政治经济学教材也
可以依此分篇。其实这里存在着误解。再生产的四个环节或方面的规定，并
不是马克思独立提出的。他在《〈政治经济学批判〉导言》中是评论和批评
前人在关于生产、分配、交换、消费的内涵及其相互关系上的肤浅理解。他
并不赞同以此来安排政治经济学的体系结构和章节的划分，他说："在詹姆
斯·穆勒那里有一些不适当的章节划分：《论生产》，《论分配》，《论交换》，
《论消费》。"① 又说，没有一个古典经济学家遵照这个习惯，即首先是考察生
产，其次是交换，接着是分配，最后是消费，或者用其他的方法排列这四个
项目。的确，无论作为古典经济学家的亚当·斯密，还是李嘉图，分别在其
著作《国民财富的性质和原因的研究》和《政治经济学赋税原理》中，都没
有上述的篇章划分。需要弄清的问题是，为什么马克思不赞成詹姆斯·穆勒
那样划分政治经济学的篇章呢？我理解，第一，在马克思的经济学著作中，
作为研究对象的经济关系的内涵，要更为丰富。比如商品流通是资本的起点，
劳动力成为商品是货币转化为资本的条件，都是在资本主义的生产、分配、
交换等诸环节之前就存在的事情。社会分工及其发展，既出现于资本主义开
始之前，也存在于其生产之中。关于资本的原始积累，更存在于资本主义生
产、分配、交换、消费之前。特别是马克思所重视的生产资料与劳动力相结
合的特殊方式，资本与雇佣劳动相结合的方式，按照上述再生产四环节的分
篇也是包摄不了的。因此，尽管马克思在《〈政治经济学批判〉导言》中分
析了生产、分配、交换与消费问题，但他的主要政治经济学著作《资本论》
并没有依此建立体系结构。再者，马克思之所以要专门分析再生产的四个环
节，是因为此前的经济学著作中对它们之间的关系存在肤浅的认识，有必要
对其相互关系进行符合实际的科学分析，以纠正前人认识上的偏颇。

二、关于"生产力—生产方式—生产关系"的理解问题

在关于马克思主义政治经济学对象的研究与讨论中，涉及到马克思在

---

① 《马克思恩格斯全集》第 26 卷第 3 册，人民出版社 1974 年版，第 92 页。

《政治经济学批判》序言中的一个著名原理是否科学或需要修正的问题。序言中讲，"人们在自己生活的社会生产中发生一定的、必然的、不以他们的意志为转移的关系，即同他们的物质生产力的一定发展阶段相适合的生产关系。这些生产关系的总和构成社会的经济结构"①。按照通行的理解，生产力决定生产关系，这是马克思主义历史唯物主义的一个重要原理。但是，从上世纪80年代初到现在，不断有学者认为，应是生产力决定生产方式，生产方式决定生产关系，即生产力—生产方式—生产关系。不应是生产力直接决定生产关系。其理论根据是马克思的有关论述。

马克思在1846年12月28日致安年科夫的信中写道："随着新的生产力的获得，人们便改变自己的生产方式，而随着生产方式的改变，他们便改变所有不过是这一特定生产方式的必然关系的经济关系。"② 1847年，马克思又在《哲学的贫困》中写道："随着新生产力的获得，人们改变自己的生产方式，随着生产方式即谋生的方式的改变，人们也就会改变自己的一切社会关系。"③

在1980年《经济研究》第6期发表的《生产方式和政治经济学的研究对象》一文中，就引证马克思的以上论述，提出生产力—生产方式—生产关系的公式，认为直接决定生产关系的是生产方式，而不是生产力。作者把生产方式解释为"第一，它是指劳动方式；第二，它又是指生产的社会形式"。不过该文没有明确回答《资本论》序言中，作为研究对象的"资本主义生产方式"是什么。我认为，无论将其解释为"劳动方式"（分工、协作等）或解释为生产的社会形式，或解释为二者的统一，都难以讲得通。"劳动方式"本身并不具有资本主义属性，因而不能用以解释"资本主义生产方式"。至于"生产的社会形式"，属于社会生产关系的范畴，其规定性是多方面的。该文作者并未说明其具体涵义。

《中国社会科学》1997年第2期发表的《论政治经济学或经济学的研究对象》（以下简称《对象》）一文中，同样引证了马克思上述关于生产力—生

---

① 《马克思恩格斯选集》第2卷，人民出版社1995年版，第32页。
② 《马克思恩格斯〈资本论〉书信集》，人民出版社1976年版，第17页。
③ 《马克思恩格斯选集》第1卷，人民出版社1995年版，第142页。

产方式—生产关系的论述。同时结合《资本论》研究的对象是"资本主义生产方式以及和它相适应的生产关系和交换关系"，该文认为直接决定生产关系的不是生产力，而是生产方式。这样理解是否准确，后面再谈。不过，作者对作为《资本论》研究对象的"资本主义生产方式"的解释，我认为是能够成立的，与我的理解一致。文中说："马克思所说的'资本主义生产方式'是指生产的资本主义的社会形式，即资本主义条件下的劳动者和生产资料相结合以生产人们所需要的物质资料的特殊方式，也就是雇佣劳动和资本相结合以生产人们所需要的物质资料的特殊方式。"需要进一步弄清楚的是，生产资料与劳动者相结合的方式，资本与雇佣劳动相结合的方式，究竟是独立于生产关系即经济关系之外、属于生产力与生产关系的中介范畴，还是属于生产关系体系的基础性范畴，从而属于广义生产关系范畴的组成部分呢？如果属于前者，生产力就不能直接决定生产关系，那么，作为历史唯物主义的一个重要原理的生产力决定生产关系，就不能成立了。《对象》一文是按照前者的涵义理解的，认为："马克思根据自己的生产力—生产方式—生产关系原理在 1867 年出版的《资本论》中，对 1859 年问世的《政治经济学批判》序言中的生产力—生产关系原理作了重大修改。其中最重要的是把《政治经济学批判》序言中的'同他们的物质生产力的一定发展阶段相适合的生产关系'，修改成'一定的生产方式以及与它相适应的生产关系'①。马克思的这一修改十分重要。修改后的原理表明：第一，不是生产力直接决定生产关系，而是一定历史发展阶段的生产力决定和生产力相适应的生产方式，一定的生产方式决定和生产方式相适应的生产关系。第二，成为社会的经济结构或经济基础的，是生产方式以及和它相适应的生产关系，而不只是生产关系。"

这里涉及怎样准确理解和把握马克思的有关理论的原意问题。第一，我认为，不存在《资本论》对《政治经济学批判》"作了重大修改"的问题。首先，马克思早在《资本论》出版（1867 年）以前的 1846 年和 1847 年，就提出生产力—生产方式—生产关系的理论思想，而《政治经济学批判》及其

① 《马克思恩格斯全集》第 23 卷，人民出版社 1972 年版，第 99 页注（33）。

序言出版于 1859 年。远远晚于 1846、1847 年提出生产方式的时间。试问：序言中讲了同物质生产力相结合的生产关系，没有以生产方式作中介，是否以"生产力—生产关系"这一原理修正了以前讲的"生产力—生产方式—生产关系"的原理呢？《资本论》中重提生产力—生产方式—生产关系，是否又是对《政治经济学批判》序言中的"生产力—生产关系"的修正呢？马克思的一个历史唯物主义的重要原理会这样自我否定之否定么？其次，"重大修改"说难以成立。从理论和实践来看，可以认定：一定阶段的生产力，决定了资本主义所有制以及与其紧密相连的资本与雇佣劳动相结合的生产方式，即资本主义生产方式，在此基础上建立起资本主义生产关系体系。这就是"生产力—生产方式—生产关系"的理论逻辑。但只要承认所有制以及与其相联系的生产资料与劳动力相结合的方式是生产关系体系的基础，因而属于广义生产关系的组成部分，所谓"重大修正"说就不会提出了。因为两种提法实质上是一致的。用马克思早于《政治经济学批判》序言十多年前就已提出的"生产力—生产方式—生产关系"说，来否定十多年后"序言"中的"生产力—生产关系"说，在逻辑上是难以说通的。

第二，所谓《资本论》对《政治经济学批判》序言中的"生产力—生产关系"原理作了重大修改的根据是："序言"中的提法是"同他们的物质生产力的一定发展阶段相适合的生产关系"，《资本论》中将其修改成"一定的生产方式以及与它相适应的生产关系"[①]，这里存在着误解。如果真是要修改的话，应是把《序言》中的"生产力—生产关系"修改成"生产力—生产方式—生产关系"，而不能抛去生产力，修改成"生产方式—生产关系"。离开生产力的决定作用，就没有历史唯物主义了。《资本论》中的注（33）只是转述序言中的原理，即将两者作为同义语使用。前已说明，在《资本论》中，生产方式是个多义词，有时是指生产的技术方式，指生产力，例如，在第 1 卷第十章讲相对剩余价值时，就多处在生产力涵义上使用生产方式概念。马克思提出：要增加相对剩余价值，就得降低劳动力的价值，就需要提高

---

① 《马克思恩格斯全集》第 23 卷，人民出版社 1972 年版，第 99 页注（33）。

有关产业部门的生产力。"不改变他的劳动资料或他的劳动方法，或不同时改变这二者，就不能把劳动生产力提高一倍。因此，他的劳动生产条件，也就是他的生产方式，从而劳动过程本身，必须发生革命。"① 这里所讲的生产方式的革命，就是指劳动资料与劳动方法的变革，即生产力的变化。在本引文的后面讲超额剩余价值时，还一再使用"采用改良的生产方式"，"当新的生产方式被普遍采用"，"采用新的生产方式"，都是指生产力涵义上的生产的技术方式。

在《资本论》中，"生产力—生产关系"同"生产力—生产方式—生产关系"，其基本原理是一致的，并不存在后者取代和修正前者的关系。如果读一下《资本论》第1卷第二版跋，就可以理解得更清楚了。

马克思引证了俄国考夫曼对自己研究方法的大段评论，认为：这位作者先生把他称为我的实际方法的东西描述得这样恰当。考夫曼评介马克思的理论观点时写道：生产力的发展水平不同，生产关系和支配生产关系的规律也就不同。马克思是完全肯定考夫曼对自己的理论观点和方法的转述与评介的。而考夫曼这里所评介的，正是马克思所主张的生产力—生产关系的原理。

由此可见，马克思的生产力决定生产关系的这一历史唯物主义的重要原理，是完全正确的科学的，不存在进行重大修改的问题。

三、政治经济学的研究对象需要发展

马克思的政治经济学主要是研究资本主义生产关系即经济关系及其运动规律的，他之所以把研究对象定位为经济关系，取决于当时他的经济学的任务。马克思的经济学是与"资本的经济学"相对立的"劳动的经济学"，也可以说是劳动解放的经济学。其任务是揭示资本主义经济关系的本质，特别是资本和劳动的对立，揭示资本主义经济制度产生、发展、成熟及其衰亡的客观规律，为科学社会主义提供理论支持，为工人阶级的解放斗争提供理论武器。马克思经济学的任务不是为资本主义社会生产力的发展、经济增长、

① 《马克思恩格斯全集》第23卷，人民出版社1972年版，第350页。

劳动生产率的提高出谋划策；不是为资本主义缓和经济危机、治理通货膨胀、搞好资源配置、完善经济运行、提高经济效益、缓和经济矛盾等提供理论和对策。但是，马克思的政治经济学，又绝不是孤立地、就事论事地去阐述几条资本主义生产关系，去干巴巴地表述几条商品生产和资本主义的经济规律。《资本论》比较系统地阐述了资本主义国家生产力的发展过程和所经历的不同阶段；阐述了提高生产力与提高利润率的决定因素；阐述了决定资本主义积累的因素；阐述了资本主义市场经济中市场机制如供求机制、竞争机制、价格机制、利率机制等的各自作用和相互作用；阐述了价值规律调节生产和流通也就是市场机制配置资源的机理；阐述了市场价值和市场价格的运动规律；阐述了货币流通和纸币流通的规律；阐述了社会资本再生产的比例关系也就是总供给与总需求的平衡问题；阐述了外延的扩大再生产和内涵的扩大再生产以及粗放经营和集约经营的问题；阐述了经营方式的变化，即由所有者与经营者的统一，到所有者与经营者（经理）的分离，到股份制的发展；等等。总之，马克思经济学的内容是很丰富和精深的。不要认为，马克思的经济学研究对象是生产关系，就不能解决实际经济问题。它恰恰是通过深入实际经济过程来研究和揭示生产关系的。从马克思经济学的丰富内容中，我们可以汲取一系列研究社会主义经济的有关理论思想和方法。

当代马克思主义经济学同样需要研究资本主义经济关系，特别是研究当代资本主义经济关系。但与马克思的研究对象与任务是否完全相同？我认为，既有相同的一面，又有不同的一面。相同的一面是，要按照马克思的基本原理与方法，揭示资本主义经济关系的本质、矛盾、发展规律和历史趋势。尽管当代资本主义出现了一系列新现象、新特点，但其本质并未改变。因此，马克思的资本主义部分政治经济学的对象与任务并没有过时。另一方面，当代马克思主义政治经济学的对象与任务，又有不同的一面。有关研究对象的理论思想需要发展。当代马克思主义经济学除需要深入研究当代资本主义经济关系外，还需要研究随着生产力的新发展和科技革命的新推进，其经济体制、运行机制、经营方式有什么新的变化，资本主义经济怎样通过自我调节与调整，保持了一定的生命力。这是出于两方面的需要，一方面，现在看来，世界资本主义制度的衰亡与转向社会主义是一个很长期的历史过程，需要对其新现象、新特点进行长期跟踪研究，以探求"资本主义私有制的丧钟就要响了，剥夺者就要被剥夺了"的理论预测为什么在短期内难以实现，以发展马克思对资本主义经济研究的理论成果。另一方面，在我国现实社会主义市场经济中，需要借鉴西方市场经济运行的某些经验与教训，需要汲取西方发达国家在发展生产力、促进科技创新、提高劳动生产率、规范市场秩序、加强和完善政府调节等方面对我有用的理论与实践成果。

马克思主义社会主义部分政治经济学的对象，应首先把研究社会主义经济关系放在重要地位。如果搞不清多种经济成分的各自性质，搞不清什么是社会主义经济，什么是非社会主义经济，什么是资本主义经济制度，什么是社会主义经济制度，什么是社会主义初级阶段的基本经济制度，搞不清公有制为主体、国有经济为主导的重要意义和作用，搞不清按劳分配与按生产要素分配的不同性质和区别，搞不清公有制的存在形式与其实现形式的区别，甚至搞不清什么是公有制，那么，什么是社会主义，怎样建设社会主义，又会模糊不清了。在社会主义经济发展的方向与道路的问题上，马克思主义不能不问"姓社姓资"、"姓公姓私"。不让问的结果，只能是弃"社"取"资"、弃"公"取"私"。

社会主义部分政治经济学研究社会主义生产关系，是为了发展与完善这种关系，并借以促进生产力的解放和发展。社会主义政治经济学的任务是要为实现社会主义本质服务。不仅要为解放和发展生产力提供理论支持，而且要通过生产力的高度发展，逐步实现消灭剥削、消除两极分化，达到共同富裕的目标。因此，社会主义政治经济学的对象与任务，同作为破坏旧世界、消灭旧制度的理论武器的资本主义政治经济学不同，它要为建设新世界、建立新制度贡献理论智慧。为此，社会主义政治经济学既要研究社会主义生产关系，这方面存在很多混乱观点，需要澄清理论是非，又不能限于研究生产关系，还应研究经济体制与运行机制，研究经济增长与发展，研究增长方式的转变，研究资源配置方式，研究人的全面发展等。

我不赞同这样一种简单的论断：西方经济学的对象是资源配置；马克思

主义政治经济学的对象是生产关系。且不讲从经济学说史的角度看，西方经济学的研究对象，不同学派不尽相同。即使讲资源配置，社会主义经济学也需要加以研究。在实行计划配置资源的计划经济年代，政治经济学必然要讲社会主义计划经济。现在实行社会主义市场经济，市场作为资源配置的手段，社会主义部分政治经济学也要将其作为重要课题研究。研究资源配置，既有技术层面的规定，更有经济关系层面的规定。无论计划经济还是市场经济，都有其特定的经济关系内涵。社会主义怎样有效配置资源，涉及人们的经济利益关系，不能将其排除于社会主义政治经济学研究对象之外。

由此可见，马克思主义政治经济学的研究对象，也存在坚持和发展问题。无论是资本主义部分政治经济学，还是社会主义部分政治经济学，其研究对象均为经济利益问题。马克思研究资本主义经济关系，是经济利益关系；社会主义部分政治经济学，无论研究生产关系，还是经济体制与运行机制，还是经济增长与发展以及资源配置，都直接涉及经济利益关系或经济利益的增减问题。

（原文发表于《马克思主义研究》2006 年第 1 期）

政治经济学的对象不容篡改

陈　征[*]

马克思主义政治经济学的对象，是马克思在批判资产阶级政治经济学的基础上创建起来的

每门学科都有独特的研究对象，规定着它研究的内容和范围，构成这门学科的整个思想体系。

政治经济学的对象是什么？历来有种种不同的回答，综合起来看，不外是二大类，一类是资产阶级经济学家，他们为资产阶级政治经济学对象提供各式各样的答案；一类是无产阶级的政治经济学，即马克思主义的政治经济学，它提供了科学的答案。

马克思在批判资产阶级政治经济学的基础上，创建了无产阶级政治经济学，同时也确立了马克思主义政治经济学的对象。马克思主义政治经济学的研究对象是生产关系。恩格斯说过："经济学所研究的不是物，而是人和人之间的关系，归根到底是阶级和阶级之间的关系。"[①] 把生产关系作为政治经济学的对象，是马克思的伟大创造。在马克思以前的资产阶级经济学家、历史学家，都不懂得资本主义生产关系的本质，都不懂得阶级斗争的历史发展规律。马克思在批判黑格尔唯心主义辩证法和费尔巴哈机械唯物论的基础上，创建了辩证唯物主义，然后用它来分析社会现象，创立了历史唯物主义。马克思是用辩证唯物主义和历史唯物主义的观点和方法来分析资本主义社会的经济和政治问题的。他在《〈政治经济学批判〉序言》里就说："指导我的研

---

　* 陈征：福建师范大学教授，博士生导师。

　① 《马克思恩格斯选集》第 2 卷，人民出版社 1972 年版，第 123 页。

究工作的总的结果，可以简要地表述如下，人们在自己生活的社会生产中发生一定的、必然的、不以他们的意志为转移的关系，即同他们的物质生产力的一定发展阶段相适合的生产关系。这些生产关系的总和构成社会的经济结构，即有法律的和政治的上层建筑竖立其上并有一定的社会意识形式与之相适应的现实基础。物质生活的生产方式制约着整个社会生活、政治生活和精神生活的过程。不是人们的意识决定人们的存在，相反，是人们的社会存在决定人们的意识。社会的物质生产力发展到一定阶段，便同它们一直在其中活动的现存生产关系或财产关系（这只是生产关系的法律用语）发生矛盾。于是这些关系便由生产力的发展形式变成生产力的桎梏。那时社会革命的时代就到来了。"① 马克思的这段话，指出如下要点：

一，由生产力所决定的生产关系，是客观存在着的。物质资料的生产是人类社会生活的基础。在生产过程中人们必须发生一定的联系和关系。人们在生产过程所结成的关系，在阶级社会里，就表现为阶级关系。

二，这种生产关系不是孤立存在的，而是和生产力、上层建筑处在矛盾运动的状态中。

三，生产关系和生产力的矛盾，经济基础和上层建筑的矛盾，是社会的基本矛盾，它是人类历史发展的动力，也是产生社会革命的根本原因。

上述观点，是马克思科学地分析人类社会经济形态而得出的伟大创见。恩格斯称之为："正象达尔文发现有机界的发展规律一样，马克思发现了人类历史的发展规律。"② 正是由于马克思的伟大发现，才从千变万化、光怪陆离的社会生活和历史现象中，找出一条基本线索。马克思主义政治经济学并不是孤立研究生产关系，而是联系生产力和生产关系的作用，联系上层建筑与经济基础的作用来研究生产关系的。它通过对生产关系的研究，从而揭示生产关系运动的规律。研究一切社会经济形态中生产关系运动、发展、变化规律的叫广义政治经济学，研究特殊社会经济形态中生产关系运动、发展、变

① 《马克思恩格斯选集》第 2 卷，人民出版社 1972 年版，第 82～83 页。
② 《马克思恩格斯选集》第 3 卷，人民出版社 1972 年版，第 574 页。

化规律的叫狭义政治经济学，研究资本主义生产关系的是政治经济学的资本主义部分，研究社会主义生产关系的是政治经济学社会主义部分。马克思在《资本论》第 1 卷序言中谈到《资本论》研究对象时说："我要在本书研究的是资本主义生产方式以及和它相适应的生产关系和交换关系。"① 在谈到研究的目的时他又说，"本书的最终目的就是揭示现代社会的经济运动规律"②。马克思在《资本论》中，通过对资本主义生产关系的研究，揭示了资本主义发生、发展和灭亡的规律，得出了资本主义必然要为社会主义所代替的革命结论。马克思主义的政治经济学，是为无产阶级服务的，是无产阶级革命的思想武器，具有强烈的阶级性和革命性，这和它的研究对象是密切联系的。

马克思是怎样在批判资产阶级政治经济学的基础上，确立无产阶级政治经济学研究对象的呢？

在奴隶社会和封建社会里，只有经济思想，还没有创建政治经济学。政治经济学作为一门学科，是在资本主义出现后才产生的。资本主义初期，新兴的资产阶级为了争取资本主义的生存和发展，从本阶级的利益出发，反对过时了的封建生产关系，客观上要求认识资本主义的生产关系，这就出现了资产阶级古典学派的政治经济学。古典学派的政治经济学，一般地都是把财富作为研究对象。英国资产阶级古典学派的创始人威廉·配第在经济思想史上，第一个提出了劳动创造商品价值的见解，为研究财富产生的源泉开辟了一条通往科学的途径。尽管配第还没有一套完整的理论体系，但比之重商主义者交换产生财富的观点，大大前进了一步，创立了第一个标志着法国古典政治经济学新阶段的理论体系的重农学派——魁奈，最早系统地研究了资本主义的生产方式，他不仅承认经济规律、经济范畴都是客观的、物质的，而且把财富的起源，从流通领域移到生产领域。他认为，农产品是从土地上生产出来的，社会财富是由农业劳动创造出来的，他抨击重商主义者交换产生财富的观点，指出对外贸易不是社会财富的源泉。但是，魁奈却错误地认为

① 《马克思恩格斯全集》第 23 卷，人民出版社 1972 年版，第 8 页。
② 《马克思恩格斯全集》第 23 卷，人民出版社 1972 年版，第 11 页。

工业不是财富的源泉，这就对财富的产生不可能有完整的认识。英国古典学派的杰出代表亚当·斯密，把资产阶级政治经济学发展成为一种完整的科学体系，第一个明确提出把财富作为政治经济学的对象，把政治经济学看成是关于国民财富的科学。他的主要著作《国民财富的性质和原因的研究》，就是把研究中心放在如何增加国民财富的问题上。他明确提出了劳动决定商品价值的原理，比较正确地描绘了资本主义社会的阶级结构。尽管斯密在考察财富的生产时还是片面的，没有明确提出要考察人们在生产过程中所形成的生产关系，但实际上已经对资本主义生产关系进行了一定程度的分析。英国古典学派的集大成者大卫·李嘉图，把分配作为研究的中心，他认为"决定所生产的产品在参与产品生产的各阶级之间的分配的规律"，才是政治经济学的"真正对象"。他是从阶级利害的对立来把握分配的，把工资和利润的对立、利润和地租的对立，作为研究的出发点。但他把全部注意力集中在资本主义生产关系的量的方面，而不去研究其质的方面的特点，因而把资本主义生产关系看成是固定不变的，这种反历史主义观点，使李嘉图在他的理论体系中有着不能解决的矛盾。总之，处于资本主义发展初期的古典派经济学家，还能面对现实，"研究了资产阶级生产关系的内部联系"①，揭露了资本主义的一些矛盾，但都不能对政治经济学提出完整的科学定义。他们把财富的生产或分配作为政治经济学研究对象，是不科学的。因为财富是一个非常空洞的概念，单纯地研究财富，使得古典学派在人与物和人与人的关系上纠缠不清，不能把经济范畴作为生产关系的理论概括来把握，却把资本主义经济规律当作是从人的本性引申出来的永恒的自然规律来看待，这是由他们的阶级立场和形而上学的研究方法所决定的。但是，由于他们对资本主义的经济过程进行了较为客观的分析，也接触到资本主义生产关系的某些实质性问题，这就为马克思确立政治经济学对象的科学定义，提供了极为有益的思想资料。马克思主义的政治经济学，就是在批判地继承古典学派的基础上建立起来的。英国的古典政治经济学是马克思主义的三个来源之一。

---

① 《马克思恩格斯全集》第23卷，人民出版社1972年版，第98页注（32）。

随着资本主义的发展，资本主义的矛盾和危机日益加深，无产阶级和资产阶级的斗争也日益尖锐化，古典政治经济学已不能再起维护资本主义制度的思想武器的作用，在十九世纪四十年代，资产阶级政治经济学进一步庸俗化，出现了庸俗的政治经济学。他们蓄意抹煞资本主义的矛盾，不去研究资本主义生产关系的内在联系，却捏造种种反动谬论为资本主义的剥削制度作辩护。在政治经济学对象这个问题上，他们要弄了许多花招，有的虽也把财富作为研究对象（如萨伊），但却把财富的生产过程看成是单纯的技术过程。有的把政治经济学对象看成是"决定货物或生产物的生产、积累、分配和消费的规律的科学"（如麦克洛克），把政治经济学看成是研究物、或人与物之间的关系。有的甚至把政治经济学作为研究"效用和人类的痛苦、快乐的关系"的科学（如西尼耳），或者把人的欲望的满足看成是经济学的研究领域（如巴斯夏），用主观的心理感觉代替客观的经济过程，把政治经济学的对象篡改为心理学和论理学。也有的把政治经济学看成是"国民经济学"（如李斯特），不仅是研究致富之术，而且把伦理道德精神等上层建筑领域的诸因素，也包括到政治经济学中去。至于稍后所谓历史学派，主张罗列经济现象，堆砌经济资料，不去探求客观的经济规律，把政治经济学当作经济史来看待。总之，一切庸俗的经济学家，为了替资本主义作辩护，不敢把资本主义生产关系和现实的经济过程作为研究对象，不敢探讨经济运动的客观规律，他们的研究，或者从生产领域转到流通领域和消费领域，或者把生产的社会性质抽掉单纯研究技术过程，或者把政治经济学说成是物、是人与物、是人与自然的关系，或者把客观经济规律和人们的主观心理、伦理道德相混同，从而抹煞资本主义的剥削实质，千方百计地为资本主义作辩护。他们制造一些玄妙的语言，杜撰一些莫测高深的范畴和概念，运用一些荒唐的逻辑，把资本主义说成是最美好的世界，并宣布为永恒的真理，用来欺骗和麻痹劳动群众。

马克思在对古典学派进行批判的继承的同时，对庸俗学派进行坚决的斗争，在批判资产阶级政治经济学的基础上创建了无产阶级政治经济学。他从研究的总结果中，揭示了社会发展的基本矛盾和它的辩证运动，科学地确立了政治经济学的研究对象。

马克思主义政治经济学的研究对象，是马克思在批判资产阶级政治经济学的基础上建立起来的，它是社会实践所证明了的客观真理。古典学派虽然也有一些科学因素，但同时混杂着大量错误的东西；庸俗政治经济学是资本主义的辩护士，纯粹是反科学的，只有马克思主义政治经济学才真正是科学的。马克思主义政治经济学研究对象的确立，既是建立科学的政治经济学的重要前提，也是构成这门学科的一个基本内容。

围绕着政治经济学对象，马克思主义者和形形色色的资产阶级思想家、新老修正主义者，进行了一系列的斗争

马克思主义的政治经济学，是马克思主义的主要内容。形形色色的资产阶级思想家、新老修正主义者，为了反对马克思主义，都千方百计地歪曲篡改马克思主义政治经济学的对象。因此，自从马克思确立了政治经济学对象的科学定义以后，马克思主义者，为了继承和捍卫马克思主义，围绕着政治经济学对象，进行了一系列的斗争。

十九世纪七十年代，自由资本主义开始向垄断资本主义过渡，无产阶级和资产阶级的矛盾日益尖锐，特别是由于马克思主义广泛传播，以及德国工人政党在组织上的统一，给反动统治者造成很大威胁。这时候，机会主义者杜林就公开跳出来，抄袭加拼凑地抛出了他的反动思想体系，全面反对马克思主义的哲学、政治经济学、科学社会主义，企图造成工人运动内部的思想混乱，破坏革命队伍的团结。在政治经济学的对象上，公开进行歪曲和篡改。杜林胡说什么政治经济学的对象是"一切经济的最一般的自然规律"①，并企图在政治经济学的研究领域中确立所谓"最后的终极的真理"。杜林还别有用心地说什么"交换或流通只是生产的一个项目"，把交换和生产混为一谈；他还把分配看作是和生产毫不相干的过程。企图把分配理论从经济领域搬到道德和法的领域中去。为了批判杜林的机会主义反动观点，捍卫马克思主义，恩格斯及时写了一部马克思主义的百科全书《反杜林论》，对杜林的反动思想

---

① 《马克思恩格斯选集》第 3 卷，人民出版社 1972 年版，第 192 页。

体系给予毁灭性的批判。在《反杜林论》第二篇"政治经济学"的第一章
中，专门论述政治经济学的对象与方法。恩格斯根据唯物主义原理，第一次
给政治经济学下了经典的定义，他说："政治经济学，从最广的意义上说，是
研究人类社会中支配物质生活资料的生产和交换的规律的科学。"① 他还进一
步分析了生产关系的各个方面——生产、交换、分配的相互关系，论证了政
治经济学是一门历史科学，它涉及到不同社会的特殊规律，适用于一切社会
发展阶段的普遍规律，以及某几个社会发展阶段的共有规律。恩格斯从分析
生产力和生产关系、经济基础和上层建筑的矛盾运动出发，揭示了生产关系
内在矛盾运动的规律性，指出当时研究政治经济学的任务就在于揭示资本主
义弊病的经济根源，找出资本主义生产方式发生、发展和灭亡的规律，从物
质生活中论证无产阶级革命的历史必然性。恩格斯在科学地论述了政治经济
学对象的基础上，进一步批判了杜林"把经济学归结为最后的终极的真理、
永恒的自然规律"② 的谬论，他指出，杜林的这种谬论，完全抹煞了历史上各
种社会经济形态之间的差别，根本否定社会经济发展规律的客观性和历史性，
是彻头彻尾的唯心主义。杜林的反动目的在于：把经济规律说成是自然规律，
从而把资本主义生产关系看成同自然规律一样，是永恒不变的，以便长期保
持资本主义的剥削制度。恩格斯对杜林的无情批判，捍卫了马克思主义的纯
洁性，并对政治经济学对象作了新的概括和发挥。

十九世纪末，由于马克思主义在俄国的传播，工农群众的革命要求逐步
高涨，在列宁的领导下，俄国的民主革命走向高潮。这时候，民粹派分子竭
力维护富农的利益，同沙皇制度妥协，疯狂地反对马克思主义，在政治经济
学对象上大做文章。"他们认为应该把'消费'当作特殊的科学部门而同
'生产'分开，他们说生产以自然规律为转移，而消费决定于人们意志为转移
的分配。"③ 他们一方面把经济规律当作自然规律，企图把资本主义制度永恒
化；另一方面，把分配提到首位，宣扬分配决定论，企图把革命限制在仅仅

① 《马克思恩格斯选集》第 3 卷，人民出版社 1972 年版，第 186 页。
② 《马克思恩格斯选集》第 3 卷，人民出版社 1972 年版，第 191 页。
③ 列宁：《评经济浪漫主义》，人民出版社 1957 年版，第 69 页。

为改善经济生活而斗争的范围内。为了粉碎民粹派在经济学上的反动谬论，列宁在极其困难而艰苦的条件下，写了《评经济浪漫主义》一书。列宁指出："他们对政治经济学的对象的了解是极不科学的。政治经济学的对象决不象通常所说的那样是'物质的生产'（这是工艺学的对象），而是人们在生产中的社会关系。"列宁还指出："如果我们一贯把'生产'看做生产中的社会关系，那么无论'分配'或'消费'都会丧失任何独立的意义。如果生产中的关系阐明了，各个阶级获得的产品份额也就清楚了，因而'分配'或'消费'也就清楚了。相反地，如果生产关系没有阐明（例如，不了解整个社会总资本的生产过程），关于消费和分配的任何论断都会变成废话，或者变成天真的浪漫主义的愿望。"① 列宁对生产的决定作用以及生产和消费、分配关系的精辟分析，打中了分配决定论的要害，捍卫了马克思主义政治经济学对象的科学定义，并有力地运用政治经济学这一思想武器，和反动的沙皇政府，以及凶恶的帝国主义作斗争，从而赢得十月社会主义革命的胜利。

　　十月革命胜利后，在一个无产阶级专政的社会主义国家内，怎样进行社会主义建设，迫切需要马克思主义的社会主义政治经济学作指导。形形色色的阶级敌人和修正主义者，为了破坏社会主义建设，千方百计地反对马克思主义的政治经济学。反党分子布哈林就胡说什么："资本主义商品社会的末日也就是政治经济学的告终。"② 这就是说，随着资本主义的消灭，政治经济学也必定消灭。他还说，"理论政治经济学是关于以商品生产为基础的社会经济的科学，也就是关于无组织的社会经济的科学……只要我们来研究有组织的社会经济，则政治经济学的一切基本'问题'，就都消失了"③。布哈林所说的"无组织的社会"，是指资本主义社会，"有组织的社会"，是指社会主义社会。在他看来，只能有资本主义的政治经济学，不可能有社会主义的政治经济学。布哈林妄图取消社会主义政治经济学的反动企图，当时就受到列宁的严肃批判（参见列宁《对布哈林〈过渡时期的经济〉一书的评论》）。随着

---

　　① 列宁：《评经济浪漫主义》，人民出版社1957年版，第69页。
　　② 列宁：《对布哈林〈过渡时期的经济〉一书的评论》，人民出版社1976年版，第2～3页。
　　③ 列宁：《对布哈林〈过渡时期的经济〉一书的评论》，人民出版社1976年版，第2页。

苏联社会主义革命和社会主义建设的深入发展，围绕着社会主义政治经济学的对象又开展了新的论争。在一九五一年苏联经济问题讨论会上，雅罗申柯就提出：社会主义政治经济学不是研究社会主义社会中人们的生产关系，（他竟至宣布社会主义制度下的生产关系是生产力的一部分！）"而在于探讨和发展社会生产中生产力组织的科学理论、国民经济发展计划化的理论"①。他认为：每一社会形态只有它自己独特的经济规律，否认有适用于一切社会形态的统一的政治经济学。雅罗申柯的错误观点，实质上同布哈林一样，都是为了取消社会主义政治经济学。不过雅罗申柯是采取在保留社会主义政治经济学的名义下，改变其研究对象，以达到和布哈林的同样目的而已。斯大林在《苏联社会主义经济问题》一书中，对雅罗申柯的错误观点进行了透彻的批判。斯大林指出："政治经济学的对象是人们的生产关系，即经济关系。这里包括：（一）生产资料的所有制形式，（二）由此产生的各种不同社会集团在生产中的地位以及他们的相互关系，或如马克思所说的'互相交换其活动'，（三）完全以它们为转移的产品分配形式。这一切共同构成政治经济学的对象。"② 斯大林批判了把生产关系归结为生产力的一部分的荒谬观点，指出生产力的合理组织、国民经济计划化，是领导机关经济政策的对象。"政治经济学是研究人们生产关系发展的规律，经济政策则由此作出实际结论，把它们具体化，在这上面建立自己的日常工作。把经济政策的问题堆压在政治经济学上，就是葬送这门科学。"③ 斯大林对政治经济学对象的通俗而具体的阐述，有力地批判了以雅罗申柯为代表的错误思潮，对社会主义政治经济学的建立作出了巨大贡献。但由于他还存在着形而上学的思想方法，对社会主义社会的基本矛盾缺乏正确的认识，就不可避免地在建立社会主义政治经济学的过程中带来了严重的缺陷。

由于修正主义篡夺了苏共党的领导，苏联从社会主义蜕变为社会帝国主义，修正主义思潮泛滥起来，一些修正主义的辩护士，竟胡说什么：在社会

---

① 斯大林：《苏联社会主义经济问题》，人民出版社 1961 年版，第 47 页。
② 斯大林：《苏联社会主义经济问题》，人民出版社 1961 年版，第 58 页。
③ 斯大林：《苏联社会主义经济问题》，人民出版社 1961 年版，第 58 页。

主义社会里，阶级已经消灭，矛盾也不存在。在我国，随着生产资料所有制社会主义改造的胜利，刘少奇、林彪、陈伯达一伙，鼓吹什么"先进的生产关系和落后的生产力的矛盾"，妄图取消社会主义的商品生产和货币交换，否定按劳分配。面对着国内外修正主义的反动叫嚣，马克思主义者又面临着一场严重的新的战斗。伟大领袖和导师毛主席运用对立统一规律分析社会主义社会，明确指出：在社会主义社会中，基本的矛盾仍然是生产关系和生产力之间的矛盾，上层建筑和经济基础之间的矛盾。不过社会主义社会的这些矛盾，和旧社会具有根本不同的性质和情况。毛主席关于社会主义社会基本矛盾的原理，奠定了社会主义政治经济学的理论基础。由此出发，毛主席进一步指出：社会主义政治经济学研究的对象仍然是生产关系。我们要以生产力和生产关系的平衡和不平衡、生产关系和上层建筑的平衡和不平衡作为纲，来研究社会主义的经济问题。当然，在政治经济学的研究中，生产力和上层建筑这两个方面不能太发展了。生产力的研究太发展了，就成为技术科学、自然科学；上层建筑的研究太发展了，就成了国家论、阶级斗争论。毛主席在领导全党全国人民进行社会主义革命和社会主义建设的伟大实践中，总结了国内外正反两方面的经验教训，对社会主义生产关系的各个方面，如生产资料的所有制、人们在生产过程中的相互关系、分配问题等等，以及对社会主义经济规律的认识和利用问题，对社会主义社会的发展规律问题，对社会主义经济的一系列理论问题，都给予精辟的分析和理论概括，奠定了社会主义政治经济学的理论基础和思想体系，继承、捍卫和发展了马克思主义的政治经济学，对马克思主义的思想宝库作出了杰出的划时代的新贡献。

综上所述，从马克思确立政治经济学对象开始，马克思主义者围绕着这个问题，和形形色色的资产阶级思想家、新老修正主义者，进行了一系列的斗争，在斗争中，不仅捍卫和发展了马克思主义政治经济学的纯洁性，特别是创建了政治经济学的社会主义部分。

"四人帮"篡改政治经济学对象，为反革命政治纲领制造理论根据

马克思主义政治经济学是无产阶级政党的理论武器，是党制定路线、方

针、政策的理论基础。恩格斯说过：德国无产阶级政党的"全部理论内容是从研究政治经济学产生的。"① 特别是政治经济学社会主义部分，更是指导我们进行社会主义革命和社会主义建设的理论武器。"四人帮"出于反党篡权的反革命需要，推行极右的修正主义路线，打着马克思主义的旗号反对马克思主义，千方百计地篡改社会主义政治经济学的对象，以便为他们的那个反革命政治纲领制造理论根据。

"四人帮"炮制的那本所谓《社会主义政治经济学》，就是从篡改政治经济学的对象开始，从而建立它的反动理论体系的。

他们不敢公开否认政治经济学的对象是生产关系，但却杜撰出一个"社会主义生产关系的二重性"，按照他们的说法：社会主义生产关系，"一方面是生长着的共产主义因素，一方面是衰亡着的资本主义传统或痕迹。"②

他们把资本主义传统或痕迹，硬说成是"集中表现为资产阶级法权"③。他们把这种资产阶级法权当作资本主义的同义语，而且说，它是无所不在，到处都有，"……存在于社会的生产、分配、交换和消费的整个过程中，跟旧社会没有多少差别"。

他们把这种资产阶级法权说成是产生"党内资产阶级"的经济基础。"党内资产阶级在它的形成过程中，一面孵化着新的资产阶级，一面保护着老的资产阶级，从而使自己成为整个资产阶级核心力量在党内出现。"因此，"党内资产阶级""是无产阶级专政下革命的主要对象"。

他们认为："在社会主义生产关系扩大再生产的过程中，集中表现为资产阶级法权的资本主义传统和痕迹也将随着再生产出来。"这就是说，社会主义生产关系的再生产过程，"会再生产出资产阶级法权"，"会不断分泌出资本主义和资产阶级"；而社会主义的扩大再生产，也会生产出更多的资产阶级法权，分泌出更多的资本主义和资产阶级。

---

① 《马克思恩格斯选集》第 2 卷，人民出版社 1972 年版，第 116 页。

② 引自"四人帮"及其余党在上海组如编写的《社会主义政治经济字》，以后有关引文，都是引自该书。

③ 资产阶级法权，应译为资产阶级权利。本文在批判时引用该书原文，仍使用该书原来的用语。

于是，他们做出结论说："在无产阶级专政下，对资产阶级法权的限制，资本主义的发展和党内资产阶级的产生，是不可避免的。"社会主义政治经济学，就要从分析社会主义生产关系的二重性出发，研究资产阶级法权如何引起资产阶级的产生，特别是要研究党内资产阶级形成、发展和灭亡过程。他们把资产阶级法权和党内资产阶级的关系说成是：一方面，"资产阶级法权是党内外资产阶级的命根子"，"是党内外资产阶级安身立命的基础"；另一方面，党内资产阶级又"是资产阶级法权的卫道士"。因此，"无产阶级限制资产阶级法权，就是革党内资产阶级的命"。社会主义政治经济学的基本任务，就是"分析新资产阶级特别是党内资产阶级形成、发展和灭亡的过程，帮助干部从资产阶级影响、修正主义影响下解放出来，从民主革命进到社会主义革命"。

所以，"四人帮"一伙扬言："社会主义政治经济学理论集中到一点就是关于资产阶级法权的理论。"而"限制资产阶级法权和扩大资产阶级法权的斗争，是很激烈的，是社会主义社会历史阶段阶级斗争和路线斗争的焦点"。

真相大白了，原来他们的社会主义政治经济学对象，不是生产关系，而是资产阶级法权，它的任务，不是研究社会主义社会发展的客观规律，而是研究所谓党内资产阶级形成、发展和灭亡的过程，是要革所谓党内资产阶级的命。

社会主义政治经济学的对象和任务果真如此吗？完全不是。"四人帮"上述反动思想体系，是完全出于反社会主义的、反马克思主义的、反革命的理论虚构。

社会主义生产关系有没有二重性？如果从任何事物都是一分为二的辩证观点看，应该是有二重性的，至于这种二重性是什么，是需要认真研究的。但"四人帮"所说的不是这个意思。他们认为：社会主义生产关系内部，既有生长着的共产主义因素，又有衰亡着的资本主义传统或痕迹。他们还硬说这是列宁讲的。事实上，列宁在《无产阶级专政时代的经济与政治》一文中所说的，是指在社会主义社会中包含着这两方面因素，这是完全正确的。"四人帮"把它篡改为在社会主义生产关系中，这就完全不一样了。在社会主义社会中，成长着的共产主义和衰亡着的资本主义作生死斗争，是社会主义社会的主要矛盾；在斗争中，共产主义因素不断扩大直至全部占统治地位，资本主义因素逐步缩小直至最后消亡，这是社会主义社会发展的规律。社会主义生产关系是成长着的共产主义因素，它和衰亡着的资本主义因素相对立，它本身是社会主义的新事物，怎能包含资本主义的因素呢？"四人帮"的御用文人真是偷换概念的能手，他们把社会主义社会这个概念偷换成社会主义生产关系，从而制造出一个"社会主义生产关系二重性"，并把它作为研究对象的起点，进行理论欺骗。

在社会主义社会中，资本主义的传统或痕迹会"集中表现"为资产阶级法权吗？列宁在《国家与革命》中说过："在第一阶段，共产主义在经济上还不可能是完全成熟的，还不能完全摆脱资本主义的传统或痕迹。由此就产生一个有趣的现象，这就是在共产主义第一阶段还保留着'资产阶级法权的狭隘眼界'。"① 这就说明，由于存在着资本主义的传统或痕迹，还保留着资产阶级法权。是"保留"，不是"表现"，更不是"集中表现"。如果说是"表现"，就是内容和形式、本质和现象的关系问题，说"保留"，则是原因和结果的关系问题。为什么"四人帮"硬要把它说成是"集中表现"呢？因为他们的目的是为了把二者完全等同起来。事实上，社会主义社会里存在着的资产阶级权利，只是新生婴儿身上的胎斑，婴儿终归是新生儿，新生儿身上的胎斑只是新生儿本身的缺点，现在已不是母体的一部分，怎能把新生儿和母体等同起来呢？他们把"保留"篡改为"表现"，把资产阶级法权硬说成就是资本主义，而且胡说它在社会主义生产关系中到处都有，这实质上是把社会主义生产关系污蔑为资本主义生产关系，否定社会主义制度的优越性，给社会主义脸上抹黑。

资产阶级法权是产生党内资产阶级的经济基础吗？应当指出，社会主义社会还存在的资产阶级权利和资本主义社会的资产阶级权利是有重大区别的。在资本主义社会里，所谓平等的权利，其实就是资本家有剥削劳动者的自由，

---

① 《列宁选集》第 3 卷，人民出版社 1972 年版，第 256 页。

工人有平等地出卖劳动力和被剥削的自由，这种平等的权利，实际上是剥削的权利。在社会主义社会里，建立了生产资料公有制，劳动者摆脱了被剥削、被压迫的地位，在政治上和经济上都得到了解放，他们只是在取得个人消费品方面采取按劳分配，因而在按劳取酬的平等原则下，还存在着实际生活水平差异的不平等，这里所体现的决不是剥削和被剥削的关系，也不是资本主义性质的东西，怎么会成为产生党内资产阶级的经济基础呢?!"四人帮"虚构一个"党内资产阶级"，还胡诌什么级别高、工资多是划走资派的经济标准，把分配上存在的差别和阶级剥削混为一谈。"四人帮"这样做，就是要为他们虚构的党内资产阶级找经济上的理论根据，以便进一步宣扬：党内资产阶级是整个资产阶级的核心，是无产阶级专政的主要对象。这样，他们就可以到处抓走资派，把从中央到地方的各级革命领导干部统统打倒，明目张胆地进行篡党夺权的反革命活动了。

在社会主义生产关系扩大再生产过程中，会产生出更多的资产阶级法权、分泌出更多的资本主义和资产阶级吗？如果可以这样说，随着社会主义生产不断扩大，资产阶级法权不断扩大，资本主义和资产阶级不断扩大，社会主义发展到资本主义不是成为客观规律了吗？资本主义必然灭亡，共产主义一定会胜利，这是马克思早已论证了的历史发展规律。按照"四人帮"的逻辑，社会主义发展到资本主义，是再生产的客观规律，这和马克思主义的科学论断，有丝毫相同之处吗？这不是明目张胆地反对马克思主义、反对社会主义又是什么？

"四人帮"把资产阶级法权作为社会主义政治经济学的对象，把社会主义政治经济学歪曲成为资产阶级法权经济学，完全是为他们的反动政治目的服务的，是为他们那个"老干部是民主派、民主派就是走资派"反革命政治纲领制造理论根据的。他们为了打倒坚持毛主席革命路线的老干部，篡党夺权，就编造出一个莫须有的"党内资产阶级"，并且论证：它是在资产阶级法权的孵育下产生和发展起来的，要研究党内资产阶级的形成、发展和灭亡过程，就要研究产生它的经济基础——资产阶级法权。据说，这个党内资产阶级，从政治上看，是从民主派发展而来的，老干部—民主派—走资派，是必然规律，从经济上看，是从资产阶级法权这个经济基础上产生的，社会主义生产关系—资本主义传统或痕迹—资产阶法权—党内资产阶级，也是必然规律。"四人帮"这些反动谬论，是用来砍杀一大批党政军革命领导干部的一把刀子。国民党特务张春桥在为编写政治经济学时所写的黑批示，直接道破了天机，他在这个黑指示的结语中写道："我们的政治经济学，应当用助干部从修正主义的影响、资产阶级的影响下解放出来，从民主革命进到社会主义革命。"这里所说的"从民主革命进到社会主义革命"，是从另一角度来论证民主派必然发展成为走资派，张春桥做贼心虚，不敢明写，只能词不达意似通非通地说些黑话。

马克思说过："政治经济学所研究的材料的特殊性，把人们心中最激烈、最卑鄙、最恶劣的感情，把代表私人利益的复仇女神召唤到战场上来反对自由的科学研究"。[①]"四人帮"对马克思主义政治经济学对象的篡改，是和政治经济学研究对象的特殊性质有着密切的关系。

社会主义政治经济学的对象，只能是生产关系发展的规律，绝不可能是什么资产阶级法权。社会主义政治经济学的任务，只能是通过对社会也义生产关系的分析，阐明社会主义必然要战胜资本主义，必然要向共产主义过渡的历史发展的总趋势，绝不是研究什么"党内资产阶级的形成、发展和灭亡过程"，"从民主革命进到社会主义革命"。"四人帮"从篡改政治经济学的对象开始，全面篡政马克思主义政治经济学，虚构出一套反动的理治体系，为他们的反革命政治纲领制造理论根据，只能作为反面教材，同"四人帮"一起被革命人民扫进历史的垃圾堆，永远受到人们的批判和唾弃。这就是唯物辩证法的正确结论！

（原文发表于《福建师大学报》（哲学社会科学版）1978 年第 4 期）

---

① 《马克思恩格斯选集》第 2 卷，人民出版社 1972 年版，第 208 页。

对《资本论》研究对象的再认识

胡 钧[*]

马克思在《资本论》第1卷序言中说:"我要在本书研究的,是资本主义生产方式以及和它相适应的生产关系和交换关系。"对马克思这段表述,一直存在着争论,一方面对这里所说的"生产方式"有不同的理解,一方面对《资本论》的研究对象究竟是资本主义生产关系,还是包括生产力,以及生产力的研究在《资本论》中究竟处于怎样的地位。有人认为这里所说的"资本主义生产方式"只能理解为是建立在资本主义所有制基础上的生产资料同劳动力的结合方式,如果把它理解为生产的具体方法、劳动方式是完全错误的。产生这种分歧有它的原因,因为马克思在德文版《资本论》中,在生产方式这一概念的使用上没有严格的规定,有的地方是指生产力,有的地方是指生产关系,有的地方则是指包括生产力和生产关系两个方面的生产整体。这当然地造成了对关于研究对象的规定中所使用的"生产方式"究竟是指什么的不同看法。

《资本论》法文版的出版应当说已经对这个问题作出正确的判断提供了有利的条件。《资本论》法文版中对原德文版中"生产方式"使用上的多处修改似乎表明马克思已经觉察到他对生产方式一词在多种涵义上使用引起的混乱,因而在许多处都作了修改。这些修改我认为已经解决了争论的问题。但是,从理论界后来的情况看,认识似乎仍未能按照马克思的原意统一起来,而这个问题的正确把握对研究社会主义经济有着极大的现实意义。因为政治经济学长期以来不重视研究生产力、劳动方式及其发展规律,这是造成我们过去经济工作失误的一个重要的理论根源。

---

* 胡钧:中国人民大学经济系教授。

　　《资本论》的研究对象是社会生产关系，是生产的社会形式；生产力、劳动方式本身不是《资本论》的研究对象，只有在说明生产关系的性质、发展、变化所必需的范围内才进入《资本论》的研究领域；马克思是在多种涵义上使用生产方式一词的，因此，不能随意摘引，只能在马克思为说明生产关系与生产方式的相互关系的地方来探讨他使用的生产方式一词的涵义。我是同意上述看法的，但《资本论》研究生产关系时，生产力、生产（技术）方式的研究究竟处于怎样的地位？由此推论，今天的政治经济学理论工作者应怎样对待生产（技术）方式的研究？这才是争论的真正分歧。

一

　　《资本论》法译本的出版，对澄清上述争论问题有重要作用。法译本是马克思对德文第2版作了极其认真的重新校订和修改的，不少地方的内容和表述更准确了。关于"资本主义生产方式"概念的使用是马克思修改时关注的最重要的问题之一，看来是他觉察到了由于"生产方式"一词多重涵义使用所带来的混乱，他在关键地方都作了修改和明确说明。修改的地方，主要有：（1）在一些原来用"资本主义生产方式"表示资本主义生产关系或生产力与生产关系统一的涵义的地方都作了修改，改用"资本主义生产"或"资本主义的所有权"或"经济制度"来表述。例如在序言中，紧接在"我在本书研究的，是资本主义生产方式……"这句话的后面，马克思又说，"到现在为止，这种生产方式的典型地点是英国"。后一句话讲的"生产方式"显然是指资本主义生产整体包括资本和雇佣劳动的关系来讲的。有的同志曾依此推论前面那句话中的"资本主义生产方式"也应包括资本主义所有制关系，因为一般来说紧接在一起使用的同一概念不可能指不同涵义。法文版正是在这里作了改动，马克思把后面那句话中指生产关系与生产力统一的"生产方式"一词改为"生产"了。这一改变可以证明前面那句话中没有改动的"资本主义生产方式"不是指生产总体讲的，而是指不包括生产关系的生产的技术方式。在《资本论》第1卷以下的叙述中，凡是包括生产关系涵义而曾用了"资本主义生产方式"的地方，马克思基本上都改动了。如在法文版第813

页，把原来的"资本主义生产方式"改为"资本主义的所有权"。上述这些改变可以反衬出序言中那段讲研究对象一句中的"资本主义生产方式"只能是生产的技术方式，即属社会生产力范畴，不包括所有制关系。（2）对"特殊的资本主义生产方式"涵意作了明确的解释。在第十四章中马克思论述特殊资本主义生产方式与相对剩余价值生产之间的关系时所说的"特殊资本主义生产方式"，有人把它理解为"它包括生产的技术方面（生产力）和社会方面（生产关系）"，即生产力与生产关系统一的概念。但是，法文译本把这种看法否定了，经过改动后的法文版在这里是把"劳动的技术过程和社会组织"的根本变化与"严格意义上的资本主义生产方式"并列，即把二者作为同义语来使用的。马克思还在另外的地方对"特殊资本主义生产方式"一词之后特别地增加了具体的说明，如在法文版第 662 页上在"特殊的资本主义的生产方式"一词之后增加了一句解释的话："或严格意义上的资本主义生产的社会结合和技术工艺整体"，下文紧接着的地方又把原来"特殊的资本主义生产方式随着资本积累的发展"一句话改为"积累的进一步增长则使企业的规模能够扩大，从而又反作用于资本主义生产的发展"。在法文版第 769 页上把原来德文版上的"生产方式本身还不具有特殊的资本主义性质"改为"生产技术方式还没有特殊的资本主义性质"。这些更动或补充都表明马克思竭力在消除由于多义使用"资本主义生产方式"这一名词造成的误解，明确地表明在《资本论》中使用"生产方式"一词的精确含义，即生产的技术方式或具体的劳动方式。

马克思在给左尔格的信中肯定了法译本扉页上的这段话，"扉页上印有全部经作者校订的字样，这绝不是毫无意义的空话，因为我确实付出了艰苦的劳动"。① 对"资本主义生产方式"这一用语的多处细微的修改充分证实了这一点。它也同样证实了，马克思在序言中那段话中所说的"资本主义生产方式"一词的明确涵义只能是指生产技术方式。我认为这是无可怀疑的。

---

① 《马克思恩格斯全集》第 33 卷，人民出版社 1973 年版，第 492 页。

二

《资本论》法文版关于"资本主义生产方式"使用上的修改，为深入讨论该问题创造了有利条件。

生产力、生产（技术）方式的研究是否属于《资本论》中一个不可缺少的重要方面？它占有怎样的地位？生产（技术）方式的研究与把《资本论》的研究对象规定为生产关系又是怎样的关系？这个问题，马克思自己已经讲清楚了。马克思说："政治经济学所研究的是财富的特殊社会形式，或者不如说是财富生产的特殊社会形式。财富的质材，不论它是主体的，如劳动，还是客体的，如满足自然需要和历史需要的对象，对于一切生产时代来说最初表现为共同的东西。因此，这种质料最初表现为单纯的前提。这种前提完全处在政治经济学考察范围之外，而只有当质料为形态所改变或表现为改变这种形态关系的东西时，才列入考察的范围。"① 这段话表明：（1）政治经济学不是研究财富生产一般，而是研究财富生产特殊社会形态，即一定的社会生产关系。（2）但生产力、生产方式又必须列入考察范围，物质生产力、生产（技术）方式不能绝对排斥在政治经济学考察领域之外，不过对它们的研究是限于这样的范围：一定生产关系推动的生产力有了怎样发展和这种生产力的发展又怎样决定了一定生产关系的发展和变化。这也就是在《资本论》第一卷序言中强调的，"本书的最终目的就是揭示现代社会运动的经济规律"。

有人担心如果把序言中那段话中的"资本主义生产方式"理解为生产的技术方式，会使人们把它列为政治经济学的研究对象，而且还会被看作比生产关系更重要的研究对象，因为马克思是把它放在了生产关系之前。理论界的确有人这样看，并得出了否定生产关系是研究对象的不正确的结论。但解决上述片面看法不应又走到片面轻视研究生产方式的意义的另一极端上。这个问题完全可以依据马克思自己的表述来加以解决。（1）正如上面所说，应当把生产力列入考察的范围，因为只有把握了生产力的规律，才能揭示生产

① 《马克思恩格斯全集》第 46 卷下册，人民出版社 1980 年版，第 383 页。

关系的运动规律，但这绝不等于因此就把政治经济学的研究对象二重化。因为对生产力的研究只限于为揭示生产关系的性质和发展规律所必需的范围之内。（2）把"资本主义生产方式"放在生产关系前面，并不表示它作为研究对象中的首位，只是表示了生产（技术）方式与生产关系和交换关系之间的基本关系，因为后者由前者的性质决定的。当然，并不是说这种表述方法不可改动，不可以用另外的不容易引起误解的方式来表述。但任何理论都带有时代的烙印，马克思所以把资本主义生产（技术）方式突出出来，是针对当时一度盛行的空想的社会主义和德国哲学的唯心史观的统治而特意强调的，是为了与空想社会主义和一切小资产阶级社会主义划清界限。后者从人性以及人道主义、正义、道德等社会意识来解释人类的历史运动，并在这个基础上建立他们的"理想模式"。这也正是为什么在《资本论》刚出版时马克思在给恩格斯的信中强调要恩格斯宣传《资本论》在科学方面的重大发展，即"实际的经济关系是以一种完全新的方式，即用唯物主义方法进行考察的。例如：（1）货币的发展；（2）协作、分工、机器制度以及和它相适应的社会联系和社会关系是怎样'自然而然地'发展起来的"①。

有人说协作、分工、机器只不过是三卷《资本论》98 章中的 3 章，不能用这 3 章概括《资本论》的全部内容。应当注意的是，马克思在这里讲的不是具体内容，而是生产关系适应生产（技术）方式的变化而变化的历史唯物主义方法。如果我们从方法上看，那么可以看到这一方法的确是贯彻在《资本论》的全部内容的分析中。马克思在每一个揭示生产关系性质和运动规律的章节都是把物质生产力和生产（技术）方式的分析放在前面的。除了上面讲的那 3 章外，在阐述资本主义积累过程的发展以及其后果和历史趋势时，都是直接运用这一方法的。例如在"资本主义积累的一般规律"一章中，在开始分析资本主义条件下工人阶级命运恶化的规律性时，也是先考察生产（技术）方式的变化。因为不研究这种变化就无法说明技术构成的提高和资本有机构成不断提高的必然性，当然也就无从揭示资本主义制度下工人阶级状

① 《马克思恩格斯〈资本论〉书信集》，人民出版社 1976 年版，第 244 页。

况恶化的必然性。应当指出的是，如果说在德文版《资本论》这一篇中对生产力、生产方式的分析还不够具体的话，那么在法文版中，马克思特别增加了生产力内容的具体考察。马克思在这里考察了资本主义生产（技术）方式的一系列变化。在全章的分析中，马克思不断地提到协作、分工、机器等这些生产方法的作用，讲到只有这些生产方法才能使巨大的自然力为生产服务，才能使生产过程变为科学在工艺上的应用。在法文版中马克思写道："协作、工场手工业分工、机器等等，总之，能够使集体劳动能力得到飞跃发展的方法，只有在生产规模已经相当大的地方才能被引进，随着生产的扩大，这些方法也得到发展。"正是生产方法和资本积累这两种经济因素互相推动的复合关系，导致资本技术构成的变化，使资本的可变部分同不变部分相比越来越少，从而得出了资本主义阶级矛盾必然不断深化的结论。仅从上述这些方面就可以看出，认为《资本论》只是在第11、12、13章中涉及协作、分工和机器的看法是有一定片面性的。在强调《资本论》研究对象是生产关系的正确命题下，无意中贬低了这些生产方法的研究在《资本论》中的重要地位。如果我们翻阅《资本论》的几个手稿，在那里有更大的篇幅直接研究物质生产力、生产的技术方式，就可以体会到马克思是多么重视它们在认识一定社会经济制度中的地位，这种方法正是《资本论》最重要的科学价值所在。

有人还担心如果承认《资本论》序言中的"资本主义生产方式"应理解为生产技术方式、劳动方式，就意味着把它放在研究的首要地位了。我认为这种担心也是不必要的。因为要研究生产关系的性质和发展，的确首先要研究生产力的性质和状况，否则生产关系得不到合乎规律的说明。但绝不应该理解为《资本论》是把生产力的研究作为更重要的研究对象。正确地批评这种错误观点是必要的，不过也不应该因有这种误解就不承认这里的资本主义生产方式是指属于生产力范畴的劳动的社会结合的方式和技术工艺。马克思对商品的研究，虽然对象是价值，但却从使用价值的分析开始；对剩余价值生产的研究，虽然对象是价值增殖过程，但却是从劳动过程开始。因为前者是后者的物质基础、物质承担者。这种考察的顺序并没有导致认真学习的人们对《资本论》研究对象的误解。同样，表述《资本论》研究范围时，把资本主义生产方式放在前面，也一样不会引起那种误解的。产生把生产力同生产关系并列为研究对象这种误解的是有另外重要的原因。

三

正确认识生产（技术）方式的研究在考察一定生产关系的性质和运动规律中的地位，对当前研究社会主义经济有着极重要的方法论意义。

以往对《资本论》的学习，紧紧抓住生产关系这个研究对象是完全正确的。但是，也不可否认，那时学习《资本论》，对研究对象的理解上有一定程度的片面倾向，注意力过于集中在生产关系本质的考察上，而对导致生产关系变革的生产力和生产方式的考察则有所忽视，对生产关系的本质分析得具体、细微，但当讲到生产力往往是一掠而过，讲得抽象、不具体，这与当时的历史条件有关。这是不符合马克思的本意的，也带来一定消极影响，似乎生产力只是用来说明问题的模糊概念，而不是需要认真研究的现实问题；似乎不认真扎实地研究生产力，就可以说明生产关系的存在和性质。这种消极影响在进行消灭资本主义制度的革命时期还表现得不明显，但是在需要根据这一基本理论创造性地在实践中建设一个新社会的时期，就需要具体回答这样的问题：现在的生产力、生产方式的实际状况是怎样，生产技术方式将按照怎样的规律向前发展，应当建立怎样的生产关系与这种生产方式相适应，以推动生产力的迅速发展，更快地改善和提高人民的生活水平。作为一个政治经济学理论工作者，如果不像马克思恩格斯那样深入细致、具体地研究当时的生产力和生产的技术方式的状况及其发展规律，怎么能够对建立怎样的生产关系和如何调整生产关系提出中肯的意见呢？

社会主义从诞生以来，由于生产资料公有制所赋予的优越性，社会主义经济建设取得了举世瞩目的成就。但是也不能否认，几乎所有社会主义国家，发展过程出现一些曲折是不可避免的。失误的原因很多，但从理论上来说，主要的就是没有运用好生产力与生产关系发展的相互关系的客观规律。问题不在于我们不知道生产力与生产关系之间的辩证关系，而在于对生产本身的发展的研究过于抽象，这就影响了对社会的发展得出科学的认识。社会主义初级阶段的规定就是对生产力的状况作了科学的具体细致研究所得出的科学结论。当然，政治经济学这门科学的研究对象不包括生产力。正如马克思一再强调政治经济学的对象不是物质生产，而是生产的社会形式。但是，不应由此把马克思针对当时政治经济学研究上这一重要缺陷所强调的这一点绝对化，似乎政治经济学的研究可以不必重视对生产力的研究。结果，无形中形成一种传统观念，似乎生产关系可以与任何一种生产力自由结合，在某一种生产力水平基础上，可以凭主观意志任意建立某种生产关系。

在政治经济学中漠视生产力的研究表现在以下方面：（1）对生产力归根结底决定生产关系这一基本理论把握得不具体，对生产力究竟怎样决定着新的生产关系的产生和它以后的变化也缺乏具体研究，对当前生产力水平和状况和本国国情、国力的认识若明若暗，不作认真细致的研究，其结果就在实际上是突出了生产关系对生产力的决定性反作用。不理睬生产力的具体状况，推动生产关系超前发展。在实际工作中具体表现为：首先，过高地估计了国家的实际生产力水平，从而把生产关系的具体形式和发展调整的速度规定得不符合实际；另外就是总企图通过生产关系的频繁变动来推动生产力超高速发展，以此显示社会主义制度的优越性。这些现象可以说是所有社会主义国家曾经犯过的通病。（2）对生产力、生产方式发展规律的研究重视不够。生产力与生产关系之间的关系一般是：物质生产力，主要是生产工具决定着生产的技术方式、劳动的技术上的组织形式或社会结合方式，生产的技术方式直接决定着社会生产关系的具体形式。如果不把握生产力和生产方式的现状和发展规律，就不可能在实践中自觉运用生产力和与生产关系相互关系的辩证规律。生产力、生产方式有自己的发展规律，这个规律是独立于生产关系而存在的。生产关系只能是适应生产方式变化规律而变化、发展，以推动生产方式的进一步发展。先进的生产关系不在于它能改变或创造新的生产力运动规律，越过生产力发展的必要阶段。它所以是先进的，只是在于它更能按照生产力本身发展规律的要求来活动。

生产力发展的阶段性决定着生产关系发展的阶段性。例如，生产工具的发展从石器到铜器再到铁器是合乎自然规律的，决定了生产关系发展的阶段性，从原始社会到奴隶制，再到封建制度。对同一个社会经济形态的不同阶段也同样是生产力发展的阶段性决定的，从简单协作到工场手工业分工，到机器生产，是生产方式合乎规律的发展，它决定资本主义生产关系中劳动对资本的形式隶属发展到实际隶属。在资本主义制度下，生产力从以蒸汽机为标志的机器生产，到以电动机为标志新能源的创造，再到原子能电子技术、航天技术的发明与发展，近几次相互联系的技术革命同样是生产力合乎规律的发展过程。它决定了资本主义生产关系从自由竞争的资本主义，到垄断资本主义，再到国家垄断资本主义的阶段。

但是过去在生产方式的运动规律方面研究得很不够，这一方面导致企图超越必要阶段一步"跃进"到主观规定的高度上，另一方面失去了规定生产关系发展阶段的基本依据，成为"左"的或右的思想倾向的认识根源。所以，这也是社会主义国家在经济建设和改革工作中出现失误的重要原因。

可见，《资本论》序言中把生产（技术）方式包括在研究范围中，这一基本观点强调它在研究生产关系发展中的重要地位是有着极大的现实意义的。无论在规定社会主义生产关系的具体形式及其变化以及在当前经济体制改革步骤设计时，明确生产方式是这些活动的基本依据，一定能进一步提高我们实际工作的自觉性，减少大的失误和摆动。

经过40余年的建设和改革实践，明确了我们现在还处在社会主义初级阶段。这一论断有着极其重要的意义，是克服工作中各种错误倾向的基本依据。依据马克思《资本论》的研究方法，社会生产关系建立的基本依据只能是生产力、生产技术方式。因此我们必须克服过去政治经济学传统讲述中对生产力研究的轻视态度，掌握马克思理论的精神实质和方法论，对我国现阶段的生产力和生产方式的现状作认真的研究，从而正确地阐明我国当前社会主义生产关系在坚持社会主义基本制度的前提下，应当采取的具体形式和管理体制。

（原文发表于《经济学家》1997年第2期）

论作为政治经济学研究对象的生产方式范畴

吴宣恭[*]

生产方式是马克思主义政治经济学的重要概念。由于它在马克思的著作中出现频率很高（据简略统计，仅在《资本论》中它就出现过568次），而且分别在许多不同的场合使用，遂引起学者对其含义的理解产生较多分歧。对生产方式含义的不同认识虽然看起来只是一个概念性的问题，但是，如果由此进行理论拓展，却影响了研究者对一些重要问题的观点。例如，涉及对政治经济学研究对象和方法等的理解，直接影响着马克思主义政治经济学的建设问题。因此，本文试图对这个问题进行初步的探讨，欢迎学术界同仁进行批评指正。

一、广义的生产关系是生产方式概念大量使用的含义

在马克思、恩格斯的论著中，生产方式一词具有不同含义。初步阅读国内的有关研究成果，能列举出处并加说明的含义就不下十种。例如，有人认为生产方式是指：生产的同义词、生产的技术方式、劳动方式、劳动者与生产资料结合的方式、生产的社会类型或形式、社会经济结构、经济的社会形态、生产力和生产关系的统一，等等。据我个人的初步查找和简略归纳，生产方式除了以上含义之外，至少还指：第一，生产力发展状况或劳动过程的条件；第二，从社会联系看的具体生产类型，如商品生产的生产方式、自给自足的生产方式等；第三，按规模或生产工具划分的生产类型，如小生产的生产方式、大工业的生产方式、机器的生产方式等。

本文想进一步提出的是，生产方式最大量出现的含义之一是生产关系，

---

* 吴宣恭：厦门大学经济研究所教授、博士生导师。

即包括生产、交换、分配、消费关系的广义的生产关系，或者是马克思所说的"生产关系总和"、"社会生产关系"、"经济关系"，而不是仅在生产领域中发生的，与交换、分配关系并列的狭义的生产关系。以下分类摘引一些比较清楚反映马克思、恩格斯用意的论述并作简要的解释。

（1）马克思或是直接指出生产方式即特定的生产关系，或是用括号的方式标明生产方式就是"社会生产关系"。例如，在分析商品拜物教关系时，马克思写道："对于这个历史上一定的社会生产方式即商品生产的生产关系来说，这些范畴是有社会效力的、因而是客观的思维形式。"① 在这里马克思明确地把社会生产方式等同于商品生产的生产关系。资本主义生产方式"显然是长期历史发展的结果，是许多经济变革的总结，并且是以其他各生产方式（社会生产关系）的衰亡和社会劳动生产力的一定发展为前提"②。在这里，马克思也同样直接将生产方式看作是生产关系。

（2）马克思将生产方式和社会生产关系看作是相同涵义的用语。"这种生产方式的主要当事人，资本家和雇佣工人，本身不过是资本和雇佣劳动的体现者，人格化，是由社会生产过程加在个人身上的一定的社会性质，是这些一定的社会生产关系的产物。"③ 资本和雇佣劳动不是单纯的物，而是资本主义的生产关系，资本家和雇佣工人是这种关系的主要当事人和人格化。从这样的观点来看，第一，马克思称资本家和雇佣工人是资本主义生产方式的主要当事人以及资本和雇佣劳动的人格化，等于说资本主义生产方式就是资本主义生产关系；第二，马克思还指出，资本主义生产方式中的这些表现，"是这些一定的社会生产关系的产物"，表明生产方式和社会生产关系是等同的用语。

（3）资本主义生产方式作为资本主义生产关系的另一种表述用语。马克思在解释资本主义的本性时指出："资本主义生产方式按照它的矛盾的、对立的性质，还把浪费工人的生命和健康，压低工人的生存条件本身，看作不变

---

① 《资本论》第1卷，人民出版社2004年版，第93页。
② 《马克思恩格斯全集》第46卷下册，人民出版社1980年版，第513页。
③ 《资本论》第3卷，人民出版社2004年版，第996页。

资本使用上的节约，从而看作提高利润率的手段。"①"以生产剩余价值为目的的资本主义生产方式，必然要越来越成为占绝对支配地位的生产方式。"②众所周知，"把浪费工人的生命和健康""看作提高利润率的手段"、"以生产剩余价值为目的"、以获取剩余价值为特征等等，完全是资本主义生产关系的本质属性。马克思在这么多场合用这些特性去描绘资本主义生产方式，表明资本主义生产方式就是资本主义生产关系的另一种表述用语。

（4）马克思强调资本主义私有制是资本主义生产方式的前提。"资本主义的生产方式和积累方式，从而资本主义的私有制，是以那种以自己的劳动为基础的私有制的消灭为前提的，也就是说，是以劳动者的被剥夺为前提的。"③马克思强调资本主义所有制是资本主义生产方式的前提，表明这种生产方式就是资本主义的生产关系，并且完全是反映生产关系而不是其他关系。如果将这些话里的资本主义生产方式代之以资本主义生产关系，丝毫不影响其原意。

综上所述，无论从字面上或从资本主义生产方式的性质、特点和规律，以及资本主义历史进程和产生条件或所有制基础去辨析，马克思、恩格斯在许多地方讲到的生产方式实际上就是指生产关系。对这种大量使用的含义，决不应该忽视或回避，它对解决政治经济学建设问题具有重要意义。

二、生产方式概念的规范化

在马克思、恩格斯长时期完成的浩瀚的著述中，关于生产方式的概念确实随着不同的论述场合而具有众多的含义。概念的多含义固然可根据不同的环境和对象方便叙述相关的问题，但它也是理论发展过程的阶段性结果和表现。例如，马克思在《德意志意识形态》中早就提出生产力与生产关系辩证关系的理论，但当时他用的不是生产关系概念，而是用"交换方式"、"交往关系"、"生产和交往的关系"等；以后他在使用生产关系时又往往同交换关

① 《资本论》第3卷，人民出版社2004年版，第101页。
② 《马克思恩格斯选集》第3卷，人民出版社1995年版，第550页。
③ 《资本论》第3卷，人民出版社2004年版，第887页。

系并列；在《共产党宣言》中他就基本上使用生产关系这一概念了。只要想到马克思、恩格斯对当时的经济政治局势和理论斗争的紧迫快速反映，戎马倥偬，就不能苛求他们使用的概念都处处高度一致。但是，理论概念的含义过于多样，免不了会使其内涵和外延处于不确定状态，影响了理论逻辑的严密性，不利于理论的明白表述，并容易在传播中引发歧异（就像今天我们面临的情况一样）。因此，随着理论的广泛传播和应用，要求概念逐渐明确和规范化。这是理论发展的必然趋势和结果。

北京大学的赵家祥教授不随时俗，分析生产方式的多种含义的共同点和基本点，肯定斯大林将生产方式概念规范化和明确化。赵家祥认为斯大林将生产方式定义为人们在物质资料生产过程中生产力和生产关系的统一，符合马克思生产方式概念的基本含义，是对马克思历史唯物主义理论的发展，倡言不要退回到这一概念的多含义状态。① 我赞同他的这个观点并就此作一些补充。

有人认为斯大林关于生产方式的定义不符合甚至是违反了马克思的基本论断，实际并非如此。马克思虽然没有直接说生产方式是生产力和生产关系的统一体，但他在一些场合谈到生产方式时，确实包含了生产力和生产关系的矛盾统一体的含义，例如：

（1）"这难道不是说，生产方式，生产力在其中发展的那些关系，并不是永恒的规律，而是同人们及其生产力的一定发展相适应的东西，人们生产力的一切变化必然引起他们的生产关系的变化吗?"②③ 这句话清楚地指出，第一，生产方式即是生产力在其中发展的关系，其当然的含义应是：生产力是在生产方式当中发展的，而不是独立于生产方式之外的东西，生产方式包含了生产力。第二，生产力的一切变化直接引起生产关系的变化，而不必通过别的中介去决定生产关系。第三，生产力与生产关系同处于生产方式之中，

---

① 赵家祥:《生产方式概念含义的演变》，载于《北京大学学报》（哲社版）2007 年第 5 期。

② 《马克思恩格斯选集》第 1 卷，人民出版社 1995 年版，第 152 页。

③ 在 1972 年中文版，"生产方式"之后用的是顿号，由此使有些人误认生产方式与生产关系是并列的范畴。参见《马克思恩格斯选集》第 1 卷，人民出版社 1972 年版，第 119 页。

这样它们才能互相影响。也就是说,生产方式涵盖了生产力和生产关系。第四,在生产力与生产关系的相互关系中,生产力是矛盾的主要方面。旧的生产关系不适合生产力发展要求的时候就会被打破,由新的生产关系替代,这时,整个生产方式也就改变了。所以,生产方式是与生产力发展相适应的历史性范畴。总之,这句话表明了,生产方式包含了生产力和生产关系,生产力与生产关系相互影响,两者都是在生产方式中发展的,生产方式是两者矛盾的统一体。马克思还在叙述原始部落共同体的生产方式时写道:"这种生产方式既表现为个人之间的相互关系,又表现为他们对无机自然界的一定的实际的关系。"① 这里同样表明生产方式包含着生产力和生产关系两个方面。

(2) "资本主义生产方式的矛盾正好在于它的这种趋势:使生产力绝对发展,而这种发展和资本在其中运动、并且只能在其中运动的特有的生产条件不断发生冲突。"② 在英文版,这段话是 "The contradiction of the capitalist mode of production, however, lies precisely in its tendency towards an absolute development of the productive forces, which continually come into conflict with the specific conditions of production in which capital moves, and alone can move." 其中,"conditions of production" 一词,在《资本论》第 1 版序言里,即 "我要在本书研究的,是资本主义生产方式以及和它相适应的生产关系和交换关系(In this work, I have to examine the capitalist mode of production, and the conditions of production and exchange corresponding to that mode)" 也使用了,而在序言的中文版,它被翻译为生产关系(同样的译法,在《共产党宣言》中也出现过)。这就直截了当和明白无误地指出,资本主义生产方式的矛盾就是生产力的发展同资本在其中运动的生产关系的矛盾。

(3) "矛盾在于:资本主义生产方式包含着绝对发展生产力的趋势,而不管价值及其中包含的剩余价值如何,也不管资本主义生产借以进行的社会关系如何;而另一方面,它的目的是保存现有资本价值和最大限度地增殖资本

---

① 《马克思恩格斯全集》第 46 卷上册,人民出版社 1979 年版,第 495 页。
② 《资本论》第 3 卷,人民出版社 2004 年版,第 286 页。

价值（也就是使这个价值越来越迅速地增加）。"① "在资本主义生产方式内发展着的、与人口相比显得惊人巨大的生产力，以及虽然不是与此按同一比例的、比人口增加快得多的资本价值的增加，同这个惊人巨大的生产力为之服务的、与财富的增长相比变得越来越狭小的基础相矛盾，同这个不断膨胀的资本的价值增殖的条件相矛盾。危机就是这样发生的。"② 这些话揭示了：生产力不受社会关系的限制，按照它内在的必然趋势在生产方式内部绝对地发展，而资本主义的生产方式却要以资本的增殖为目的，所以，生产力的发展与追求剩余价值的生产关系之间存在矛盾，引发了经济危机。可见，这里使用的"生产方式"就包括了生产力和生产关系以及它们相互矛盾的关系。

（4）"如果说资本主义生产方式是发展物质生产力并且创造同这种生产力相适应的世界市场的历史手段，那么，这种生产方式同时也是它的这个历史任务和同它相适应的社会生产关系之间的经常的矛盾。"③ 这句话指出，资本主义生产关系同（作为资本主义生产方式的任务和手段的）生产力经常发生矛盾，而两者又同时存在于生产方式之中，表明生产方式是生产力与同它相适应的生产关系的矛盾统一关系。

可见，将生产方式表达为生产力和生产关系的统一，并不违背马克思、恩格斯理论的基本精神，而且，如此定义生产方式也能排除生产方式概念多义性的不利因素，突出社会经济生活中最主要的两极，阐明它们之间的矛盾统一关系，使人们对社会发展的动因和规律有了更为简要和明确的了解，抓住基本的、主要的矛盾，进而弄清它们与其他非主要因素的关系。这对辩证唯物主义和历史唯物主义原理的传播和运用都有重要的意义，可以说是包括斯大林在内的后人对马克思主义的重大发展。

为了避免发生误会，在这里我们必须要强调指出：我赞成对生产方式范畴进行规范化表述，但是，我却不赞成用这样经过后人规范化的表述去诠释马克思在不同历史时期对生产方式范畴的不同运用。生产方式概念的进一步

① 《资本论》第3卷，人民出版社2004年版，第278页。
② 《资本论》第3卷，人民出版社2004年版，第296页。
③ 《资本论》第3卷，人民出版社2004年版，第279页。

明确和规范化毕竟是继承者的工作，我们今天研究马克思、恩格斯的著作，不能用后人发展了的范畴去代替他们在特定场合的思考和表述，把经过发展的概念含义强加给他们，一定要分别不同场合如实地去领会他们用过的生产方式的含义。一般化的、统一的定义，并不符合当时马克思关于《资本论》或政治经济学研究对象表述中生产方式的语境，容易产生牵强附会式的解释。因此，用后人规范的生产方式的定义去推断马克思对政治经济学研究对象的意见，也是非历史的、片面的和不合适的。

三、生产方式是否是生产力和生产关系之间的中介？

社会发展是否存在一个所谓的"生产力—生产方式—生产关系"范式？换言之，生产方式是否是生产力和生产关系之间的必不可少的中介？对于这个问题持肯定态度的同志，大都是到马克思著作中去找几段语录并对它们进行符合自己需要的解释。我不认同这种论证方式。第一，如果靠摘引语录能证实自己的论点，反对者也能找出几句意思相反的话，演绎出相反的结论。马克思在许多地方就直接讲生产力决定生产关系，而不涉及生产方式概念。第二，主张生产方式是生产力与生产关系之间的中介的学者，往往强调生产关系要与生产方式相适应。这部分学者同样是靠援引马克思的有关语录为自己的观点作证。但是，我们同样也能找出相反意思的话。例如，"我们称为资本主义生产的是这样一种社会生产方式，在这种生产方式下，生产过程从属于资本，或者说，这种生产方式以资本和雇佣劳动的关系为基础，而且这种关系是起决定作用的、占支配地位的生产方式"①。第三，有的被他们当作论据的个别引文，其含义也可作完全相反的解释。例如，他们援引《哲学的贫困》的一段话："随着新生产力的获得，人们改变自己的生产方式，随着生产方式即谋生的方式的改变，人们也就会改变自己的一切社会关系。"② 如果把其中的生产方式的含义理解为生产关系，社会关系解释为经济关系以外的关

① 《马克思恩格斯全集》第 32 卷，人民出版社 1998 年版，第 153～154 页。

② 《马克思恩格斯选集》第 1 卷，人民出版社 1995 年版，第 142 页。

系，那就等于说，生产力决定生产关系，随着生产关系的变化，一切社会关系，如政治、法律、伦理关系等都会改变。从以上说明我们可以得出结论："生产力—生产方式—生产关系"范式的论据并不充分，至少是值得怀疑的。

重要的是，必须切实弄清生产方式的含义究竟是什么，只有这样才可能辨清它是否是生产力和生产关系之间必不可少的中介。如果还没有弄明白生产方式的确切含义是什么，不了解它对人们的经济关系起什么作用，在社会经济结构中居于什么地位，而仅凭马克思的几句语录，以及自己对这几段语录的任意解释，就妄下结论，那一定是没有说服力的。事实上，如果我们了解生产方式的内涵是多方面的、外延有大有小，那么，我们就会对它的地位和作用有不同的认识，因而就会得出结论：生产方式范畴承担不了生产力与生产关系之间"中介"的理论重任。实际上，中介说是从主张生产方式只有单一含义的前提入手进行研究的。在这种意见中，影响较大的有两类，一是主张生产方式是劳动者和生产资料的结合方式，一是主张生产方式就是劳动方式或劳动过程。

持前一种意见的专家提出，资本主义生产方式"即资本主义条件下劳动者和生产资料相结合以生产人们所需要的物质资料的特殊方式，也就是雇佣劳动和资本相结合以生产人们所需要的物质资料的特殊方式。"他还引用马克思叙述资本主义生产方式特征的话证明自己的意见："我们称为资本主义生产的是这样一种社会生产方式，在这种生产方式下，生产过程从属于资本，或者说，这种生产方式以资本和雇佣劳动的关系为基础，而且这种关系是起决定作用的、占支配地位的生产方式。"① 这里有几个问题值得探讨。

首先，生产方式就是指劳动者和生产资料的结合方式吗？这种意见援引了几段马克思关于生产力决定生产方式，生产方式决定生产关系的语录，说明生产方式是与生产力和生产关系并列而且决定着生产关系，阐述了如何理解这个"原理"，却没有举出马克思在什么地方明确说过生产方式就是劳动者和生产资料的结合方式。这样，他们关于生产方式就是这种结合方式的推断

---

① 《马克思恩格斯全集》第 47 卷，人民出版社 1974 年版，第 151 页。

就失去了论据的可靠性，使人怀疑它究竟是马克思、恩格斯的原意还是他们自己的推测。

其次，他们引用的那段语录能说明马克思讲的"生产过程从属于资本"和"以资本和雇佣劳动的关系为基础"的生产方式，指的是劳动者和生产资料的结合方式吗？能说明这样的生产方式是与生产关系并列而且能决定生产关系的独立范畴吗？不能。第一，那句话一是讲生产过程与资本的从属关系，二是讲生产方式以什么关系为基础，这些与劳动者和生产资料的结合方式不是一回事，无法看出文中的生产方式就是指生产要素的结合方式。第二，马克思在分析雇佣劳动与资本的关系时明确指出："资本也是一种社会生产关系。这是资产阶级的生产关系，是资产阶级社会的生产关系。构成资本的生活资料、劳动工具和原料，难道不是在一定的社会条件下，不是在一定的社会关系内生产出来和积累起来的吗？难道这一切不是在一定的社会条件下，在一定的社会关系内被用来进行新生产的吗？"① 可见，资本主义的生产过程是资本雇佣劳动进行生产和积累的过程，即在资本主义生产关系范围内进行的过程，体现着资本主义的生产关系，当然是资本主义生产关系的一部分。"生产过程从属于资本"、"以资本和雇佣劳动的关系为基础"，描述的正是资本主义生产关系，而不是与生产关系并列、决定生产关系的什么中介范畴。

再次，即使退一步同意生产方式是指劳动者和生产资料的结合方式，还需要分析一下它与生产关系究竟是什么关系，从它们发生的过程看到底谁先谁后，谁决定谁。生产资料和劳动者的结合方式在直接形式上体现的是生产资料和劳动者之间的关系，从社会关系看，其实质却是生产资料的代表，即生产资料的所有者或占有者与劳动者之间的关系。它本身就是一种生产关系，或者说，是社会生产关系的一个组成部分。它的基础是生产资料所有制，并由生产资料所有制决定。生产资料所有制是经济主体围绕着生产资料结成的关系，也是生产关系的组成部分。但是，它又是人们进行生产不能或缺的前提，对生产关系的其他部分起着决定作用。生产资料所有制不同，劳动者和

① 《马克思恩格斯全集》第 32 卷，人民出版社 1998 年版，第 153~154、345 页。

生产资料的结合方式就不一样。例如，在奴隶主所有制下，劳动者是奴隶主会说话的工具，与生产资料一样都是奴隶主的财产，两者是在奴隶主的支配下直接结合的。在欧洲的封建所有制下，农奴世世代代终身束缚在封建领主所有的土地上，劳动者与最主要的生产资料直接结合。自耕农使用自己所有的土地和其他生产工具，独立从事耕作，在他们和生产资料之间没有插入别的主体，也是与生产资料直接结合的。只有在资本主义私有制条件下，劳动者被剥夺了生产资料，也解脱了土地的终身羁绊，成为一无所有的自由人，从而只能通过雇佣劳动的方式、在生产资料所有者支配下与生产资料间接地结合。因此，结合方式反映的是劳动者和生产资料根据生产资料所有者的意志和利益，在一定范围内，通过特定的途径相结合的关系。就资本主义而言，劳动者和生产资料是根据创造剩余价值的需要，通过劳动力买卖，在资本家控制的生产过程中实现两者的结合的。它是生产资料所有制发生作用的后果，在实质上反映了资本家奴役、剥削雇佣劳动者的关系。可见，结合方式不仅不能脱离生产关系，反而要受到相同的基础——生产资料所有制的制约。

不仅如此，生产资料所有制与劳动者和生产资料的结合方式存在于不同的过程，发挥不同的作用。生产资料所有制存在于生产过程之前，体现了生产资料所有制的各个主体之间的关系，是劳动者与生产资料相结合、进行劳动生产的前提条件。马克思指出，生产条件的分配不同于一般产品的分配，"是在生产关系本身内部由生产关系的一定当事人同直接生产者的对立中所执行的那些特殊社会职能的基础。这种分配关系赋予生产条件本身及其代表以特殊的社会性质。它们决定着生产的全部性质和全部运动"①。有些学者在强调劳动者和生产资料的结合方式的重要作用时，都喜欢引用马克思的这句话："实行这种结合的特殊方式和方法，使社会结构区分为各个不同的经济时期。"殊不知他们却漏掉紧接的另一句话："在当前考察的场合，自由工人和他的生产资料的分离，是既定的出发点，并且我们已经看到，二者在资本家手中是怎样和在什么条件下结合起来的——就是作为他的资本的生产的存在

① 《资本论》第3卷，人民出版社2004年版，第995页。

方式结合起来的。"① 后一句话就明白地指出，资本主义的结合方式是以工人丧失生产资料和资本家拥有资本作为前提条件的。因此，作为前提条件的生产资料所有制形成在前，劳动者和生产资料的结合方式是在所有制关系确定以后才产生的，发生在后。

可见，生产资料和劳动者的结合方式是由一定的生产资料所有制决定的，在所有制关系明确以后才形成的关系，是生产关系总体中发生在生产过程中的人们相互关系的一部分。因此，它不是独立于生产关系之外的关系，更不是处于生产力和生产关系之间并能决定生产关系的中介环节。

持后一种观点的专家认为，生产方式是指劳动过程或劳动方式，并说它决定生产关系。这也是值得商榷的。劳动过程是劳动者运用劳动资料作用于劳动对象，生产一定使用价值的过程。它一方面体现了人与物的关系，另一方面体现了人与人的关系。劳动过程存在于人类一切社会形态，从人与物的关系看，它具有各个社会形态共有的一般特征，同时也随着生产要素的变化出现新的特点，并影响劳动过程中人们的相互关系。但从人与人的关系看，即使在相同的物的生产条件下，由于生产资料所有制的差别，劳动过程中各种主体的地位和关系不同，相应的劳动过程所具有的特点也不同。在资本主义制度下，生产资料归资本家所有，他们在市场上购买了劳动力，获得了一定时间的劳动力支配权和使用权。这就决定了资本主义的劳动过程和劳动方式具有两个特征：一是劳动者在资本家的监督指挥下，根据资本家的意志进行劳动；二是劳动产品作为资本家支配、使用的生产要素发挥作用的成果，全部归资本家占有。因此，资本主义的劳动过程，就是资本家无偿占有雇佣工人的剩余劳动、剥削和奴役雇佣工人的过程，体现了资本主义特有的生产关系。马克思指出："社会生产过程既是人类生活的物质生存条件的生产过程，又是一个在特殊的、历史的和经济的生产关系中进行的过程，是生产和再生产着这些生产关系本身，因而生产和再生产着这个过程的承担者、他们

---

① 《资本论》第 2 卷，人民出版社 2004 年版，第 44 页。

的物质生存条件和他们的互相关系即他们的一定的社会形式的过程。"① 既然劳动过程是在"独特的生产关系中进行的过程"，会"生产和再生产这些生产关系"，它就是生产关系的一部分，而不是独立于生产关系之外的因素。虽然，生产过程中人们结成的相互关系在生产关系的总体中起着重要作用，影响着交换关系、分配关系，但是，这只是它作为生产关系的组成部分在生产关系总体中的作用，它和生产关系的其他部分一样，都要以一定的生产资料所有制为基础，受所有制的制约，显现出由所有制决定的特殊的经济性质。

综上所述，劳动者和生产资料的结合方式还是劳动过程、劳动方式，实际上都是以生产资料为基础的生产关系的组成部分，无论把生产方式定义为结合方式还是劳动过程、劳动方式，都无法说明它是独立于生产关系之外，同生产力、生产关系并列而且决定生产关系的中介环节。

四、政治经济学要不要以生产关系为研究对象

对于政治经济学要不要以生产关系为研究对象，大多数马克思主义政治经济学的研究者都给予了肯定的回答。差别只在于，主张"生产力—生产方式—生产关系"的同志，将生产方式（劳动者和生产资料的结合方式或劳动过程）独立出来，强调生产方式的作用。他们认为，生产关系是从生产方式中产生的，要以前者为主，将二者结合在一起进行研究。因此，如果按照本文前一部分所分析的，生产要素的结合方式或劳动方式、劳动过程无非是社会生产关系的一部分，都是在生产资料所有制基础上形成的，它们本身就是生产关系的一个部分，那么，它与"生产力—生产关系"的观点就没有本质的差别，就不影响政治经济学以生产关系为研究对象的基本结论了。如果进一步考虑到，马克思、恩格斯对生产方式最为常用的含义是社会生产关系，不妨这样说：马克思主义的政治经济学，是在生产力生产关系矛盾统一体的框架下，研究社会生产关系（包括生产过程、流通过程、分配过程、消费过程中人们之间的经济关系）及其发展规律的科学。这可能是对马克思提出

---

① 《资本论》第 3 卷，人民出版社 2004 年版，第 927 页。

的——"我要在本书研究的，是资本主义生产方式以及和它相适应的生产关系和交换关系"——名言，最符合历史唯物主义基本原理和方法，在逻辑和语义上最少矛盾的解释。

有的专家指出："如果将生产方式解释为生产关系，马克思的那句话就成了'我要在本书研究的，是资本主义生产关系以及和它相适应的生产关系和交换关系'。这显然犯了逻辑混乱的错误。"这明显的是把社会生产关系，即作为与生产力相对应的广义的生产关系，同具体的生产过程中人们的相互关系混淆起来了。只要查阅一下马克思、恩格斯的著作就不难看到，他们往往将生产关系同交换关系、生产方式、交换方式、分配方式并列使用。例如，恩格斯说过："以往的全部历史，都是阶级斗争的历史；这些互相斗争的社会阶级在任何时候都是生产关系和交换关系的产物，一句话，都是自己时代的经济关系的产物"；① 对于分配关系，马克思说："分配就其决定性的特点而言，总是某一个社会的生产关系和交换关系以及这个社会的历史前提的必然结果，只要我们知道了这些关系和前提，我们就可以确实地推断出这个社会中占支配地位的分配方式。"② 可见，马克思、恩格斯都把生产关系同交换关系、分配关系并列，表明他们所指的只是具体的生产、交换、分配过程中人们的相互关系。而且，恩格斯还用"经济关系"将这些具体的关系"一句话"概括起来，指出生产关系和交换关系都属于经济关系。正是在这种意义上使用生产关系和交换关系，恩格斯才说："政治经济学，从最广的意义上说，是研究人类社会中支配物质生活资料的生产和交换的规律的科学。"③

所以，如果正确区分狭义的生产关系（具体的生产过程中人们的相互关系）和广义的生产关系（社会生产关系或经济关系总和），那些由于语义而产生的分歧就不难消除，政治经济学研究对象的问题就能比较容易地解决。只要在基本方向上得到共识，不纠缠于一些细节，大家便可在马克思主义旗帜下团结起来，研究一些对当今社会发展关系重大的问题，共同进行政治经济

---

① 《马克思恩格斯选集》第 3 卷，人民出版社 1995 年版，第 365 页。
② 《马克思恩格斯选集》第 3 卷，人民出版社 1995 年版，第 496 页。
③ 《马克思恩格斯选集》第 3 卷，人民出版社 1995 年版，第 489 页。

学的建设，同时允许在研究重点、研究次序和其他问题上保留不同意见，展开研讨，促进学科的繁荣和发展。

不过值得注意的是，近来却有一些学者借着对生产方式的不同理解，将研究生产方式的范式与研究生产关系的范式割裂开，甚至对立起来。有人还列举以生产关系为研究对象的范式的几宗错误，即：所研究的生产关系缺乏客观基础，只有主观的价值判断，脱离客观实际来讲生产关系"应当如何"，属于主观主义、唯意志论；缺乏客观立场与科学分析，只是论证传统社会主义生产关系如何"优越"、如何"和谐"，而不是如何解决现实社会生产关系的各种实际问题；宣扬所有制崇拜，把虚幻的生产关系当作真实的生产关系来研究，陷入了形而上学与法学的幻想；违背了以历史唯物主义为核心的科学世界观与以辩证唯物主义为指导的科学方法论，脱离了马克思主义经济学范式的科学轨道，是一种既不科学又缺乏客观适应性的经济学范式。虽然作者也在这种范式前加上"传统"二字，但通篇论述一点也没有谈到研究生产关系的"传统"范式和一般范式有何区别，以及一般范式是否有他列举的几宗错误，这表明他加上"传统"只是一种遮掩，他的批判应是指向所有的以生产关系为研究对象的经济学。因为，倘若一般的研究生产关系的政治经济学与他批判的"传统"范式不同，与那些原则性错误无关，或者并不必然产生那些错误，就不需要完全否定，他主张的"生产方式范式"就不是唯一正确的，就没有什么理论"发展"可言，就不能打击别人，抬高自己了。然而，以生产关系为政治经济学的研究对象必然会导致"唯心主义"和"形而上学"，必定产生那一系列的错误吗？

首先，这种观点混淆了学科研究对象和研究中存在的缺陷。对象的明确有利于学科研究的开展，但它只是研究能否正确进行的条件之一，此外还取决于方法、途径、条件等因素，因而，不能把研究中发生的各种问题都归咎于对象的确定。政治经济学的研究对象包括有资本主义和社会主义的生产关系。对前者的研究，除了有关现代资本主义的发展需要不断更新以外，其分析和阐述基本上是正确的，在马克思主义理论队伍中，尚未听说因其将研究对象定为资本主义生产关系而斥之为唯心主义和形而上学的。至于对后者的研究，在初期虽然出现过某些缺陷，其根源也不在于研究的是生产关系，恰好相反，有些问题是由于没有研究好生产关系及其发展规律而发生的。可见，断言政治经济学以生产关系为对象必然导致"唯心主义"和"形而上学"，是事物辨认上的逻辑错误。

其次，以我国的生产关系作为研究对象的政治经济学，除了"文革"期间因社会动荡和理论混乱受到影响以外，其基本方向是正确的，都是为了研究和发现社会主义经济的发展规律，繁荣我国的社会主义经济。它在建立初期出现的一些缺陷，并不是因为研究对象以及基本理论和基本方法的错误导致的，而是同新社会制度的不成熟有关。恩格斯在评价空想社会主义理论的历史意义时说得好："不成熟的理论，是同不成熟的资本主义生产状况、不成熟的阶级状况相适应的。"① 社会主义是人类历史上崭新的制度，初建不久就显现出巨大的优越性，经济迅速发展，人民生活显著改善，但是，由于它的建设缺少成熟经验可循，在前进道路上就得"摸着石头过河"，免不了会出现许多波折。实践中的问题必然会在理论上反映出来，出现一些缺陷。经过反复总结经验教训，实践中的问题逐步得到解决，理论也会随之不断完善。所以，不能将以前的政治经济学一棍子打死，戴上"唯心主义、形而上学"等一大堆黑帽子，更不能将之归咎于研究对象的问题。

再次，指责以生产关系为对象的范式"只是论证传统社会主义生产关系如何'优越'、如何'和谐'，而不是如何解决现实社会生产关系的各种实际问题"，这既不符合实际，又是自我矛盾的。随着"文革"后的拨乱反正和改革开放的发展，以生产关系为对象的政治经济学有了很大改进。它发现传统体制的弊病，论证改革开放的意义，进而全面分析现有生产关系的变化和存在的问题，探讨我国经济的发展道路，并不只是论证传统生产关系如何优越。而且，这种意见说"生产关系范式"错在不解决"现实社会生产关系的各种问题"，恰好证明了政治经济学研究生产关系的必要性，否定了自己的意见。因为，如果不研究生产关系，怎么能够发现生产关系的问题并加以解决呢？

---

① 《马克思恩格斯选集》第 3 卷，人民出版社 1995 年版，第 608 页。

持这种意见的学者还认为，生产方式有三种含义：一是劳动方式，即"各种生产要素在一定生产技术条件的基础上以一定的生产组织结合起来的具体形式与作用方式"；二是生产形式，即"一定历史阶段产品的生产、交换以及通过交换（或分配）来体现和实现生产者之间的社会联系或关系的经济形式"；三是生产的社会形式，即"生产的社会性质，从根本上说它表现为劳动者与生产资料结合的特殊方式"。这些含义中，第一种和第三种除了一些附加定语以外没有什么差别，都是指生产要素的结合方式，是叙述的重复，本文前一部分已经论证它是生产关系的一个部分了。至于第二种所说的"生产、交换或分配体现的社会联系和关系"，更直接地表明是生产关系的组成部分，其中的生产、分配体现的社会联系和关系，与斯大林讲的"生产过程中人与人的相互关系和分配关系"，没有本质的区别。另外，第二种和第三种含义，一个叫"生产形式"，一个叫"生产的社会形式"，它们如果硬是要加以区别的话，后者应该是包含于前者之中的子概念；既然前者是生产关系，后者也不能不是生产关系了。总之，按照他所说的含义，生产方式都是生产关系的一部分，属于生产关系的范畴。所以，"生产方式是生产关系的产生基础与存在载体，它既决定着生产关系的基本性质，也决定着生产关系发展的趋势与方向"的说法存在同义反复，究其实质是对生产关系内涵的认识错误。

五、批判"所有制崇拜"，究竟意欲何往？

主张以生产方式作为政治经济学的研究对象，目的是拓宽政治经济学的研究范围。作为学术争鸣的观点进行正常的学术讨论是应该受到欢迎的。然而，有的个别主张以"生产方式"为研究对象的专家，为了强调生产方式的重要性，故意淡化、贬低生产资料所有制的作用，甚至有人竟然说以生产关系为研究对象的政治经济学"宣扬所有制崇拜，把虚幻的生产关系当作真实的生产关系来研究，陷入了形而上学与法学的幻想"。这种观点明显地背离了马克思主义的基本原理，将自己误解的政治经济学研究对象观点用以反对共产党坚持社会主义公有制为主体的正确理论。

生产资料所有制是生产条件的一定的社会形式，是任何社会生产必不可少的前提条件。马克思和恩格斯非常重视所有制在生产关系中的地位和作用，在许多场合都明确指出，各种不同的生产关系都以一定的生产资料所有制作为基础。例如，马克思在《哥达纲领批判》中把未来的社会称为"集体的、以生产资料公有为基础的社会"①。恩格斯也指出，未来社会制度"同现存制度的具有决定意义的差别当然在于，在实行全部生产资料公有制（先是单个国家实行）的基础上组织生产"②。不仅如此，马克思在总结各个社会中人们的经济关系时指出，劳动条件的分配，"是在生产关系本身内部由生产关系的一定当事人在同直接生产者的对立中所执行的那些特殊社会职能的基础"③。马克思和恩格斯不仅在提到原始公社、古代社会、小生产、资本主义和未来社会时，都指出它们要以一定的生产资料所有制作为生产关系的基础，而且在概括人类社会一般规律时，也强调生产资料所有制的基础作用，指出它决定着生产的全部性质和全部运动。

中外古今的一切实践都证实了这一理论的正确性。历史上，各个地区和国家经济关系的性质和特点都是由生产的基本条件即所有制决定的，从原始社会、奴隶社会、封建社会到资本主义社会的经济关系的更迭替代，无一不是生产资料所有制变更的结果。在资本主义社会，资产阶级占有生产资料而工人一无所有决定了雇佣劳动制度以及资产阶级对雇佣工人的剥削；生产社会化和私人资本主义占有的矛盾，不可避免地发生周期性的经济危机。在我国，如果没有没收官僚资本、土地改革、生产资料所有制的社会主义改造，就不可能出现劳动者当家作主、平等互助、公平分配的社会主义生产关系。所以，小平同志说："我们社会主义制度是以公有制为基础的，是共同富裕。"④ 从具体一点的层次看，在单一的公有制和高度集中的产权制度下，实行的只能是计划经济；改革开放后，多种所有制形式的发展加上国有制产权结构的多样化，才可能实行社会主义市场经济。建国以来所有的经济变化以

---

① 《马克思恩格斯选集》第3卷，人民出版社1995年版，第303页。
② 《马克思恩格斯全集》第37卷，人民出版社1971年版，第443~444页。
③ 《资本论》第3卷，人民出版社2004年版，第995页。
④ 《邓小平文选》第三卷，人民出版社1993年版，第216页。

及当前存在的种种问题和矛盾，只能从所有制找到根源和科学的解释。

可见，生产资料所有制是客观存在并对社会生产关系发挥重要作用的经济关系。有些人称它为"虚幻"关系和"形而上学与法学幻想"，是非常错误的。第一，马克思、恩格斯就揭露过资产阶级法律和法学给人们造成一种幻想和错觉，"仿佛私有制本身仅仅以个人意志即以对物的任意支配为基础"，指出"仅仅从私有者的意志方面来考察的物，根本不是物；物只有在交往中并且不以权利为转移时，才成为物，即成为真正的财产（一种关系，哲学家们称之为观念）。这种把权利归结为纯粹意志的法律上的错觉，在所有制关系进一步发展的情况下，必然会造成这样的现象：某人在法律上可以对某物享有权利，但实际上并不拥有某物"①。所以，与这些人的看法相反，马克思、恩格斯恰好强调，必须将财产看作人们的经济关系而不是法学幻想。第二，这些人曲解了马克思的这句话："要想把所有权作为一种独立的关系、一种特殊的范畴、一种抽象的和永恒的观念来下定义，这只能是形而上学或法学的幻想。"② 实际上，这句话并不是针对所有制关系本身，而是针对普鲁东对所有制概念的错误认识。因为，普鲁东把所有制当成一种独立于历史发展进程之外，不依历史发展而变化的抽象的永恒观念，否认它的历史的暂时的性质，还把所有制同分工、竞争、垄断、贸易等经济关系截然割裂开来，把它们看成是时间上处于不同顺序的阶段或互不相关的东西，从而把所有制当成是在社会生产关系之外的独立范畴。马克思就是针对这两个错误，批判普鲁东的观点是形而上学与法学幻想。所以，这个断章取义的帽子不能强加在所有制关系头上。本来，这个曲解在 1980 年代的争论中已经出现过并已被澄清了，如今有人为了攻击马克思主义的所有制理论再度搬用它，说明他们在理论上已是末路穷途。

承不承认生产资料所有制的重要地位和作用历来是马克思主义和其他学说的重要分水岭。马克思在批判拉萨尔关于劳动是一切财富的源泉的论点时，

---

① 《马克思恩格斯选集》第 1 卷，人民出版社 1995 年版，第 133 页。
② 《马克思恩格斯全集》第 4 卷，人民出版社 1958 年版，第 180 页。

指出"只有一个人一开始就以所有者的身份来对待自然界这个一切劳动资料和劳动对象的第一源泉，把自然界当作属于他的东西来处置，他的劳动才成为使用价值的源泉，因而也成为财富的源泉"，揭露了拉萨尔回避生产资料所有制的重要性，有意掩盖资本主义和其他一切剥削的根源，是"资产阶级的说法"。① 近现代的西方经济学回避资本主义社会的生产关系，更是闭口不谈生产资料所有制。连标榜研究经济制度的新制度经济学，也是避开资本主义最根本的制度——生产资料所有制，只局限在经济运行层次的具体产权，甚至是一些细微产权上做文章。究其原委，就是为了掩盖资产阶级利用其所独占的生产资料剥削劳动者的关系。这就充分暴露了西方经济理论的资产阶级属性。在我国的社会主义建设中，是否坚持社会主义公有制为主体，关系到社会主义的方向和前途。在改革开放初期关于生产资料所有制的地位和作用的辩论和后来关于所有制是目的或者手段的辩论中，一些观点背后的意图就在于淡化、抹煞所有制的重大意义，否认公有制为主体的必要性和重要性，为私有制的发展制造舆论。在理论是非遭到混淆之后，有些人便从反对辨别所有制的"公"和"私"进而反对区分生产关系性质的"资"和"社"，这就令人清楚地看出否定所有制理论的社会、政治意义了。

有些人以批判斯大林为掩护，指责所谓的"所有制崇拜"，这在理论上是站不住脚的，是完全违背历史和现实的。所有制是客观存在的关系，它在生产关系中发挥基础性、决定性作用，是生产过程的必然结果，完全可能科学地认知和描述其作用的缘由和轨迹，根本不同于那些因人类受制于自然界而不知其原委的神秘幻觉。将所有制重要地位和作用的科学说明蔑称为拜物教，实际上是对马克思主义所有制理论的歪曲和攻击，必将对社会主义事业带来巨大的不良作用。因为，一旦否定了所有制理论，就无法辨别和分析不同性质的经济关系，不懂它们变化发展的原因和规律，非社会主义和反社会主义的势力就可趁乱行事，干扰我国发展的社会主义方向。试看改革开放过程，不同社会势力围绕所有制问题展开的斗争是很激烈的。一些人为了发展资本

---

① 《马克思恩格斯选集》第 3 卷，人民出版社 1995 年版，第 298 页。

主义私有制，利用各种时机和借口，不断转换口号，如斥责国有企业效率低下，主张以私营企业取而代之；鼓吹国有制经济不"与民争利"，应退出一切竞争性领域、全面推行"国退民进"；将国有企业经过改革调整得到发展以及企业并购的市场行为，歪曲为"国进民退"；歪曲、捏造统计资料，转移公众视线（如利用公众对分配不公的愤怒将它归咎于国家垄断），借机反对国有经济对关键部门的掌控。如此步步紧逼，直欲使资本主义经济占据我国所有的盈利部门和关键部门而后快。近年来，国外企图抑制中国发展的势头，也大力渲染和攻击中国国有企业的"垄断"，声讨国有企业的发展。在所有制关系上的这一系列反公促私、反"社"促"资"行径，处处表现出他们不是不懂得，而是太在乎所有制的重要性了。他们骨子里搞"私有制崇拜"，却大讲所有制是虚幻的，无关紧要，不要"崇拜"，是想麻痹我们，使我们忽视所有制的重要性，放松对公有制的防护，好让资产阶级趁机占领所有制阵地。遗憾的是，这种正中资产阶级下怀的说法，居然也在马克思主义理论队伍中传开了，很值得我们担忧。现在，私有经济已经在我国得到快速发展，造就了一大批家财千万、亿万的富豪，导致许多重大的社会矛盾，如果不尽快警醒过来，注意从所有制关系去认识矛盾的根源，矛盾不但得不到解决，还可能积累得越加深重，社会主义事业必然受到极大危害。

　　本文的主要目的并不是想争辩生产方式含义的是非，因为，我深知自己的理解不见得是完全正确的，充其量只是在多种分歧意见中再添上一种，认识不可能就此辨清。作为百家争鸣中的一家之言，我不敢保证自己观点是唯一正确的，也没有想以自己的观点压服别人不同观点的意思。之所以写这样一篇长文，是因为我担心，现在有些人根据生产方式的不同含义去任意发挥，而生产方式的多义性又可能影响对马克思主义一些基本原理和基本方法的认识。例如，怎样正确认识对立统一规律（一分为二？一分为三？），使辩证唯物主义和历史唯物主义得到更简明的阐述，更容易、更广泛地被广大群众接受和运用；怎样才能准确说明生产力和生产关系的相互关系，进而正确认识社会的基本矛盾及其发展规律；怎样完整阐述生产关系的内涵及其各个组成部分的相互关系；怎样认识所有制在生产关系中的基础性作用，如它们怎样决定人们在生产过程中的相互关系、怎样影响交换关系和方式以及分配关系和方式；怎样在当前的实践中去验证马克思主义的经济理论，建立和发展中国的现代的政治经济学，并运用它们去认识和解决实际生活中的问题和矛盾，促进经济的发展和人民生活水平的提高。这些比较根本的问题如果没有解决好，将对马克思主义政治经济学的建设带来非常不利的影响。鉴于目前理论界存在某些浮躁情绪，为了搞所谓的"创新、发展"，将马克思的论述碎片化，断章取义，穿凿附会的现象屡见不鲜，所以，我希望马克思主义的理论队伍不要因为概念理解的分歧，干扰、搅乱政治经济学的基本理论体系，应该求大同、存小异，坚持马克思主义的基本理论和方法，反击以新自由主义为主的资产阶级经济理论利用各种机会和场合的进攻，为马克思主义政治经济学的建设共同努力。

（原文发表于《当代经济研究》2013 年第 3 期）

怎样理解"我要在本书研究的，是资本主义生产方式以及和它相适应的生产关系和交换关系"[①]?

雍文远[*]

应该怎样理解马克思在《资本论》第 1 版序言中所说的这句话，关键在对生产方式一词作如何理解。这是一个争论已久，需要继续探讨的问题。

生产方式一词，马克思曾在不同地方在不同的意义上使用过它。马克思说："生产剩余价值或赚钱，是这个生产方式的绝对规律。"[②] 无产阶级的"历史使命是推翻资本主义生产方式和最后消灭阶级"[③]。这里说的生产方式是指资本主义生产关系说的。马克思说：原始部落共同体的"生产方式既表现为个人之间的相互关系，又表现为他们对无机自然界的一定的实际关系，表现为一定的劳动方式"[④]。这里的生产方式又是指生产关系和生产力的统一体说的。马克思还说："资本的垄断成了与这种垄断一起并在这种垄断之下繁盛起来的生产方式的桎梏。生产资料的集中和劳动的社会化，达到了同它们的资本主义外壳不能相容的地步。"[⑤] 十分明显，这里的生产方式又是指社会化大生产说的。因此，如果一般地问马克思是在什么涵义上使用生产方式一词，我们可以作出几种不同的回答。"用同一术语表示不同的意思是容易发生误会的，但这种现象在任何科学中都不能完全避免。"[⑥]

现在我们要讨论的问题是，《资本论》第 1 版序言那一句话中所说的生产

* 雍文远：上海社会科学院经济所政治经济学研究室主任、研究员、博士生导师。
① 《马克思恩格斯全集》第 23 卷，人民出版社 1972 年版，第 8 页。
② 《马克思恩格斯全集》第 23 卷，人民出版社 1972 年版，第 679 页。
③ 《马克思恩格斯全集》第 23 卷，人民出版社 1972 年版，第 18 页。
④ 《马克思恩格斯全集》第 46 卷上册，人民出版社 1979 年版，第 495 页。
⑤ 《马克思恩格斯全集》第 23 卷，人民出版社 1972 年版，第 831 页。
⑥ 《马克思恩格斯全集》第 23 卷，人民出版社 1972 年版，第 243 页脚注。

方式究竟是什么涵义？答案应该是确定的，不能说可以这样理解，也可以那样理解。能不能把马克思在这特定场合下所说的生产方式理解为生产关系呢？不能。因为和生产方式一词之后，紧接着有"和它相适应的生产关系"的语句，如果按照前面那样理解，那岂不等于说生产关系要与生产关系相适应？！这是同义反复，毫无意义的。此外，我们也不能把这里的生产方式理解为生产关系与生产力的统一，因为如果可以这样理解，生产方式中就已经包含有生产关系，那末，就再没有必要紧接着又说"和它相适应的生产关系"了。

有人认为，讨论中的生产方式具体指的是，以资本主义私有制为基础的生产资料和劳动者相结合的方式，即所谓"广义的资本主义生产关系"；而与它相适应的则是直接生产过程中的关系，即所谓"狭义的生产关系"。意思是说，如果按照这样去理解，就不是生产关系与生产相适应，而是"狭义的生产关系"，去与"广义的生产关系"相适应，就不再是同义反复。我认为，这样理解很难成立。因为，所谓"狭义的生产关系"，就是指人们在直接生产过程中的关系说的，而生产资料和劳动者相结合，又只能在直接生产过程中实现，因此，由这种结合所形成的所谓"广义的生产关系"，根本离不开直接生产过程中形成的所谓"狭义的生产关系"，硬把这两者本来是同一的东西，人为地分隔开来，并让一个去适应另一个，完全是多余的，也是说不通的。

苏联卢森贝预感到如果把这里的生产方式理解为生产关系与生产力的统一，也存在着某些问题。但他却认为，这里的矛盾其实是并不存在的。他解释道：生产方式是生产关系与生产力的统一，其中虽然包含有生产关系的概念，但生产方式中所包含的生产关系，只是"最一般形式的生产关系"；而与这"最一般形式的生产关系"相适应的，则是"生产的关系和交换的关系"，即所谓"特殊形式的生产关系"。① 在卢森贝看来，前后两处所提到的生产关系名同而实异，因此，也就不存在同一反复的问题。我认为这样的解释，同样难以成立。因为，不能在生产关系和交换关系这种所谓"特殊形式的生产关系"之外，另外还有一个什么独立存在的"最一般形式的生产关系"。"一

---

① 卢森贝：《〈资本论〉注释》第1卷，生活·读书·新知三联书店1963年版，第34页。

般"只能寓于"特殊"之中，怎么可能先有一个"一般"存在，再让"特殊"去和这个"一般"相适应?! 这在辩证逻辑上是说不通的。

马克思在特定场合下所说的生产方式既不可能作生产关系理解，也不可能作生产关系与生产力的统一理解。我认为，唯一能够说得通的，就是把它理解为劳动方式，即理解为用什么劳动资料进行生产以及怎样进行生产。马克思在这特定场合下所说的资本主义生产方式，则是指在当时英国资本主义社会已经确立的，以分工、协作和机器为其表现形式的社会化大生产说的；而生产关系与交换关系要与之相适应的，正是这种社会化大生产。

马克思本人在许多场合正是按照这样的涵义来使用生产方式一词的。马克思说："生产方式本身发生了真正的变革。分散的劳动者联合在大工场内，从事分工的但又互相衔接的活动；工具变成了机器。"[1] 十分明显，马克思在这里谈的变革，正是生产方式本身的变革，是过去那种以手工劳动为主，很少有分工，社会化程度较低的小生产，为社会化大生产所代替。马克思还说过："生产方式的变革，在工场手工业中以劳动力为起点，在大工业中以劳动资料为起点。"[2]"一个工业部门生产方式的变革，必定引起其他部门生产方式的变革……有了机器纺纱，就必须有机器织布，而这二者又使漂白业、印花业和染色业必须进行力学和化学革命。"[3] 在以上引证中，同样十分明显，所说的生产方式都只能作劳动方式理解。马克思还说过："就生产方式本身来说，例如初期的工场手工业，除了同一资本同时雇佣的工人较多而外，和行会手工业几乎没有什么区别。"[4] 这里的生产方式，当然不可能说的是生产关系，因为就生产关系说，资本主义工场手工业和中世纪封建社会的行会手工业是根本不同的；而它们之间"几乎没有什么区别"的，不可能是别的什么，而只能是劳动方式。

也许有人会说：当只是说到"生产方式"本身的时候，固然说的是劳动

---

[1] 《马克思恩格斯全集》第 25 卷，人民出版社 1974 年版，第 674 页。
[2] 《马克思恩格斯全集》第 23 卷，人民出版社 1972 年版，第 408 页。
[3] 《马克思恩格斯全集》第 23 卷，人民出版社 1972 年版，第 358 页。
[4] 《马克思恩格斯全集》第 23 卷，人民出版社 1972 年版，第 421 页。

方式，但当马克思谈到"资本主义生产方式"，即在"生产方式"之前加上了"资本主义"的限制词的时候，就只能是指资本主义生产关系说的了。我认为，这样的说法并不都是正确的。因为前面已经指出，在我们特定的场合如果这样去理解生产方式，必然导致同义反复的错误。为了把问题弄清楚，让我们再看看马克思在别的地方又是怎样说的吧。马克思说："从资本主义生产方式产生的资本主义占有方式，从而资本主义的私有制，是对个人的，以自己劳动为基础的私有制的第一个否定。"① 如果把这句话中的"资本主义生产方式"理解为"资本主义生产关系"，那岂不成了资本主义生产关系"产生"资本主义私有制?! 这样理解的谬误是显而易见的。可见，即使在"生产方式"之前加上"资本主义"的限制词，也不能把这里的生产方式理解为生产关系；在我们特定的场合下，为了避免明显的错误，只能按照马克思本来的意思，把它理解为劳动方式。

　　根据以上论证，马克思的话就变成这样："我要在本书研究的，是资本主义劳动方式以及和它相适应的生产关系和交换关系。"这样理解，我认为是符合马克思原意的。但这样一来，是否意味着生产力和生产关系一样，都是政治经济学的对象呢? 不应得出这样的结论。首先，当马克思把生产方式作为劳动方式的涵义来使用时，尽管他认为生产方式和生产力之间有着极密切的联系，但也没有简单地把它们等同起来。马克思明白指出："随着新的生产力的获得，人们便改变自己的生产方式，而随着生产方式的改变，他们便改变所有不过是这一特定生产方式的必然关系的经济关系。"② 所以，在马克思看来，这里所使用的生产方式，既根本不同于生产关系，也不完全同于生产力。它作为中间环节，处于生产关系与生产力之间。其次，马克思在《资本论》第1版序言中所说的那一句话，并不是在给政治经济学的对象下定义。它只是在说明《资本论》的研究范围，而研究范围与对象是不同的；属于这个研究范围之内的东西，并不全都构成这门学科的对象。因为，马克思并没有把

① 《马克思恩格斯全集》第23卷，人民出版社1972年版，第832页。
② 《马克思恩格斯全集》第27卷，人民出版社1972年版，第479页。

生产力与生产方式同生产关系平列起来，没有把它们看成是同一层次的范畴。马克思的基本思想是：生产力（通过生产方式）决定生产关系；生产关系则归根到底必须和生产方式与生产力相适应。马克思在《资本论》中联系研究生产力与生产方式，只是为了深入探索生产关系发展的客观规律，研究的最后落脚点仍然是生产关系。因此，政治经济学的对象，不应该是生产力或生产方式，而只能是生产关系。

马克思在《资本论》中联系生产力与生产方式，研究资本主义生产关系，在方法论上对我们有很大启示：各门学科都有各自的研究对象，没有对象，就是无的放矢，就没有终极目的，没有研究重点。另一方面，各门学科的研究范围又不能以对象为限。因为事物都是相互联系、相互依存的，不联系研究与对象有密切关系的方面，就不可能揭示事物发展的客观规律。如果因为生产力与生产方式也处在政治经济学考察范围之内，就断定它们也同生产关系一样，都是政治经济学的对象；或者相反，因为生产力与生产方式不是政治经济学的对象，就否认它们属于政治经济学的研究范围，我认为，这两种倾向都是片面的、不正确的。

（原文发表于《上海经济研究》1982 年第 7 期）

论《资本论》的对象问题

田　光[*]

在我国经济学界关于政治经济学对象，特别是关于政治经济学社会主义部分的对象的长期争论中，对《资本论》的对象问题也有不同看法。而且前者往往是由后者引起来的。例如，对《资本论》第 1 卷第一版序言中"我要在本书研究的，是资本主义生产方式以及和它相适应的生产关系和交换关系"[①] 的各种不同理解，就往往引起政治经济学对象问题上的分歧。因此，《资本论》的对象问题，不仅是马克思经济思想和马克思经济思想史研究上的一个重要问题，也是政治经济学研究，特别是政治经济学社会主义部分研究上的一个重要问题。

一

《资本论》在分析商品这个资本主义社会的经济细胞之始，便分两步直接点明地论述了使用价值和交换价值作为研究对象的问题。第一步：使用价值本身"为商品学这门学科提供材料"[②]，不是《资本论》的对象。因为使用价值决定于物体的自然属性，存在于一切社会中，是人与物之间的自然关系。第二步：使用价值在资本主义社会中作为交换价值的物质承担者，属于《资本论》的研究范围。因为这时，资本主义社会给使用价值加上了一种它本身所没有的社会形态规定，使用价值成了承担着人与人之间的社会关系的物。马克思在《政治经济学批判》中写道："成为使用价值，对商品来说，看来是必要的前提，而成为商品，对使用价值来说，看来却是无关紧要的规定。象

这样同经济上的形式规定无关的使用价值，就是说，作为使用价值的使用价值，不属于政治经济学的研究范围。只有当使用价值本身是形式规定的时候，它才属于后者的研究范围。它直接是表现一定的经济关系即交换价值的物质基础。"① 可见，《资本论》是把自己的对象明确规定为人与人之间的社会关系。至于人与物之间的自然关系本身则不是《资本论》的对象。它只有在为人与人之间的社会关系所规定的限度内，才能有条件地进入《资本论》的研究范围。

《资本论》的基本方法论原则之一，是划清自然关系和社会关系的界线，弄清自然关系和社会关系之间的辩证联系。这个原则是《资本论》研究对象的灵魂。划清自然关系和社会关系的界线，《资本论》的特有活动领域就确定了。弄清自然关系和社会关系之间的辩证联系，《资本论》研究自然关系的限度就确定了。它是为了研究社会关系而去研究自然关系的。社会关系不能脱离自然关系而孤立地存在，《资本论》也不能离开自然关系而孤立地研究社会关系。

使用价值和交换价值，是商品的形式。《资本论》在论述了这个形式之后，就进而论述商品的内容，即论述商品二重性（使用价值和价值），以及体现在商品中的劳动的二重性（具体劳动和抽象劳动）。它在这里虽然没有直接点明地论述对象问题，但它所隐含的关于对象问题研究的思想是同前面一脉相承的。价值与抽象劳动是《资本论》的对象，使用价值和具体劳动只有在同价值和抽象劳动构成对立统一体的限度内，才属于《资本论》的研究范围。因为具体劳动与自然物质相结合形成使用价值，它象使用价值一样是人与物之间的自然关系。而抽象劳动形成价值，则不仅与自然物质毫不相干，而且与劳动的一切具体样式毫不相干。商品的价值作为抽象劳动的凝结，"必须把它在实际上构成物的一切都抛开"②。抽象劳动作为人类劳动力的单纯支出，是社会平均必要的劳动。抽象劳动和价值都是纯粹的人与人之间的社会关系。

---

① 《马克思恩格斯全集》第 13 卷，人民出版社 1962 年版，第 16 页。
② 《资本论》第 1 卷，德国迈斯纳出版社 1867 年版，第 17 页。

有些同志认为，抽象劳动既然是"人类劳动力在生理学意义上的耗费"①，是"人的脑、肌肉、神经、手等等的生产耗费"②，它当然具有自然性质。这是误解。实际上，它把劳动的一切具体样式排除在外，也就把一切人与物之间的自然关系排除在外。经过这样排除之后剩下来的人类劳动力在生理学意义上的耗费，并不是自然的规定性，而是社会的规定性。马克思《经济学手稿（1857—1858 年）》在分析货币时曾明确指出，货币商品"只表现劳动时间的份额或数量而同劳动时间的自然属性无关"。"劳动时间既然调节交换价值，它实际上就不仅是交换价值内在的尺度，而且是交换价值的实体本身（因为作为交换价值，商品没有任何其他实体，没有自然属性）。"③ 价值与使用价值和抽象劳动与具体劳动，是两对正相对应的范畴。不能设想，价值是纯粹的社会关系，而它的实体——抽象劳动却是自然关系，或含有自然关系。马克思在经济思想史上首次批判地证明了劳动二重性，这就使他在商品分析中彻底贯彻了划清自然关系和社会关系的界线的方法论原则，完成了对商品内容的分析。

《资本论》对商品的分析，是先从它的形式到它的内容，然后再反过来从它的内容到它的形式。而在从内容到形式的过程中，又是先考察商品价值的表现形式——价值形式，再考察商品价值的实现形式——交换过程，最后考察货币或商品流通。正象从形式到内容处处贯穿着区分自然关系和社会关系的思想一样，从内容到形式也处处贯穿着这个思想。

货币一方面是和普通商品一样的商品。它有从自己的物体的自然属性生出的使用价值，如金能用来镶牙，也有自己的交换价值，如金同其他商品相交换的比例。从这方面看，货币商品的使用价值和交换价值作为《资本论》对象是不言而喻的。另一方面，货币又是和普通商品不同的特殊商品。它在充当一般等价物的特殊社会职能上取得一种"形式上的使用价值"④，即以其

---

① 《资本论》第 1 卷，人民出版社 1975 年版，第 60、57 页。
② 《资本论》第 1 卷，人民出版社 1975 年版，第 60、57 页。
③ 《马克思恩格斯全集》第 46 卷上册，人民出版社 1979 年版，第 116 页。
④ 《资本论》第 1 卷，人民出版社 1975 年版，第 108 页。

自身表现一切商品的价值。货币商品不仅存在着本来的使用价值和交换价值的二重性，而且存在着本来的使用价值和形式上的使用价值的"二重化"①。货币商品的物体不仅是交换价值的物质承担者，而且是形式上的使用价值的物质承担者。从这方面看，货币商品作为《资本论》对象的问题，便和我们在上面分析过的商品的使用价值和交换价值作为《资本论》对象的问题不相同了，需要进一步考察。

货币商品的形式上的使用价值，纯系人与人之间的社会关系，是《资本论》的对象。但货币商品的本来的使用价值，以及这种使用价值由之产生的物体，则不是《资本论》的对象；它们只有作为形式上的使用价值的物质承担者，才有条件地进入《资本论》的研究范围。特别值得指出的是，货币商品的本来的使用价值和形式上的使用价值作为《资本论》对象的问题，同普通商品的使用价值和交换价值作为《资本论》对象的问题相比，有独具的特点。在考察后一问题时，作为交换价值的物质承担者的，可以是任何一种物体，只要它是一个靠自己的自然属性来满足人的某种需要的产品就行。交换价值是无差别地对待自己的物质承担者的。因此，在那里，物体的具体的自然属性和它满足的需要的具体性质，都不属于《资本论》的研究范围。在考察前一问题时，情况就不同了。形式上的使用价值绝不能无差别地对待自己的物质承担者，恰恰相反，它要求作为自己的物质承担者的物体必须具备适合于充当一般等价物的种种特殊自然属性。例如，它要求这种物体质地均匀，具有同一性，便于用作价值尺度；要求这种物体可分可合，而且比值大，一个小的体积代表着较多的劳动，便于用作交换手段；要求这种物体耐久，不易损坏，便于用作一切商品的代表；诸如此类。因此，在这里，这种物体的种种特殊自然属性就被社会关系所规定，从而在一定限度内进入《资本论》的研究领域。马克思在《经济学手稿（1857 – 1858 年）》中指出，"对于作为货币关系的主体，即货币关系的化身的贵金属的研究，决不是象蒲鲁东所认为的那样超出了政治经济学的范围，就象颜色和大理石的物理性质没有超出

---

① 《资本论》第 1 卷，人民出版社 1975 年版，第 108 页。

绘画和雕刻的范围一样"①。

二

当《资本论》的考察从商品和货币进入资本之后，论述的自然关系和社会关系，以及它们之间的相互关系，更愈来愈复杂。

在商品二重性中，使用价值是具体劳动和自然物体的结合，价值是抽象劳动的凝结。在资本主义商品生产过程的二重性中，与使用价值相对应的劳动过程，展开为劳动力和生产资料的结合运动；与价值相对应的价值增殖过程，展开为活劳动补偿劳动力价值和创造剩余价值的运动。因此，考察资本主义商品生产过程二重性时，《资本论》论述的自然关系和社会关系，比考察商品二重性时显著具体化了。

价值增殖过程以及可变资本和不变资本，是人与人之间的社会关系，是《资本论》的对象。劳动过程连同它的主观因素劳动力和客观因素生产资料，是人与物之间的自然关系，不是《资本论》的对象。② 劳动过程只有为价值增殖过程这种社会关系所规定，劳动力只有成为可变资本的存在形式，生产资料只有成为不变资本的存在形式，才属于《资本论》的研究范围。劳动力本身并非天然是商品，生产资料本身也并非天然是资本。它们只有为特定社会关系所规定，才成为商品和资本。

《资本论》对资本主义商品生产过程二重性，是在绝对剩余价值生产和劳动对资本的形式隶属的范围内论述的。绝对剩余价值生产和劳动对资本的形式隶属的条件，是劳动生产力不变。因此，这时对劳动过程，只需考察它的"简单的抽象的要素"③ 就够了。然而，当从绝对剩余价值生产和劳动对资本的形式隶属，考察到以劳动生产力提高为条件的相对剩余价值生产和劳动对

---

① 引自马克思：《经济学手稿（1857－1858）》，《马克思恩格斯全集》第 46 卷上册，人民出版社 1979 年版，第 121 页。

② 马克思在《经济学手稿（1861－1863 年）》中说，"正如考察商品的使用价值本身是商品学的任务一样，研究实际的劳动过程是工艺学的任务"。见《马克思恩格斯全集》第 47 卷，人民出版社 1979 年版，第 56 页。

③ 《资本论》第 1 卷，人民出版社 1975 年版，第 208 页。

资本的实际隶属的时候，上述抽象的劳动过程就必须进一步取得生产方式的规定性，所谓生产方式系指劳动者运用生产资料进行生产的方式。请注意：《资本论》中所运用的"生产方式"术语，同现在流行的作生产力和生产关系统一解的"生产方式"术语，是根本不同的，绝不能把它们混为一谈。在《资本论》中，抽象的劳动过程范畴反映着一切社会的劳动过程所共有的抽象规定①，生产方式范畴反映着各个不同的社会生产阶段上劳动过程的具体规定，抽象规定即寓于具体规定之中。对抽象的劳动过程来说，"不必来叙述一个劳动者与其他劳动者的关系。一边是人及其劳动，另一边是自然及其物质，这就够了"②。对生产方式来说，必须考虑拥有不同技能的劳动者运用效率不同的生产资料互相配合进行生产的具体样式，从而必须考虑劳动者在生产中彼此之间发生的关系。和抽象的劳动过程范畴相比，生产方式范畴不仅包含着更为具体的人与物之间的自然关系，而且还包含着抽象的劳动过程范畴所不包含的人与人之间的自然关系，如协作、分工等等的自然方面。人与人之间的自然关系，和人与人之间的社会关系根本不同，它是直接从人与物之间的自然关系派生出来并从属于人与物之间的自然关系的。生产方式连同它所包含的人与人之间的自然关系本身，不是《资本论》的对象；只有在为社会关系所规定的限度内，才属《资本论》的研究范围。

考察相对剩余价值生产时，不仅《资本论》论述的自然关系比考察绝对剩余价值生产时具体，而且《资本论》论述的自然关系和社会关系之间的相互关系，也比考察绝对剩余价值生产时具体。在从绝对剩余价值生产的角度考察自然关系（劳动过程）和社会关系（价值增殖过程）之间的相互关系时，强调的是自然关系（劳动过程）为一切社会所共有的一般性，是自然关系成为社会关系的前提和社会关系成为加在自然关系上的社会规定性。但在从相对剩余价值生产的角度考察自然关系（生产方式）和社会关系（劳动对

---

① "劳动过程，就我们在上面把它描述为它的简单的抽象的要素来说，是制造使用价值的有目的的活动，是为了人类的需要而占有自然物，是人和自然之间的物质变换的一般条件，是人类生活的永恒的自然条件，因此，它不以人类生活的任何形式为转移，倒不如说，它是人类生活的一切社会形式所共有的。"见马克思：《资本论》第1卷，人民出版社1975年版，第208~209页。

② 《资本论》第1卷，人民出版社1975年版，第209页。

资本的隶属）之间的相互关系时，就不能只讲自然关系（劳动过程）的一般性了；这时要强调自然关系（生产方式）在资本主义社会某一阶段上所具有的特殊性，强调社会关系为自然关系所改变或自然关系为社会关系所改变。

《资本论》详细阐述了资本主义生产方式（自然关系）同劳动对资本的隶属（社会关系）之间互相改变的关系。在简单协作阶段，资本只能在历史上既有的技术条件下使劳动隶属于自己，还不能直接改变生产方式。所以，这时的资本主义生产方式还不是资本主义所特有的生产方式。这时的资本家的作坊同行会师傅的作坊相比，除了劳动对资本的形式隶属之外，在生产方式上没有什么质的区别。但随着劳动对资本的形式隶属的发展，生产方式逐渐发生了变化，形成了与行会手工业生产方式有根本区别的工场手工业生产方式。马克思称之为特殊资本主义生产方式，因为它是资本主义所特有的生产方式。在这种特殊资本主义生产方式下，出现了劳动对资本的实际隶属。同时，实际隶属又反过来促使发达的特殊资本主义生产方式——资本主义机器大工业的产生。如此等等。

特别有意义的是，《资本论》把区分生产方式和劳动对资本的隶属的思想，运用到资本主义管理的二重性的分析上。一方面，资本主义管理是"一种由社会劳动过程的性质产生并属于社会劳动过程的特殊职能"，属于生产方式范畴。另一方面，又是"由剥削者和他所剥削的原料之间不可避免的对抗"产生的职能，属于劳动对资本的隶属关系。[①] 这就告诉我们，前者是人与物之间的自然关系以及由它直接派生的人与人之间的自然关系，没有阶级性；后者纯属人与人之间的社会关系，具有强烈的阶级性。社会主义国家的企业管理在借鉴资本主义的管理时，必须严格区分它的二重性，对它的自然关系方面可以在一定程度上吸收，对它的社会关系方面必须坚决摈弃。

《资本论》的考察在从孤立的资本生产过程转向资本再生产过程的时候，进一步贯彻了区分自然关系和社会关系的思想。资本再生产作为自然关系，是劳动过程的周而复始和不断更新；作为社会关系，是价值增殖过程的周而

---

① 《资本论》第1卷，人民出版社1975年版，第368页。

复始和不断更新。在资本再生产之流中，生产方式在变化着，劳动对资本的隶属在加深着。

在考察孤立的资本生产过程时，《资本论》区分了劳动力和可变资本、生产资料和不变资本。现在，当考察到资本再生产过程时，《资本论》进一步区分了资本技术构成和资本价值构成。技术构成系指在劳动过程中发挥作用的生产资料量和活劳动量之比。价值构成系指在价值增殖过程中发挥作用的不变资本和可变资本之比。技术构成的提高，突出地反映着生产方式的发展。价值构成的提高，突出地反映着劳动对资本的隶属的加深。

在考察孤立的资本生产过程时，《资本论》论述了随着生产方式的发展，劳动对资本从形式隶属转变为实际隶属。在考察资本再生产过程时，《资本论》论述了在简单再生产条件下不仅工人的生产消费而且工人的个人消费都隶属于资本，论述了在资本积累条件下相对过剩人口成了绝对隶属于资本的产业后备军，从而在业人口也成了绝对隶属于资本的产业现役军。

《资本论》第 1 卷运用自然关系和社会关系之间的相互关系的思想，最后论述了资本主义积累的历史趋势。就生产方式看，规模不断扩大的劳动过程的协作形式日益发展，科学日益被自觉地应用于技术方面，劳动资料日益转化为只能共同使用的劳动资料。就劳动对资本的隶属看，资本巨头不断减少，贫困、压迫、奴役、退化和剥削的程度不断加深，日益壮大的工人阶级的反抗不断增长。结果是："资本的垄断成了与这种垄断一起并在这种垄断之下繁盛起来的生产方式的桎梏。生产资料的集中和劳动的社会化，达到了同它们的资本主义外壳不能相容的地步。这个外壳就要炸毁了。资本主义私有制的丧钟就要响了。剥夺者就要被剥夺了。"①

《资本论》第 1 卷第一篇是一个始终贯穿着区分自然关系和社会关系的思想的，从叙述商品的形式到叙述商品的内容，又从叙述商品的内容到叙述商品的形式的过程。《资本论》整个 3 卷也是一个始终贯穿着区分自然关系和社会关系的思想的，从叙述资本的形式到叙述资本的内容，又从叙述资本的内

---

① 《资本论》第 1 卷，人民出版社 1975 年版，第 831~832 页。

容到叙述资本的形式的过程。就《资本论》整个 3 卷而言，第 1 卷第一篇所考察的商品和货币，是资本的元素形式。第一卷第二篇所考察的资本总公式，是资本的一般形式。第 1 卷第三篇至第七篇所考察的资本直接生产过程，是资本的内容。第 2、3 卷所考察的资本流通过程和资本主义生产总过程，是资本的具体形式。①

三

马克思在《经济学手稿（1857－1858 年）》第 VII 本笔记第 51 页上写道，"政治经济学所研究的是财富的特殊社会形态，或者不如说是财富生产的特殊社会形态。财富的质料，不论它是主体的，如劳动，还是客体的，如满足自然需要或历史需要的对象，对于一切生产时代来说最初表现为共同的东西。因此，这种质料最初表现为单纯的前提。这种前提完全处在政治经济学的考察范围之外，而只有当质料为形态关系所改变或表现为改变这种形态关系的东西时，才列入考察的范围。关于这方面的通常的一般论述，只限于一些抽象概念。这些抽象概念在政治经济学的最初尝试中还有一些历史价值，那时人们还在极其艰难地把各种形态从质料上剥离下来并竭力把它们作为特有的考察对象固定下来。后来，这些抽象概念成了索然无味的老生常谈，它们越把自己打扮成科学，就越使人讨厌。德国经济学家们在'财物'的范畴下惯于发表的一切空谈，就属于这种情况。"② 这段话同我们上面分析的贯穿在《资本论》中的关于研究对象的思想是完全一致的。

这段话值得注意的有两点。

（1）它使用了质料和形态这对术语。质料和形态是欧洲哲学史上自从亚里斯多德以来通行的成对术语。例如，铜是铜像的质料，像是铜的形态。黑

---

① 《资本论》整个 3 卷从形式到内容，又从内容到形式的过程，归根结蒂同时就是从抽象到具体的过程。关于这个问题，请参阅拙作《论〈资本论〉的逻辑结构》，见北京师范大学政治经济系编：《经济学集刊》第一集，中国社会科学出版社 1980 年版，第 126～163 页。

② 《马克思恩格斯全集》第 46 卷下册，人民出版社 1980 年版，第 383 页。根据德文原本稍有改动。

格尔也把这对术语构筑在自己的《逻辑学》体系中。马克思批判地继承了以往哲学的合理因素，把这对术语运用到政治经济学对象的分析上来，赋予它们以崭新的含义。从而，我们可以用这对术语把贯穿于《资本论》中的自然关系和社会关系的思想固定下来。所谓自然关系，它包括：客体的，如使用价值，主体的，如具体劳动，纯属人与物之间的，如抽象的劳动过程；既属人与物之间的、又属人与人之间的自然关系；统统属于质料范畴。社会关系，不管是抽象的或比较抽象的，如价值；还是比较具体的，如劳动对资本的实际隶属；统统属于形态范畴。这样做可以使我们把质料和形态同《资本论》中大量使用的内容和形式区别开来。这两对范畴是根本不同的。前对是按照自然关系和社会关系划分的；后对是按照内部存在和外部表现划分的。例如，使用价值和交换价值，是质料和形态的关系；交换价值和价值则是形式和内容的关系。在德文中，"Form"这个词和质料相对待时的含义，根本不同于和内容相对待时的含义。因此，这同一个词在译为中文时，为了便于区别，应按照具体情况译为不同的词。"质料"在德文中是"Stoff"，译为中文时往往译为"物质"或"材料"。但这样译，容易把它理解为单纯的客体物质，而不把它理解为主体劳动，不把它理解为关系。

（2）这段话指出，"只有当质料为形态关系所改变或表现为改变这种形态关系的东西时，才列入考察的范围"。上面我们说过，讲绝对剩余价值生产时，要强调自然关系（劳动过程）的一般性，强调自然关系成为社会关系的前提和社会关系成为加在自然关系上的社会规定性。讲相对剩余价值生产时，要强调自然关系（生产方式）的特殊性，强调社会关系为自然关系所改变或自然关系为社会关系所改变。现在，我们用质料和形态术语概括如下：讲质料和形态的关系时有时强调质料的一般性，有时强调质料的特殊性；一般性包容不了特殊性，但特殊性却必然包容一般性于自身之内。强调质料的一般性时，质料是形态的物质基础，形态是加在质料上的社会规定性。强调质料的特殊性时，形态改变质料，质料改变形态。前者的例子，有使用价值和交换价值的关系、具体劳动和抽象劳动的关系、货币材料和货币的关系等等。后者的例子，如生产方式和劳动对资本的隶属的关系，还有讲资本主义积累的历史趋势时所说的"生产资料的集中和劳动的社会化"同"它们的资本主义外壳"的关系①等等。最后这个例子，用现在流行的术语来表达，就是生产力和生产关系的关系。

如果说《资本论》第一卷第一章开头讲使用价值和交换价值的关系时②是强调质料的一般性，那末我们引用的《经济学手稿（1857－1858年）》第VII本笔记第51页上的这段话，就是强调质料的特殊性。这就是这段话的重要意义之所在。

现在我们回过头来谈谈《资本论》第1卷第1版序言中的那句话——"我要在本书研究的，是资本主义生产方式以及和它相适应的生产关系和交换关系"。首先应该指出，这里的"生产关系"，绝不能解作生产力和生产关系的统一；它实际上是自然关系或质料范畴。因此，对这句话也只能用质料和形态的关系的思想去加以理解。"资本主义生产方式"是个内涵极宽的质料，它不仅包含着依次更迭的协作、分工和机器，而且包含着内涵窄或较窄的质料，如使用价值、具体劳动、劳动过程等等。它本身不是《资本论》的对象，它只有在为形态关系所改变或表现为改变这种形态关系的东西时，才列入《资本论》的研究范围。《资本论》研究资本主义生产方式，为的是研究和它相适应的生产关系和交换关系。《资本论》研究资本主义生产方式的限度，取决于考察资本主义生产关系和交换关系的需要。我国经济学界对第一版序言的这句话有两种相反的观点。一种认为，生产关系（广义的，即包括交换关系、分配关系等在内的）是政治经济学的对象。另一种认为，生产方式（作生产力和生产关系的统一解）从而生产力是政治经济学的对象。

我是赞成头一种观点的。因为它符合《资本论》阐述的对象的思想，它当然包含着这样的意思：生产力（属于质料范畴）本身不是政治经济学的对象，生产力只有在研究生产关系（属于形态范畴）所必要的限度内才属于政治经济学的研究范围。这个观点并不象有些同志所批评的那样，是忽视生产

---

① 《资本论》第1卷，人民出版社1975年版，第831页。
② 《资本论》第1卷，人民出版社1975年版，第48页。

力的作用或轻视生产力研究。它坚决主张,生产力是生产关系的物质基础,生产力有作为改变生产关系的因素的作用,同时它也为生产关系所改变。《资本论》对劳动过程和生产方式的精辟论述,马克思为撰《资本论》而作的关于自然科学和技术科学的大量研究,就是明证。当然,如果有人把这个观点机械地理解为把生产力绝对排斥在政治经济学之外,根本不承认为生产关系所规定的生产力属于政治经济学的研究范围,那也是根本违背《资本论》阐述的对象的思想的,是错误的。

在我看来,后一种观点是不对的。生产力也是政治经济学的对象这个提法,如果解释为生产关系所规定的生产力属于政治经济学的研究范围,似乎也无可厚非。但应该指出,这个提法如果不加以适当的限定就是片面的,甚至是错误的。之所以说它是片面的,因为它忽视了生产力本身不是政治经济学的对象这一面。这就根本违背了《资本论》阐述的对象的思想:既要肯定质料本身不是研究对象,同时又要肯定质料为形态所规定属于研究的范围,二者缺一不可。之所以说这个提法是错误的,因为它可以使人理解为:生产力是象生产关系一样的,可以完全同生产关系相并列的政治经济学对象。这样一来,就会模糊政治经济学和技术科学、某些部门经济学等之间的界限,使政治经济学丧失作为一门科学所特有的活动领域。须知一门科学的独立存在权力,就靠它按照自己的特有对象把自己从其他有关学科中划分出来。

(原文发表于《经济研究》1981 年第 5 期)

关于《资本论》的研究对象问题

洪远朋[*]

马克思在《资本论》第 1 卷第一篇序言中指出："我要在本书研究的，是资本主义生产方式以及和它相适应的生产关系和交换关系。"① 对于马克思这句话，我国理论界有不同的理解，因而，对《资本论》的研究对象就有不同的看法。

一种看法认为，《资本论》的研究对象是生产方式，既包括生产力，又包括生产关系。

另一种看法认为，《资本论》的研究对象是资本主义生产关系。

还有一种看法认为，《资本论》的研究对象主要是生产力。

我是同意和主张第二种意见的，《资本论》的研究对象是资本主义生产关系。

首先，要弄清这个问题，关键是对"生产方式"这种概念如何理解的问题。马克思在《资本论》序言中所讲的生产方式是指什么呢？根据马克思这句话前后文联系起来理解，这里所说的"生产方式"是指"社会经济形态"。马克思是说《资本论》研究的是资本主义经济形态，而不是别的什么经济形态。正如列宁在阐述《资本论》第 1 版序言的基本思想时指出的："马克思只说到一个'社会经济形态'，即资本主义社会经济形态，换句话说，他研究的只是这个形态而不是别的形态的发展规律。"② 马克思是说《资本论》研究的是与资本主义社会经济形态相适应的生产关系和交换关系，实际上就是说《资本论》研究的是资本主义的生产关系。

---

* 洪远朋：复旦大学经济学院院长、博士生导师。
① 《马克思恩格斯全集》第 23 卷，人民出版社 1972 年版，第 8 页。
② 《列宁全集》第 1 卷，人民出版社 1955 年版，第 116 页。

第二，《资本论》的研究对象是什么，看《资本论》的内容，就更加清楚。《资本论》研究的是资本，资本是带来剩余价值的价值，中心是揭示资本家如何榨取、实现和瓜分工人所创造的剩余价值，是研究资本与劳动的关系的，也就是研究资本主义的生产关系，包括生产、交换、分配、消费等各方面的关系。《资本论》所深刻分析论证的各个经济范畴，例如，商品、价值、货币、资本、剩余价值、工资、利润、利息、地租等，都是资本主义生产关系的理论表现。因此，从《资本论》研究的具体内容，也表明《资本论》的研究对象是生产关系。

第三，《资本论》主要是马克思主义政治经济学的巨著，《资本论》的研究对象实际上也就是政治经济学的研究对象。从马克思、恩格斯、列宁、斯大林对政治经济学对象的论述来看，都是指生产关系。例如，马克思在《哲学的贫困》中指出："经济范畴只不过是生产方面社会关系的理论表现，即其抽象"。[1] 恩格斯在《卡尔·马克思〈政治经济学〉》一文中指出："经济学所研究的不是物，而是人和人之间的关系，归根到底是阶级和阶级之间的关系"。[2] 列宁在《评经济浪漫主义》中说："政治经济学的对象决不象通常所说的那样是'物质的生产'（这是工艺学的对象），而是人们在生产中的社会关系。"[3] 斯大林说："政治经济学的对象是人们的生产关系，即经济关系。"[4]

根据以上分析，可见《资本论》从而政治经济学的研究对象是生产关系，而不是生产方式，更不是生产力。

《资本论》研究的是生产关系，那么，什么是生产关系？它应该包括哪些内容呢？生产关系就是人们在生产过程中结成的社会联系和关系。生产过程作为不断反复的过程，就是社会再生产。社会再生产是生产、交换、分配、消费的统一。生产（指直接生产）表现为起点，消费表现为终点，交换和分配是中间环节。四个环节不可分割地联系在一起。研究生产关系，实际上应

---

[1]　《马克思恩格斯全集》第4卷，人民出版社1958年版，第143页。
[2]　《马克思恩格斯全集》第13卷，人民出版社1962年版，第533页。
[3]　《列宁全集》第2卷，人民出版社1959年版，第166页。
[4]　斯大林：《苏联社会主义经济问题》，人民出版社1961年版，第58页。

该包括人们在直接生产过程中的关系、交换过程中的关系、分配过程中的关系和消费过程中的关系。马克思的《资本论》研究资本主义的生产关系正是从这四个环节进行的。第 1 卷研究资本的生产过程，围绕剩余价值的生产，阐明资本与劳动的关系。第 2 卷研究资本的流通过程，围绕剩余价值的实现，进一步阐述劳资之间的关系，并揭示了在运动过程中各个别资本的相互关系。第 3 卷研究资本主义生产的总过程，着重研究资本主义的分配关系，阐述剩余价值的分配规律。《资本论》虽然没有专门一卷研究资本主义的消费关系，但在各卷中都有关于消费关系的论述，如，第 1 卷中有关于生产消费与个人消费关系的论述；第 2 卷中研究了消费品生产与生产资料生产的关系；第 3 卷则揭示了资本主义生产与消费的矛盾；第 4 卷还批判了资产阶级经济学家关于消费的错误观点等。总之，《资本论》研究的就是资本在其总生产过程中所发生的各种关系。

《资本论》是研究资本主义生产关系的，但是，《资本论》不是孤立地研究生产关系，而是在生产关系与生产力的矛盾中、在上层建筑与经济基础的矛盾中研究生产关系的。

马克思主义告诉我们：生产力是最革命最活跃的因素，是生产力的发展推动生产关系的变革；生产关系一定要适合生产力发展的规律，是人类社会发展的普遍规律。马克思在《政治经济学批判》序言中指出：“人们在自己生活的社会生产中发生一定的、必然的、不以他们的意志为转移的关系，即同他们的物质生产力的一定发展阶段相适合的生产关系……社会的物质生产力发展到一定阶段，便同它们一直在其中活动的现存生产关系或财产关系（这只是生产关系的法律用语）发生矛盾。于是这些关系便由生产力的发展形式变成生产力的桎梏。那时社会革命的时代就到来了。”① 由于生产关系不能脱离生产力而孤立地存在和发展，所以，研究生产关系不能离开生产力，必须在生产力和生产关系的矛盾运动中研究生产关系。

马克思在《资本论》中正是从生产力同生产关系的矛盾中，揭示资本主

---

① 《马克思恩格斯选集》第 2 卷，人民出版社 1972 年版，第 82～83 页。

义生产关系产生、发展和灭亡规律的。例如，在《资本论》第 1 卷第四篇马克思通过协作、分工、机器大工业等生产力的发展状况，来说明资本主义生产关系是怎样来统治全社会的，同时又通过生产力的发展说明资本主义生产社会化和私人占有制之间基本矛盾的发展，怎样为社会主义代替资本主义创造了条件。马克思说："它在使生产过程的物质条件及其社会结合成熟的同时，也使生产过程的资本主义形式的矛盾和对抗成熟起来，因此也同时使新社会的形成要素和旧社会的变革要素成熟起来。"①

有些同志喜欢用《资本论》第 1 卷第四篇说明《资本论》是主要研究生产力的，或者是既研究生产关系又研究生产力的。实际上这一篇既不是主要研究生产力，也不是既研究生产关系又研究生产力，而是研究生产关系的，但是在生产力与生产关系的矛盾中研究生产关系的，是阐明资本家怎样通过提高劳动生产力来加强对工人的剥削的。从这一篇的标题就可以看出，是"相对剩余价值"，是讲资本家榨取工人剩余价值的一种重要方法。但是，由于相对剩余价值生产与劳动生产力的提高关系很大，所以，马克思比较多地提到生产力的问题，但这里决不是研究生产力本身的规律，而是讲生产力对生产关系的影响，讲资本家如何通过提高劳动生产力来加强对工人的剥削。例如，第 1 卷第十三章"机器和大工业"，马克思一开始就指出："机器是生产剩余价值的手段。"② 并且强调机器的资本主义应用所产生的后果，"机器就其本身来说缩短劳动时间，而它的资本主义应用延长工作日；因为机器本身减轻劳动，而它的资本主义应用提高劳动强度；因为机器本身是人对自然力的胜利，而它的资本主义应用使人受自然力奴役；因为机器本身增加生产者的财富，而它的资本主义应用使生产者变成需要救济的贫民"③。

所以，马克思在《资本论》中讲到生产力，但不是为了揭示生产力本身的规律，而是在生产力和生产关系的矛盾中研究资本主义生产关系。

马克思在《资本论》中研究生产关系也没有离开上层建筑。这是因为在

① 《马克思恩格斯全集》第 23 卷，人民出版社 1972 年版，第 550 页。
② 《马克思恩格斯全集》第 23 卷，人民出版社 1972 年版，第 408 页。
③ 《马克思恩格斯全集》第 23 卷，人民出版社 1972 年版，第 483 页。

每一种社会形态里，占统治地位的生产关系的总和构成这个社会的经济基础，而上层建筑是建立在经济基础之上的政治法律制度和与之相适应的社会意识形态。马克思主义教导我们，上层建筑与经济基础的关系也是辩证的统一。经济基础决定上层建筑，一定的上层建筑，总是适应一定的经济基础的要求而产生的，并且是为一定的经济基础服务的。随着经济基础的变革，全部庞大的上层建筑，迟早也要发生变革。但是，上层建筑一旦产生，就具有相对的独立性、稳定性，并且反过来对经济基础发生影响，有着巨大的反作用。基于这一点，马克思在《资本论》第 1 卷第二十四章分析了暴力在资本主义生产关系产生中的作用，指出资本原始积累的各种方法都是"利用国家权力，也就是利用集中的有组织的社会暴力，来大力促进从封建生产方式向资本主义生产方式的转变过程，缩短过渡时间。暴力是每一个孕育着新社会的旧社会的助产婆。暴力本身就是一种经济力。"①

马克思在《资本论》中通过劳动力买卖的分析，还深刻揭露了资产阶级自由、平等、所有权、人权的虚伪性。所谓自由，对劳动者来说只是出卖劳动力的自由；所谓平等，就是劳动者平等地被剥削；所谓所有权，实际上是劳动者一无所有，只有劳动力可供出卖；所谓人权，就是平等地剥削劳动力。但资本对劳动的实实在在的剥削关系却被自由、平等和民主的抽象词句掩盖了。

在《资本论》中更有大量关于意识形态的分析，《资本论》中不仅每篇都有对资产阶级经济思想的分析和批判，而且专门有个第 4 卷，系统地分析和批判资产阶级的各种经济学说。正由于《资本论》在研究资本主义生产关系的同时，联系上层建筑分析了政治权力和意识形态的有关问题，才使《资本论》成为不仅是有"骨骼"，而且是"有血有肉"的著作。正如列宁所指出的：《资本论》"专门以生产关系说明该社会形态的结构和发展，但又随时随地探究适合于这种生产关系的上层建筑，使骨骼有血有肉。《资本论》所以大受欢迎，是由于'德国经济学家'的这一著作把整个资本主义社会形态作

---

① 《马克思恩格斯全集》第 23 卷，人民出版社 1972 年版，第 819 页。

为活生生的东西向读者表明出来，将它的生活习惯，将它的生产关系所固有的阶级对抗的具体社会表现，将维护资产阶级统治的资产阶级政治上层建筑，将资产阶级的自由平等之类的思想，将资产阶级的家庭关系都和盘托出"。①

《资本论》研究资本主义生产关系联系到上层建筑，但不是既研究生产关系，又研究上层建筑，而是在生产关系与上层建筑的矛盾中研究生产关系。

总之，《资本论》中研究资本主义生产关系联系到生产力和上层建筑，但是，生产力和上层建筑并不是《资本论》的研究对象，不能认为《资本论》的研究对象既包括生产关系又包括生产力和上层建筑。

（原文发表于《洪远朋〈资本论〉研究文集》，2013 年）

---

① 《列宁选集》第 1 卷，人民出版社 1972 年版，第 9 页。

论《资本论》研究对象

——与马家驹、熊映梧等同志商榷

胡培兆　孙连成[*]

《资本论》研究对象，马克思本人只在序言中讲了一句话："我要在本书研究的，是资本主义生产方式以及和它相适应的生产关系和交换关系。[①]"长期以来，人们对这一问题的理解存在分歧。开展对这一问题的研究，对确定社会主义政治经济学的研究对象，是有直接指导意义的。

一、两种见解的探析

第一种见解是：马克思在《资本论》里，"把生产方式也放在对象之内并且列在首位，而不是认为政治经济学仅限于研究生产关系"[②]。这是马家驹、蔺子荣二同志提出来的。他们认为"马克思所讲的生产方式并不是作为生产力和生产关系的统一把两者包括在自身之内，而是介于这两者之间从而把它们联系起来的一个范畴"，把它解释为生产关系，或是把生产关系包括在生产方式中，都是"不够确切的"。那末，马克思对这样确定的对象是怎样展开研究的呢？他们认为：首先，"马克思始终是通过解剖作为生产的社会形式的生产方式，进一步说，通过解剖构成这一整体形式的一系列个别的、局部的形式来揭示生产关系"；其次，"马克思对于资本主义生产方式是从劳动方式与生产的社会形式的统一当中去进行研究的"。

这种见解概况起来：第一，《资本论》研究的首位对象是生产方式，其次是生产关系；第二，这种生产方式既不是生产关系，也不是生产关系和生

＊　胡培兆：厦门大学经济学院教授；孙连成：中国社会科学院马列研究所室主任。

①　《马克思恩格斯全集》第 23 卷，人民出版社 1972 年版，第 8 页。

②　马家驹、蔺子荣：《生产方式和政治经济学的研究对象》，载于《经济研究》1980 年第 6 期。

力的统一体，而是连结生产力和生产关系的"纽带"。然而，他们没有说明，为什么生产方式是《资本论》研究的首位对象？如此重要的生产方式这个"纽带"范畴，究竟包含有什么样的内容？

为了把生产方式列为首要的研究对象，对生产方式的解释是十分必要的。例如马、蔺二同志所说的，马克思在《资本论》讲的生产方式，有的场合讲的是劳动方式（如协作、工场手工业、机器大工业等生产方式），有的场合讲的是生产的社会形式，即社会经济形态或社会经济结构。但是，他们对生产的社会形式没有明确的解释。

（1）他们一方面说，作为生产的社会形式的生产方式，就是社会经济形态，是劳动产品、生产资料、劳动力等所采取的社会形式的总和。譬如，资本主义社会形态就是商品形式、资本形式、劳动力商品、剩余价值形式等等，这些个别的、局部的形式之总和；另一方面又说，生产方式仅仅是"介于生产力和生产关系之间而把它们联系起来的一个范畴"。从前一方面看，生产方式是有极其丰富的内容的，不仅仅是形式问题。从后一方面看，生产方式仅仅是形式，是"纽带"，没有生产关系和生产力的内容。这样就使人产生这样的问题：不包括生产力和生产关系在内的，而只是把生产力和生产关系联系起来的这样一个范畴，怎么能成为社会经济形态呢？资本、剩余价值这些个别的、局部的形式又是怎样分别把生产力和生产关系联系起来的呢？资本、劳动力商品、剩余价值等是生产关系（或经济关系），还是仅仅没有生产关系内容的生产方式呢？

（2）如他们所说，《资本论》是通过解剖构成社会生产方式"这一整体形成的一系列个别的、局部的形式来揭示生产关系"的，也就是说，通过资本主义生产方式的研究已经可以揭示出资本主义生产关系了。既然如此，那为什么马克思在《资本论》的研究对象中，还要在"资本主义生产方式"之后，再另外并列一个"生产关系和交换关系"呢？同样的问题是，既然生产方式的研究可以揭示生产关系，为什么说生产方式是《资本论》研究对象的首位，其次才是生产关系呢？是否通过生产方式的研究所揭示的生产关系和处于研究对象中次要地位的生产关系不一样的呢？或者前述的生产关系有

"首位"意义，后述的生产关系只有"其次"的意义呢？另外，既然生产方式不包含生产关系在内，那为什么通过生产方式的研究能揭示出生产关系来呢？这都使人不易理解。

这样的见解，很难与马克思讲的《资本论》的研究对象统一起来。如果我们联系资产阶级经济学的研究对象，以及从《资本论》内容来考察，对马克思讲的《资本论》研究对象，就容易理解，不会感到不明白。资产阶级经济学的一个共同点，就是认为资产阶级社会是最合乎自然、最合乎人性的永恒社会，不是人类社会发展长河中的一个特定的历史阶段，因而他们研究的是自认为亘古贯今、普遍存在、普遍适用的"一般社会"和"一般规律"。马克思作为旧学说的批判者，当然是不能沿袭他们的窠臼的，在世界观和方法论上首先要突破空乏的、根本不存在的"一般社会"。要揭示"现代社会的经济运动规律"，即资本主义产生、生存、发展和死亡的规律，就必须紧紧扣住"现代社会"这个真实的世界。另外，从《资本论》的内容看，马克思虽然纵谈横议到了人类社会几千年的历史和社会生活的各个方面，但都是限定在主题论述的必要范围内。说到其他社会形态，是为了承前启后，显示出资本主义生产方式的历史及其发展趋势；联系社会生活的其他方面，是为了给予生产关系这个骨骼有血有肉，便于"把整个资本主义社会形态作为活生生的东西向读者表明出来，将它的生活习惯，将它的生产关系所固有的阶级对抗的具体社会表现，将维护资产阶级统治的资产阶级政治上层建筑，将资产阶级的自由平等之类的思想，将资产阶级的家庭关系都和盘托出"①。这样，我们就可以理解，马克思讲的《资本论》研究对象这句话，是说：我要在本书研究的是资本主义社会经济形态以及和它相适应的生产关系（包括直接的生产关系和交换关系）。具体包含有两重意思：

（1）研究的范围限在资本主义生产方式之内。只研究资本主义社会经济形态，而不是研究其他社会形态和"一般社会"。列宁说："马克思只说到一个'社会经济形态'，即资本主义社会经济形态，换句话说，他研究的只是这

---

① 《列宁选集》第1卷，人民出版社1972年版，第9页。

个形态而不是别的形态的发展规律。"①

（2）研究的对象是资本主义生产关系。生产关系包括直接的生产关系和交换关系。把交换关系特别标出来，是因为资本主义是商品交换最发达的社会。

联系马克思接着说的一句话——"到现在为止，这种生产方式的典型地点是英国"②，就使我们更加明确了研究的具体范围。所以，马克思在说明《资本论》研究对象时把生产方式放在前面，绝不意味着资本主义生产方式是《资本论》的"首要"的研究对象。

对资本主义生产关系的研究，马克思是通过对资本、劳动力商品、剩余价值、工资、资本积累、生产价格、地租等等经济范畴的研究来完成的。因为在这些经济范畴中包含有资本主义生产关系的不同侧面。经济范畴是"历史的、与物质生产的一定发展阶段相适应的生产关系的理论表现"③。马、蔺两同志认为，资本、劳动力商品、剩余价值等经济范畴是生产方式的个别的、局部的形式，不包含有生产关系，通过它们的研究来揭示生产关系，就是把生产方式摆在研究的首位。这样的立论和推断是值得商榷的。

第二种见解是："马克思在《资本论》中，始终是把生产方式（静态）或社会生产运动（动态）作为研究对象。当然，由于马克思生活在资本主义时代，无产阶级还没有掌权，他的历史责任和研究重点在于揭示资本主义生产关系的局限性和暂时性，论证社会主义取代资本主义的必然性。马克思没有着重研究生产力问题，是可以理解的。"④ 这是熊映梧同志提出来的。这种见解提出了这样两点：第一，《资本论》研究的对象是生产方式，即生产力和生产关系；第二，作为政治经济学的研究对象应把生产力的研究摆在首位，马克思只是因为当时的历史责任和研究重点，所以"没有着重研究生产力问题"。关于第一点，我们在剖视"第一种观点"时已讲了，不再重复。关于第

---

① 《列宁选集》第1卷，人民出版社1972年版，第4~5页。
② 《马克思恩格斯选集》第23卷，人民出版社1972年版，第8页。
③ 《马克思恩格斯选集》第2卷，人民出版社1972年版，第143页。
④ 熊映梧：《经济科学要把生产力的研究放在首位》，载于《经济科学》1980年第2期。

二点，是需要详细剖视一番的。首先要指出的一点是，作者的观点很不彻底。既然政治经济学（熊同志说应改名为理论经济学）应当以生产力和生产关系为研究对象，其中又应该把生产力放在首位，那末，为什么因为历史使命不同就可以不把生产力作为研究重点的呢？是否说，同是一门科学，研究对象是可以因政治历史任务的变动而变动的呢？资本主义政治经济学因为研究的重点是要揭示资本主义生产关系的局限性和暂时性，所以要把生产关系的研究放在首位，不着重研究生产力是"可以理解的"，社会主义政治经济学因为研究重点是要发展生产力，所以把生产力的研究放在首位，不着重研究生产关系同样是"可以理解的"。依此类推，是否说，在社会主义社会的各个发展时期，因为具体任务不同，政治经济学的研究对象的重点也是可以时时转移呢？譬如说，在生产资料私有制的社会主义改造时期，主要是改造旧的生产关系和建立新的生产关系，社会主义政治经济学就应该把生产关系的研究放在首位，在工作重点转移到社会主义建设上来以后，社会主义政治经济学的研究重点就应该跟着把生产关系转移到生产力上来。这样，政治经济学还有什么统一的对象可言呢？今天作者强调研究生产力为主，也不是只有相对意义了吗？其次，作者没有告诉我们，《资本论》既然由于历史责任的关系没有着重研究生产力，人们从何得知《资本论》是同时把生产力和生产关系作为研究对象的呢？我们只知道马克思说过"政治经济学不是工艺学"的话①，方知生产力不是政治经济学，当然也不是《资本论》的研究范围。如果说马克思在《资本论》里研究了作为对象之一的生产力，那么就得看一看他是怎样研究生产力、研究生产力的哪一些方面的。如果仅仅是说，马克思在研究劳动价值理论时指出价值与劳动生产力成反比，在阐述绝对剩余价值和相对剩余价值的生产时都是"同一定的生产力联系着"这一些方面，那实在不能说是马克思在《资本论》里把生产力也当作对象来研究的。因为科学是研究规律的，如果生产力真是《资本论》的研究对象之一，那就应该揭示生产力运动的一系列规律。不是研究重点的话，也该揭示一些规律。试问，马克思

---

① 《马克思恩格斯选集》第2卷，人民出版社1972年版，第88页。

在《资本论》里究竟给我们阐明了多少条生产力方面的规律呢？即使真有阐明了生产力的规律，目的又是为了什么呢？

《资本论》的研究对象是可以继续讨论的，谁都不能说自己的意见就已是真谛所在了。上面两种新见解要能成立，我们以为这些同志还需进一步的论证。

二、研究领域与研究对象

人类社会最根本的活动是物质生活资料的生产活动。因而，如何促进、扩大、提高物质生活资料的生产，是一切科学研究的最根本或最终的任务。自然科学是从探明各种自然规律、研究科学技术、开拓生产的广度与深度等方面去促使生产力的发展的。社会科学是要从研究生产关系、上层建筑范围内的运动规律，解决不断产生的有碍生产力发展的各种矛盾方面去促进生产力的发展的。从这个意义上说，一切科学都是生产力科学，相互间有紧密的联系。也正因为这样，各条科学战线都有共同目标，都同样可以为实现四个现代化作出贡献。但是，不论是自然科学还是社会科学内部的各门分支科学，它们都有自己特定的研究范围和研究对象，不能因为相互间有紧密联系就可以把它们的研究对象模糊起来或沟通起来。自然科学无论那一门都要用数学，数学是否就成了它们共同的研究对象之一了呢？不能这样说。政治经济学研究生产关系，当然要联系生产力、上层建筑，孤立地研究生产关系难免要陷入主观唯心论的泥坑。但是，不能因为政治经济学的研究离不开生产力，就说生产力也是政治经济学的研究对象之一。我们以为这里一定要区分两个界线：

1. 要把研究领域和研究对象区分开来

研究领域是根据研究对象的需要所规定的研究材料的范围和内容。研究对象是根据生产力发展的要求所规定的、需要解决的某一方面的矛盾。材料是研究中不可缺少的，但不都是研究对象。正如研究五脏需要解剖整只麻雀，而麻雀本身不是研究对象一样。《资本论》研究的对象是资本主义生产关系，研究的范围是资本主义社会经济形态。在这个总范围之内，又分各个领域，分别为各卷研究的内容。马克思在《资本论》第 3 卷里有一个说明："在第一卷中，我们研究的是资本主义生产过程本身作为直接生产过程考察时呈现的各种现象"，"流通过程则是第二卷研究的对象"，"至于这个第三卷的内容……要揭示和说明资本运动过程作为整体考察时所产生的各种具体形式"。① 如果我们把马克思说的这些研究领域和内容当作《资本论》的研究对象，是极不通的。马克思划分研究领域，是为了具体研究各领域的生产关系，不是要把领域本身当作对象本身。列宁说：马克思"所用的方法就是从社会生活的各种领域中划出经济领域来，从一切社会关系中划分出生产关系来，并把它当作决定其余一切关系的基本的原始的关系"②。范围从大到小，目光从表到里，最终揭示出生产关系来。笼统地说资本主义生产方式（即社会经济形态）是《资本论》的研究对象，甚至还是"首要"地位的对象，是不妥当的。

2. 要把研究手段和研究对象区分开来

任何一门科学的研究对象都不是孤立存在的，在研究的进行中要联系到其他方面。政治经济学研究社会生产关系，就要同社会生产力联系来考察。研究资本主义生产关系的运动规律，就要和资本主义生产力的各个发展阶段联系起来。譬如，研究相对剩余价值的生产，就得同资本主义生产力发展的三个阶段——简单协作、工场手工业、机器大工业联系起来，同样，研究社会主义生产关系，一刻也离不开生产力。不然，我们就无法根究这种生产关系因何、为何发生变动，无法判断生产关系是先进还是落后（或腐朽），无法"把生产关系归结于生产力的高度"③。熊映梧同志说，丢掉了生产力这个根本的东西，光在生产关系上面做文章，就会使马克思主义政治经济学走进"死胡同"。这话是对的。但是，要联系生产力来研究生产关系，绝对不能说生产力就是政治经济学的研究对象，更不能说是首要对象。因为在政治经济学的研究中，考察生产力方面的材料，只能是研究生产关系必不可少的一种手段。最好的证明是马克思对简单协作、工场手工业、机器大工业的分析。马克思通过对简单协作的详细研究，证明这种劳动形式会产生一种集体力，

---

① 《马克思恩格斯全集》第 25 卷，人民出版社 1974 年版，第 29 页。
② 《列宁选集》第 1 卷，人民出版社 1972 年版，第 6 页。
③ 《列宁选集》第 1 卷，人民出版社 1972 年版，第 8 页。

能缩短必要劳动时间，提高相对剩余价值的生产；通过对工场手工业的详细研究，证明分工能提高劳动生产率，更能进一步缩短必要劳动时间，大幅度提高相对剩余价值的生产，而资本与雇佣劳动的关系进而恶化，劳动力的畸形发展和生产技术的片面化，使工人受到的剥削和压迫更为深重；通过对机器大工业的详细研究，揭示了在这种生产发展的新阶段，工人才真正被钉在资本的十字架上，比赫斐斯塔司的楔子把普罗米修斯钉在岩石上还要牢。在机器面前，工人只是被榨取的人料。马克思对这三个阶段的分析中，研究了大量的生产力发展的材料，有的方面还是马克思独到的研究成果。例如，什么叫机器？这是当时的数学家、力学家和经济学家都讲不清楚的一个概念，只是马克思才给以科学的定义。但是，关于生产力的千言万语，总不离正传，时时扣住生产关系这个主题来阐述，并非为研究生产力而研究生产力。虽然列宁、斯大林把政治经济学研究对象直接而明确地规定为生产关系或经济关系，我们是可以讨论的，甚至可以不同意这种规定。不过，只有当论据十分充分的时候，才能以自己的理论取而代之。迄今为止，要把生产力纳入政治经济学研究对象的呼声甚高，而理由却十分牵强、脆弱。

三、社会主义现代化建设要求认真研究生产关系

在社会主义现代化建设中，政治经济学的任务比以往更重大了。现代化建设进程中出现的许多现实的经济问题，要求社会主义政治经济学及时作出认真的正确的回答。

物质生活资料的生产任何时候都有两个方面：生产力方面和生产关系方面。因此，在任何时候，生产关系总得研究。社会主义政治经济学和资本主义政治经济学一样，都以生产关系作为自己的研究对象，都要从联系生产力和上层建筑中进行研究。区别仅仅在于"历史责任"不同，即研究的目的不同。研究资本主义生产关系的目的，在于推翻这种已经腐朽的严重阻碍生产力发展的生产关系；研究社会主义生产关系的目的，在于不断完善这种生产关系，以促进生产力的发展。当然，社会主义生产关系也不是超历史的、永恒的，将来也要被淘汰，代之以更先进的共产主义生产关系。不过这是遥远

的将来的事，社会主义政治经济学还不可能研究得那么远，只能在可能的范围内对向共产主义过渡的条件作些预见性的研究。

在生产和科学越来越发达、分工越来越细的情况下，生产关系专属于政治经济学的研究范围应该看得更加清楚。把生产力也囊括进来，绝不是加强政治经济学在社会主义现代化建设中的作用，而是冲淡和削弱这种作用。如果把生产力的研究放在政治经济学的首位，那就不仅仅是冲淡和削弱问题，而是取消了这门科学。马克思主义政治经济学如果把生产力作为研究的重点，就不是政治经济学，更没有必要冠以"马克思主义"。自然科学有什么"主义"可谈！如果真的根据一些同志的意见，把生产力作为政治经济学的主要对象，那末社会主义生产关系这么一个重大问题叫谁去研究？这些同志显然是出于形势的考虑。党的工作重点转移到社会主义建设上来了，政治经济学的研究重点也应该跟着转移到生产力上来，过去社会主义生产关系变动太快、太频繁，现在需要相对稳定，生产关系的研究也就不那么急迫了。我们认为，这是对形势和党的政策的一种误解。生产力和生产关系的相互关系是两方面的。一方面生产关系由生产力决定，另一方面，生产关系在一定条件下对生产力的发展有促进或阻碍作用。因此，政治经济学只有一方面研究好怎样的生产关系与生产力是相适应的，否则是不相适应的；另一方面研究好怎样的生产关系能促进或最能促进生产力的发展，否则是不能促进或阻碍生产力发展的，才能在现代化建设中发挥积极作用。如果时时注意生产关系的状况，及时发现矛盾、解决矛盾，为生产力的发展扫清来自生产关系方面的路障，这就是为现代化建设作了最好的服务。

当前，政治经济学面临着许多亟须解决而尚未完全解决的重大问题。有的同志列出十六个问题①，还可以列出一些。譬如在生产方面，生产资料所有制在社会主义生产关系中究竟有怎样的地位？为什么生产积极性不是全民高于集体、集体高于个体，而是普遍相反？在消费品的分配上，例如一九七九年下半年开始的全民所有制单位职工工资的调升工作，为什么矛盾那么普遍、

---

① 参见林子力：《经济理论研究的若干方法问题》，载于《红旗》1979 年第 12 期。

思想那么复杂？主要障碍是平均主义、还是经济外的原因？生产者相互间的物质利益关系该怎样调整？在流通领域，为什么商品流通那么慢？为什么国营商业总打不掉"官商"的习气？人与人的相互关系方面，经过"文化大革命"以后，为什么显得那么不正常？这固然是林彪、"四人帮"的破坏造成的，但人与人的关系是以思想感情为基础，还是以经济关系为基础的？诸如此类的现实问题，都不是通过生产力的研究所能解决的。在生产力状况既定的前提下，只能通过生产关系的研究来回答。特别是要从生产资料占有关系和管理体制上来回答。

生产资料占有关系是人与人之间的重要经济关系。社会主义政治经济学的研究中，最薄弱的地方，我们以为就是生产资料所有制问题上没有研究好。我国社会生产力的水平低和不平衡的情况，经济学家是很清楚的，在生产关系的变革上却往往赞同或提出宁"左"毋右的主张。在生产资料所有制上追求一大二公，消费品分配上就必然是吃大锅饭，产品交换上就要一平二调，最终阻碍甚至破坏生产力的发展。根据我国当前生产力状况和发展生产力的要求，采取那几种生产资料所有制形式，对生产资料全民所有制、集体所有制的管理体制如何改革，在生产资料公有制单位中的国家、集体和个人三者之间的关系如何调整，不是政治经济学的重要课题吗？不抓生产资料所有制这个"本"的研究，就研究不好其他方面的"标"。

生产力的研究当然是很重要的，甚至是头等重要的。但它的重要性并不能改变马克思主义政治经济学的性质和研究对象。生产力的研究可以另立一门学科，没有必要去冲击政治经济学。今天，经济科学获得空前发展，门科越分越细、越分越多。目前已从报刊上见到有生产力经济学、技术经济学、能源经济学、教育经济学、人才经济学、消费经济学、国土经济学、邮电经济学，等等，为什么唯独不能有生产关系经济学，即政治经济学呢？为什么要让生产关系的研究削弱下去呢？这是值得主张政治经济学以研究生产力为主的研究者再思的！

（原文发表于《经济科学》1982 年第 2 期）

我的政治经济学研究对象观

——关于《资本论》的研究对象的研究之三

奚兆永[*]

在前篇文章中讨论了"生产方式"的不同含义，并对学术界有关《资本论》或政治经济学的研究对象的几种观点进行了评论，这里，再从正面对《资本论》初版序言中有关研究对象的论述发表一些看法。我在 1980 年写的一篇文章[①]里曾对有关的一些问题谈过一些"认识"。在那篇文章里，我认为，《资本论》初版序言里有关研究对象的那句话有两层意思：一是说，《资本论》中所要研究的不是一切生产方式，而只是其中一个生产方式，即"资本主义生产方式"。这实际上是从纵的方面规定《资本论》的研究范围。一是说，《资本论》研究"资本主义生产方式"，不是研究这个生产方式的一切方面，而只是研究其中的一方面，即"生产关系和交换关系"。这实际上是从横的方面规定《资本论》的研究范围。

这样认识《资本论》的研究对象，并不是我的发明，而只不过是学习列宁著作《什么是人民之友以及他们如何攻击社会民主主义者?》的一点体会罢了。因为列宁在这一著作里，正是这样认识《资本论》的研究对象的。他写道："马克思说的只是一个'社会经济形态'，即资本主义社会经济形态，也就是他说的，他研究的只是这个形态而不是别的形态的发展规律。"[②] "这个分析仅限于社会成员间的生产关系。马克思一次也没有利用这些生产关系以外的任何因素来说明问题……"[③] 不过，在那篇文章里我没有对《资本论》

---

　* 奚兆永：南京大学经济学教授。

　① 奚兆永：《评"经济科学要把生产力的研究放在首位"的主张》，载于《江汉论坛》1980 年第 6 期。

　② 《列宁全集》第 1 卷，人民出版社 1984 年版，第 106 页。

　③ 《列宁全集》第 1 卷，人民出版社 1984 年版，第 110 页。

初版序言里所说的"生产方式"的含义给以具体的说明，但是，通过引证列宁的论述，"生产方式"应在"社会经济形态"的意义上来理解，可以说是不说自明的。现在，重新讨论这一问题，我仍然坚持当年的观点，同时又感到当时的论证还是过于简单了一些，需要进行一些补充的论证。比如，关于"生产方式"和"生产关系"的关系问题，那篇文章几乎没有论及，而这是需要说清楚的。不少同志从生产力的意义上理解"生产方式"，并在此基础上把生产方式与生产关系的关系理解为生产力与生产关系的关系，这在有些场合虽然是正确的，但是，用来说明《资本论》初版序言中所说的"资本主义生产方式以及和它相适应的生产关系和交换关系"就有问题了。因为，如果这样理解，生产力就成了《资本论》的研究对象，而这是和马克思对《资本论》或政治经济学研究对象的大量论述、和《资本论》本身的内容、和其他马克思主义经典作家的有关政治经济学研究对象的论述相违背的。关于这些问题，我们在下面还要作进一步的论述，这里先不作讨论。问题是，如果我们把"生产方式"理解为"社会经济形态"的话，又该如何说明其与生产关系的关系呢？在这方面，我们看到，从一个方面说，"社会经济形态"是"生产关系的总和"，它总是和一定的生产关系特别是占统治地位的生产关系相联系，而从另一方面说，一定的社会经济形态和一定的生产关系又是一个整体和部分的关系，生产关系又是从属于社会经济形态的。从后一个方面说，也就有一个生产关系和社会经济形态相适应的问题。马克思在论及"资本"作为一种生产关系时就曾讲到它对于"一定历史社会形态"的从属关系。他说，"资本不是物，而是一定的、社会的、属于一定历史社会形态的生产关系"[1]。在这里，马克思清楚地告诉我们，生产关系是从属于一定历史社会形态即从属于历史一定阶段上的生产方式的。而既然存在这种从属关系，因此生产关系要与这种生产方式"相适应"也就很自然了。

为了弄清楚马克思关于《资本论》或政治经济学研究对象的观点，了解一下马克思研究政治经济学的历史过程，是有意义的。

---

[1] 《资本论》第 3 卷，人民出版社 1975 年版，第 920 页。

我们知道，马克思原来学的专业是法律，而他自己更加看重的知识领域是哲学和历史。但是在他进入社会以后就发现，他所学习的这些有关法律、哲学和历史的知识还不允许他对社会生活的一些重要问题发表意见。于是，马克思又从社会的舞台退回书房。经过一番研究之后，他认识到，"法的关系正像国家的形式一样，既不能从它们本身来理解，也不能从所谓人类精神的一般发展来理解，相反，它们根源于物质的生活关系，这种物质的生活关系的总和，黑格尔按照18世纪的英国人和法国人的先例，概括为'市民社会'，而对市民社会的解剖应该到政治经济学中去寻求"①。这里所说的"物质的生活关系"和"市民社会"也就是他后来科学地加以表述的"生产关系"。可见，马克思在研究政治经济学之初，就已非常清楚地把政治经济学看作是研究生产关系的一门科学了。

应该说，马克思关于政治经济学的研究对象是生产关系的观点，自从其形成之后就贯穿于他研究政治经济学的整个过程之中。在40年代中期写的《哲学的贫困》一书中，他就阐明了，"经济范畴只不过是生产的社会关系的理论表现，即其抽象"②。在同一本书里，他还明确地指出，"机器正像拖犁的牛一样，并不是一个经济范畴。机器只是一种生产力。以应用机器为基础的现代工厂才是社会生产关系，才是经济范畴"③。这就清楚地告诉我们，政治经济学所研究的是社会生产关系，而机器只是一种生产力，是不在经济学的范畴之内的。继《哲学的贫困》以后，马克思发表了《雇佣劳动与资本》。在后一著作里，马克思谈到了他的写作动机："在我们的读者看到了1848年以波澜壮阔的政治形式展开的阶级斗争之后，我们想更切近地考察一下资产阶级的生存及其阶级统治和工人的奴役地位所依为基础的经济关系本身，也就适当其时了。"④ 这就清楚地告诉我们，写作作为《资本论》雏形的《雇佣劳动与资本》，乃是为了考察资本主义"经济关系本身"。显然，这里也是不

---

① 《马克思恩格斯选集》第2卷，人民出版社1995年版，第32页。
② 《马克思恩格斯选集》第1卷，人民出版社1995年版，第141页。
③ 《马克思恩格斯选集》第1卷，人民出版社1995年版，第161页。
④ 《马克思恩格斯选集》第1卷，人民出版社1995年版，第332页。

包括生产力在内的。其后，马克思写了作为《资本论》第 1 稿的《经济学手稿（1857－1858 年）》，并于 1859 年出版了《政治经济学批判》第一分册。恩格斯说，"在 40 年代，马克思还没有完成他的政治经济学批判工作。这个工作只是到 50 年代末才告完成"①。可以说，《政治经济学批判》是一部具有里程碑意义的著作。正是在这部著作的序言里，马克思回顾了他研究政治经济学的经过，并且肯定了"对市民社会的解剖应该到政治经济学中去寻找"。而所谓"市民社会"，正如恩格斯所说，也就是"经济关系的领域"②。在《政治经济学批判》导言里，马克思还明确提出，"政治经济学不是工艺学"③。我们知道，所谓"工艺"，就是"生产过程本身"④；而"工艺学"所"揭示"的，是"人对自然能动关系，人的生活的直接生产过程，以及人的社会生活条件和由此产生的精神观念的直接生产过程"⑤。这就清楚地说明，"生产过程本身"或"直接生产过程"并不是政治经济学研究对象。不仅如此，在《政治经济学批判》的手稿里，马克思还不止一次结合政治经济学的历史对政治经济学的研究对象进行了批判性的论述。他指出："政治经济学所研究的是财富的特殊社会形式，或者不如说是财富生产的特殊社会形式。财富的材料，不论是主体的，如劳动，还是客体的，如满足自然需要或历史需要的对象，对于一切生产时代来说最初表现为共同的东西。因此，这种材料最初表现为单纯的前提。这种前提完全处在政治经济学的考察范围之外，而只有当这种材料为形式关系所改变或表现为改变这种形式关系的东西时，才列入考察的范围。关于这方面的通常的一般论述，只限于一些抽象概念。这些抽象概念在政治经济学的最初尝试中还有一些历史价值，那时人们还在极其艰难地把各种形式从材料上剥离下来并竭力把它们作为特有的考察对象固定下来。后来，这些抽象概念成了索然无味的老生常谈，它们越把自己打扮成科学，就越使人讨厌。德国经济学家们在'财物'的范畴下惯于发表的一

①　《马克思恩格斯选集》第 1 卷，人民出版社 1995 年版，第 321 页。
②　《马克思恩格斯全集》第 21 卷，人民出版社 1965 年版，第 345 页。
③　《马克思恩格斯选集》第 2 卷，人民出版社 1995 年版，第 4 页。
④　《马克思恩格斯全集》第 46 卷下册，人民出版社 1980 年版，第 145 页。
⑤　《资本论》第 1 卷，人民出版社 1975 年版，第 410 页注。

切空谈，就属于这种情况。"① 所有这些论述都清楚地表明，在马克思看来，政治经济学所研究的只是生产关系，生产力是不在政治经济学的研究对象之列的。

最能说明马克思关于政治经济学研究对象观点的，还是马克思为之奉献了毕生精力的伟大著作《资本论》本身。

在《资本论》里有关研究对象的论述，除了人们经常提起并且我们目前正在进行讨论的那句话外，在初版序言里还有一句人们虽然也很熟悉但在讨论研究对象时却绝少提及的话："政治经济学所研究的材料的特殊性，把人心中最激烈、最卑鄙、最恶劣的感情，把代表私人利益的复仇女神召唤到战场上来反对自由的科学研究。例如，英国高教会宁愿饶恕对它的三十九个信条中的三十八个信条展开的攻击，而不饶恕对它的现金收入的三十九分之一进行的攻击。在今天，同批评传统的财产关系相比，无神论本身是一种很轻的罪。"② 过去，人们引用这段话一般是用来说明政治经济学的阶级性或党性③，

---

① 《马克思恩格斯全集》第46卷下册，人民出版社1980年版，第383页。类似的论述还可见同书第411页。胡钧同志在《对〈资本论〉研究对象的再认识》一文里也引用了这段话。可惜他只引用到"才列入考察的范围"为止，并由此得出了"应当把生产力列入考察的范围"的结论。我认为他的这一结论是不符合马克思的原意的。因为马克思明确说到"财富的材料"只是"单纯的前提"，而"这种前提完全处在政治经济学的研究范围之外"，只是在它和形式关系发生相互作用时才进入考察的范围，而不是说它本身就"应当列入考察的范围"。这二者显然是有区别的。如果将马克思的话引用完整，马克思究竟主张什么、反对什么就更加清楚了。马克思认为，研究财富的材料所作的一般论述只在"政治经济学的最初尝试中还有一些历史价值"，而到后来就成了"索然无味的老生常谈"，根本谈不上胡钧同志说的"马克思把资本主义生产（技术）方式突出出来"的问题。相反，马克思对于历史上人们"把各种形式关系从材料上剥离下来"并竭力把它们作为特有的考察对象时，我们一些搞马克思主义经济学的同志却要去搬被马克思讥为"老生常谈"的东西，去做被马克思斥为"讨厌"的事，真让人感到不可思议。

② 《资本论》第1卷，人民出版社1975年版，第12页。

③ 最近，卫兴华同志在一篇文章里说，"过去，苏联政治经济学教科书讲'政治经济学的阶级性与党性'，我们也长期照讲不误。政治经济学的党性是什么？它具有哪个党的党性呢？我一直不清楚。我看没有必要再讲'政治经济学的党性'"（见《关于政治经济学的理论思考》，人大复印资料《理论经济学》1997年第11期）。其实，"政治经济学的党性"的说法并不始于苏联教科书，它是列宁在《唯物主义和经验批判主义》一书中提出来的。在那里，列宁写道："政治经济学正象认识论一样，是一门有党性的科学"（《列宁全集》第14卷，人民出版社1957年版，第362页）。这里所说的"党性"也就是阶级性。列宁在讲到唯物主义的党性时曾说，"唯物主义本身包含有所谓党性，要求在对事变做任何估计时都必须直率而公开地站到一定社会集团的立场上"（《列宁全集》第1卷，人民出版社1955年版，第379页）。政治经济学的党性，实际上也就是政治经济学代表一定的社会集团的性质。就政治经济学代表一定的阶级利益来说，政治经济学的党性和政治经济学的阶级性是一致的。不过，党性和阶级性也还是有区别的。因为在一个阶级内部也会有不同的社会集团，因而，同是一个阶级的政治经济学也会出现不同的派别。显然，这是需要用政治经济学的党性来加以说明的。应该说，政治经济学的党性也如政治经济学的阶级性一样，是一个客观存在，只不过无产阶级敢于公开承认，而资产阶级打着"超阶级"、"无党性"的幌子不敢公开承认罢了。

这当然是对的。但是，马克思的这段话对于我们认识《资本论》或政治经济学的研究对象也具有重要意义，却被人们忽视了。之所以会如此，可能和这段话里说的是"政治经济学所研究的材料的特殊性"，而不是"政治经济学所研究的对象的特殊性"有关。其实，"所研究的材料"也就是"所研究的对象"，两者实际上是一个意思。经查对德文版原文，中文版译为"材料"的那个词，在德文里有时用 Stoff，有时用 Material，两者词义相同，除有"材料"的含义外，还有"物质"、"题材"等含义；同时，这两词的词义又和中文版译为"对象"的德文词 Gegenstand 极为相近（该词也有"物件"、"题材"等含义），甚至可以相通。实际上，无论在中文里还是在德文里，"材料"和"对象"在许多场合都是可以通用的。在《资本论》里我们就可以看到"材料"和"对象"通用的情况。比如《资本论》第 1 卷有一个注里说，"正在修理中的机器不是充当劳动资料，而是充当劳动材料（德文版为 Arbeitsmaterial）。不是用它来劳动，而对它本身进行加工，以便修复它的使用价值"①。不用说，这里的"劳动材料"（Arbeitsmaterial）和"劳动对象"（Arbeitsgegenstand）的含义是完全相同的。人们当然可以据此推论：既然可以用"劳动材料"一词来表达"劳动对象"的意思，当然也可以用"研究的材料"来表达"研究的对象"的意思。问题还在于，马克思在讲到"政治经济学所研究的材料"时，是把它和"批判传统的财产关系"紧密地联系在一起的，而所谓"财产关系"，"只是生产关系的法律用语"。② 这就更加清楚地说明了《资本论》或政治经济学是以"财产关系"或"生产关系"为其研究对象的。

　　《资本论》或政治经济学的研究对象是生产关系，不仅可以用《资本论》的有关论述来加以说明，更可以用《资本论》本身的内容来加以说明。顾名思义，《资本论》是论资本的。那么，什么是资本呢？资本主义的生产当事人把它理解为本钱或资金。资产阶级在经济学上的辩护士则把它理解为手段，理解为"用一物占有另一物"。在他们看来，早在古代世界，资本就有了发

---

　　① 《资本论》第 1 卷，人民出版社 1975 年版，第 231 页注；《资本论》第 1 卷，柏林狄茨德文版，第 219 页注。

　　② 《马克思恩格斯选集》第 2 卷，人民出版社 1995 年版，第 32 页。

展，甚至早在野蛮时代，就"发现了资本的起源"。对于这类否定资本的历史性质的极其皮毛的看法，马克思当然是持批判的态度的。在马克思看来，资本是"资本主义生产方式的占统治的范畴、起决定作用的生产关系"①。他还说，"黑人就是黑人。只有在一定的关系下，他才成为奴隶。纺纱机就是纺棉花的机器。只有在一定的关系下，它才成为资本。脱离了这种关系，它也就不是资本了，就像黄金本身并不是货币，砂糖并不是砂糖的价格一样"。因此，"资本也是一种社会生产关系。这是资产阶级的生产关系，是资产阶级社会的生产关系"。② 马克思关于"资本"的界定清楚地表明，作为《资本论》的主导范畴，它所反映的不是生产力，而是生产关系本身。

在这方面，有的同志以《资本论》中用 3 章的篇幅讲"协作"、"分工和工场手工业"、"机器和大工业"为根据来说明《资本论》也是研究生产力的。其实，马克思在这 3 章并不是研究生产力本身，而是研究相对剩余价值生产的发展，是为了说明生产方式（生产力）的变化对于相对剩余价值生产的影响。把《资本论》及其手稿中有关生产方式（生产力）的论述，当作是马克思以生产力为研究对象的证据，是一个很大的误解。马克思一生都非常关心科学技术和生产力的发展，是出于对人类命运的关注，也是出于研究社会生产关系的需要。但是这种对于科学技术和生产力的关注，丝毫也不表明他把科学技术和生产力作为政治经济学的研究对象。不管怎么说，马克思是一位经济学家，而不是一位自然科学家或工艺技术专家。

为弄清马克思关于《资本论》或政治经济学研究对象的观点，结合学习其他的马克思主义经典作家恩格斯、列宁、斯大林在这个问题上的论述，同样也是有意义的。

恩格斯关于政治经济学的研究对象问题曾有不少论述。除了前面已经讨论过的《反杜林论》上的那段话以外，在《卡尔·马克思〈政治经济学批判〉第一分册》一文里，他曾明确指出，"政治经济学是现代资产阶级社会的

---

① 《资本论》第 3 卷，人民出版社 1975 年版，第 935 页。
② 《马克思恩格斯选集》第 1 卷，人民出版社 1995 年版，第 345 页。

理论分析，因此它以发达的资产阶级关系为前提"①。在同一篇文章里，他还指出，"经济学所研究的不是物，而是人和人之间的关系，归根到底是阶级和阶级之间的关系"②。不仅如此，恩格斯还对马克思在《政治经济学批判》序言中说的"对市民社会的解剖应该到政治经济学中去寻求"不止一次地加以重申和解释：在《卡尔·马克思》里说，"关于市民社会的科学，也就是政治经济学"③；而在《路德维希·费尔巴哈和德国古典哲学的终结》里则把"经济关系的领域"作为"市民社会"的同位语，也就是用"经济关系领域"来解释"市民社会"。④ 这些都说明，恩格斯也和马克思一样，是把生产关系或经济关系作为政治经济学的研究对象的。

　　列宁关于政治经济学的研究对象问题有不少论述。除了前面提到的《什么是人民之友以及他们如何攻击社会民主主义者？》中有关《资本论》研究对象的论述外，在为格拉纳特辞典撰写的《卡尔·马克思》辞条里论述"马克思的经济学说"时，列宁再一次谈到了《资本论》的研究对象。他首先引用了初版序言的一句话，即"本书的最终目的就是揭示现代社会（即资本主义社会，资产阶级社会）的经济运动规律"，然后写道："研究这个历史上一定的社会的生产关系的发生、发展和衰落，就是马克思的经济学说的内容。"⑤而在《评经济浪漫主义》、《俄国资本主义发展》和为波格达诺夫《经济学简明教程》写的《书评》等论著里，列宁也都一再谈到了政治经济学的研究对象问题。在前两部论著里，他强调："政治经济学的对象决不象通常所说的那样是'物质财富的生产'（这是工艺学的对象），而是人们在生产中的社会关系"⑥；"政治经济学决不是研究'生产'，而是研究人们在生产上的社会关系，生产的社会结构"⑦。而在后一部论著里，列宁对波格达诺夫在《经济学

① 《马克思恩格斯选集》第2卷，人民出版社1995年版，第36页。
② 《马克思恩格斯选集》第2卷，人民出版社1995年版，第44页。
③ 《马克思恩格斯全集》第16卷，人民出版社1964年版，第409页。
④ 《马克思恩格斯全集》第21卷，人民出版社1965年版，第345页。
⑤ 《列宁选集》第2卷，人民出版社1995年版，第428页。
⑥ 《列宁全集》第2卷，人民出版社1984年版，第171页。
⑦ 《列宁全集》第3卷，人民出版社1984年版，第46页。

简明教程》中所下的政治经济学定义（"政治经济学是从发展中研究社会生产关系和分配关系的科学"）给予了高度评价，认为这是一个"明确的定义"；同时对"博学的政治经济学教授们"进行了批评，说他们"对这个观点却往往了解得很差，他们往往离开'社会生产关系'而去谈论一般的生产，把一大堆内容空洞、与社会科学毫无关系的陈词滥调和例证塞满了自己厚厚的教程"。① 此外，在《马克思主义的三个来源和三个组成部分》一文论述政治经济学的部分，列宁还指出："凡是资产阶级经济学家看到物与物之间的关系（商品交换商品）的地方，马克思都揭示了人与人之间的关系。"② 所有这些明确无误的论述都清楚地表明，在政治经济学研究对象的问题上，列宁的观点和马克思、恩格斯的观点是完全一致的，他们都是把生产关系作为政治经济学研究对象的。

至于斯大林关于政治经济学研究对象的论述，则集中地表现在他的最后一本著作《苏联社会主义经济问题》一书中。在那里，他明确指出："政治经济学是研究人们生产关系发展的规律"，"政治经济学的对象是人们的生产关系，即经济关系"。不仅如此，他还对当时苏联经济学界有人把社会主义政治经济学问题归结为生产力合理组织的问题，归结为国民经济计划化问题等观点进行了批驳，强调"生产力合理组织的问题、国民经济计划化的问题等等，并不是政治经济学的对象，而是领导机关经济政策的对象"③。不管时人如何评价斯大林的功过得失，但是，他作为一个伟大的马克思主义者却是不应该否定的，而在我们所讨论的政治经济研究对象问题上，也应该肯定：斯大林的观点和我们前面提到的马克思、恩格斯、列宁的观点是一脉相承的，是完全一致的。

现在的问题是：对于这样一个马克思主义经典作家早已解决的《资本论》或政治经济学的对象问题，为什么我们的一些同志又一再地提出来进行讨论呢？应该说，《资本论》或政治经济学研究对象问题之所以被一再地提出来，

① 《列宁全集》第4卷，人民出版社1984年版，第1页。
② 《列宁选集》第2卷，人民出版社1995年版，第312页。
③ 《斯大林选集》下册，人民出版社1979年版，第594页。

是有其社会的原因的。撇开社会思潮的影响这一无庸置疑的原因不说，社会生活的实践也是引起争论的一个原因。回顾历史，无论是 50 年代苏联学者提出要"研究生产力的合理组织"或"国民经济的计划化"，还是 60 年代我国学者提出要研究生产方式，还是 80 年代初我国有的学者提出"要把生产力的研究放在经济科学的首位"，乃至目前有人提出要研究"物质生产"、"经济机制"或"资源配置"，都有一个共同点，即都想使政治经济学的研究更加贴近现实生活。不用说，这样一种愿望是无可厚非的。但是，提出这样一些观点本身也反映了我们一些同志对于科学本身及其具体的学科划分在认识上还存在一些有待解决的问题。一些同志对于政治经济学研究生产关系、研究本质关系总感到是一个问题。这实在是一个误解。其实，不仅是政治经济学，任何一门基础科学或理论都是研究本质关系的。这是因为，本质和现象从来都不是完全一致的，这正像马克思在《资本论》里所说的，"如果事物的表现形式和事物的本质会直接合而为一，一切科学就都成为多余的了"①。正是由于本质和现象是不一致，才需要通过科学研究来透过现象揭示本质并发现规律。而如果离开了本质关系的研究，也就没有科学可言。从这个意义上来说，不仅政治经济学，而且任何科学都不存在研究本质关系过多的问题。在政治经济学的历史上，桑巴特、希法亭、卢森堡、布哈林等人之所以得出资本主义商品生产的消灭就是政治经济学的终结这样的结论，从认识的根源来说，就在于他们不懂得现象与本质之间的这种矛盾性，以为，商品拜物教没有了，现象和本质就完全一致了，政治经济学也就没有存在的价值了。殊不知，现象与本质的不一致具有普遍性。这是一切科学得以存在的根源，也是研究生产关系的政治经济学有其存在价值的根源。在这方面，我们应该吸取他们的教训。这是其一。

其二，对于科学研究来说，各门学科又是有分工的。毛泽东同志说，"科学研究的区分，就是根据科学对象所具有的特殊的矛盾性。因此，对于某一

---

① 《资本论》第 3 卷，人民出版社 1975 年版，第 923 页。

现象的领域所特有的某一种矛盾的研究，就构成某一门科学的对象"①。毫无疑问，政治经济学有其不同于其它学科的特殊的研究领域，这就是生产关系的领域。如果不是这样，不去研究自己的特殊的研究领域，而把其它学科研究的问题硬塞进自己的学科，这实际上是取消学科的分工。这样做，不仅不是进步，反而是一种退步。当然，随着科学的发展，也会出现各个学科之间的相互联系和相互渗透，从而会出现一些边缘学科和交叉学科，但是这种情况并不排斥各个学科之间的分工，而恰恰是以这种分工的存在为前提的。事实上，要经济学家去研究生产力，这既没有必要，也没有可能。说没有必要，是因为有专门的自然科学家和生产技术专家在从事着生产力即人与自然之间的关系的研究，而无需经济学家去越俎代庖；说没有可能，是因为生产力和生产关系是两个完全不同的知识领域，研究生产关系的经济学家既没有足够的知识，也没有足够的精力在研究生产关系之外去研究生产力。当然，由于生产关系和生产力之间有着密切的联系，经济学家应该关心科学技术和生产力的发展，了解它的状况、性质和水平。但是，这和把生产力作为政治经济学的研究对象是性质完全不同的两回事，是不应该混为一谈的。

当然，我们肯定政治经济学的研究对象是生产关系，反对把不属于这门科学的一些内容硬塞进来，也并不是认为有关政治经济学的研究已经没有什么问题了，现有的政治经济学教材已经不需要作什么改进了。事情当然不是这样。问题显然是存在的，但是问题并不出在政治经济学研究了生产关系，而恰恰是出在人们没有始终如一地把生产关系作为政治经济学的研究对象；不是对生产关系的研究多了，而恰恰是由于受某些因素影响（其中包括上层建筑因素的影响）研究得很不够。我们今天所进行的经济体制改革，它所要解决的问题，说到底仍然是一个生产关系的问题。如果我们不在生产关系即人与人的关系上下功夫去进行研究，而要在其它方面去下功夫，这无异是缘木求鱼，只能落得劳而无功的结果。研究工作如此，教科书的编写也一样。在我们过去出版的一些政治经济学教材里，虽然写明了政治经济学的研究对

---

① 《毛泽东选集》第 1 卷，人民出版社 1991 年版，第 309 页。

象是生产关系，但在具体论述时往往加进一些属于上层建筑的政策一类的东西；而在今天出版的一些政治经济学教材里，往往又从西方经济学乃至应用经济学那里搬来一些不属于生产关系的内容。这样做的结果，使政治经济学成了一个包罗万象的大杂烩，其科学性当然就不能不受到很大的损害。反观马克思主义政治经济学的历史，马克思正是由于始终把生产关系作为自己的研究对象，才在一系列问题的研究特别是对帝国主义的研究上作出了杰出的贡献。马克思主义经典作家的这些成功经验为我们今天的政治经济学研究树立了光辉的榜样。环顾其它科学的发展，似乎也很少有一门科学象我们的政治经济学那样长期为研究对象问题争论不休。如果人们把大量的精力不是用来研究对象本身，而是用来研究"研究的对象是什么"这样的问题，那么，这门科学的发展就不能不受到严重的阻碍。"他山之石，可以攻玉"，其它科学发展的经验也是值得我们认真借鉴的。在我看来，对于政治经济学的研究来说，当务之急就是要紧紧抓住生产关系这个研究对象不放，一方面要展开对于经济体制改革过程中提出来的各种现实问题进行研究，为经济的改革和发展服务；另一方面又要在充分吸收前人研究成果的基础上加强基础理论的研究，搞好政治经济学自身的学科建设。当然，改进教科书的编写工作，及时地把最新的研究成果反映到教科书中去也是一件具有重要意义的工作。但是，对于教科书也不能要求过高。政治经济学教科书所反映的只能是政治经济学这门学科的研究所已经达到的水平，而后者还要受到社会经济本身的成熟程度的制约。由于我们还处在社会主义的初级阶段，还不是成熟的社会主义社会，要求现在就写出一本成熟的教科书是不现实的。在这种情况下，与其花很多时间精力去构筑社会主义经济范畴体系的大厦，还不如切切实实地去做一些基础性的工作，只有这后一项工作做好了，"从抽象上升为具体"，建立严密的范畴体系的事才有可能做好，一部包括社会主义部分在内的臻于完善的政治经济学教科书才会诞生。我们当然应该为此努力奋斗，而不应该无所作为，但是，急于求成也是不能达到目的的。

（原文发表于《当代经济研究》1998 年第 6 期）

马克思《资本论》的研究对象及其当代意义

张作云[*]

长期以来，马克思《资本论》的研究对象，一直是国内外理论界研究和分歧的焦点之一。科学理解和准确把握《资本论》的研究对象，不仅对于我们全面理解和准确把握《资本论》的研究主题、理论体系、基本观点和核心内容，深刻认识资本主义生产方式以及和它相适应的生产关系的特点、本质、历史性质及其发展趋势，而且对我们进一步研究和认识社会主义生产方式以及与之相适应的生产关系的本质特点及其巨大优越性，坚定共产主义的理想信念，乃至对于我国正在进行的改革开放和社会主义现代化建设，都具有十分重要的意义。

一、从马克思的经典表述谈起

众所周知，马克思在《资本论》第 1 卷的序言和跋中，对《资本论》的研究对象，作了经典的表述。他说："我要在本书研究的，是资本主义生产方式以及和它相适应的生产关系和交换关系。"[①] 对于马克思的这一表述，理论界大都认为，《资本论》的研究对象，应包括两个方面：一是资本主义生产方式；二是与资本主义生产方式相适应的生产关系和交换关系。并且，要科学理解和准确把握《资本论》的研究对象，首先要弄清马克思关于生产方式和资本主义生产方式的确切含义。

在对马克思关于生产方式和资本主义生产方式含义的理解上，理论界意见纷呈，至今未得出一致的结论。一种意见认为，马克思所说的生产方式，

---

* 张作云：淮北师范大学当代经济研究所所长，教授、硕士生导师。
① 《马克思恩格斯文集》第 5 卷，人民出版社 2009 年版，第 8 页。

既包括生产力，也包括生产关系，是生产力和生产关系的对立统一；另一种意见认为，马克思所说的生产方式，是生产的技术和方法，实际上就是生产力；还有一种意见认为，马克思所说的生产方式，就是社会经济形态；等等。可见，要科学理解和准确把握《资本论》的研究对象，弄清马克思关于生产方式和资本主义生产方式的含义，是首先要解决的关键问题。

在《资本论》及其相关著作中，马克思对于生产方式和资本主义生产方式的含义，有着许多不同的说法。面对马克思的诸多表述，我们应该采取哪一种呢？实在难以断言。即使有些名家和权威人士予以结论，但仍然难以服众。实际上，要科学理解和准确把握《资本论》的研究对象，尤其是作为研究对象重要组成部分的生产方式或资本主义生产方式的内涵，除了要把马克思的有关表述作为依据之外，还应参照马克思经济学说产生和发展中的一些因素和问题，以便从中发现可以作为依据的核心的和根本性的思想和线索，综合加以考虑，以求得出准确而科学的结论。

二、理解和把握《资本论》研究对象需要参照的一些因素和问题

理解和把握《资本论》的研究对象，除了依据马克思《资本论》及其相关著作的有关表述之外，还应参照马克思经济学说产生发展过程中的以下方面。

第一，马克思研究政治经济学的最初动因。根据马克思在《〈政治经济学批判〉序言》中的叙述，促使他研究政治经济学的动因，大体有三个方面：一是在他担任《莱茵报》主编期间，与普鲁士德国官方发生的涉及物质利益问题的四次论战；二是为回复和揭露当时德国一家反动报纸——《总汇报》对《莱茵报》关于空想社会主义、共产主义思潮问题意见的歪曲、攻击和"捏造"[1]；三是为"从物质的生活关系的总和"出发，对他在《黑格尔法哲学批判》这部著作中所涉及的、被"黑格尔按照十八世纪的英国人和法国人

---

[1]　《马克思恩格斯全集》第 13 卷，人民出版社 1962 年版，第 7 页。

的先例"而称之为"市民社会"作进一步解剖。① 马克思认为，要解决上述"难事"和使他"苦恼的疑问"，需要他"从社会舞台退回书房"，以极大的精力，从事政治经济学的研究。②

第二，研究政治经济学的出发点。从马克思研究政治经济学的经历来看，他对政治经济学研究出发点的确立，是一个不断探索、循序渐进和不断总结的过程。1843 年 10 月，马克思在巴黎开始研究政治经济学。当时巴黎正在深入发展的工人运动和极其丰富的藏书资料，为马克思从事政治经济学研究提供了十分有利的条件。他一方面深入工人群众中，了解他们的斗争和要求，积极参加他们的革命运动；另一方面，埋头阅读许多经济学著作，并加以评注和摘录，撰写了"巴黎笔记"、《1844 年经济学哲学手稿》等著作。其中，在《1844 年经济学哲学手稿》中，马克思把"异化劳动"当作基本范畴，从"劳动的异化或异化劳动"这一"经济事实出发"，对资本主义社会进行分析和批判。③ 1844 年年底，马克思与恩格斯决定合写《神圣家族》一书。在《神圣家族》中，马克思在客观评价普鲁东从"私有制的运动造成贫穷这个事实出发"，对"私有制"进行"最初的批判"，揭示"私有制在自己的经济运动中自己把自己推向灭亡"这一理论的基础上，不仅提出无产阶级"在它自己的生活状况以及现代资产阶级社会的整个结构"中的地位、目的和历史使命问题④，而且还提出，要获得对资本主义这一历史时期的认识，就必须在"尘世的粗糙的物质生产中"，而不是"天上的云雾中"，"去认识（比如说）某一历史时期的工业和生活本身的直接的生产方式"⑤。在此后的著述中，马克思多次谈到研究政治经济学的出发点问题。例如，在 1845～1846 年与恩格斯合写的《德意志意识形态》中指出，他们的"历史观就在于：从直接生活的物质生产出发来考察现实的生产过程"⑥。再如，在 1857 年 8 月所写的

---

① 《马克思恩格斯全集》第 13 卷，人民出版社 1962 年版，第 8 页。
② 《马克思恩格斯全集》第 13 卷，人民出版社 1962 年版，第 8 页。
③ 《马克思恩格斯全集》第 42 卷，人民出版社 1979 年版，第 90～91 页。
④ 《马克思恩格斯全集》第 2 卷，人民出版社 1957 年版，第 43～45 页。
⑤ 《马克思恩格斯全集》第 2 卷，人民出版社 1957 年版，第 191 页。
⑥ 《马克思恩格斯全集》第 3 卷，人民出版社 1960 年版，第 42 页。

《〈政治经济学批判〉导言》中谈及政治经济学的研究对象时，第一句话就是："摆在目面前的对象，首先是物质生产。"① 还如，在 1859 年 1 月写成的《〈政治经济学批判〉序言》中回忆自己研究政治经济学的经历时明确指出，他所研究的是"人们在自己生活的社会生产中发生"的、"一定的、必然的、不以他们的意志为转移的关系"，"即同他们的物质生产力的一定发展阶段相适合的生产关系"。② 这就是说，他研究政治经济学的出发点，不仅是物质生产过程，而且是社会的物质生产过程。

第三，政治经济学的研究范围。马克思在《资本论》及其相关著作的许多地方，都明确界定了他政治经济学的研究范围。例如，在《1857～1858 年经济学手稿》中谈到商品的使用价值时，他说："表现资产阶级财富的第一个范畴是商品的范畴。商品本身表现为两种规定的统一。商品是使用价值，即满足人的某种需要的物。这是商品的物质的方面，这方面在极不相同的生产时期可以是共同的，因此不属于政治经济学的研究范围。使用价值一旦由于现代生产关系而发生形态变化，或者他本身影响现代生产关系并使之发生形态变化，它就属于政治经济学的范围了。"③ 再如，在《1857～1858 年经济学手稿》中的另一个地方，他说："政治经济学所研究的是财富的特殊社会形式，或者不如说是财富生产的特殊社会形式。财富的材料，不论是主体的，如劳动，还是客体的，如满足自然需要或历史需要的对象"，"完全处在政治经济学的考察范围之外，而只有当这种材料为形式关系所改变或表现为改变这种形式关系的东西时，才列入考察的范围"。④ 还如，在《1861～1863 年经济学手稿》中，马克思进一步说："实际劳动是生产使用价值的、以与一定的需求相适应的方式占有自然物质的有目的的活动。""每种实际劳动都是特殊劳动，是与其他劳动部门不同的一种特殊劳动部门所从事的工作。"⑤ "对实

① 《马克思恩格斯全集》第 46 卷上册，人民出版社 1979 年版，第 18 页。
② 《马克思恩格斯全集》第 13 卷，人民出版社 1962 年版，第 8 页。
③ 《马克思恩格斯全集》第 46 卷下册，人民出版社 1980 年版，第 411 页。
④ 《马克思恩格斯全集》第 46 卷下册，人民出版社 1980 年版，第 383 页。
⑤ 《马克思恩格斯全集》第 32 卷，人民出版社 1998 年版，第 60 页。

际的劳动过程的考察属于工艺学。"① "可是，政治经济学不是工艺学。"② 可见，马克思对政治经济学研究范围的界定，是严格而明确的。他研究的不是物，不是特殊的使用价值，不是生产特殊使用价值的特殊劳动过程，而是社会物质生产过程以及在其中发生的人们之间的社会关系。

第四，《资本论》1~3卷的体系结构。大家知道，《资本论》第1卷研究的是资本的直接生产过程，阐明的是剩余价值怎样生产和再生产出来的，重在揭示剩余价值的来源和本质；第2卷研究的是资本的流通过程，从个别资本和社会总资本再生产的角度，阐明在直接生产过程中生产出来的剩余价值是怎样通过流通过程而实现的；第3卷研究的是资本主义生产的总过程，阐明的是雇佣工人生产的剩余价值如何在资本主义社会各剥削集团之间进行分配的，其中前3篇，阐明剩余价值在产业资本家之间的分配；第四篇阐明剩余价值在产业资本家和商业资本家之间的分配；第五篇阐明剩余价值在产业资本家、商业资本家和借贷资本家（或金融资本家）之间的分配；第六篇阐明土地所有者利用土地所有权，以地租的形式参与剩余价值的分配；第七篇，在批判古典经济学家斯密"教条"和庸俗经济学家萨伊"三位一体公式"，从国民经济总体揭示资本主义社会各种收入及其来源的基础上，分析资本主义生产关系和分配关系的基本结构及其内在联系；最后，在分析建立在资本主义生产关系基础之上的阶级形成的基础上，揭示资本主义生产方式以及与此相适应的生产关系、分配关系、阶级关系的内在矛盾及其对抗性质，阐明资本主义生产方式、资本主义生产关系历史的和过渡的性质。可以看出，马克思《资本论》研究的是资本的生产过程，核心问题是剩余价值的生产、流通和分配过程，阐明的是资本主义生产方式以及与它相适应的资本主义生产关系的基本框架、基本结构、内在逻辑、对抗性质及其发展的必然趋势。

第五，恩格斯关于经济科学研究任务的论述。恩格斯在《反杜林论》中指出，"经济科学的任务在于：证明现在开始显露出来的社会弊病是现存生产

---

① 《马克思恩格斯全集》第32卷，人民出版社1998年版，第61页。
② 《马克思恩格斯全集》第46卷上册，人民出版社1979年版，第23页。

方式的必然结果，同时也是这一生产方式快要瓦解的标志，并且在正在瓦解的经济运动形式内部发现未来的、能够消除这些弊病的、新的生产组织和交换组织的因素"①。在这里，"现存的生产方式"和"正在瓦解的经济运动形式"指的是资本主义的"经济运动形式"或"生产方式"。能够消除资本主义生产方式弊病的"新的生产组织"和交换组织，指的是未来社会即社会主义和共产主义社会的生产方式或"生产组织和交换组织"。

第六，恩格斯对《资本论》第1卷所做的总体评价。为了宣传《资本论》和打破资产阶级对《资本论》第1卷出版所表示的"沉默"的阴谋，恩格斯于1868年3月，给《民主周报》写了题为《卡·马克思〈资本论〉第一卷书评》的文章。他在《书评》的开头写道："自地球上有资本家和工人以来，没有一本书像我们面前这本书那样，对于工人具有如此重要的意义。资本和劳动的关系，是我们现代全部社会体系所依以旋转的轴心，这种关系在这里第一次作了科学的说明，而这种说明之透彻和精辟，只有一个德国人才能做得到。"② 在这里，恩格斯点出了马克思《资本论》关于资本主义生产方式以及和它相适应的生产关系和分配关系这一研究对象的重要的和核心的内容。

第七，马克思对资产阶级古典政治经济学的历史及其破产原因的分析。关于资产阶级古典政治经济学的历史，马克思说，"古典政治经济学在英国从威廉·配第开始，到李嘉图结束，在法国从布阿吉尔贝尔开始，到西斯蒙第结束"③。从"法国和英国的资产阶级夺得了政权"那时起，"阶级斗争在实践方面和理论方面采取了日益鲜明的和带有威胁性的形式。它敲响了科学的资产阶级经济学的丧钟"④。于是，"资产阶级政治经济学的代表人物分成了两派。一派是精明的、贪利的实践家，他们聚集在庸俗经济学辩护论的最浅薄的因而也是最成功的代表巴师夏的旗帜下；另一派是以经济学教授资望自负的人，他们追随约·斯·穆勒，企图调和不能调和的东西"⑤。结果"以约

---

① 《马克思恩格斯全集》第 20 卷，人民出版社 1971 年版，第 163 页。
② 《马克思恩格斯全集》第 16 卷，人民出版社 1964 年版，第 263 页。
③ 《马克思恩格斯全集》第 13 卷，人民出版社 1962 年版，第 41 页。
④ 《马克思恩格斯文集》第 5 卷，人民出版社 2009 年版，第 17 页。
⑤ 《马克思恩格斯文集》第 5 卷，人民出版社 2009 年版，第 18 页。

翰·斯图亚特·穆勒为著名代表的毫无生气的混合主义产生"为标志，"宣告了'资产阶级'经济学的破产"。① 关于资产阶级古典政治经济学破产的原因，马克思认为，就在于作为资产阶级古典政治经济学后期代表人物的琼斯。② 他运用还处于萌芽状态的资本主义生产方式的"历史观"，"以自己的分析破坏了财富借以表现的那些表面上相互对立的形式"；揭示了资产阶级"社会财富"及其在分配过程中的形式和内容以及"资本家和雇佣工人之间的"关系的"对抗"性质，使"资产阶级生产关系被看作仅仅是历史的关系，它们将导致更高级的关系"；从而否定了古典政治经济学关于资本主义生产方式、生产关系的"既定"论、"自然"论和"永恒"论。③ 马克思总结说："自从资产阶级生产方式以及与它相适应的生产关系和分配关系被认为是历史的以来，那种把资产阶级生产方式看作生产的自然规律的谬论就宣告破产了，并且开辟了新社会的远景，开辟了新的经济社会形态的远景，而资产阶级生产方式只构成向这个形态的过渡。"④ 马克思不仅客观而公正地评价了琼斯经济理论所具有的一定程度的科学性，而且还在《1857~1858 年经济学手稿》中告诫我们，在理解和把握《资本论》的研究对象时，要远离和摈弃资产阶级及其御用学者们"粗俗的唯物主义"或"粗俗的唯心主义"，以及"把社会关系作为物的内在规定归之于物，从而使物神秘化"的"拜物教"。⑤

第八，要准确理解和科学把握《资本论》的研究对象，还必须与马克思在《资本论》第 1 卷序言中的一些论述结合起来。例如，马克思明确指出要把《资本论》的研究对象与物理学家所研究的自然界运行过程区别开来。⑥ 再如：马克思在谈到他所研究的资本主义"生产方式的典型地点是英国"之后，接着说："如果德国读者看到英国工农业工人所处的境况而伪善地耸耸肩膀，或者以德国的情况远不是那样坏而乐观地自我安慰，那我就要大声地对

---

① 《马克思恩格斯文集》第 5 卷，人民出版社 2009 年版，第 17 页。
② 《马克思恩格斯全集》第 26 卷（Ⅲ），人民出版社 1974 年版，第 634 页。
③ 《马克思恩格斯全集》第 26 卷（Ⅲ），人民出版社 1974 年版，第 461，471~474 页。
④ 《马克思恩格斯全集》第 26 卷（Ⅲ），人民出版社 1974 年版，第 473~474 页。
⑤ 《马克思恩格斯全集》第 46 卷下册，人民出版社 1980 年版，第 202 页。
⑥ 《马克思恩格斯文集》第 5 卷，人民出版社 2009 年版，第 8 页。

他说：这正是说的阁下的事情！"① 在这里，"问题本身并不在于资本主义生产的自然规律所引起的社会对抗的发展程度的高低。问题在于这些规律本身，在于这些以铁的必然性发生作用并且正在实现的趋势。工业较发达的国家向工业较不发达的国家所显示的，只是后者未来的景象"②。这就是说，《资本论》不仅要研究"资本主义生产方式以及和它相适应的生产关系和交换关系"，而且要研究在资本主义生产方式以及和它相适应的生产关系和交换关系中生活的工农业工人即无产阶级所处的境况，并通过这一研究，揭示资本主义生产方式以及和它相适应的生产关系和交换关系中的内在矛盾、社会对抗的发展和正在实现的趋势。还如，在《资本论》中，马克思还谈到德国和西欧大陆其他国家的社会统计问题。他说："德国和西欧大陆其他国家的社会统计，与英国相比是很贫乏的。""如果我国各邦政府和议会像英国那样，定期指派委员会去调查经济状况，如果这些委员会像英国那样，有全权去揭发真相，如果为此能够找到像英国工厂视察员、编写《公共卫生》报告的英国医生、调查女工童工受剥削的情况以及居住和营养条件等等的英国调查委员那样内行、公正、坚决的人们，那么，我国的情况就会使我们大吃一惊。"③ 马克思在谈到他从事政治经济学研究所运用的材料时说："政治经济学所研究的材料的特殊性质，把人们心中最激烈、最卑鄙、最恶劣的感情，把代表私人利益的复仇女神召唤到战场上来反对自由的科学研究。例如，英国高教会派宁愿饶恕对它的三十九条信纲中的三十八条信纲进行的攻击，而不饶恕对它的现金收入的三十九分之一进行的攻击。在今天，同批评传统的财产关系相比，无神论本身是一种很小的过失。"④ 马克思还用当时英国女王陛下驻外使节和美国副总统威德发表的谈话中对欧洲大陆和大西洋彼岸的美国"劳资关系的变革"及其发展的分析，揭示了资本主义社会的境况及其发展趋势。他说："这是时代的标志，不是用紫衣黑袍遮掩得了的。这并不是说明天就会出

---

① 《马克思恩格斯文集》第 5 卷，人民出版社 2009 年版，第 8 页。
② 《马克思恩格斯文集》第 5 卷，人民出版社 2009 年版，第 8 页。
③ 《马克思恩格斯文集》第 5 卷，人民出版社 2009 年版，第 9 页。
④ 《马克思恩格斯文集》第 5 卷，人民出版社 2009 年版，第 10 页。

现奇迹。但这表明，甚至在统治阶级中间也已经透露出一种模糊的感觉：现在的社会不是坚实的结晶体，而是一个能够变化并且经常处于变化过程中的有机体。"① 马克思的这些分析表明，《资本论》所研究的是资本主义生产的经济形式或经济的社会形式，是资本主义生产中的人与人之间的社会联系和社会结合方式，是资本主义的生产方式以及和它相适应的生产关系和交换关系，是这种生产方式和生产关系中包含的诸多矛盾、矛盾的社会对抗及其发展趋势，最终揭示资本主义生产方式及其生产关系历史的和过渡的性质。

总之，理解和把握《资本论》的研究对象，不能像一些人那样，脱离"尘世的粗糙的物质生产"，在抽象的概念上打圈子；不能像一些人那样，脱离马克思研究政治经济学的"初衷"，割断马克思创作《资本论》所经历的长达 40 年的艰辛历史，不顾马克思在不同场合、不同前提下关于"生产方式"的不同阐述，而从中摘取与自己主观臆断相一致的论点，并以此去框论"生产方式"，尤其是"资本主义生产方式"的含义；不能像一些人那样，偏离《资本论》的核心内容，以自己的主观意愿，输入物质生产过程的"自然因素"，把"人与生产资料的结合方式"或"生产力"因素，纳入《资本论》研究对象之中；也不能像一些人那样，不顾《资本论》研究对象、研究材料的特殊性，不顾资产阶级及其御用学者对《资本论》的内容进行歪曲、攻击的卑鄙行为和极端敌视的历史现实，而抹去《资本论》的阶级棱角，把《资本论》的研究对象和基本理论变成和谐的、对一切阶级都无害、都能接受的东西。一句话，对《资本论》研究对象的理解和把握，必须坚持辩证法，反对形而上学，把全面的、联系的、历史的、发展的观点和方法，贯彻到整个过程之中。

三、正确理解《资本论》的研究对象

1. 关于《资本论》研究对象首要组成部分的"资本主义生产方式"

马克思认为，"一切人类生存的第一个前提也就是一切历史的第一个前

---

① 《马克思恩格斯文集》第 5 卷，人民出版社 2009 年版，第 10～13 页。

提"，就是"必须能够生活"。人类的"第一个历史活动就是生产满足这些需要的资料，即生产物质生活本身"①。"物质生产的发展"，是"整个社会生活以及整个现实历史的基础"。要使物质生产在实际上得以进行，必须具备三个基本要素，即人们"有目的的活动或劳动本身，劳动对象和劳动资料"②。其中，"劳动对象和劳动资料表现为生产资料，劳动本身则表现为生产劳动"。同时，还要使劳动者与生产资料结合起来。劳动者与生产资料的结合，是人与自然之间的结合，体现的是人与自然界的联系。马克思指出，"人们在生产中不仅仅同自然界发生关系。他们如果不以一定方式结合起来共同活动和互相交换其活动，便不能进行生产。为了进行生产，人们便发生一定的联系和关系；只有在这些社会联系和社会关系的范围内，才会有他们对自然界的关系，才会有生产"③。人们与自然发生关系，"是人与自然之间的物质变换的一般条件，是人类生活的永恒的自然条件"，"它不以人类生活的任何形式为转移"，"它为人类生活的一切社会形式所共有"。④ 对人们与生产资料结合方式的研究，"是工艺学的任务"⑤，"不在政治经济学研究的范围之内"⑥。而人们的社会联系，在物质生产中，是以生产的社会组织形式或社会生产方式出现的，体现的是人们之间的社会关系，因此，就必然成为马克思《资本论》的研究对象。

可是，人们在物质资料生产过程中发生的社会联系、社会结合方式，作为生产的社会组织形式即社会生产方式，不是一个物质单体，而是一个复杂的社会生产的有机系统。从空间角度来说，由社会生产的微观组织形式和宏观组织形式构成。社会生产的微观组织形式，是社会生产的基本经济单位。诸如，以低下的生产力水平为前提、以社会成员的集体劳动为特征的原始社会的氏族公社的生产方式；以金属工具的使用和生产力的初步发展为前提、

---

① 《马克思恩格斯全集》第 3 卷，人民出版社 1960 年版，第 31 页。
② 《马克思恩格斯文集》第 5 卷，人民出版社 2009 年版，第 208 页。
③ 《马克思恩格斯全集》第 6 卷，人民出版社 1961 年版，第 486 页。
④ 《马克思恩格斯文集》第 5 卷，人民出版社 2009 年版，第 215 页。
⑤ 《马克思恩格斯全集》第 20 卷，人民出版社 1971 年版，第 163 页。
⑥ 《马克思恩格斯全集》第 31 卷，人民出版社 1972 年版，第 273 页。

以奴隶的简单协作劳动为特征的奴隶主庄园的生产方式；以铁器的广泛使用和生产力的进一步发展为前提、以师徒关系为纽带的手工协作劳动为特征的手工作坊和手工工场的生产方式，和以家庭为单位的个体劳动为前提、以家庭内部自然分工为特点的小生产的生产方式；以现代科学技术的广泛使用和生产力的社会化发展为前提、以机器大生产和工厂内部有计划的分工协作为特征的企业化经营的生产方式；等等。社会生产的宏观组织形式，表现为社会生产的基本经济单位之间以互相交换劳动为纽带的社会规模的经济组织形式。随着生产力的发展、私有制和社会分工的出现，又出现了横跨奴隶社会、封建社会、资本主义社会和社会主义社会的，以商品为纽带、以交换为目的的商品经济的生产方式。同时，以这种生产方式在社会经济中地位和作用的不同，又分为简单商品经济、发达的商品经济和高度社会化的大商品经济等等。并且在将来，这种社会化的大商品经济还要过渡到以生产条件的全社会所有和高度社会化生产为前提、以全社会的计划控制和按比例分配社会劳动为特征的产品经济的生产方式。

历史已经证明，人类社会的生产方式，不是永恒不变的，而是变化发展的。变化发展的源泉和根本动力，在于人类社会的生产力以及生产力与生产方式之间的矛盾运动。正如马克思所指出的，人类社会的生产方式，是一种"暂时的和历史性的形式。随着新的生产力的获得，人们便改变自己的生产方式，而随着生产方式的改变，他们便改变所有不过是这一特定生产方式的必然关系的经济关系"①。并且，人类社会的生产方式，与世界上的其他事物一样，其发展的轨迹，也是一个由简单到复杂、由低级向高级不断发展的过程。

说到资本主义生产方式，它不仅与人类社会的其他生产方式一样，是人们为了有效控制和利用自然、应物质生产过程的客观需要而产生的社会组织形式，而且更重要和更具特征的，它又是以社会化大商品经济为前提、以资本为纽带、以雇佣劳动为条件、以剩余价值为目的的资本主义生产的社会组织形式。从微观来说，它是资本在企业的组织形式。从宏观来说，它是资本

① 《马克思恩格斯全集》第27卷，人民出版社1972年版，第479页。

主义生产的社会规模的组织形式。资本的企业组织形式，有业主制和公司制等。随着资本主义生产的发展，又派生出企业管理制度、管理体制、治理结构等。资本主义生产的宏观组织形式，是以一定的宏观经济体制及其运行机制而出现的。资本主义的宏观经济体制，是社会化的大商品经济体制。宏观运行机制，就是市场化的运行机制，也就是以区域市场、国内市场和国际市场为舞台，以价值规律等市场运行规律的作用为基础，以市场机制的各种要素为杠杆，以利润最大化为目标的调节机制。随着资本主义生产社会化的发展，经济运行内部矛盾的增多及其对抗程度的增强，周期性危机的频繁发生及其破坏性的日益严重，资本主义生产方式的弊端日益显现。为了治理经济运行中的矛盾和危机，目前，资本主义生产的宏观组织形式，又过渡到市场与计划相结合、以市场调节为主的混合经济形式。

资本主义生产方式，是在奴隶制和封建制等旧的生产方式解体，经济社会发展到一定历史阶段的产物。它一产生，就以发展"社会生产力"为"历史任务"①，"摧毁一切阻碍发展生产力、扩大需要、使生产多样化、利用和交换自然力量和精神力量的限制"②，"把物质生产变成在科学的帮助下对自然力的统治"③，在它争得"统治地位还不到一百年"的时间内，"所创造的生产力却比过去世世代代总共造成的生产力还要大，还要多"。④ 但是，由资本主义生产方式内在的各种矛盾的对抗性及其自身的限制所造成的生产的无序性和经济危机的周期性，则宣告了"那种把资产阶级生产方式看作生产的自然规律的谬论"的破产，并"开辟了新社会的远景，开辟了新的经济社会形态的远景"，而使自己"只构成了向这个形态的过渡"⑤，从而以自己的发展轨迹，证明了自己的历史性、暂时性和过渡性。

2. 关于生产关系

人类社会的生产关系，和人类社会的生产方式一样，也是一个由不同性

① 《马克思恩格斯全集》第48卷，人民出版社1985年版，第404页。
② 《马克思恩格斯全集》第46卷上册，人民出版社1979年版，第393页。
③ 《马克思恩格斯全集》第9卷，人民出版社1961年版，第252页。
④ 《马克思恩格斯全集》第4卷，人民出版社1958年版，第471页。
⑤ 《马克思恩格斯全集》第26卷（Ⅲ），人民出版社1974年版，第473、474页。

质的生产关系、不同性质生产关系内部的不同层次及其基本要素之间相互联系、相互作用而构成的有机系统。从动态角度看，与社会生产的各个阶段或各个环节相适应，可分解为直接生产过程中的生产关系、分配过程中的分配关系、交换过程中的交换关系和消费过程中的消费关系等，这就是人们常说的生产关系的横向结构。在生产关系的这种横向结构中，生产关系决定分配关系、交换关系和消费关系，而分配关系、交换关系和消费关系对生产关系也具有一定的反作用。分配关系、交换关系和消费关系的这种反作用，有时是分别进行的，有时则是通过分配、交换和消费之间的相互联系和相互作用，按照一定的次序对生产关系起着反作用。当这种合力发展到一定程度，甚至会引起生产关系乃至生产关系结构的整体状况及其性质的变化。如果从本质的角度来分析，则无论是何种性质的生产关系，还是生产关系结构中直接生产过程的生产关系、分配过程中的分配关系、交换过程中的交换关系和消费过程中的消费关系，都包含有以下基本要素，即所有制关系、劳动关系、社会成员的社会地位及其相互关系、运行过程中的管理关系、物质利益的分配关系等等。在这一结构系统中，所有制关系是其根本的、起着主导和决定作用的因素。劳动关系、社会成员的社会地位及其相互关系、运行过程中的管理关系、分配过程中的分配关系等，是其基本的因素，它们是所有制关系在社会生产中的实现因素。当然，这些因素在与所有制的关系中，也不是被动的，在一定条件下，它们也会形成一定合力，对所有制关系发生一定的反作用。这种反作用，决定着所有制关系的实现程度及其存在的现实性。生产关系结构中的这些因素，相互联系、相互作用，共同形成一个有机的整体，这就是人们通常所说的生产关系的纵向结构。

生产关系作为社会生产方式本质内容的人们之间的物质利益关系或经济关系，不是直接地而是以一定的经济制度形式呈现在人们面前的。在阶级社会中，经济制度作为生产关系的法律化形式，其功能作用是通过一定的运行方式即制度体制及其政策机制而得到实现的。从生产关系到经济制度、制度体制及其政策机制，是一个由抽象到具体、从内容到形式的演化过程。并且，在商品经济尤其是社会化大商品经济条件下，无论是生产关系还是作为生产关系具体形式的经济制度、制度体制及其政策机制，无不披着商品经济的外衣，打上商品经济的烙印。因此，作为生产关系结构的这些派生形式或顺延形式，也应列入政治经济学的范围之内。

人类社会的生产关系不是永恒的，而是变化发展的。生产关系的变化和发展，既是连续的，又是有阶段的，是其发展的连续性、绝对性与阶段性、相对性的统一，是其所具有的历史性、暂时性和过渡性的规律性表现。自有人类历史以来，与人类社会生产方式的发展相适应，生产关系也经历了原始社会、奴隶社会、封建社会和资本主义社会等不同发展阶段。目前，正处于由资本主义向社会主义发展和过渡的过程之中，将来还要发展和过渡到共产主义的社会去。然而，从《资本论》及其相关著作的基本结构和内容来看，马克思所研究的并不是人类社会所经历的各种生产关系，而是经济社会发展到资本主义阶段与资本主义生产方式相适应的生产关系。但是，这也不是绝对的，在研究资本主义生产关系产生发展的历史必然性，揭示资本主义生产关系在剥削劳动者的方式上与前资本主义生产关系最具特征性的区别时，还是要把前资本主义的生产关系列入自己的研究范围之内的。

具体到作为《资本论》研究对象的资本主义生产关系，除了上述生产关系所具有的一般结构和一般特点之外，还有着与上述生产关系所不同的典型性特征：第一，所有制关系资本化，按照资本主义发展的不同阶段，具体表现为资本家私有制、资本家集团私有制、垄断资本家财团私有制和代表整个资产阶级利益的资本主义国家所有制等；第二，劳动关系雇佣化，具体表现为劳动力商品化、市场化，最终表现为资本家、资本家集团和垄断资产阶级的劳动力占有制；第三，社会成员关系的等级化和阶级化，具体表现为社会成员经济社会地位和权力的差异化；第四，管理关系（含宏观经济管理关系和微观经济管理关系）专制化，具体表现为管理权力的独裁化；第五，分配关系要素化，具体表现为按资分配、按要素分配的公式化；第六，生产目的利润化，具体表现为资本收益最大化；第七，实现生产目的手段的劳动强度极限化，具体表现为只受劳动力生产和再生产限制、劳动者劳动内涵量和外延量的最大化；第八，调节经济运行的基本经济规律是以资本利益为转移的剩余价值规律，具体表现为资本利润最大化规律。其中，第一个特征是根本特征，对资本主义生产关系的其他特征乃至资本主义生产关系及其结构的整体性质起着基础的、主导的和决定的作用。第二至五个特征是基本特征，它们是资本化所有制关系的实现形式，同时，它们各自的运行及其结果，从个体乃至从相互联系、相互作用的整体等不同角度，对资本化的所有制关系，甚至对资本主义生产关系结构及其整体性质，起着一定的以反作用为前提的决定作用。第六至八个特征，是资本主义生产关系的派生性特征，是根本特征和基本特征的具体体现，同时也是资本主义生产关系的重要标志。必须清楚，资本主义生产关系的上述特征，也不是直接呈现在世人面前，而是隐藏在资本主义的虚假现象背后的。运用科学的抽象法，通过对资本主义生产关系及其结构的分析，揭示其本质和规律，正是《资本论》所要完成的任务。

依据上述分析，对《资本论》的研究对象可得出如下结论：第一，由于生产力体现的是人与自然的关系，生产力的发展、作用及其客观要求的实现，体现了社会生产的工艺和技术性质，因此，它不是《资本论》的研究对象。但由于生产力的发展是生产方式产生发展的前提和基础，而且生产力与生产方式又是相互联系、相互作用、既对立又统一的矛盾着的两个方面，研究生产方式就不能孤立地进行，而必须联系生产力，通过对生产力与生产方式之间矛盾运动的分析来进行，因此，在这一前提下，也可把生产力列入《资本论》的研究范围之内。第二，人类社会的生产方式，作为社会生产过程中发生的人们之间的社会联系、社会结合方式或生产的社会组织形式，与社会生产关系是形式和内容的关系。作为内容的生产关系，是通过作为形式的生产方式体现出来的，生产方式是生产关系的现象形式和物质载体。生产方式及其变化发展，对生产关系的变化和发展，起到一定的规范和推动作用。因此，马克思把生产方式、资本主义生产方式作为《资本论》研究对象的前提和首要部分。第三，在《资本论》的研究对象中，马克思把生产关系与交换关系并列起来，但不是一般地谈生产关系。为了突出资本主义生产方式和资本主义生产关系实现过程最具典型性的特征，马克思在《资本论》的研究对象中，把生产关系和交换关系并列起来。实际上，马克思的其他著作以及恩格斯在谈到这一问题时，都是指的生产关系。

总之，马克思《资本论》的研究对象，第一是资本主义生产方式，第二是资本主义的生产关系和交换关系。对资本主义生产方式的研究，是资本主义生产关系和交换关系研究的前提和基础。而对资本主义生产关系和交换关系的研究，则是《资本论》所要研究的基本的和核心的问题。把二者结合起来就是：《资本论》所要研究的，是以资本主义生产方式为前提以及和它相适应的生产关系和交换关系，或者从整体上来理解的生产关系。

四、《资本论》研究对象的当代意义

对《资本论》研究对象的理解和把握，不仅是一个理论问题，而且更重要的还是一个实践问题。它不仅对马克思经济学说的继承和发展，对中国特色社会主义政治经济学理论体系的构建，而且尤其对我们正在进行的改革开放和社会主义现代化建设，都具有重要意义。

第一，要重视对生产方式的研究。生产方式是马克思《资本论》研究对象中首要的和作为前提的重要组成部分。而且，在生产力、生产方式和生产关系的对立统一关系或生产力与生产方式、生产方式与生产关系基本矛盾的运动中，生产方式也处于极其重要的地位。① 长期以来，在社会主义革命和建设实践中，尤其是始于20世纪中期各社会主义国家的改革开放中，由于缺乏对生产方式的认识，或者只把注意力放在生产关系的变革上，结果，一遇到经济体制和运行机制问题，便无所适从。或者把西方经济理论照样搬来，结果使经济体制和运行机制的改革和设计，深深地打上西方的烙印。在这方面，不仅苏联、东欧一些社会主义国家教训深刻，而且在我国改革开放和经济社会的发展中，也产生和积淀了许多棘手的矛盾和问题。近百年来的社会主义革命和建设实践告诉我们，无论是理论界，还是政府部门，都要十分重视对生产方式的研究。

第二，在理论研究和社会主义现代化建设实践中，还要把生产力与生产

---

① 《马克思恩格斯全集》第27卷，人民出版社1972年版，第479页。

方式区别开来。首先，生产力不同于生产方式。生产力体现的是人们在社会生产中形成的与自然界之间的联系，是生产力各要素或人们与生产资料相互结合并发挥作用的形式。而生产方式体现的则是人们在社会生产中共同活动和相互交换其活动而发生的社会联系、社会结合的方式，是生产的社会组织形式。其次，马克思在《资本论》及其相关著作的许多地方都明确指出，人与自然的联系或与生产资料的相互结合，属技术学、工艺学方面的问题，不是政治经济学的研究对象。只有在人与自然的结合影响和改变生产关系时，才把它列入自己的研究范围，否则，就会喧宾夺主，冲淡对生产方式和生产关系的研究，使政治经济学演化为生产力经济理论。再次，我国老一辈经济学家熊映梧教授，开拓了以生产力为对象的生产力经济学研究，为生产力经济学学科的构建和发展，做出了卓越的贡献，但长期以来并未得到理论界和有关部门的重视。如果把生产力列入政治经济学的对象，则不仅会削弱政治经济学的研究及其学科的发展，而且也会把生产力经济学的研究及其学科的构建，淹没在中国特色社会主义政治经济学理论建设和现代化建设的红潮大浪之中。最后，生产力是一个庞大的系统，包括资源开发和利用、环境优化和保护、生态维护和平衡、经济社会可持续发展等问题。把生产力与生产方式区别开来，开辟生产力经济学研究及其学科的构建，对我国正在进行的改革开放和社会主义现代化建设，具有较强的针对性和实践意义。

第三，要充分认识资本主义生产方式的二重性。与世界上的任何事物一样，资本主义生产方式也具有二重性。一方面，"表现为劳动过程转化为社会过程的历史必然性"，另一方面，又"表现为资本通过提高劳动过程的生产力来更有利地剥削劳动过程的一种方法"。[①] 一方面，它是具体的、客观的、具有鲜明特点的、在人类社会发展到资本主义阶段而产生的生产方式；另一方面，由于其内在的基本矛盾以及由此派生的各种矛盾的对抗性发展和作用，又具有历史性、暂时性和向新的更高级社会生产方式发展的过渡性。依据资本主义生产方式的这种二重性，一方面可以使我们认识这种生产方式是人类

---

① 《马克思恩格斯文集》第 5 卷，人民出版社 2009 年版，第 389 页。

社会发展到一定历史阶段的必然产物，具有一定的进步性和合理性；另一方面又可使我们认识这种生产方式是榨取血汗的艺术的进步，具有剥削雇佣劳动的职能。一方面，可以使我们认识这种生产方式产生、发展的物质前提和历史前提；另一方面，又可使我们认识这种生产方式所具有的各种弊端，以及由于其内在的各种矛盾的对抗性所导致的历史命运。一方面，可以使我们更加深刻认识马克思所揭示的资本主义灭亡和社会主义、共产主义胜利同样不可避免这一历史趋势的伟大真理性；另一方面又可使我们充分认识老一辈无产阶级革命家开创的社会主义事业赋予我们的历史使命之光荣、伟大及其艰巨性。

第四，要充分认识资本主义生产方式的具体形式诸如经济体制、管理模式和治理结构等的二重性。资本主义生产方式具有二重性，同样，资本主义生产方式的具体形式——经济体制、管理模式和治理结构也具有二重性。马克思指出，"一切规模较大的直接社会劳动或共同劳动，都或多或少地需要指挥，以协调个人的活动，并执行生产总体的运动""所产生的各种一般职能"。"一旦从属于资本的劳动成为协作劳动，这种管理、监督和调节的职能就成为资本的职能。"① "资本家的管理不仅是一种由社会劳动过程的性质产生并属于社会劳动过程的特殊职能，它同时也是剥削一种社会劳动过程的职能。"② "资本主义的管理就其形式来说是专制的。"就其本质来说，则是"对抗"的。③ 他还批判了资产阶级政治经济学家在考察资本主义生产形式时，把"从共同劳动过程的性质产生的管理职能，同从这一过程的资本主义的，从而对抗的性质产生的管理职能混为一谈"的荒谬行径。④ 20 世纪中期以来，资本主义生产方式的具体形式，在宏观方面已经演变成私人经济活动与政府经济活动互为补充、相互结合的"混合经济"形式⑤，在微观方面，也大都采取了"股东至上"的公司制，并且，为了"调动"职工的积极性，还发明了

---

① 《马克思恩格斯文集》第 5 卷，人民出版社 2009 年版，384 页。
② 《马克思恩格斯文集》第 5 卷，人民出版社 2009 年版，384 页。
③ 《马克思恩格斯文集》第 5 卷，人民出版社 2009 年版，第 385～386 页。
④ 《马克思恩格斯文集》第 5 卷，人民出版社 2009 年版，第 385～386 页。
⑤ 胡代光：《西方经济学词典》，经济科学出版社 2000 年版，第 523 页。

"股份合作"、"职工持股"的制度形式等。然而,尽管资本主义生产方式在宏观和微观等不同层次进行了种种变革,但在其本质上,却依然未能摆脱"资本"的干系。因此,我国的改革开放和社会主义现代化建设,在借鉴和吸收西方管理经验时,必须有分析,有鉴别,把"从共同的劳动过程的性质产生的管理职能,同从这一过程的资本主义性质因而从对抗性质产生的管理职能"区别开来,剔除其糟粕,吸取其精华,洋为中用。

第五,要在区分不同性质的商品经济的基础上,把商品经济与市场经济区别开来。商品经济是以商品为纽带、以交换为目的的经济形式。作为社会生产中人们共同活动和互相交换其活动的生产方式,它既是一般的又是特殊的。说它是一般的,是因为它存在并适应于不同的社会经济形态。说它是特殊的,是因为在人类社会的不同发展阶段,又具有不同的特点。例如,虽然同是高度社会化的生产方式,但资本主义商品经济和社会主义商品经济,在所有制前提、商品范围、生产目的、服务对象等方面,却具有不同的特点。而市场经济,则是商品经济运行的调节机制,也称市场机制。作为商品经济运行的调节机制或市场机制,也具有二重性,有一般和个别之分。说它是一般的,是因为凡商品经济的运行,都需要市场机制的调节。但随着商品经济的发展,在其发展的不同阶段,市场调节的范围、程度和特点,又有显著区别。例如,在简单商品经济和发达商品经济的初期,其经济运行以市场机制完全的和自发的调节为特点。在已经发展了的发达商品经济阶段,其经济运行,既有市场机制调节又有计划机制调节。不过,这时的经济运行是以市场机制调节为主。在高度社会化的商品经济阶段,其调节机制一般以计划机制调节为主,市场机制调节为辅。并且,市场机制调节和计划机制调节的力度、种类和范围,还要受到生产关系及其经济制度的规定和制约。在目前的商品经济中,资本主义商品经济,由于以资本为主体的所有制结构、生产关系结构及其经济制度结构的规定和制约,其调节机制则依然以市场机制调节为主。社会主义商品经济,则由于受到以社会主义公有制为主体的所有制结构、生产关系结构及其经济制度结构的规定和制约,其经济运行就既有市场机制调节,又有计划机制调节,两者相互结合,互为补充。但一般说来,计划机制在宏观领域应起主导和决定的作用。在我国改革开放和社会主义现代化建设中，由我们的国情所决定，必须运用二重性的方法，在区别不同性质的商品经济的基础上，把商品经济与市场经济或市场调节机制区分开来。否则，就会照搬西方的资本主义商品经济模式，跌入私有化、市场化、自由化的陷阱之中。我们要发展社会主义商品经济，也主张充分利用市场机制的作用，但也要反对和警惕把商品经济宽泛化。要充分认识政府职能商品化、产业化和过度市场化对我国经济社会发展的腐蚀作用。

第六，要把生产方式与生产关系、属于生产方式的经济运行体制机制与属于生产关系的经济制度、制度体制机制区别开来。上面说过，生产方式是人们在社会生产过程中共同活动和互相交换其活动而相互结合的方式，是生产的社会组织形式。生产方式有宏观和微观之分，从宏观来说，生产方式具体表现为经济运行体制及其调节机制。从微观上说，生产方式具体表现为企业管理制度、管理体制、治理结构等。而生产关系则是生产方式内含的人们之间的物质利益关系或经济关系，作为其法律化形式经济制度的功能作用，则是通过其制度体制机制而得到实现的。生产方式不等于生产关系，属于生产方式的经济运行体制机制也不等于属于生产关系的经济制度及其制度体制机制。在改革开放和社会主义现代化建设中，必须把上述具有不同内涵的概念区别开来。如果把生产方式与生产关系混淆起来，则不是把资本主义生产关系当作生产方式，加以借鉴或移植过来，从而使我国的社会主义生产关系演变为资本主义的生产关系；就是把生产方式当作资本主义生产关系，拒绝借鉴和吸收西方生产方式中合理的和有益的成分，搞关门主义。同样，如果把属于生产方式的经济运行体制机制与属于生产关系的经济制度、制度体制机制混淆起来，则不是把西方的经济制度、制度体制机制当作属于生产方式的经济运行体制机制，借鉴或移植过来，从而使我国的社会主义经济制度、制度体制（如党委领导下的分工负责制）和运作原则（如民主集中制）演变为资本主义经济制度、制度体制机制；就是把属于资本主义生产方式的经济运行体制机制当作资本主义生产关系的经济制度、制度体制机制，拒绝借鉴吸收其中的合理的和有益的成分，从而使我们社会主义的生产方式凝固化，不利于我国的社会主义现代化建设。在近年来的改革开放和社会主义现代化建设中，上述不同倾向都曾不同程度地出现过，并且已经和正在给我国改革开放和社会主义现代化建设带来极大的消极影响。可见，在我国改革开放和社会主义现代化建设中，把上述具有不同内涵的概念区别开来，具有何等重要意义。

第七，要重视生产关系的系统性、结构性和整体性研究。生产关系的系统性，就是在人类社会发展的一定历史阶段，不同性质、不同层次的生产关系及其基本要素，按照一定的内在联系和逻辑关系相互结合而形成的生产关系的总和。生产关系的结构性，就是不同性质、不同层次的生产关系及其基本要素相互结合而形成的相互联系、相互渗透、相互作用的对立统一关系。生产关系的整体性，就是不同性质、不同层次的生产关系及其基本要素相互联系、相互渗透、相互作用而形成的有机整体。无论是生产关系系统、生产关系结构，还是生产关系整体，都有一个质的规定和量的比例问题，并且都受质量互变规律作用的决定和制约。据此，在我国改革开放和社会主义现代化建设中，无论是理论界，还是政府有关部门，对于生产关系变革、调整的政策设计，都要高度关注其中所包含的质的规定和量的比例，都要高度关注质量互变规律在其中所起的作用，要从生产关系的系统、结构和整体上来观察、分析、安排和处理问题。然而，几十年来，由于西方经济理论和新自由主义思潮的侵入，加上唯心主义和形而上学方法论的影响，理论界在社会主义生产关系变革、调整的政策设计上，出现了一些值得注意的倾向性问题。例如，在生产关系的层次性方面，较多注重所有制关系方面的研究和变革，而较少关注由所有制关系变化所引起的生产关系其他方面，诸如劳动关系、社会成员在社会生产中的地位及其相互关系、管理关系和收入分配关系等方面的变化；同时也很少关注不同性质的生产关系及其基本要素相互渗透、相互作用，以及这些渗透和作用对生产关系系统、结构乃至整体性质的影响等具有较强针对性和现实性的问题。再如，在生产关系结构方面，淡化不同性质、不同层次的生产关系及其基本要素之间的对立统一关系，片面强调所有制结构、产业结构、企业结构的调整和优化，结果，不仅压缩了公有制经济尤其是国有经济的活动空间，而且使公有制经济尤其是国有经济的运营处于尴尬和困难的境地。上述倾向说明，在改革开放和社会主义现代化建设中，对生产关系进行系统性、结构性和整体性研究，从生产关系系统、结构和整体角度观察、分析、安排和处理问题，不仅具有现实的针对性，而且也具有时间的紧迫性。

总之，研究《资本论》，必须重视《资本论》中体现的世界观和方法论。马克思在《〈政治经济学批判〉序言》、《资本论》第一版序言和第二版跋中告诉我们，他对政治经济学的研究，是在他和恩格斯创立的唯物主义历史观指导下，运用唯物辩证法的方法论进行的。如果没有这一世界观的指导，就无法发现人类社会形态发展的连续性和阶段性，就无法揭示人类社会由低级向高级发展的历史轨迹及其趋势。同样，如果不运用唯物辩证法的方法论，也无法发现并揭示人类社会发展中的各种矛盾，尤其是生产力与生产方式、生产方式与生产关系、经济基础与上层建筑的基本矛盾；也就不能通过对这些矛盾及其运动的分析，找出人类社会发展的根本动力、直接动力以及变革社会、促进发展的物质力量，也就无法揭示人类社会波浪式、曲折发展的客观规律。历史和实践已经并将继续证明，唯物主义历史观和唯物辩证法的方法论，是我们分析矛盾、认识事物、解决问题的望远镜和显微镜。近年来，我们在改革开放和社会主义现代化建设中出现的经济、政治、社会和思想文化意识形态等方面的偏差和带有倾向性的问题，无不与偏离唯物主义历史观的指导和违背唯物辩证法的方法论有关。可见，在改革开放和社会主义现代化建设实践中，刻苦学习、努力掌握、熟练运用唯物主义历史观和唯物辩证法的方法论，不仅是必要的，其意义也是深远的。

（原文发表于《当代经济研究》2018 年第 2 期）

政治经济学研究对象的"难题"新解

——兼论"中国特色社会主义政治经济学"研究对象

一、导论

自习近平总书记提出要构建"中国特色社会主义政治经济学"以来，学界积极响应这一号召，进行理论探索，推出了大量成果。"中国特色社会主义政治经济学"是一个新的理论体系。一个理论体系的构建，一般需要具备四个基本要素：研究对象、研究方法、研究目的和具体内容。当前对"中国特色社会主义政治经济学"的研究主要集中在研究目的和研究内容两个方面，对于研究方法和研究对象关注甚少，尤其关于"中国特色社会主义政治经济学"研究对象的文献只搜索到一篇（卫兴华，2016）。[①] 关于"中国特色社会主义政治经济学"的研究方法，笔者已有一篇专论。[②] 由于传统政治经济学的研究对象究竟是什么，理论界至今是一个存在争议的"难题"，因而在确立"中国特色社会主义政治经济学"研究对象之前，先要搞清楚"政治经济学"的研究对象。所以，本文的主要任务是试图通过一个新的视角——对《资本论》结构进行样本分析——来探讨政治经济学的研究对象，并在此基础上简论"中国特色社会主义政治经济学"的研究对象。

关于政治经济学的研究对象的研究分为两个阶段：改革开放前和改革开

---

* 杨继国：厦门大学经济学院教授、博士生导师；袁仁书：厦门大学经济学院博士研究生、贵州师范大学经济与管理学院副教授。

① 卫兴华先生的另一篇题为《创新政治经济学研究对象》的文章，发表于《人民日报》2016年12月21日第7版，并不是专门以"中国特色社会主义政治经济学"为研究对象的。

② 杨继国：《中国特色社会主义政治经济学几个方法论问题》，载于《武汉科技大学学报》（社会科学版）2017年第6期。

放后。在改革开放前基本取得共识：政治经济学的研究对象是生产关系。虽然在 20 世纪 60 年代有个别研究者提出争议，但没有得到普遍的反应，改革开放后则逐渐成为一个争议问题。

当今的政治经济学属于马克思经济学范畴，所以，马克思《资本论》的研究对象就是政治经济学的研究对象。虽然《资本论》第一卷的出版距今已有 150 多年，马克思主义政治经济学作为一门学科、一门课程在中国也已经存在将近 70 年了，但关于其研究对象至今仍是个"难题"。

政治经济学的研究对象之所以成为问题，从实践上说，是由于社会主义计划经济向社会主义市场经济的转轨。一些研究认为，政治经济学的研究对象亦应发生相应转变，并从本就存在争议的马恩的论述中找到"根据"；当然也不乏"醉翁之意"者，目的在于别有用心地批判所谓"所有制崇拜"，或者借要研究"生产力"，指明将马克思主义政治经济学研究对象转换成新古典经济学的研究对象的"资源配置"。从理论上说，此争议则来源于马克思在《资本论》第一卷"序言"中的一句话："我要在本书研究的，是资本主义生产方式及与其相适应的生产关系和交换关系。"[①] 这句话从形式上看，有三个内容：（1）资本主义生产方式；（2）与资本主义生产方式相适应的生产关系；（3）与资本主义生产方式相适应的交换关系。分歧就在于，第一，政治经济学研究的对象究竟是"生产方式"，还是生产关系，或者是交换关系？抑或是三者？第二，怎么理解生产关系？

本文不拟对上述问题做全面分析，而将研究重点放在如何理解"生产关系"这一问题上。因为，生产关系与生产方式、交换关系等密切相关，搞清楚了生产关系范畴，也就搞清楚了其他几个范畴；更重要的是，就算在取得"共识"的时期，或者在取得"共识"的学者内部，对"生产关系"范畴的理解上却从来没有取得过一致。所以，弄清楚"生产关系"范畴就显得更为重要。

---

① 《马克思恩格斯文集》第 5 卷，人民出版社 2009 年版，第 8 页。

二、政治经济学研究对象的"难题"

政治经济学研究对象的"难题",源于马克思在德文版《资本论》第一卷序言中的这句话:"我要在本书研究的,是资本主义生产方式及与其相适应的生产关系和交换关系。"① 对这句话的理解,一是把政治经济学的研究对象理解为"生产方式"②③;二是将其理解为"生产关系",这是主流的观点。不过,对于什么是"生产关系"的问题,又产生了分歧。

(一)"生产方式"与"生产关系"的"关系"的难题

对于"生产方式"的理解基本有三种④:(1)生产方式就是广义的生产关系;(2)指生产方法或劳动方式,即生产力意义上的使用;(3)指社会经济形态。

可见,除了第(2)种理解外,第(1)种理解与政治经济学研究对象是生产关系的主流观点似乎不冲突,因为生产方式就是生产关系,无论说生产方式或者生产关系,都是指的"生产关系"。第(3)种理解,也化解了"生产方式"与"生产关系"不一致的矛盾。首先,生产方式不等于资本主义生产方式。前者是一般概念,后者是特称概念,只是众多生产方式的一种。马克思讲的是资本主义,不含其他社会形态。因此,如果马克思的"生产关系"和"交换关系"是指广义生产关系的话,马克思所指的《资本论》的研究对象就是资本主义的广义生产关系。

把"生产方式"理解为"生产关系",确切说是理解为"广义生产关系",即包括生产、交换、分配、消费关系在内的广义生产关系,或者马克思所说的"生产关系总和""社会生产关系""经济关系",而不是仅在生产领

---

① 《马克思恩格斯文集》第5卷,人民出版社2009年版,第8页。

② 胡世祯:《对政治经济学若干范畴传统认识的质疑》,载于《当代经济研究》2015年第6期。

③ 于金富、王胜利:《从〈资本论〉结构重新认识政治经济学研究对象》,载于《当代经济研究》2001年第3期。

④ 马克思主义理论研究与教学工程重点教材编写组:《〈资本论〉导读》,高等教育出版社、人民出版社2012年版。

域中发生的，与交换、分配关系并列的狭义的生产关系。[①] 这虽然化解了"生产方式"与"生产关系"的矛盾，但仍然存在一个"难题"，即"广义生产关系"是指"生产、交换、分配、消费"四个环节的"有机整体"，还是指"生产和交换"两个环节？因为，与资本主义生产方式相适应的"生产关系和交换关系"中的"生产关系"应该是物质资料直接生产过程中的"生产"关系，是不包含"交换"的"狭义生产关系"，而包含"交换"的生产关系成为了"广义生产关系"。但"广义生产关系"定义确定包含"生产、交换、分配、消费"四个环节的"有机整体"，前面的理解漏掉"分配和消费"两个环节；如果说"四个环节"中，"生产"是起决定作用的关系，"消费"是终端，不属于政治经济学研究的对象的话，那么为何单独提"交换关系"而不提"分配关系"呢？

生产方式"社会经济形态"说，从逻辑上对"生产方式"本身的理解更加顺一些，而且能够从马克思的其他著作中找到旁证。马克思后来在《资本论》第 1 卷法文版中对"生产方式"概念进行了修改，以避免理解上的混淆，说明马克思的原意为，《资本论》的研究对象是生产关系，而不是包含生产力含义的那个"生产方式"。[②] 但是，同样存在究竟是"生产关系和交换关系"是广义生产关系，还是"生产、交换、分配、消费"四个环节这个"有机整体"是广义生产关系的难题。

（二）关于"生产关系"本身的难题

由上面的分析可知，"生产方式"与"生产关系"的关系的难题，最终都归结为"生产关系"本身的难题。

1. 两个不同的"狭义生产关系"

"狭义生产关系"有两种不同的理解。（1）传统教科书对狭义生产关系的解释包含三层含义：物资资料归谁所有，即生产资料所有制形式；劳动者

---

①　吴宣恭：《论作为政治经济学研究对象的生产方式范畴》，载于《当代经济研究》2013 年第 3 期。

②　胡均：《对〈资本论〉研究对象的再认识》，载于《经济学家》1997 年第 2 期。

在生产过程中的地位；产品的分配形式。"百度百科"对"狭义生产关系"的解释是：包括生产资料所有制的形式，人们在生产中的地位和相互关系，产品分配的形式等。其中，生产资料所有制的形式是最基本的，起决定作用的。这两个定义基本含义相同。如果说三层含义中，生产资料所有制形式和劳动者的地位属于四个环节中的"生产"环节的话，则"产品的分配形式"属于四个环节中的"分配"环节。如此一来，"狭义生产关系"是指四个环节中的"生产和分配"。显然，这与把四个环节中的"生产"理解为"狭义生产关系"是冲突的。如果说把这个定义理解为广义生产关系，则又缺"交换和消费"环节，且明显与马克思的"生产关系和交换关系"的表述相冲突。(2)"四个环节"中的"生产"中的关系属于"狭义生产关系"。这个理解与上面的第（1）点的表述存在冲突。

2. 两个不同的"广义生产关系"

"广义生产关系"也有两种不同的理解。（1）广义的生产关系是指人们在再生产的过程中结成的相互关系，包括生产、分配、交换和消费等诸多关系在内的生产关系体系，是由"生产"决定的四个环节形成的一个有机整体。(2) 马克思在《序言》中讲的"生产关系及交换关系"。按照广义生产关系四个环节并列组成一个"总体"的说法，就算认为狭义的生产环节的"生产"决定其他关系，则缺乏分配与消费关系。

三、政治经济学研究对象的"难题"求解

解决政治经济学研究对象的"难题"的前提，是认可马克思在《资本论》中提出的观点：即政治经济学的研究对象是"资本主义生产方式以及和它相适应的生产关系和交换关系"。这样，"难题"转换为如何正确理解马克思的这句话的问题。理论界提出的各种各样的"政治经济学研究对象"，大部分是对马克思这句话的不同理解。

（一）究竟应该怎样理解马克思的论述

马克思的那句话看似说马克思经济学的研究对象是生产方式，而不是生

产关系，但仔细分析则不然。

首先，生产方式不等于资本主义生产方式。前者是一般概念，后者是特称概念，只是众多生产方式中的一种。马克思讲的是资本主义生产方式，不含其他社会形态的生产方式。马克思在《序言》中的这句话有两层含义：(1) 只研究资本主义生产方式，即只研究资本主义的经济，不涉及其他社会形态。也即是说马克思经济学是"狭义政治经济学"，不是"广义政治经济学"。(2) 在资本主义社会经济形态中，研究对象是与之适应的生产关系和交换关系。

其次，生产方式是生产力与生产关系的统一体。如果研究对象是生产方式，已经包含了生产关系，为何要再提生产关系和交换关系呢？说研究对象是生产方式和生产关系，违背思维逻辑。显然，理解为研究资本主义生产方式下的生产关系，才符合逻辑。

最后，生产方式中含有三种关系：人与人的关系、人与物的关系和物与物的关系。其中，人与物的关系是人与人的关系的"物化"形式，人与人的关系是人与物的关系的本质内容。所以，三种关系实质上只有两种：人的关系与物的关系。物的关系属于自然科学研究的范畴，人的关系属于社会科学研究的范畴。经济活动是人类的一种特殊的但是基本的社会活动，因而经济学属于社会科学范畴。生产方式中的生产力属于物的关系，属于自然科学中"工艺学"的研究范畴。从商品属性分析，生产力的"凝结"与商品的使用价值相关，而不与商品的价值相关。使用价值为研究"商品学"提供材料①，商品学属于"自然科学"，不属于经济学。

因此，我们可以说，政治经济学的研究对象是资本主义生产关系。但是，如上所述，生产关系有广义和狭义之分，而且，广义生产关系和狭义生产关系各自都有两个理解。政治经济学的研究对象究竟是哪个生产关系呢？

（二）破解"难题"的钥匙在《资本论》的结构之中

这个答案在马克思的直接论述中是找不到的。但是，我们可以以《资本

---

① 《马克思恩格斯文集》第 5 卷，人民出版社 2009 年版，第 48 页。

论》本身为样本来分析这个问题。马克思主义政治经济学的范本或者元典，无疑是《资本论》。分析一下《资本论》将什么作为研究对象，问题便一清二楚了。现有所有论述政治经济学研究对象的论文基本停留于马克思在《资本论》第一版"序言"和《〈政治经济学批判〉导言》中作字句考释，有的通过马克思的其他文献考证，但也停留于字句考证。鲜有把马克思主义政治经济学的元典作为"解剖对象"来分析政治经济学研究对象的，也鲜有通过马克思的这个"范本"来理解马克思对《资本论》研究对象的论述。本文尝试从这一角度来破解政治经济学研究对象的"难题"。

《资本论》三卷，无疑是研究资本主义生产关系的，为何马克思要说研究对象是"生产关系和交换关系"？这里的生产关系显然是狭义的生产关系，加上"交换关系"（可以理解为"广义生产关系"），但得解释清楚两种"狭义生产关系"和两种"广义生产关系"及其"冲突"的问题。

从形式上看，《资本论》三卷，分别研究资本主义生产过程、资本主义流通过程和资本主义生产总过程，或者说，分别研究资本主义的生产、流通和分配。正如所谓生产关系四环节不是并列关系，而是有层次的有机整体一样，《资本论》三卷也不是并列关系，也是一个有层次的有机整体。具体说，三卷作为一个整体，研究资本主义生产关系；但这个三卷第二个层次是"二分"的，即《资本论》整体一分为二，分出的第二部分再一分为二，形成三个层次的结构体系，分别对应《资本论》的第一、第二、和第三卷（见图1）：

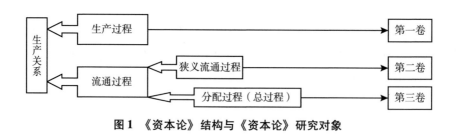

图1 《资本论》结构与《资本论》研究对象

图1清楚地表明，政治经济学的研究对象是资本主义生产关系，这个生产关系是"广义的"，包含"狭义的生产关系"和"交换关系"（流通即交

换)。马克思在《资本论》第一版《序言》中的那句话：研究"生产关系和交换关系"的含义不是很清楚了吗? 将《资本论》的层次如此划分，有两个依据。一是马克思的研究方法的基础是辩证唯物论和历史唯物主义，即矛盾分析法。辩证唯物主义将任何一个范畴都视为一对矛盾组成的有机整体。这在《资本论》中几乎所有范畴都是这样构建：如商品的二因素，使用价值与价值，就是一对矛盾；货币，既是"特殊商品"，又是"价值的代表"，也是一对矛盾；资本，既是"特殊货币"，又是"增殖的价值"；资本有机构成是由技术构成和价值构成形成的整体，如此等等都是一分为二的"矛盾"。作为矛盾分析方法的"一分为二"，也是《资本论》的基本分析方法之一。这个方法的基本操作手段就是一个概念的整体作为最高层的第一层次，将这个整体一分为二，这个"二"成为第二层次，再将"二"二分，构成第三个层次。《资本论》一至三卷的结构显然就是这样安排的。作为整体的"生产关系"一分为二，分解为"生产过程"(狭义生产关系)和"流通过程"(交换关系)，交换关系再一分为二，分为狭义的"交换"(流通)和"分配关系"。不过，由于生产、交换和分配是一个整体，你中有我，我中有你，三者的关系也不能孤立地理解。关于这点，马克思在《〈政治经济学批判〉》导言》讲得很清楚。第二个依据是马克思在《资本论》第一卷第一版的《序言》中明确写道："这部著作的第二卷将探讨资本的流通过程(第二册)和总过程的各种形式(第三册)，第三卷即最后一卷(第四册)将探讨理论史。"[①] 这里的"第三卷"是《剩余价值学说史》，不属于我们通常说的《资本论》范畴。现有《资本论》三卷其实应该叫"三册"。《资本论》三册分为两卷：第一卷即第一分册，第二卷，即第二和第三分册。马克思把《资本论》两次"二分"：第一次"二分"分为"第一卷和第二卷"，第二次把第二卷"二分"为"第二册"和"第三册"，也即我们现在的"第二卷"和"第三卷"。

(三) 如何认识生产关系的"四环节"说

从上面的分析可知，政治经济学的研究对象既不是生产方式，也不是生

---

① 《马克思恩格斯文集》第5卷，人民出版社2009年版，第13页。

产力，而是资本主义的生产关系，即包含生产、交换、分配三个环节的"广义生产关系"，也即狭义生关系和"广义交换关系"——包含交换和分配两个环节的交换关系。

这里就提出了另外一个问题：如何看待"生产、交换、分配和消费"四个环节的"广义生产关系"的问题。由于马克思在《〈政治经济学批判〉导言》中详细讨论"生产、交换、分配和消费"四个环节的相互关系，绝大多数《政治经济学》教科书都把这个"四个环节"当成政治经济学研究对象的"广义生产关系"。其实，这个观点是值得商榷的。除了马克思明确说过，消费不是经济学研究的范畴外，"四个环节"说本来不属于马克思提出的观点，而是古典经济学家穆勒的理论。马克思只是在批判古典经济学的"四环节"理论时才讨论这个生产关系的"四环节"的关系，且明确说，"消费"不属于经济学的范畴。

四、中国特色社会主义政治经济学的研究对象

探讨政治经济学的研究对象这个问题，不仅是解决一个"难题"，而且是为了研究中国特色社会主义政治经济学研究对象。"中国特色社会主义政治经济学"与"政治经济学"是两个完全不同的理论体系，前者的研究范围是"中国特色社会主义生产方式"，后者则是"资本主义生产方式"。那么，前者的研究对象是否也与后者完全不同呢？

我们的答案是，既相同，又不同。说相同，是因为"中国特色社会主义政治经济学"和"政治经济学"二者同属马克思主义经济学范畴，应该有共同的范式、共同的研究方法和研究对象，即二者的研究对象都应该是"广义生产关系"。特定的研究对象和特定的研究方法决定一个理论的性质。只有坚持马克思主义政治经济学的研究方法和研究对象，才能保证中国特色社会主义政治经济学的马克思主义性质。中国特色社会主义政治经济学的性质无疑是马克思主义的。如果将其研究对象替换为新古典经济学的"资源配置"，即研究生产力，那么这个理论的性质必将发生改变，或者说，这样的"中国特

色社会主义政治经济学"已经不是马克思主义性质的经济学。① 说不同，是因为二者的"生产关系"本身不同，生产关系的具体内容不同。前者是中国特色社会主义的生产关系，后者是资本主义生产关系。有观点认为，传统的马克思主义政治经济学有缺陷，只研究生产关系，忽视对生产力的研究，尤其是中国特色社会主义阶段的任务是解放生产力、发展生产力，因而中国特色社会主义政治经济学应该采用现代经济学的通行范式和研究方法，应该重点研究资源配置，即重点研究生产力。② 还有研究者提出了中国特色社会主义政治经济学是中国特色社会主义的政治经济学，还是中国特色的社会主义政治经济学的问题。③ 我们觉得还有一个问题：中国特色社会主义政治经济学涉及的范围，是新中国建国以来的社会主义生产方式（含改革开放前的计划经济生产方式和改革开放后的市场经济生产方式两个阶段），还是改革开放后的"社会主义市场经济"？

针对这些问题，下文重点讨论三点。

（一）中国特色社会主义政治经济学要重点研究生产力吗

此论的理由是传统政治经济学不重视研究生产力。在马克思那里，生产力和生产关系是一个整体，共同构成一定的生产方式。由于生产力在生产方式中起终极的决定作用，而生产关系对生产力的发展有反作用。在特定生产方式确立后，特定社会的生产力的发展受制于特定社会的生产关系，并且生产力发展为特定的生产关系服务。研究生产关系的目的，除了揭示特定社会经济的发展规律外，正是为了说明，何种生产关系能够促进生产力的发展，何种生产关系阻碍了生产力的发展。在《资本论》中，马克思正是通过对资本主义生产关系的研究，才正确揭示了资本主义生产力是如何内生地得到发

---

① 杨继国：《中国特色社会主义政治经济学几个方法论问题》，载于《武汉科技大学学报》（社会科学版）2017 年第 6 期。

② 洪永淼：《站在中国人的立场上，用现代方法研究中国问题，用国际语言讲述中国故事》，载于《经济研究》2017 年第 5 期。

③ 张宇：《努力探索和完善中国特色社会主义政治经济学理论体系》，载于《政治经济学评论》2017 年第 2 期。

展的和受到限制的。在资本主义生产方式下，由于资本对剩余价值，尤其是超额剩余价值的追求，资本家会通过不断加大劳动强度，改进生产技术和管理，不断提高劳动生产率来达到目的；个别资本家的行为，通过社会竞争，实现了社会劳动生产率的提高，促进了科学技术的发展。这个机制正说明了生产力是如何提高和发展的。马克思还研究企业内部分工如何提高了劳动生产率，内部分工如何转化为社会分工，实现了社会劳动生产率的提高。不过，在资本主义生产方式下，资本获取剩余价值和超额剩余价值的方式，既是促进劳动生产力提高的机制，同时也是导致资本有机构成提高，导致一般利润率下降，使扩大再生产的条件遭到破坏，最终引发周期性经济危机的机制。可见，说传统政治经济学不研究生产力，是毫无根据的。

如果研究的对象不是资本主义特有的生产关系，而抽象研究生产力发展，就不能解释资本主义生产力发展的这样一个辩证的过程。如果无视特定的生产关系抽象地研究"资源配置"，即生产力，一方面，无法说明这种生产力是否得到了最大程度的发展，是否受到了阻碍；另一方面，无法说明，这种生产力的发展是为了谁的问题。资本主义生产力的发展为资本服务，生产力成为资本增殖的工具；超出这个界限，再先进的生产力也不会让其发展。社会主义生产力的发展，是为了最大程度地满足广大人民群众对美好生活的需要；如果社会主义某个阶段的特定生产关系阻碍了这个目的的实现，则要对生产关系进行调整。

因此，政治经济学研究的对象既不能是"资源配置"，即抽象的生产力研究，也不能是既研究生产关系，又研究生产力，将生产力与生产关系并列。后者将生产关系与生产力分裂为两个无关联的东西，而不是把它们当成一个有机的整体。

（二）中国特色社会主义政治经济学的研究范围是否应该包括"计划经济"

中国特色社会主义生产方式是中国特色社会主义政治经济学的考察范围，而中国特色社会主义的发展已经包含了前后两个阶段：社会主义计划经济时代和社会主义市场经济时代。中国特色社会主义政治经济学的研究范围是否应该涵盖这前后两个历史阶段，这是当前相关研究的一个空白领域。

2016 年 7 月 8 日，习近平总书记在经济形势专家会上明确指出："坚持和发展中国特色社会主义政治经济学，要以马克思主义政治经济学为指导，总结和提炼我国改革开放和社会主义现代化建设的伟大实践经验，同时借鉴西方经济学的有益成分。"① 这段话除了指明中国特色社会主义政治经济学的性质是马克思主义以外，也明确提出研究对象的范围包含社会主义计划经济和社会主义市场经济两个阶段。其中，"改革开放"主要是社会主义市场经济时代，"社会主义现代化建设"含计划经济时代。我国计划经济时代除了建立了社会主义基本经济制度，就是明确规划并进行了"社会主义四个现代化"建设，基本建立了完整的工业化经济体系，为改革开放和社会主义市场经济建设创造了物质条件。

中央"两个时代不能互相否定"的精神，也是坚持马克思主义历史唯物主义原则，强调前后两个阶段同属中国特色的社会主义。社会主义计划经济和社会主义市场经济都是中国特定历史决定的，都有其必然性和合理性；前者是后者的基础，后者是前者的必然发展。因此，中国特色社会主义政治经济学的研究范围理应涵盖前后两个阶段。否则，无法说明社会主义市场经济建设的基础（国家资本原始积累）和取得成功的事实，也无法从逻辑上说明前后两个阶段同属社会主义生产关系。不过，相对而言，前一个阶段的时间相对较短，后一个阶段的时间相对较长。从改革开放算起，社会主义市场经济已经走过了 40 多年，且以后尚需持续相当长的时间；而计划经济时代仅经历不到 30 年。所以，中国特色社会主义政治经济学的考察范围虽然要涵盖两个阶段，但应该将重点放在社会主义市场经济阶段，重点研究社会主义市场经济的运行规律。

（三）中国特色社会主义政治经济学的研究对象，具体是哪些方面的生产关系

具体研究对象的确定，要结合研究方法来进行。实际上，研究对象的确

---

① 习近平：《习近平主持召开经济形势专家座谈会》，载于《人民日报》2016 年 7 月 9 日第 1 版。

定本身可以看成广义的研究方法之一。比如，首先要确定好逻辑起点，然后才知道研究对象的具体范围。逻辑起点就是历史的起点，涉及到了前面那个问题：从社会主义计划经济开始，还是从社会主义市场经济开始？这个问题前面已有答案，就是要从社会主义计划经济开始。另外，中国特色社会主义政治经济学要遵循马克思的"科学抽象法"，研究问题从具体到抽象，叙述问题从抽象上升到具体。在《资本论》中，马克思从最抽象的商品开始（逻辑起点），以资本为主线，研究资本的起源、生产、流通和分配。历史地看，资本由个别到社会，由国内到国际的运动。从马克思的"六册计划"（《资本》《土地所有制》《雇佣劳动》《国家》《对外贸易》《世界市场》），我们知道，《资本论》研究的内容大致涵盖了前三册，即资本在一个国家内部的运动。中国特色社会主义制度的确立，是在国际化大背景下完成的。因而应该按照马克思的思路，在资本跨国运动条件下，研究"国家资本"①的起源，生产、流通和分配的运动规律，研究对外贸易和世界市场与中国特色社会主义的联系。举例如下：

（1）在资本全球化时代，在资本主义环视的背景下，阐明落后的半封建半殖民地大国资本主义必然失败、社会主义必然胜利的原因和途径。

（2）阐明中国特色社会主义的"原始积累"。这种原始积累不同于资本主义的原始积累，可以用"国家资本原始积累"这个范畴阐明中国特色社会主义建立初期实行公有制计划经济的必然性，以及相应的流通和分配制度。

（3）在社会主义生产关系确立的条件下，阐明私人资本如何转化为"国家资本"。这种国家资本具有"双重性质"：对社会主义国家内部，它是公有生产资料的运动形式；对外，参与国际资本市场竞争，具有资本的属性。

（4）中国特色社会主义"原始积累"完成后，即基本建立完整的工业体系骨架后，具备了与资本主义国际资本竞争的基本条件，社会主义计划经济

① "国家资本"为本文暂定的一个概念，指中国特色社会主义经济中的"公有生产资料"的货币形式及其资本化的运行形式，是相对于"私人资本"的概念。该概念与资本主义经济中的"社会资本"（社会化的资本），如股份资本等，是不同的概念。"社会资本"的性质是私有的；而"国家资本"概念性质是公有的。也不同于当前的"国有资本"概念，"国家资本"涵盖了计划经济时代的生产资料货币形式及其运行形式。

转化为市场经济，从此进入公有制为主体、多种所有制共存的时代，国内也处于私人资本与公有资本共存状态；由于国内出现了私人资本，公有资本与私人资本进入共同的市场竞争。在中国特色社会主义市场经济条件下，公有资本与私有资本共同构成国家的"国家资本"，与国际资本竞争，从而使国家资本在国内国际都具有了"双重性质"："人民性"与资本的盈利性。其中资本的盈利属性应该是其"人民性"的手段，服务于中国的特色社会主义制度。

（5）中国特色社会主义市场经济条件下的生产组织形式、管理方式、流通方式和分配制度、增长方式、积累机制和发展战略等。

（6）中国特色社会主义国家与市场的关系，公有与私有的关系，中国经济与国际经济的关系，收入差距与共同富裕的关系，民族性与世界性的关系，等等。

五、结论

构建中国特色社会主义政治经济学，需要事先确定研究对象和方法，这二者决定了理论的性质。中国特色社会主义政治经济学的研究对象抽象层次当然是与政治经济学的研究对象相同。因此，弄清楚政治经济学研究对象就成为确定中国特色社会主义政治经济学研究对象的前提。

由于对马克思《资本论》第一卷第一版"序言"中对《资本论》研究对象的表述存在不同解读，导致了对政治经济学的研究对象究竟是什么产生了分歧，至今没有定论，成为马克思经济学研究中的"难题"之一。本文在仔细分析原文逻辑的前提下，通过对《资本论》本身的结构分析，试图给政治经济学研究对象这个"难题"给出新的解释：即政治经济学的研究对象是资本主义经济形态中的"广义生产关系"。这个广义的生产关系可以分解为所谓生产关系"四环节说"中的生产、流通和分配。马克思之所以说，政治经济学的研究对象是资本主义生产方式中的"生产关系和交换关系"，是因为按照"矛盾分析法"中"一分为二"的方法，首先将广义的生产关系分为狭义的生产关系和广义的交换关系，再将广义交换关系一分为二为狭义交换关系和分配关系，分别对应于《资本论》的第一、第二和第三卷。这种分法有马克思在《资本论》第一卷第一版《序言》中的"证言"。

"四环节"中的消费不属于政治经济学的研究范畴。"四环节"说不属于马克思经济学的理论，而是古典经济学的理论。马克思在《〈政治经济学批判〉导言》中批判了古典经济学把四个环节并列并孤立分析的错误，正确辨析了它们之间的辩证关系。多数政治经济学教科书将生产、流通、分配和消费"四环节"当成马克思的"广义生产关系"，是不恰当的。

中国特色社会主义政治经济学是马克思主义政治经济学在中国的最新成果，其性质属于马克思主义政治经济学范畴，其研究对象自然应该是中国特色社会主义生产方式中的"广义生产关系"。但由于中国特色社会主义与资本主义是完全不同的社会形态，生产关系的具体内容不同。在坚持中国特色社会主义政治经济学的研究对象是"广义生产关系"的前提下，应该研究其具体内容，本文对这些具体的内容做了尝试性的提示。

（原文发表于《厦门大学学报》（哲学社会科学版）2018 年第 4 期）

第二编　生　产　力　说

生产力、劳动方式与生产方式[①]

熊映梧[*]

一、劳动方式和生产方式的涵义

任何一门科学，都有一系列反映这门科学研究对象的普遍联系或本质关系的范畴。我们要揭示社会生产力的内部结构及运动规律，就必须研究与生产力相关的若干经济范畴，如生产、劳动、生产资料、劳动资料、劳动对象、劳动者、生产劳动与非生产劳动，以及在此专门加以研究的劳动方式和生产方式。

马克思恩格斯在十九世纪四十年代创立唯物史观的过程中，连同生产力、生产关系一起，研究了生产方式、劳动方式等等范畴。在他们二人合著的《德意志意识形态》一书中，首先比较充分地论及了这些问题。他们指出：历史唯物主义"这种历史观就在于：从直接生活的物质生产出发来考察现实的生产过程，并把与该生产方式相联系的、它所产生的交往形式，即各个不同阶段上的市民社会，理解为整个历史的基础"[②]。对于"生产方式"这个概念，他们作了这样的解释："人们用以生产自己必需的生活资料的方式，首先取决于他们得到的现成的和需要再生产的生活资料本身的特性。这种生产方

---

* 熊映梧：黑龙江大学经济学院院长、经济研究所所长。

① 拙文《经济科学要把生产力的研究放在首位》发表于《经济科学》1980年第2期后，有一些同我商榷的文章，说我用斯大林的观点解释马克思讲的生产方式。这是一种误解。我在《〈资本论〉中关于生产力的问题》（见《学术月刊》1981年第11期）及《政治经济学与生产力》（《江汉论坛》1982年第2期）都曾经明确地把马克思和斯大林关于生产方式的不同解释区别开来。本文提出了我对劳动方式、生产方式的看法，希商榷者以此文观点为靶子。

② 《马克思恩格斯全集》第3卷，人民出版社1960年版，第42页。

式不仅应当从它是个人肉体存在的再生产这方面来加以考察。它在更大程度上是这些个人的一定的活动方式、表现他们生活的一定方式、他们的一定的生活方式。"① 我看，斯大林也就是依据马克思恩格斯的这个思想，在《辩证唯物主义与历史唯物主义》中把生产方式解释为"生活资料谋得方式"。他是这样讲的：什么是决定社会制度性质，决定社会由这一制度发展为另一制度的主要力量呢？"这样的力量，据历史唯物主义看来，便是人们生存所必需的生活资料谋得方式，便是社会生活和发展所必需的食品、衣服、靴鞋、住房、燃料和生产工具等等物质资料生产方式。"②

那末，究竟什么是"物质资料谋得方式"或"生产方式"呢？正如不少同志指出的，马克思曾经在多种意义上使用生产方式这个概念③，很难从马克思恩格斯著作中找到象斯大林那样简单、一贯的定义。我个人认为，马克思较多地是把生产方式当作生产力的实现形态。《德意志意识形态》中还有这样一段话："一定的生产方式或一定的工业阶段始终是与一定的共同活动的方式或一定的社会阶段联系着的，而这种共同活动方式本身就是'生产力'；由此可见，人们所达到的生产力的总和决定着社会状况，因而，始终必须把'人类的历史'同工业和交换的历史联系起来研究和探讨。"④ 在《资本论》中，特别是专门研究资本主义生产方式的篇章中（如第 1 卷第 11、12、13 章），马克思通常是从生产力范畴方面来谈论生产方式的。例如，在论述剩余价值的时候，马克思指出：绝对剩余价值的生产不需要改变旧的生产方式；相反地，相对剩余价值的生产"必须变革劳动过程的技术条件和社会条件，从而变革生产方式本身，以提高劳动生产力，通过提高劳动生产力来降低劳动力

---

① 《马克思恩格斯全集》第 3 卷，人民出版社 1960 年版，第 24 页。

② 《联共（布）党史简明教程》1949 年莫斯科版，第 151 页。

③ 见马家驹、蔺子荣：《生产方式和政治经济学的研究对象》，载于《经济研究》1980 年第 6 期；陈招顺、李石泉：《政治经济学的研究对象是生产方式和生产关系》，载于《学术月刊》1980 年第 6 期。

* 原文 Indusstrie 一词，可译为工业，也可译为产业，产业包括工业和农业等物质生产的国民经济部门。此处译为产业较妥，因为工业包括不了全部物质生产部门。

④ 《马克思恩格斯全集》第 3 卷，人民出版社 1960 年版，第 33～34 页。

的价值，从而缩短再生产劳动力价值所必要的工作日部分"①。在这里，马克思认为，改变劳动过程的技术条件和社会条件，就要引起生产方式的变革。的确，机器取代了手工工具，建立在机器体系之上的专业化和协作，取代了工场手工业的分工和协作，再加上科学管理，就完成了从手工业生产方式向机器生产方式的过渡。在分析产业革命的过程时，马克思指出："一个工业部门生产方式的变革，必定引起其他部门生产方式的变革……工农业生产方式的革命，尤其使社会生产过程的一般条件即交通运输工具的革命成为必要……交通运输业是逐渐靠内河轮船、铁路、远洋轮船和电报的体系而适应了大工业的生产方式。"② 显然，这里讲的工业的生产方式不包括生产关系的因素，仅仅是指组成社会生产力的"技术条件"和"社会条件"的结合方式。手工业工人和手工工具按照初级的分工和协作形式，组成了手工生产方式；产业工人和机器体系，按照现代专业化和协作形式，组成了机器生产方式。对于后者，马克思在《1861—1863 年经济学手稿》中有过详尽的考察。他说："与机器相适应的生产方式在自动工厂中获得最纯粹最典型的表现。""自动工厂是适应机器体系的完善的生产方式，而且它越是成为完备的机械体系，要靠人的劳动来完成的个别过程越少（如在不使用走锭精纺机的机械纺纱厂中），它也就越完善。"③ 马克思认为"机器表现为从资本主义生产方式出发的、使一般生产方式发生革命的起点"④。

马克思往往又从更广泛的意义上使用生产方式的概念，如著名的《政治经济学批判序言》写道："物质生活的生产方式制约着社会的社会生活、政治生活和精神生活的过程。"⑤ 这里讲的制约着整个社会生活的生产方式，恐怕不仅仅指生产力的状况。《资本论》里还有这样一段话："李嘉图从来没有考虑到剩余价值的起源。他把剩余价值看作资本主义生产方式固有的东西，而

---

① 《马克思恩格斯全集》第 23 卷，人民出版社 1972 年版，第 350 页。
② 《马克思恩格斯全集》第 23 卷，人民出版社 1972 年版，第 421 页。
③ 《马克思恩格斯全集》第 47 卷，人民出版社 1979 年版，第 518 页。
④ 《马克思恩格斯全集》第 47 卷，人民出版社 1979 年版，第 564 页。
⑤ 《马克思恩格斯全集》第 13 卷，人民出版社 1962 年版，第 8 页。

资本主义生产方式在他看来是社会生产的自然形式。"① 显然，此处所说的"资本主义生产方式"是包括机器生产力和资本主义私有制两方面的。

马克思在《哲学的贫困》中讲："社会关系和生产力密切相联。随着新生产力的获得，人们改变自己的生产方式，随着生产方式即保证自己生活的方式的改变，人们也就会改变自己的一切社会关系。"② 有的同志据此认为，马克思是把生产方式视为生产力与生产关系的中间环节，即生产力→生产方式→生产关系。这是有一定的道理的。不过，马克思在不少地方又直接论述了生产力决定生产关系的原理。他在《序言》中指出："社会的物质生产力发展到一定阶段，便同它们一直在其中活动的现存生产关系……发生冲突*。于是这些关系便由生产力的发展形式变成生产力的桎梏。那时社会革命的时代就到来了。……我们判断这样一个变革时代也不能以它的意识为根据；相反，这个意识必须从物质生活的矛盾中，从社会生产力和生产关系之间的现存冲突中去解释。"③

恩格斯在《资本论》第 1 卷英文版序言中写道："有一个困难是我们无法为读者解除的。这就是：某些术语的应用，不仅同它们在日常生活中的含义不同，而且和它们在普通政治经济学中的含义也不同。但这是不可避免的。一门科学提出的每一种新见解，都包含着这门科学的术语的革命。化学是最好的例证，它的全部术语大约每二十年就彻底变换一次，几乎很难找到一种有机化合物不是先后拥有一系列不同的名称的。"④ 马克思主义经济科学也是在社会实践中不断发展的，不能设想它的全部术语不能有任何变化，这门科学所专有的概念、范畴也必须不断地充实、更新、规范化。我觉得，随着人们对社会生产力内部结构、形式的深入探讨，有必要赋予"生产方式"这个重要范畴以确定的涵义。我主张把"生产方式"定义为"劳动者和生产资料的结合形式"，是"社会生产力的实现形态"。至于斯大林讲的生产力与生产

---

① 《马克思恩格斯全集》第 23 卷，人民出版社 1972 年版，第 563 页。
② 《马克思恩格斯全集》第 4 卷，人民出版社 1958 年版，第 144 页。
* 原文是 Widerspruch，此处译为"冲突"较符合马克思主义哲学原理。
③ 《马克思恩格斯选集》第 2 卷，人民出版社 1972 年版，第 82~83 页。
④ 《马克思恩格斯全集》第 23 卷，人民出版社 1972 年版，第 34 页。

关系的统一体，可以概括为人们通用的"社会经济形态"一词。

我还认为，把生产方式解释为劳动方式，过于狭隘。劳动方式仅仅是指劳动者采取什么形式（个体或集体、有无分工）参加物质生产过程，它不涉及使用什么生产资料的问题。

循着"生产力→劳动方式、生产方式"的路线研究生产力及其发展规律，是符合马克思倡导的"从抽象上升到具体"的科学方法的。长时期以来，我们对生产力的认识停留在"人类征服自然、改造自然的能力"这样最一般的规定上，使人对生产力只能得到一个空泛的印象。在以下的论述中将要阐明，一个社会可能同时并存着多种生产方式，同一生产方式可能采取不同的劳动方式，同一的劳动方式也可能反映不同的生产方式、不同类型的生产力。研究这些与生产力相关的经济范畴，具有重要的理论意义和实际意义。

二、分工、协作与劳动方式

分工、协作，是人类长期从事物质生产活动的历史经验的结晶，是组织劳动者，从而形成一定的劳动方式的两个基本范畴。因此，研究分工、协作问题，也就是探讨劳动方式问题。

马克思说："人们在生产中不仅仅同自然界发生关系。他们如果不以一定方式结合起来共同活动和互相交换其活动，便不能进行生产……"[1]

人们在解释这一段著名的论断的时候，往往机械地分为两半：人们与自然界的关系——生产力；人们以一定的方式结合起来共同活动和互相交换其活动——生产关系。其实，人们以一定的方式结合起来，不仅包括生产资料归谁占有的问题，产品如何交换和分配的问题，而且也包括劳动方式和生产方式问题。

紧接着上一段引文，马克思还指出："生产者相互发生的这些社会关系，他们借以互相交换其活动和参与共同生产的条件，当然依照生产资料的性质而有所不同。随着新作战工具即射击火器的发明，军队的整个内部组织就必

---

[1]　《马克思恩格斯全集》第6卷，人民出版社1961年版，第486页。

然改变了，各个人借以组成军队并能作为军队行动的那些关系就改变了，各个军队相互间的关系也发生了变化。"[①] 恩格斯在《反杜林论》及许多军事论文中，较详细地谈到了随着兵器的革新，军队不断改革自己的组织形式的问题。劳动组织和军队组织形式颇为相似，它随着生产条件的改变而发生相应的变化。人类是作为一种社会力量去同自然发生关系，进行物质交换活动的。显然，孤立的个人或乌合之众，都不能组成一种社会力量，劳动者必须"以一定的方式结合起来"，即按照一定的劳动方式组织起来，才能有效地对自然开战，获取物质资料。

如何有效地把劳动者组织起来呢？简言之，靠分工和协作。即使是原始的生产活动，离开了分工、协作也是无法开展的。从我国华北山顶洞人的文化遗迹可以看到，在氏族公社里，存在着按性别、年龄划分的不稳定的"自然分工"。出外狩猎、捕鱼以及防御野兽等，主要是青壮年男子的工作。采集食物、看守住所、烧烤食物、加工皮毛、缝制衣服、养老抚幼，主要是妇女的事情。老年人和儿童从事辅助性劳动。[②] 以血缘关系为基础的氏族是生产和生活的基本单位，也是一种劳动组织——以性别、年龄分工和简单协作为特征的劳动方式。

分工，从"自然分工"发展到"社会分工"，不断在深、广两方面展开；与分工形影不离的协作一步一步前进。不同经济发展阶段，有不同的分工和协作，从而形成了不同的劳动方式。我把劳动方式划分为三种类型，即：

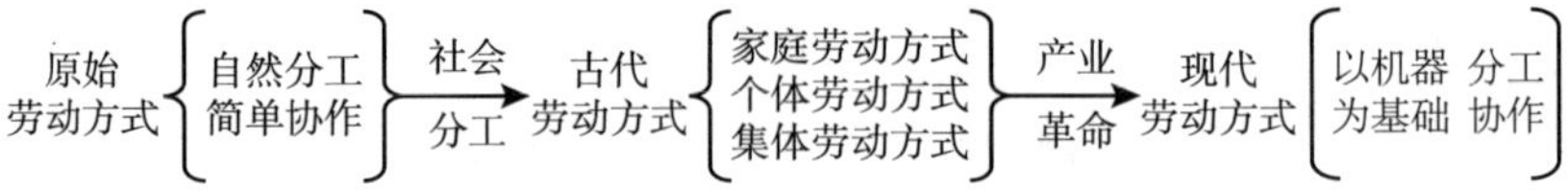

图1　劳动方式的三种类型

图1表明，原始劳动方式是以自然分工和简单协作为特征的，它是原

---

① 《马克思恩格斯全集》第6卷，人民出版社1961年版，第486~487页。
② 详见郭沫若主编：《中国史稿》第一册，人民出版社1962年版，第二章。

始社会唯一的劳动方式。正如马克思指出的："这种原始类型的集体生产或合作生产显然是单个人软弱的结果，而不是生产资料公有化的结果。"① 随着社会分工的出现，畜牧业与农业分离，手工业的独立化，城市与乡村的分离，脑力劳动与体力劳动的分离，以及商业的出现，劳动方式趋于多样化。在古代奴隶社会和封建社会，影响最为深远的是"家庭劳动方式"，即以家庭经济为内涵的小型劳动方式。马克思把它称作"农村家长制生产"，指出其特点是："家庭内的分工和家庭各个成员的劳动时间，是由性别年龄上的差异以及随季节而改变的劳动的自然条件来调节的。"② 这种劳动方式的生命力很顽强，它延续了几千年，至今仍然是世界上相当广大地区农业中的一种主要劳动方式。

在古代也曾经出现大型协作的集体劳动方式。它是进行许多著名的大型建设的基本手段。如中国的万里长城、埃及的金字塔，以及灌溉系统、宫殿、城堡、道路、运河等等。马克思写道："古代亚洲人、埃及人、伊特剌斯坎人等等的庞大建筑，显示了简单协作的巨大作用。"马克思还引证了理·琼斯的一段话："亚洲任何一个君主国的非农业劳动者，除了自己个人的体力以外，很少能贡献什么，但是他们的数量就是他们的力量。"③

个体劳动方式是随着手工业的独立化而出现的。它的生命力就在于手工业者的特殊"手艺"。如象"象牙微雕"一类特殊的工艺生产，恐怕唯有个体劳动方式才能创造出来令人惊叹的奇迹，它不大可能为集体劳动方式所代替。

在整个世界古代史上，上述三种劳动方式同时并存，互为补充，而家庭劳动方式则是普遍存在、起主导作用的劳动方式。

以产业革命开端的近代经济史，创造了一种崭新的生产方式——机器生产方式；与此相适应，劳动方式也发生了根本性的变革。马克思对此作了详尽的分析，他指出："劳动的组成和划分视其所拥有的工具而各有不同。手工

---

① 转引自苏联《政治经济学教科书》第3版，第13页。
② 《马克思恩格斯全集》第23卷，人民出版社1972年版，第95页。
③ 《马克思恩格斯全集》第23卷，人民出版社1972年版，第370～371页。

磨所决定的分工不同于蒸汽磨所决定的分工。"马克思以英国为实例，说明"机器发明之后分工才有了巨大进步"。例如，过去的纺织工是没有脱离乡村的农民，机器的发明完成了工厂劳动同农民劳动的分离。从前结合在一个家庭里的纺纱工人和织布工人被机器分开了。由于有了机器，现在纺纱工人可以住在英国，而织布工人却住在东印度。在机器发明以前，一个国家的工业主要是用本国原料来加工。如英国加工的是羊毛，德国加工的是麻，法国加工的是丝和麻，东印度加工的是棉花。马克思强调指出："由于机器和蒸气的应用，分工的规模已使大工业脱离了本国基地，完全依赖于世界市场、国际交换和国际分工。总之，机器和分工起着极大的影响。"①

对比研究一下手工时代和机器时代的分工，可以看到如下几个特点：

（1）手工时代的分工是与手工技术分不开的，而机器时代的分工则是由以机器体系为特征的现代技术条件决定的。象马克思所说的："劳动资料取得机器这种物质存在方式，要求以自然力来代替人力，以自觉应用自然科学来代替从经验中得出的成规。"② 同样地，也要求以科学分工代替传统的基于经验确定的劳动分工。

（2）手工时代的社会分工和工厂内部的分工都局限于狭隘的地区、民族，而机器时代打破了这种局限性，发展了国际分工。《共产党宣言》指出：产业革命前一切工业赖以生存的首要条件，是"原封不动地保持旧的生产方式"；而资本主义的特点却见"生产中经常不断的变革"，消除了民族的片面性和狭隘性，使一切国家的生产和消费都成为"世界性"的了。③

（3）手工时代的分工比较粗糙，机器时代大大发展了分工的专业化，从而有力地提高了劳动生产率。这也就是马克思讲的，"机器的采用加剧了社会内部的分工，简化了作坊内部工人的职能"④，从而可以在社会范围内发展工业生产的专业化。从1770年到1840年间，英国的生产率在七十年间增加了

---

① 《马克思恩格斯全集》第4卷，人民出版社1958年版，第163、168～169页。
② 《马克思恩格斯全集》第23卷，人民出版社1972年版，第423页。
③ 《马克思恩格斯全集》第4卷，人民出版社1958年版，第469～470页。
④ 《马克思恩格斯全集》第4卷，人民出版社1958年版，第170页。

2700%，即 1840 年每天生产的是 1770 年的二十七倍。① 生产率这样急剧的提高，是同机器生产以及在此基础上发展起来的工业生产专业化分不开的。

（4）手工时代的分工和协作，只是在局部地区、部门使生产和流通社会化；而机器时代分工和协作的巨大发展，使得生产和流通在世界范围内社会化了。

对于分工的作用，亚当·斯密给予了充分的重视。斯密是工场手工业时代的经济学家，他那个时代的资本主义工业在生产方式上与旧时代的工业并无本质差别，所不同的是在劳动方式方面。在手工工场中采取了分工和协作，创造了远比个体劳动方式高的劳动生产率。所以，斯密非常强调分工的作用。

当然，分工并不仅仅对工场手工业是重要的：马克思恩格斯认为分工具有普遍的重要性。他们指出："一个民族的生产力发展的水平，最明显地表现在该民族分工的发展程度上。"②

众所周知，马克思在《资本论》第 1 卷第十一章阐述了协作的种种好处，而且认为："这里的问题不仅是通过协作提高了个人生产力，而且是创造了一种生产力，这种生产力本身必然是集体力。"③

对于建立在一定的分工和协作基础之上的劳动方式，我们在上面分析了它的发展情形，及其优越的地方。但是，可否说集体劳动方式在任何条件下都优胜于家庭劳动方式和个体劳动方式呢？过去的看法很肤浅，很简单化，不分时间、地点、场合，认为集体劳动总比家庭劳动、个体劳动效率高。我国农村三十多年的经济实践，否定了这种观点。事实证明，劳动方式要同生产力状况相适应，不能孤立地评判哪种劳动方式好，哪种不好。比如，马克思说协作引起劳动者的"竞争心和特有的精力振奋"，从而提高劳动效率。④

---

① 《马克思恩格斯全集》第 4 卷，人民出版社 1958 年版，第 135 页。
② 《马克思恩格斯全集》第 3 卷，人民出版社 1960 年版，第 24 页。
③ 《马克思恩格斯全集》第 23 卷，人民出版社 1972 年版，第 362 页。
④ 《马克思恩格斯全集》第 23 卷，人民出版社 1972 年版，第 362～363 页。
＊　协作劳动的基本方式是许多劳动者在同一生产过程中，有计划地协同劳动，即通常讲的集体劳动；但是，也有另一种形式，即不同的但互相联系的生产过程，集体与集体之间、集体与个人之间，或个体与个体之间有计划地协同劳动。

可是在"吃大锅饭"的条件下,"协作"反而降低了效率。党的十一届三中全会以来,农村普遍推广了各种形式的农业生产责任制,农村经济得到了迅速的恢复和发展。这种责任制的主要形式是"双包"(包产到户、包干到户)。它们之所以能够促进农业生产力的发展,我看一个重要的原因就是改变了劳动方式,用家庭劳动方式和个体劳动取代了原先那种不适合当前农村生产力状况的集体劳动方式。《全国农村工作会议纪要》(以下简称《纪要》)总结了农村生产责任制的经验指出:"在经济发展水平较低,没有多少技术分工,而且又以种植业为主,没有多少集体副业的社队,一般是按人劳比例,或者按劳力平均分包耕地;在经济比较发达,已形成了较细的专业分工和技术分工的社队,则一般是由劳力按农、林、牧、副、渔、工等项分业和某些技术分工而实行专业承包;在情况介乎二者之间的地区则宜二者兼用。""适合个人分散劳动的生产项目,可以包到劳力、包到户;需要协作劳动的生产项目,可以包到组。承包到组、到户、到劳力,只是体现劳动组织的规模大小,并不一定标志生产的进步与落后,但必须与当时当地的生产需要相适应,宜统则统,宜分则分,通过承包把统和分协调起来,有统有分。"① 《纪要》肯定了我国农村同时并存着多种劳动方式:个体的与不同规模的集体的。同样的,在工业中也不可避免地存在着多种劳动方式,如与现代技术条件相联系的有成千上万人的大型劳动组织,也有中型和小型的,现代化企业未必是劳动集体化、大型化;目前,我国也还有为数众多的与落后的机器生产或手工技术相联系的中型、小型或个体劳动组织。应当强调指出,决不能把生产资料的公有化与劳动方式的集体化当作同一的过程,视为同步发展的。生产资料所有制的形式、生产方式与劳动方式,归根到底,都取决于生产力的状况,但是它们又各自具有相对的独立性,因而,经济生活中可能出现多种错综复杂的情形。例如,在同一的生产资料社会主义公有制结构下,并存着多种生产方式和劳动方式;同样是社会主义国家,甲国的生产方式比较先进,乙国则比较落后;生产方式日益现代化,而劳动方式却向着大型化和微型化

---

① 见《光明日报》1982 年 4 月 6 日。

两个方向变化，如此等等。

综上所述，我们可以把分工、协作与劳动方式的复杂情形图解如下：

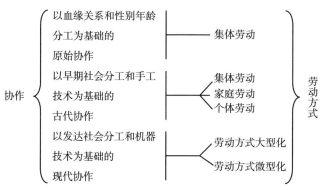

图 2　分工、协作与劳动方式的图解

具体地分析分工、协作以及劳动方式的种种情况，有助于我们在经济理论研究和实际经济工作中避免简单化的倾向和"一刀切"的作风。我国国民经济中的专业化和协作水平低，劳动方式与生产力状况不相适应，是生产效率低的一个重要原因。人们常讲的"大而全"、"小而全"，就是这种弊病的形象的说法。生产力的合理组织，很重要的一个方面就是使分工合理化，加强协作，有效地把劳动者组织起来。在生产方式没有根本性改革的条件下，劳动方式的优劣往往成为生产力发展快慢的一个基本因素。因此，我们必须十分重视分工、协作和劳动方式问题。

三、生产方式是生产力的实现形态

生产方式是社会生产力的实现形态。生产力决定着与其相适应的生产方式，生产力的状况（包括质的规定性和量的规定性）总是通过特定的生产方式表现出来的。不具体地考察生产方式，就不可能确切地了解该社会生产力的实际状况。历史唯物主义讲，社会生产力决定生产关系。这是阐述社会发展的基本规律，因而舍象掉了具体的过程。对于经济学来说，就必须依据上述唯物史观，具体地分析社会生产力决定生产关系的过程，研究生产力的实现形态——生产方式，以及一定社会的生产方式要求什么样的生产关系。所以，马克思在《资本论》第 1 卷初版序言中写道："我要在本书研究的，是资本主义生产方式以及和它相适应的生产关系和交换关系。"①

生产力是一个系统，生产力并不是劳动者、劳动资料、劳动对象……几个因素机械相加，而是诸生产因素有机结合的一个整体。现在有必要进一步说明，这个所谓"有机的整体"，就是生产方式。一个社会的生产力，由哪些因素、哪些部门构成，具有什么样的层次结构，等等，从而形成不同的生产方式。下面，我们不妨简单地回顾一下生产方式变化的历史。

在原始社会里，劳动者是没有文化、缺少生产经验、劳动技能低劣的原始人，他们使用的是简陋的石木工具，在资源丰富的广阔天地里，进行采集和渔猎活动。这些因素通过氏族范围内的简单协作，形成了原始的生产方式。原始的劳动者，原始的工具，未经任何劳动过滤的劳动对象，原始的劳动方式，生产的是最初级的产品，从而组成名副其实的原始的生产方式。简言之，这种生产方式的基本特征在于它的原始性。建立在这种生产方式之上的原始社会，在数百万年漫长的历史中缓慢地前进着。

进入文明时代以后，在数千年的奴隶社会和封建社会里，劳动者是具有比较丰富的生产经验和一定手艺的农民和手工业者，广泛使用了金属工具和畜力，有了车船等运输系统，劳动对象是经劳动过滤了的，这些因素通过社会分工和古代协作的形式，组成了手工生产方式。这种生产方式的根本特征在于它是以手工技术（劳动者的手艺和手工工具）为基础的。它比原始生产方式前进了一大步，这个时期经济发展的深度和广度都是原始时代无法比拟的。人口状况可以从一个侧面反映经济状况。据估计，公元前八千年，全世界人口大约有 500 万，到公元初年，增加到 27000 万。这表明人类进入文明时代以后，社会经济有了较大的发展，否则是养活不了大量增加的人口的。但是，手工业生产方式的进步性是很有限的。马克思谈到工场手工业（手工生产方式的发达形态）的时候指出：它不能掌握全部社会生产，也不能根本

---

① 《马克思恩格斯全集》第 23 卷，人民出版社 1972 年版，第 8 页。

改造社会生产。"工场手工业作为经济上的艺术品，耸立在城市手工业和农村家庭工业的广大基础之上。工场手工业本身的狭隘的技术基础发展到一定程度，就和它自身创造出来的生产需要发生矛盾。"①

产业革命以后，机器生产方式取代了手工生产方式，开创了人类社会飞跃发展的新时代，出现了一个世纪所创造的生产力超过先前一切世代全部生产力总和的奇迹。同前两种生产方式相比，机器生产方式有如下的几个特点：（1）它突破了人的生理限制，用强大的机器体系取代了手工工具和人的手臂，极大地扩展了人类改造自然的能力；（2）它创造了无比强大的动力——蒸汽力、电力，代替了渺小得多的人力和畜力；（3）它把"巨大的自然力和自然科学并入生产过程"②，大大提高了劳动生产率；（4）它大大发展了社会分工，提高了生产的专业化和协作水平，并且建立了现代化的运输系统，形成了世界经济体系；（5）它"以自觉地应用自然科学来代替从经验中得出的成规"③，建立了一整套科学管理；（6）它打开了自然界的宝藏，不仅利用地面资源，开发地下矿藏，而且向太空和海洋进军，极大地扩展了对自然资源利用的范围和程度。总之，人类掌握了机器生产方式，就使自己在从必然王国向自由王国的过渡中迈进了一大步。

通过以上对几种生产方式的分析，可以得出如下几点结论：

第一，不同的生产方式反映了不同性质的生产力的差异，所谓"生产关系一定要适合生产力的性质"，也就是生产关系要与生产方式相适应。马克思在《资本论》中研究的是资本主义所特有的机器生产方式，以及和它相适应的资本主义生产关系和交换关系。

第二，生产力系统的特点是具体地反映在生产方式上面的。如要求各个因素在质上保持均衡性，在量上保持比例性，在部门结构上保持协调状态，从而形成一个有效运转的整体。

第三，一个社会可能只有一种生产方式（如原始社会），也可能有多种生

① 《马克思恩格斯全集》第23卷，人民出版社1972年版，第407页。
② 《马克思恩格斯全集》第23卷，人民出版社1972年版，第424页。
③ 《马克思恩格斯全集》第23卷，人民出版社1972年版，第423页。

产方式同时并存。现时在我国，历史上已有的三种生产方式都可以看到。据粗略计算，10 亿人口中约有 4 亿劳动力，其中约 3/4 在手工生产方式中从事劳动（包括边远地区少数人尚未完全脱离原始的生产方式），约 1/4 在机器生产方式中从事劳动。1981 年全年工农业总产值（按 1980 年不变价格计算）为 7490 亿元，其中农业总产值为 2312 亿元，占工农业总产值的 30.87%，工业总产值为 5178 亿元，占工农业总产值的 69.13%。[①] 也就是说，大约 1/4 劳动力利用机器生产方式创造了 2/3 以上的总产值，而 3/4 的劳动力利用落后的生产方式只创造了 1/3 的总产值。这两种生产方式的生产率对比为 6∶1。当然，这种计算是很不精确的，农业基本上是手工生产方式，也有少量的机器生产方式；工业基本上是机器生产方式，但也有少量的手工生产方式。舍掉那些不可比的因素之后，可以看到，机器生产方式的生产率的确要比手工生产方式高得多。因此，我国要摆脱国弱民穷的状态，必须坚定不移地开展社会主义现代化建设，使工农业生产方式现代化。

（原文发表于《经济科学》1983 年第 2 期）

---

① 见国家统计局：《关于 1981 国民经济执行结果的公报》，载于《光明日报》1982 年 4 月 30 日。

论《资本论》的研究对象、方法和分析范式

林 岗*

一、关于《资本论》的研究对象

马克思在《资本论》第 1 卷序言中明确指出:"我要在本书研究的,是资本主义生产方式以及和它相适应的生产关系和交换关系。"① 这句话是关于《资本论》的研究对象的经典表述。要想准确理解这句话的含义,首先需要弄清"生产方式"这个概念的含义。

在马克思的著作中,"生产方式"是使用频率很高的概念,而且在不同的语境下,马克思赋予它的含义往往是各不相同的。他大致是在三种含义上使用这个概念的。第一,指生产方法或劳动方式,即采用什么样的生产资料、通过什么样的劳动组织进行生产。这是在生产力的意义上使用"生产方式"这个范畴。第二,指社会生产关系。社会生产关系又有广义和狭义之分。狭义的生产关系特指直接的物质生产过程范围内形成的人与人之间的社会关系,例如资本主义生产机构中资本家与雇佣劳动者的关系;广义的生产关系则指包括生产、流通在内的整个社会经济关系体系。第三,指社会经济形态,即一定社会历史条件下形成的生产力与生产关系的矛盾统一体。

那么,马克思在规定《资本论》的研究对象时,是在上述哪一种意义上使用"生产方式"这个概念的? 如果是在第二种意义上使用这个概念,可以将马克思的表述改写为:"我要在本书研究的,是资本主义生产关系以及和它

* 林岗:中国人民大学教授。
① 《资本论》第 1 卷,人民出版社 2004 年版,第 8 页。

相适应的生产关系和交换关系。"很显然,无论从狭义还是广义的生产关系来看,这样使用"生产方式"这个概念都是不符合逻辑的。如果在第三种意义上使用这个概念,同样是说不通的。因为这样等于说要研究"资本主义社会经济形态以及和它相适应的生产关系和交换关系",而"经济形态"的外延大于生产关系和交换关系,已经将它们包含了。可见,马克思只能是在第一种意义上,即生产力的意义上使用"生产方式"这个概念的。马克思在这个意义的"生产方式"前加上"资本主义"这个定语,是要表明,他所要研究的是作为资本主义的生产关系和交换关系形成的生产力基础的特定生产方式。我们不能因为"生产方式"之前有"资本主义"这个定语,就把它理解为生产关系。

根据以上分析,我们可以将马克思关于《资本论》研究对象的经典表述解读为:作为资本主义经济形成的生产力基础的生产组织或劳动方式,以及和它相适应的资本主义生产关系和交换关系。这里的生产关系,是狭义的,即直接生产过程中形成的关系。这种解读是与作为《资本论》的方法论原则的历史唯物主义的生产力决定生产关系的原理相一致的。按照这个原理,研究任何社会经济形态,都必须首先研究作为其根基的生产力。事实上,马克思在创作《资本论》的过程中写成的大量笔记和手稿表明,他对生产力进行了深入的研究。这些研究成果,集中地反映在《资本论》第 1 卷关于相对剩余价值生产的论述中。在那里,马克思对资本主义生产关系从产生到确立的历史过程的阐述,正是以劳动组织由简单协作、工场手工业到机器工厂的发展为基础的。不过,这里需要指出的是,经济学不是工程和工艺的研究,也不是科学技术史的考证。马克思的政治经济学对生产力研究的着眼点,在于体现在新的生产资料上的技术进步导致的劳动组织的演化,以及这种演化如何引致社会生产关系的变革。

根据以上解读,又可以将《资本论》的研究对象简单地表述为"资本主义经济形态"。因为马克思的表述,既包括生产力,又包括广义的生产关系,而经济形态正是这二者的统一。《资本论》的这个研究对象,是由它的研究目的决定的。马克思在《资本论》第 1 卷序言中说:"本书的最终目的就是揭示现代社会的经济运动规律。"① 任何社会经济形态的运动都是由内在于它的生产力与生产关系的矛盾推动的。要揭示资本主义经济形态从产生、发展到灭亡的运动规律，就必须研究它所特有的生产力与生产关系的矛盾。

二、关于《资本论》的研究方法

马克思在《资本论》第 1 卷第 2 版 "跋" 中说："人们对《资本论》中应用的方法理解得很差，这已经由对这一方法的各种互相矛盾的评论所证明。"② 在当时的《资本论》评论者中，有人认为马克思 "形而上学地研究经济学"，有人说这就是英国古典学派的抽象演绎法；有人 "发现" 马克思用的是分析的方法；有人还攻击马克思的方法是 "黑格尔的诡辩"。为了澄清这些人造成的混乱和误解，说明自己的方法，马克思对一位叫考夫曼的俄国学者写的一篇专谈《资本论》的研究方法的文章作了具体评论。考夫曼认为，马克思的研究方法是 "严格的实在论的"，即唯物主义的，而叙述的方法不幸是黑格尔辩证法这种 "坏的唯心主义"。他大段地引证了马克思在《资本论》第 1 卷之前出版的《政治经济学批判》所写序言中关于经济学方法问题的论述，并加以详细解说。马克思在《资本论》第 1 卷第 2 版 "跋" 中引用考夫曼的解说之后说："这位作者先生把他称为我的实际方法的东西描述得这样恰当，并且在谈到我个人对这种方法的运用时又抱着这样的好感，那他所描述的方法不正是辩证法吗?"③ 但是，马克思的辩证法是唯物主义的，与黑格尔的唯心主义辩证法根本不同。马克思指出："我的辩证方法，从根本上来说，不仅和黑格尔的辩证方法不同，而且和它截然相反。在黑格尔看来，思维过程，即甚至被他在观念这一名称下转化为独立主体的思维过程，是现实事物的创造主，而现实事物只是思维过程的外部表现。我的看法则相反，观念的东西不外是移入人的头脑并在人的头脑中改造过的物质的东西而已。"④

---

① 《资本论》第 1 卷，人民出版社 2004 年版，第 10 页。
② 《资本论》第 1 卷，人民出版社 2004 年版，第 19 页。
③ 《资本论》第 1 卷，人民出版社 2004 年版，第 21 页。
④ 《资本论》第 1 卷，人民出版社 2004 年版，第 22 页。

我们知道，唯物辩证法是关于事物的内在矛盾推动事物运动的一般规律的学说，它对自然和社会两个领域都是适用的。马克思将唯物辩证法运用到对社会历史现象的研究中，得到了被称为历史唯物主义的一般结论。而在《资本论》中，马克思又将历史唯物主义运用于资本主义经济形态的研究，发现了这种经济形态的特殊运动规律。这就是说，《资本论》的研究方法就是历史唯物主义。事实上，上面提到的那位俄国学者考夫曼在他的文章中引证的，正是马克思的《〈政治经济学批判〉序言》中对唯物史观的经典表述。马克思将这个表述称为"我所得到的、并且一经得到就用于指导我的研究工作的总的结果"①。让我们来看看这段表述：

"人们在自己生活的社会生产中发生一定的、必然的、不以他们的意志为转移的关系，即同他们的物质生产力的一定发展阶段相适合的生产关系。这些生产关系的总和构成社会的经济结构，即有法律的和政治的上层建筑竖立其上并有一定社会意识形式与之相适应的现实基础。物质生活的生产方式制约着整个社会生活、政治生活和精神生活的过程。不是人们的意识决定人们的存在，相反，是人们的社会存在决定人们的意识。社会的物质生产力发展到一定阶段，便同它们一直在其中运动的现存生产关系或财产关系（这只是生产关系的法律用语）发生矛盾。于是这些关系便由生产力的发展形式变成生产力的桎梏。那时社会革命的时代就到来了。随着经济基础的变更，全部庞大的上层建筑也或慢或快地发生变革。……无论哪一个社会形态，在它所能容纳的全部生产力发挥出来以前，是决不会灭亡的；而新的更高的生产关系，在它的物质存在条件在旧社会的胎胞里成熟以前，是决不会出现的。所以人类始终只提出自己能够解决的任务，因为只要仔细考察就可以发现，任务本身，只有在解决它的物质条件已经存在或者至少是在生成过程中的时候，才会产生。"②

根据生产力与生产关系的矛盾来解释社会经济运动和发展，既是历史唯

---

① 《马克思恩格斯选集》第 2 卷，人民出版社 1995 年版，第 32 页。
② 《马克思恩格斯选集》第 2 卷，人民出版社 1995 年版，第 32~33 页。

物主义的灵魂，也是贯穿全部《资本论》的一条红线。拿《资本论》第 1 卷
来说，从第一篇分析的商品的使用价值与价值的矛盾、具体劳动与抽象劳动
的矛盾、私人劳动与社会劳动的矛盾，直到第七篇分析的生产的社会化与生
产资料私人占有之间的矛盾，归根结底，都是生产力与生产关系的矛盾的具
体表现。

　　对于马克思的经济研究和《资本论》写作，历史唯物主义是世界观意义
上的方法论原则。除了这个居于研究指南地位的方法之外，马克思在创作
《资本论》的过程中，还探讨了抽象思维和理论研究的一般方法。例如，他在
《〈政治经济学批判〉导言》论述的"从抽象上升到具体的方法"。按照马克
思对这一方法的辩证唯物主义的解释，科学的抽象是以客观存在的具体事物
为根据的，因而具体存在的事物是理论研究的出发点。经过科学的抽象，作
为出发点的具体，在研究结果中表现为多样性的统一，即从具体存在中分析
和提炼出来的许多简单的、抽象的规定或范畴的综合。马克思指出："从抽象
上升到具体的方法，只是思维用来掌握具体、把它当作一个精神上的具体再
现出来的方式。但决不是具体本身的产生过程。"① 直白地说，所谓从抽象上
升到具体的方法，就是用抽象的概念或范畴对客观存在的事物及其内在联系
进行理论描述的方法，或者说是阐述理论的方法。这种阐述方法，是以从具
体上升到抽象的研究方法为前提的。在从具体到抽象的研究过程中，"完整的
表象蒸发为抽象的规定"；而在从抽象到具体的理论阐述过程中，"抽象的规
定在思维行程中导致具体的再现"。② 在《资本论》第 2 版"跋"中，马克思
针对考夫曼把自己的方法误解为黑格尔的唯心主义辩证法时指出："当然，在
形式上，叙述方法必须与研究方法不同。研究必须充分地占有材料，分析它
的各种发展形式，探寻这些形式的内在联系。只有这项工作完成以后，现实
的运动才能适当地叙述出来。这点一旦做到，材料的生命一旦在观念上反映
出来，呈现在我们面前的就好像是一个先验的结构了。"③

---

① 《马克思恩格斯选集》第 2 卷，人民出版社 1995 年版，第 19 页。
② 《马克思恩格斯全集》第 30 卷，人民出版社 1995 年版，第 42 页。
③ 《资本论》第 1 卷，人民出版社 2004 年版，第 21~22 页。

　　在《〈政治经济学批判〉导言》中，马克思还探讨了与上述从抽象上升到具体的方法相联系的理论阐述应按历史顺序还是逻辑顺序进行的问题。他认为，在一定限度内，在历史上曾作为独立的现象先于当前所要描述的发展了的复杂具体而存在的简单范畴，可以作为理论思维的起点。比如商品，它在资本主义经济出现之前就早已存在，而在资本主义社会它又发展为社会财富的一般形式或最简单的要素，所以，要对资本加以理论阐释，必须以商品为起点。在这种场合，理论阐述的逻辑顺序与历史发展的顺序是一致的。但是，在其他情况下，要保证理论推演的科学性，逻辑又必须摆脱历史顺序的制约。比如地租这个范畴，它在资本主义之前就存在，但要说明资本主义的地租，必须先说明作为其来源的剩余价值。在这种场合，逻辑与历史是不一致的，甚至可能是相反的。马克思在谈到这个问题时指出："把经济范畴按它们在历史上起决定作用的先后次序排列起来是不行的，错误的。它们的次序倒是由它们在现代资产阶级社会中的相互关系决定的，这种关系同表现出来的它们的自然次序或者符合历史发展的次序恰好相反。"① 可见，决定理论阐述中各种范畴出现顺序的，是这些范畴所反映的各种经济现象之间的关系。可以说，这是保证理论阐述的科学性的一条原则。无论理论阐述中的逻辑是否与历史顺序相符，只要它遵循了这条原则，它就是科学的。

三、关于《资本论》的分析范式

　　在《资本论》的宏大的理论体系的展开过程中，历史唯物主义的世界观这个根本的方法论原则，具体化为经济学分析的一系列规范。

　　1. 从生产力与生产关系的矛盾运动中解释社会经济制度变迁

　　生产关系要适应生产力的发展，这是历史唯物主义的基本命题。社会生产关系以及作为其具体表现的社会经济制度的变迁，是由生产力的发展推动的。一切社会经济制度方面发生的重要变革的原因，归根结底都是生产力的发展。在《资本论》中，马克思根据这个分析规范，成功地解释了资本主义

---

① 《马克思恩格斯全集》第30卷，人民出版社1995年版，第49页。

经济制度的发展，说明了资本主义作为与一定发展阶段的生产力水平相适应的生产关系的历史合理性和必然灭亡的历史趋势。

在经济学的发展史上，马克思是第一个深入地进行制度分析或制度变迁研究的学者。由于将资本主义视为万古不变的自然法则，制度变迁研究在很长时间内被排除在西方资产阶级的主流经济学研究之外。上世纪下半叶在西方时兴起来的新制度经济学试图弥补这一缺陷。但是，由于离开生产力发展这一人类最基本的实践活动，用杜撰出来的所谓"理性人"的交易费用计算来解释制度变迁，新制度主义与实际发生的经济制度变迁史基本无关。除了得出资本主义是交易费用最小因而是最优的制度这类辩护性结论之外，其科学价值几乎等于零。事实上，迄今为止，新制度主义者甚至拿不出一个内涵和外延明确的交易费用定义。

2. 以生产资料所有制为基础确定整个社会经济制度的性质

生产、分配、交换和消费是社会再生产过程包含的四个环节。在这四个环节中，生产是首要的或最基础的环节。没有生产，分配、交换和消费都无从谈起。与社会再生产的这四个环节相对应，整个社会经济关系体系或者说广义的生产关系，又是由直接生产过程中形成的人与人的关系或狭义的生产关系，以及产品的分配关系、交换关系和消费关系构成的。由生产在社会再生产过程中的首要性决定，在社会生产关系体系中，生产关系具有基础和核心的地位，分配关系、交换关系和消费关系的性质都是由它的性质派生出来的。而直接生产过程中的人与人的关系，说到底，就是生产资料所有制关系。这是因为，谁占有了生产资料，谁就控制了生产过程和生产成果。而谁控制了生产过程和生产成果，谁就在分配关系、交换关系以至消费关系中居于主导的地位。马克思首先在《资本论》第 1 卷中研究资本的直接生产过程，其实也就是首先研究"资本"这样一种财产形式或生产资料所有制形式的基本规定。正是这些基本规定决定了整个资本主义生产关系体系的性质。

与马克思的这个分析规范不同，资产阶级政治经济学从斯密和李嘉图开始就一直认为，生产资料的私有制是与人类的自私本性相适应的永恒制度，因而它是没有历史、不会变化的，能够改变的只是分配和交易方式。马克思谈到资产阶级经济学家对"生产和分配的这种粗暴割裂"时指出:"他们所要说的是,生产不同于分配等等(参看穆勒的著作),应当被描写成局限在与历史无关的永恒自然规律之内的事情,于是资产阶级关系就被乘机当作社会一般的颠扑不破的自然规律偷偷地塞了进来。这是整套手法的多少有意识的目的。在分配上,他们则相反地认为,人们事实上可以随心所欲。"① 资产阶级经济学的辩护性,决定了其研究方法是错误的。而错误的方法使他们不断发明出荒唐可笑的理论。在与生产资料所有制相关的问题上,一个当代的笑话就是所谓"人力资本理论"。按照这种理论,除了自己的劳动力之外一无所有的雇佣工人其实也是资本家,不过不是作为生产资料所有者的资本家,而是人力资本家。于是,资本主义私有制条件下劳动者与生产资料的分离以及由此发生的雇佣劳动关系和剥削压榨,就消失在人人都是资本家的美好幻境中了。更可笑的是,某些所谓的经济学家还厚着脸皮故作天真地提出这样的伪问题:为什么总是资本雇佣劳动,而不是劳动雇佣资本?并且故作高深地证明资本雇佣劳动天然合理。此外,我们前面已经提到过的新制度主义的交易费用学说,在这方面也是一个荒谬的典范。这个学说的问题在于颠倒了直接生产过程中的关系或生产资料所有制与交易关系的关系,将后者说成是决定前者的东西。马克思在《资本论》第 2 卷中对把交易形式作为划分历史时期标准的德国旧历史学派代表希尔德·布兰德的批判,完全适合当代的交易费用学说。马克思指出:"在资本家和雇佣工人的关系上,货币关系,买者和卖者的关系,成了生产本身所固有的关系。但是,这种关系的基础是生产的社会性质,而不是交易方式的社会性质;相反,后者是由前者产生的。然而,不是把生产方式的性质看作和生产方式相适应的交易方式的基础,而是反过来,这是和资产阶级眼界相符合的,在资产阶级眼界内,满脑袋都是生意经。"②

3. 在历史形成的社会经济结构的整体制约中分析人的经济行为

从《资本论》中可以看出,马克思对人的经济行为包括人的行为目标

---

① 《马克思恩格斯全集》第 30 卷,人民出版社 1995 年版,第 28 页。

② 《资本论》第 2 卷,人民出版社 2004 年版,第 133 页。

（价值取向）和行为方式的分析，是以历史形成的既定社会经济关系为前提的。在《资本论》第 1 版序言中，有这样一段说明社会关系对个人行为的制约性的名言："我决不用玫瑰色描绘资本家和地主的面貌。不过这里涉及的人，只是经济范畴的人格化，是一定的阶级关系和利益的承担者。我的观点是把经济的社会形态的发展理解为一种自然史的过程。不管个人在主观上怎样超脱各种关系，他在社会意义上总是这些关系的产物。同其他任何观点比起来，我的观点是更不能要个人对这些关系负责的。"① 撇开社会生产关系，以某种抽象的人性假设或个人的自由意志为出发点来分析人类的经济行为，是不可能得出符合客观实际的科学结论的。因为，舍去人与人之间的社会关系，舍去人作为某个阶级或阶层的成员在一定社会关系中所处的地位，我们得到的就是一个个孤立的生物学意义上的个体，如果再从这种个体所具有的生理本能引出"自利倾向"之类的人性假设，并以此为出发点来解释人类的经济行为，对人类行为的经济学分析也就会被荒谬地归结为一个又一个的《鲁滨逊漂流记》式的故事。这种所谓的经济分析实际上是什么都说不清楚的。例如，如何解释资本家和工人对工资提高的截然不同的反应？为什么这时前者痛苦而后者高兴？为什么同样是具有自利倾向的人，价值取向却截然相反？显然，自利倾向之类的人性假设，解释不了这种在现实经济生活中普遍存在的现象。然而，只要我们将这里所说的人放到资本主义生产关系中，问题的答案就一目了然了：这是资本与劳动对立的利益关系的必然表现。

从脱离社会关系的个人的"理性"出发进行经济行为分析，是资产阶级政治经济学的沿用至今的方法论传统。马克思在《〈政治经济学批判〉导言》中指出："被斯密和李嘉图当作出发点的单个的孤立的猎人和渔夫，属于 18 世纪的缺乏想象力的虚构。这是鲁滨逊一类的故事"。② 在 200 多年后的今天，号称现代经济学的西方主流经济学中的微观经济分析，仍以孤立的个体的自利倾向为基本假设，继续讲述着鲁滨逊一类的故事。这决定了这种分析的非

---

① 《资本论》第 1 卷，人民出版社 2004 年版，第 10 页。
② 《马克思恩格斯全集》第 30 卷，人民出版社 1995 年版，第 22 页。

现实性。事实上，我们在微观经济学中是看不到资本主义经济关系的两个主要经济关系当事人即资本家和工人的。拿它的所谓厂商理论来说，其实这仅仅是个最大利润产量的决定方法，根本就没有进入资本主义生产过程的内在结构中去，连西方资产阶级经济学家自己也承认，生产在他们的理论中是一个没有打开的黑匣子。事实上，这种所谓的生产理论与资本主义生产中发生的实际进程关系甚微，从其中是看不见资本家与工人这两个在资本主义生产过程中必不可少的角色的利益关系的。在微观经济学中，这种利益关系是由所谓要素价格理论来解释的，利润和工资这对在实际经济中原本是对立统一的范畴，被说成是分别由资本市场和劳动市场的供求关系决定的。实际的资本主义生产过程中时时发生的延长工作日、提高劳动强度、削减必要劳动时间以相对增加剩余劳动时间等等事件，统统都在新古典经济学的视野之外。将这种理论与《资本论》第 1 卷对资本主义生产过程的分析比较一下，前者的肤浅空洞和后者的深刻厚重，有若黑白般分明。

4. 依据经济关系来理解政治和法律的制度以及道德规范

政治经济学研究的是社会的经济基础，但这种研究又不可能不涉及到社会的上层建筑。要想撇开社会的政治、法律和道德规范进行所谓纯经济分析，实际上是不可能的。根据历史唯物主义这个马克思主义经济学的方法论原则，经济学研究在涉及到政治、法律和伦理等上层建筑领域的现象和范畴时，应当依据作为不以任何个人的意志为转移的社会存在的经济关系，对这些意识形态的现象和范畴的特定社会含义做出说明。与这个基于"存在决定意识"的唯物主义原则的分析规范相反，唯心史观认为，政治、法律和道德规范取决于人的主观意志，是人类与生俱来的正义和公平观念的产物。而资产阶级政治经济学所遵循的就是这种唯心主义的规范。例如，在说明经济学经常涉及的"产权"这个范畴时，资产阶级经济学家一般都把作为社会存在的经济关系与表现为普遍意志的法律规定混同起来，认为法律决定经济关系。马克思在《资本论》第 1 卷中谈到商品生产者之间的交换关系时指出，"彼此承认对方是私有者"这样一种"具有契约形式的法的关系"（也就是产权关系），"是一种反映着经济关系的意志关系"，"这种法的关系或意志关系的内容是由这种经济关系本身决定的"。① 正是因为马克思在分析资本家和工人之间交换关系时遵循了经济关系决定法的关系这样一条正确的路径，他才揭开了法律上权利平等的交换包含的秘密：资本家与工人交换的是劳动力，而劳动力成为商品体现的经济关系即雇佣劳动关系是以资产阶级对工人阶级的统治为内容的。李嘉图学派之所以解决不了资本家与工人之间的等价交换与利润之间的矛盾这个难题，从研究方法上说，就是因为总是在法律层面的平等权利关系上兜圈子，而没有从经济关系入手来把握权利关系的内容。如果说具有科学精神的古典经济学家虽然不能正确地解决问题，但是能够发现问题，那么，对于新古典经济学这类资本主义现代辩护士来说，掩盖问题就成了当务之急。实际的经济关系即资产阶级与工人阶级的关系从这种理论中彻底消失了，实际存在的压迫和剥削被抹杀了，法律上权利平等的要素所有者之间自愿的交换决定着要素的价格，一切都蒙上了永恒的公平与正义的面纱。

上面说明的在《资本论》中体现出来的马克思主义经济学的四个分析规范，是将历史唯物主义这个总的原则运用于经济研究应当遵循的方法。这是马克思留给我们的最重要的理论遗产。我们在经济研究中坚持马克思主义，从根本上说，就是要坚持马克思的研究方法和分析规范。只有坚持马克思的研究方法，我们才能根据历史条件的变化，不断地发展马克思主义的政治经济学。我们不仅要运用马克思的方法研究当代资本主义经济的新矛盾和新特点，研究全球化、新技术革命、生态和环境等新的问题，而且要运用它研究我国的经济改革与发展中的重大现实问题，研究中国特色社会主义经济的发展规律，大胆进行创新，概括出新的概念和范畴，制定新的阐述体系，运用新的分析技术，创新马克思主义经济学。

（原文发表于《当代经济研究》2012 年第 6 期）

---

① 《资本论》第 1 卷，人民出版社 2004 年版，第 103 页。

第三编　生产方式说

生产方式和政治经济学的研究对象

马家驹　　蔺子荣*

最近围绕政治经济学的研究对象问题正在进行很有意义的讨论。这里，我们打算从马克思关于"生产方式"的含义联系到政治经济学社会主义部分研究对象的问题，谈一点粗浅的看法。

一、"生产方式"在马克思用语中本来的含义：作为劳动方式和作为生产的社会形式

把生产方式理解为生产力和生产关系的统一，是斯大林在《论辩证唯物主义和历史唯物主义》一文中为生产方式所下的定义，已经为人们普遍接受。这个定义同马克思用语中的生产方式本来的含义是有出入的。

马克思所讲的生产方式并不是作为生产力和生产关系的统一把这两者包括在自身之内，而是介于这两者之间从而把它们联系起来的一个范畴。关于这一点，马克思在《哲学的贫困》一书中就已经有明确的论述。他说：

"人们是在一定的生产关系范围内制造呢绒、麻布和丝织品的。……这些一定的社会关系同麻布、亚麻等一样，也是人们生产出来的。社会关系和生产力密切相联。随着新生产力的获得，人们改变自己的生产方式，随着生产方式即保证自己生活的方式的改变，人们也就会改变自己的一切社会关系。"[①]

如果认为马克思早期著作中的提法还不足为凭，那末，就在《资本论》第3卷中，我们仍然可以看到如下的一段话："资本主义生产方式是一种特殊

---

* 马家驹：中国社会科学院经济研究所研究员；蔺子荣：山东大学经济学院院长。
[①] 《马克思恩格斯选集》第1卷，人民出版社1972年版，第108页。

的、具有独特历史规定性的生产方式；它和任何其他一定的生产方式一样，把社会生产力及其发展形式的一定阶段作为自己的历史条件，而这个条件又是一个先行过程的历史结果和产物，并且是新的生产方式由以产生的现成基础；同这种独特的、历史规定的生产方式相适应的生产关系，——即人们在他们的社会生活过程中、在他们的社会生活的生产中所处的各种关系，——具有独特的、历史的和暂时的性质。"①

把马克思的这些论述作一个最简单的概括，那就应该是：生产力决定生产方式，而生产关系则又是与生产方式相适应的。但是，生产方式本身究竟又是指的什么呢？

据我们理解，马克思所讲的生产方式本身也有两个不同的含义。第一，它是指劳动的方式；第二，它又是指生产的社会形式。

作为劳动方式的生产方式，马克思通常不加任何限定地简单称之为"生产方式"，指的是劳动者在劳动过程中相互结合的方式以及他们使用劳动资料的方式。生产方式的这样一个含义是同生产过程作为劳动过程的这一面联系着的。劳动过程从它的简单的抽象的要素即劳动、劳动对象和劳动资料以及它们之间的关系来说，对于历史发展的各个阶段都是共通的。但是人们在劳动过程中究竟怎样结合，怎样使用劳动资料却可以有种种不同的方式和方法。例如，有个体劳动者独立的劳动，有协作劳动和以分工为基础的工场手工业式的劳动，有机器大工业式的劳动等等。而当马克思说工场手工业是以"分工为基础的生产方式"，"自动工厂是适应机器体系的完善的生产方式"② 等等的时候，他就是从劳动方式这个意义上使用生产方式这个用语的。劳动方式既然是指劳动者在劳动过程中相互结合的方式，那自然也就体现着人们的某种关系。例如，协作就是把许多人的劳动力当作一个共同的劳动力来使用，使它们相互配合，在一个共同的目的下协调一致地进行活动；并且任何规模稍大的协作都必然要从中产生指挥劳动的职能。至于以分工为基础的协作那

① 《资本论》第3卷，人民出版社1975年版，第993页。
② 马克思：《机器。自然力和科学的应用》，人民出版社1978年版，第155页。

就不仅各个工序上的劳动之间有质的联系，而且要求劳动者在这些工序上的分配保持一定的数量比例。但是这种人们的相互关系还不是通常我们所理解的经济关系，即作为所有制关系的生产关系。事实上，同样一种劳动方式以及它所体现的人们在劳动过程中的相互关系，可以存在于极不相同的所有制关系下面，为不同性质的经济服务。简单的协作几乎见于历史发展的一切阶段，以分工为基础的协作也可以为不同阶段的社会经济形态所共有。另一方面，一定历史阶段上的某一种所有制关系，在它自身的发生和发展的过程中又可以先后采取不同的劳动方式。资本主义也并不是一开始就把机器大工业作为自己的基础，相反在它刚刚产生的最初阶段上曾经直接利用它所遇到的落后的劳动方式。马克思反复指出过这一历史现象。例如他说"就生产方式本身来说，例如初期的工场手工业，除了同一资本同时雇用的工人较多而外，和行会手工业几乎没有什么区别"①。马克思还说，"制靴或纺纱的特定方式和方法起初也不会因资本家的插手就发生变化。起初，资本家在市场上找到什么样的劳动力就得使用什么样的劳动力，因而劳动在还没有资本家的时期是怎样的，资本家就得采用怎样的劳动。由劳动从属于资本而引起的生产方式本身的变化，以后才能发生"②。如我们在《资本论》第 1 卷中所看到的，由于劳动从属于资本而在作为劳动方式的生产方式上引起的变化，正是马克思在从协作到机器大工业那 3 章中所考察的内容。

　　作为劳动方式的生产方式同生产力的关系是异常密切的。它直接由生产力发展的水平首先是由劳动资料的性质和状况所决定。没有机器和机器体系这样一种社会化的劳动资料，就不可能有近代和现代工厂的大机器生产的生产方式。而简单协作之所以在人类的幼年时期就开始出现，又不过因为那种劳动方式对于生产工具本来没有特殊的要求。反过来，劳动方式对生产力的发展也起着重要的作用。在劳动资料没有发生重大变化的情况下，单是由协作劳动代替各自独立进行的个体劳动就可以使劳动生产力得到提高。而且机

---

① 《资本论》第 1 卷，人民出版社 1975 年版，第 358 页。
② 《资本论》第 1 卷，人民出版社 1975 年版，第 209 页。

器的产生也是工场手工业内部分工条件下工具向专门化方向发展的必然结果。但是劳动方式同生产力毕竟不是一回事。生产力是组成社会的人们同自然之间进行物质变换，从而在对自己有用的形态上占有自然物的一种力量，它要通过人们进行这种活动的方式即劳动方式表现出来，却不能等同于这个方式。这就好像煤炭蓄积着能量并且依燃烧方式的不同所产生的热能也多少不等，但是无论煤炭中蓄积的能量或它在燃烧中释放的能量同燃烧的方式总不能混为一谈。

生产方式的第二个含义即作为生产的社会形式的生产方式，是同任何生产过程都不单纯是劳动过程，同时又是一个具有特殊的社会规定性的过程这一方面相联系的。马克思从这个含义上使用生产方式这个用语时，通常是在前面加上一个定语，把它称之为"历史上一定的社会生产方式"①、"特殊的、具有独特历史规定性的生产方式"②、或"一定的生产方式"③ 等等。并且在有的地方，他非常明确地把"社会生产过程一定历史形态"作为同一个句子中的"一定生产方式"的同位语。④ 作为生产的社会形式的生产方式，从广义来说，也就是社会经济形态或社会经济结构。马克思在《〈政治经济学批判〉序言》中就说："大体说来，亚细亚的、古代的、封建的和现代资产阶级的生产方式可以看做是社会经济形态演进的几个时代。"⑤ 在《资本论》第1卷的一个脚注中提及《〈政治经济学批判〉序言》时，他还说，"在那本书中我曾经说过，一定的生产方式以及与它相适应的生产关系，简言之，'社会的经济结构，是有法律的和政治的上层建筑竖立其上并有一定的社会意识形式与之相适应的现实基础'。"⑥

在作为生产的社会形式的一定生产方式下面，无论是生产的条件或作为生产结果的产品，也无论是直接的生产过程或产品的分配与交换，换句话说

---

① 《资本论》第1卷，人民出版社1975年版，第93页。
② 《资本论》第3卷，人民出版社1975年版，第993页。
③ 《资本论》第1卷，人民出版社1975年版，第109页。
④ 《资本论》第3卷，人民出版社1975年版，第992页。
⑤ 《马克思恩格斯选集》第2卷，人民出版社1972年版，第83页。
⑥ 《资本论》第1卷，人民出版社1975年版，第99页注（33）。

物质资料再生产的各种要素、各个侧面无一不被赋予特殊的社会形式。例如在资本主义制度下，产品、产品生产上的劳动耗费、生产资料、劳动力、必要劳动和剩余劳动等等就分别采取了商品、价值、资本、劳动力商品、劳动力价值和剩余价值等等形式。这些直接以物质生产过程的不同要素或侧面作为内容的形式，有的又有自己的具体的表现形式。例如价值表现为交换价值并在货币上取得独立的形态，劳动力价值表现为工资，剩余价值表现为利润、利息和地租等。作为整体的社会生产方式也就是所有那些个别的、局部的形式的总合。而后者在社会生产方式或社会经济形态中各自所处的地位和对于整个形态的意义又是各不相同的。例如，"劳动产品的价值形式是资产阶级生产方式的最抽象的、但也是最一般的形式"①，它构成整个资本主义生产方式的一般基础。而作为生产过程的物质条件和人身条件的生产资料和劳动力依以结合的形式，则规定着一种社会生产方式的根本特征和性质。那就象马克思所指出的，"实行这种结合的特殊方式和方法，使社会结构区分为各个不同的经济时期"②。

　　作为生产的社会形式的生产方式又是同生产关系密切联系着的。可以说，生产关系就体现在生产的社会形式当中，生产采取什么样的社会形式也就有什么样的生产关系。不言而喻，被囊括在整个社会生产方式之中的那些个别的、局部的形式也都分别体现着生产关系的不同方面。正是从这个意义上，马克思又把作为生产的社会形式的生产方式即社会经济形态视为全部生产关系的总合。但是社会生产方式和生产关系这两者终究还是可以区别开来，并且在具体的分析中也应该加以区别。例如，我们把商品视为产品在一定历史条件下采取的特殊社会形式，那是指它一方面具有社会的使用价值，另一方面又具有价值；而在价值上体现出来的则是处于社会分工条件下的私人生产者的劳动同社会总劳动的关系。再如，资本主义的商品生产和在这个生产过程中的价值增殖以及剩余价值、利润、利息等都表现为各种形式，而资本家

　　① 《资本论》第 1 卷，人民出版社 1975 年版，第 98 页注（32）。
　　② 《资本论》第 2 卷，人民出版社 1975 年版，第 44 页。

对工人剩余劳动的榨取和剩余价值在资本家阶级内部的分割则体现在这些形式当中。

关于生产方式的上述这样两重的含义，马克思在 1857 至 1858 年所写的《政治经济学批判》草稿中本来是有所说明的。他告诉我们："生产方式既表现为个人之间的相互关系，又表现为他们对无机自然界的一定的实际的关系，表现为一定的劳动方式。"① 现在我们要进一步弄清楚的是作为劳动方式的生产方式和作为生产的社会形式的生产方式这两个方面的相互关系是怎样的。前面已经讲到，同一种劳动方式可以存在于不同的所有制关系下面，为不同性质的经济所利用。与此同时，同一种社会经济形态在其自身发展的不同时期又可以先后和不同的劳动方式结合在一起。但是，另一方面又必须看到，一定的劳动方式和生产的一定社会形式之间确实又存在着一种历史必然的统一关系，并且归根到底还是作为劳动方式的生产方式决定着作为生产的社会形式的生产方式。从历史上看，资本主义在其产生的初期固然可以利用现成的、落后的劳动方式来进行商品生产和价值的增殖，但这个所谓落后的劳动方式至少也必须是人数较多的协作，而不可能是个体劳动，这是第一。第二，尽管资本主义的关系可以暂时在落后的劳动方式上形成，但却决不可能在这个基础上发展成为在整个社会经济生活中居于统治地位的形态并使自己长期巩固起来。为此至少需要有工场手工业这种劳动方式的普遍发展，并且不可避免地还一定要发展到机器大工业。当表现为工厂制的机器大工业广泛建立起来的时候，劳动资料本身和劳动过程的社会化，又和资本主义所有制即生产的资本主义形式处于尖锐的矛盾之中，在客观上要求突破这种社会形式的桎梏。从这里我们就可以看到，作为劳动方式的生产方式和作为生产的社会形式的生产方式这两者的对立统一关系虽然并不就直接等同于生产力与生产关系的对立统一关系，但是实际上反映着后者。也可以说，生产力和生产关系的矛盾集中地表现在劳动方式和生产的社会形式之间的矛盾上面。

劳动方式和生产的社会形式不仅可以作为不同意义上的生产方式分别加

① 《马克思恩格斯全集》第 46 卷上册，人民出版社 1979 年版，第 495 页。

以考察，而且因为任何一个实际存在的社会生产方式总是同某一种劳动方式结合在一起，因此又不能不在两者的统一上加以考察。由此也就又派生出生产方式的第三种含义。在有些地方，马克思常常同时着眼于劳动方式和生产的社会形式这两个方面来论述历史上某一特定的生产方式。在这种场合他不仅在生产方式一词前面加上有关它的社会性质的定语，如资本主义生产方式，而且还要加上进一步的限定，把同某一种劳动方式结合在一起的资本主义生产方式，视为这种社会生产方式的某种具体形式。例如，他说，"相对剩余价值的生产以特殊的资本主义的生产方式为前提"①。这里所谓特殊的资本主义生产方式也就是指采用工场手工业乃至后来的机器大工业这种劳动方式的资本主义生产方式。

辨明马克思用语中生产方式本来的含义，不只具有马克思主义思想发展史研究上的意义。现在提出这个问题也不是仅仅着眼于史的研究。我们认为，对于历史唯物主义和政治经济学的这一极其重要的基本概念，应该按照马克思的原意恢复它的本来面目。这倒不是因为马克思是历史唯物主义的创立者，凡他所讲的一切就不准再有任何变动。问题在于概念规定的科学性。斯大林的定义固然也可以大致表达出历史唯物主义的一个基本思想，但是不够精确和严密，它妨碍了对历史唯物主义和政治经济学深入细致的研究。当然，这是一个需要认真讨论才能求得一致认识的问题。下面只打算联系政治经济学特别是其中社会主义部分的研究对象问题再作一些探讨。

二、《资本论》关于该书研究对象的规定及其对政治经济学社会主义部分的指导意义

马克思在《资本论》第1卷第1版序言中说："我要在本书研究的，是资本主义生产方式以及和它相适应的生产关系和交换关系。"② 这是马克思主义经典作家关于政治经济学对象规定的一个最重要的表述。因为《资本论》全

---

① 《资本论》第1卷，人民出版社1975年版，第557页。
② 《资本论》第1卷，人民出版社1975年版，第8页。

书就是按照这一规定进行研究的，这部内容浩瀚的巨著在某种意义上也就等于有关这个对象规定的实际论证。尽管马克思在这里直接讲到的只是政治经济学资本主义部分的对象，其中却已经包含着对广义政治经济学各个部分同样适用的一般内容。

在马克思这句话里与交换关系相并列的生产关系显然是指直接生产过程中的关系，交换关系和它都属于广义的生产关系。这样，如果把《资本论》一书对象规定的特殊性抽掉，那就应该说政治经济学所要研究的是历史发展各个阶段上特定的生产方式及其相应的生产关系。这个对象规定与我们现在一般认识的区别在于，它把生产方式也放在对象之内并且列在首位，而不是认为政治经济学仅限于研究生产关系。由于人们过去一方面对马克思用语中生产方式的本来含义未加深究，另一方面又为有关政治经济学对象的流行观念所束缚，在《资本论》序言中这段话的理解上曾经遇到困难。有些同志也提出了一些解释，或者是说马克思讲的生产方式就是指生产关系①，或者是说马克思的意思是要研究生产方式包括它的生产关系（还是把生产方式是生产力与生产关系的统一这一提法作为前提）②，看来都是不够确切的。正确的理解只能是，政治经济学所要研究的是按马克思的原意理解的生产方式及其相应的生产关系。而政治经济学社会主义部分的对象自然也不例外。

那末，结合《资本论》的内容来看，这样一个对象规定对于政治经济学社会主义部分的研究到底有什么重要意义呢？

首先，从《资本论》中我们可以看到，马克思始终是通过解剖作为生产的社会形式的生产方式，进一步说，通过解剖构成这一整体形式的一系列个别的、局部的形式来揭示生产关系。也就是所有这些形式，在理论上表现为有机联系起来的一系列经济范畴。他从来没有离开这些形式和范畴孤立地和"鸟瞰"式地去大致说明资本主义制度下资本家和工人之间是怎样一种奴役和被奴役、剥削和被剥削的关系。唯其如此，他才真正深入到资本主义经济的

① 见陈征：《〈资本论〉解说》第 1 册，福建人民出版社 1978 年版。
② 见郭大力：《关于马克思的〈资本论〉》，三联书店 1978 年版。

内部"生理学"当中去，能够对这一社会经济结构进行彻底的内在考察，从而把体现在各种形式当中或隐蔽在它们背后的关系无一遗漏地揭示出来。而一旦探明了经济的内部结构和它的一切内在的联系，社会物质再生产全部活动所固有的一般规律的作用在这一特定的社会形式下借以实现出来的一系列特殊规律，也就清清楚楚地展现在面前了。

遗憾的是，在我们的政治经济学社会主义部分中所缺乏的恰恰也正是对于构成社会经济形态的那些个别形式的分析。如果说有，多半也只限于在生活中可以直接观察到的那些具体的形式，而不是存在于社会经济形态内里层次上的那些更抽象的形式。例如没有一本教科书不曾用一定的篇幅去讲国营企业的工资和集体经济单位的劳动报酬乃至它们各自的一些更具体的表现形式，但是对于体现在它们当中的那个共同的、一般的东西，即劳动者在按劳分配中得到的消费品却很少在抽象的形式上专门对它进行分析，甚至直到现在还没有为它确定一个名称。这样，对于按劳分配中的等量劳动相交换究竟是怎样一种性质的交换关系，它的特点是什么，也就不可能提出明确的概念。又如，我们很重视关于积累和消费关系的研究，这当然是应该的，但是却不仔细研究社会主义经济中的必要劳动、必要产品和剩余劳动、剩余产品。因此也就不能使人们清楚地看到在社会主义制度下和在资本主义制度下截然相反，不是劳动力的再生产从属于剩余价值的生产，而是剩余劳动和剩余产品的必要性及其合理的限度依存于必要劳动和必要产品，并且这一点又怎样从根本上制约着积累和消费的关系。再如，我们对于社会主义制度下的商品生产讨论很多，偏偏没有注意分析这种商品的形式规定。马克思在分析资本主义商品的特点时指出它具有两种性质，一是产品作为商品，二是商品作为资本的产品[1]；并且认为平均利润率和生产价格问题研究中的"全部困难是由这样一个事实产生的：商品不只是当作商品来交换，而是当作资本的产品来交换"[2]。对于社会主义制度下的商品当然更应该从这样双重的见地去考察，并

---

[1] 《资本论》第3卷，人民出版社1975年版，第995页。
[2] 《资本论》第3卷，人民出版社1975年版，第196页。

从而去揭示它的运动规律。但是这一点显然没有得到重视。这样，对于社会主义的商品生产就只能停留在笼统地指出它的特点在于以公有制为基础，目的是满足社会需要和具有计划性等等外部的描述上面。

对于那些比较抽象的形式之所以缺乏研究，是因为它们处在经济形态的内层，躲在现象的背后，除了运用抽象力来进行分析之外是根本把握不住的。但是不分析这些形式也就不可能揭示经济的内在联系，而那些直接呈现在生活表面的种种具体形式也因此不能得到真正科学的解释。马克思自己认为《资本论》一书的两大优点之一就在于"研究剩余价值时，撇开了它的特殊形态——利润、利息、地租等等"，并且批评资产阶级古典经济学"总是把特殊形态和一般形态混淆起来，所以在这种经济学中对特殊形态的研究是乱七八糟的"。① 这对我们政治经济学社会主义部分的研究，是一个很好的借鉴。

在这个问题上最大的误解莫过于把描述那些直接呈现在生活表面的形式和关系当作联系实际，而把深入分析那些存在于内里层次上的形式和关系指为脱离实际。当然，政治经济学的研究总要从事实出发，在思维中也要由抽象再逐步上升到具体，其最终目的仍然是为实践服务。但是政治经济学作为理论科学，毕竟不是研究经济生活中的一个一个具体问题。它为实践的服务在于提供经济规律的理论知识。正如马克思在写给恩格斯的一封信中所说，"政治经济学中实践上有意义的东西和理论上必要的东西，彼此相距很远，以致在这里和其他科学不一样，找不到需要的材料"②。如果仅仅因为同实践上有意义的东西暂时相距较远就反对进行那些理论上必要的抽象分析，那就无异于取消政治经济学这门科学。至于在生活中可以直接观察到的形式和关系，如果不是把它们作为认识内部联系的阶梯，而只是对它们加以描述，那也决不是什么理论联系实际，只不过是在表面的联系内兜圈子。

其次，从《资本论》中我们还可以看到，马克思对于资本主义生产方式是从劳动方式与生产的社会形式的统一当中去进行研究的。他非常重视对于

---

① 《马克思恩格斯〈资本论〉书信集》，人民出版社 1976 年版，第 225 页。
② 《马克思恩格斯〈资本论〉书信集》，人民出版社 1976 年版，第 273 页。

作为劳动方式的生产方式的分析，把它作为分析生产的社会形式的基础。这一点突出地表现在"相对剩余价值生产"这一篇中专门对协作、分工和机器大工业所作的详尽而周密的考察当中，他总是首先分析劳动方式上的某种变化如何提高了劳动生产力，进而再去分析它又如何成为资本加强对雇佣劳动的剥削，增加剩余价值生产的方法。并且我们看到，尽管不论在利用哪一种劳动方式的情况下，生产的社会形式及其相应的生产关系都已经是资本主义性质的，但是劳动方式的变化和劳动生产力的提高又在不断促进生产关系在资本主义范围之内的种种变化。马克思指出，"相对剩余价值的生产以特殊的资本主义的生产方式为前提；这种生产方式连同它的方法、手段和条件本身，最初是在劳动在形式上隶属于资本的基础上自发地产生和发展的。劳动对资本的这种形式上的隶属，又让位于劳动对资本的实际上的隶属"[①]。所谓形式上的隶属就是指劳动在生产的社会形式方面已经隶属于资本，是受资本剥削的雇佣劳动。而实际上的隶属则是指劳动不仅在生产的社会形式方面，而且是在劳动的过程和方式上也已经隶属于资本，即牢牢地被束缚于旨在加强剥削和增加剩余价值生产的劳动方式之下，使劳动者名副其实地变成资本主义"产业军的普通士兵"。这无疑是资本家与工人之间关系上的一个极其重要的发展，但是如果离开了对劳动方式的演变所作的考察，就根本无法对它进行分析。

马克思关于资本主义经济的研究中的这一鲜明的特点给我们以极大的启发。对社会主义经济形态的分析同样也必须以社会主义条件下的劳动方式的考察作为基础。本来，按照马克思当初的设想，无产阶级革命首先要在那些发达的资本主义国家取得胜利并在此基础上建立起社会主义经济。但历史发展与马克思当时的设想不同，无产阶级首先在一些比较落后的国家取得了胜利和建立起社会主义经济。这就使社会主义条件下的劳动方式的问题变得更为复杂，而对它的研究也就愈加重要。事实上，现阶段社会主义经济中的许多重大的问题，可以说都同社会生产领域中很大一个部分所采取的劳动方式

---

① 《资本论》第 1 卷，人民出版社 1975 年版，第 557 页。

还相当落后从而劳动生产力还很低下这一点分不开。现阶段的社会主义经济还不可能实现生产资料的全社会统一公有，根本的原因也就在这里。再如，生产的社会主义形式从原则上说已经规定了生产的目的应该是满足人们物质文化生活的需要，但是究竟能够在多大程度上得到满足以及社会资源在直接满足人们物质文化需要和建立满足这种需要的物质技术基础这两方面的分配，也不能不受现有劳动方式下劳动生产力水平的制约。而且公有制的非单一性质、为数众多的社会主义公有经济在一个社会中的同时并存和与此相联系的商品生产与商品交换的关系，也不能不给生产的直接目的和动机特别是生产与需要之间联系的形式带来某些特点。同样，在现有的劳动方式和生产力的一定状况下，社会生产的调节显然也不能同高度社会化生产和单一的公有制条件下的那种完全形态上的计划调节没有区别。而消费品的按劳分配不仅在实现等量劳动相交换的原则方面会受到客观必然的限制，就连它借以实现的形式也不能不适应于上述情况而有自己的特点。凡此种种，只要不去认真研究劳动方式方面的问题就都不能作出科学的说明。

同样遗憾的是，在我们迄今的政治经济学社会主义部分中恰恰又没有对这个问题给予应有的重视。本来，在早期的教科书中通常还有一章专门讲社会主义的物质生产基础，尽管所讲的内容还未能同全书的其他部分有机地联系起来，至少表明这个问题尚未完全被忽视。而后来就连这一章也从书中消失了，代替它的是关于农业是基础、工业是主导的论述。这个问题固然也很重要，但和作为劳动方式的生产方式这一概念下所要研究的问题并不完全相同。这显然是我们政治经济学社会主义部分中的一个严重的缺陷。

政治经济学社会主义部分应该对我们的社会主义经济建设事业中的重大问题作出理论上的回答，但我们没有完满地履行这一科学的职责。反之，《资本论》研究的虽然不是社会主义经济，但是书中关于劳动方式和生产的社会形式这两者之间关系的辩证的分析研究，却对于我们有很大的帮助。例如，在我国劳动资料和劳动方式还没有发生根本的变革，广大农民通过合作化就已走上社会主义的道路。但是他们也有一个在形式上从属和在实际上从属于社会主义的问题。利用落后的劳动资料，仅仅依靠协作劳动而建立起社会主义集体经济，那实际上意味着农民还只是在形式上从属于社会主义。这样的社会主义集体经济虽然使劳动生产力得到某些提高，但毕竟有一定的限度；那些简单的工具和畜力按其本性又还不是社会化的劳动资料，分散开来仍然可以在个体劳动中被使用，所以集体经济也就还不可能完全巩固起来。为了使农民进一步发展到在实际上从属于社会主义，这只有在劳动方式上来一场根本的变革，使农业转变为机械化的大生产。就我们整个社会主义国民经济来看，又何尝不是面对着一个具有类似性质的问题。我国实现四个现代化这一历史任务，其根本意义，也正在这里。

人们都承认政治经济学必须密切联系生产力去研究生产关系。如果说马克思在《资本论》中揭示了资本主义制度下生产力和生产关系的矛盾如何决定它必然走向灭亡的历史趋势，从而为无产阶级的社会主义革命提供了强大的思想武器；那末政治经济学社会主义部分的主要任务就在于为社会主义的经济建设事业服务，它应该把生产力在社会主义制度下的发展和这种发展如何促使社会主义的生产关系日益成熟和完善的问题摆在更加重要的地位。但在我们的政治经济学社会主义部分中，一方面大讲社会主义的优越性，另一方面却根本不去认真研究生产力在这种社会形式下怎样得到提高，它的动力、机制和途径是什么。对于这种状况的不满和改进的要求今天在经济学界已经越来越强烈地反映出来了。例如，有人主张建立生产力经济学；有人主张政治经济学本身就应该把生产力也列入研究的范围；还有人主张建立统一的理论经济学来研究生产力和生产关系。提法和具体的主张虽然彼此不同，实际上表现了一个共同的要求即强调不能再忽视生产力这一方面的研究。

总之，恢复生产方式在马克思用语中的本来含义，在此基础上正确理解《资本论》关于该书研究对象的表述并依此规定政治经济学社会主义部分的研究对象，这就是我们在本文中提出的见解，希望能够得到经济学界同志们的批评指正。

（原文发表于《经济研究》1980 年第 6 期）

政治经济学的研究对象是生产方式和生产关系

陈招顺　李石泉 *

《经济研究》1979 年第 10 期发表张闻天同志《关于生产关系的两重性问题》的文章，其中就谈到"生产力是经济范畴，是政治经济学研究对象的一部分"。《社会科学》1979 年第 3 期刊载的孙冶方同志的《政治经济学也要研究生产力》一文，赞同李平心同志的政治经济学不仅要研究生产关系，同时也要研究生产力的观点。如果政治经济学要研究生产力，那就意味着要去研究劳动力、劳动对象和劳动手段，要去研究人们对自然进行斗争的能力。这样，政治经济学势必要"侵犯"工艺学、技术学乃至生理学、心理学等等各门学科了。可是"政治经济学不是工艺学"①，而毕竟是一门社会科学。

有的同志提出，政治经济学也要研究生产力，并不是指要去研究生产力的技术方面、工艺方面，而是指研究它的社会方面、经济方面。李平心同志可以说是这种意见的代表。他把生产力说成具有两重属性，即物质技术属性和社会属性，并力图研究生产力的社会属性。李平心同志所谓的生产力的社会属性，就是"一定历史阶段劳动者的社会地位、生活面貌与精神机能，一般的劳动性质，生产的社会性质，劳动组织性质，……以及生产力变化和发展的各种社会条件，所有这一切综合……。"② 但在实际上，"劳动者的社会地位"是属于生产关系范畴的，"精神机能"是属于上层建筑范畴的，至于"生产的社会性质，劳动组织性质"则是属于生产方式范畴的。所以，这个生产力的社会属性到底是否有，还有待于探寻，我们不能把还是乌有的东西硬

---

　* 陈招顺：上海社会科学院世界经济研究所研究员；李石泉：上海财经大学经济学院教授。

　① 《马克思恩格斯全集》第 12 卷，人民出版社 1962 年版，第 736 页。

　② 《再论生产力性质——关于生产力的二重性质的初步分析》，载于《学术月刊》1959 年第 9 期，第 59 页。

要政治经济学去研究。

张闻天同志反对把生产力等同于生产技术，认为"同一架机器，从不同的角度来研究，可以是工艺学的对象，也可以是政治经济学的对象"。当"机器成为生产力和生产关系的物的因素时，即当机器成为物化劳动的生产资料的一部分时，在资本主义社会内成为资本家剥削工人的手段，成为资本，成为不变资本、固定资本，成为生产成本的一部分时，机器就成为经济范畴，成为政治经济学研究对象的一部分了"。马克思说："机器不是经济范畴，正象拖犁的犍牛不是经济范畴一样。现代运用机器一事是我们的现代经济制度的关系之一，但是利用机器的方式和机器本身完全是两回事。"① 显然，张闻天同志在这个问题上，把机器本身和机器的运用混而为一了。机器是一种生产力，而机器如何运用，则已是属于生产方式的范畴，不再属于生产力范畴；至于机器之变成资本，那就完全是生产关系方面的问题了。所以，作为一种生产力的机器，不能是政治经济学的研究对象。

生产力既然不是政治经济学的研究对象，那么政治经济学的研究对象是不是仅仅局限于生产关系呢？我们说也不是，政治经济学并不仅仅研究生产关系。

大家知道，斯大林明确地规定政治经济学的研究对象是生产关系，因而导致人们引起这样一种理解，政治经济学只研究生产关系，而且只研究生产关系的三个方面就够了，政治经济学可以完全脱离生产力去孤立地研究生产关系。事实上，长期以来，我们正是按照这个路子去从事政治经济学的研究工作的。这表现在，脱离生产力去研究所有制，例如对农业的个体所有制的改变的原因，直到目前为止还没有一本书能从农业本身的生产力与生产关系的相互关系上去阐述清楚这个问题。又如脱离生产力去研究所谓"相互关系"和分配，以至要求取消"资产阶级法权"，要求人与人之间的绝对平等、绝对平均和绝对公平等等。

政治经济学不研究生产力，但也不能仅仅研究生产关系，它还应研究生

---

① 《马克思恩格斯全集》第 27 卷，人民出版社 1972 年版，第 481 页。

产方式。

1846 年，马克思在给巴·瓦·安年柯夫的信里指出："人们借以进行生产、消费和交换的经济形式是暂时的和历史性的形式。随着新的生产力的获得，人们便改变自己的生产方式，而随着生产方式的改变，他们便改变所有不过是这一特定生产方式的必然关系的经济关系。"① 在这里，马克思第一次提出了生产方式这个概念，使生产方式既与生产力相区别，又与生产关系相区别，并从生产力与生产关系的相互关系中研究生产方式的地位和作用，确定了生产方式是生产力和生产关系相互联系、相互作用的中间阶段和中间环节，建立了生产力—生产方式—生产关系的理论体系。

1867 年，马克思在《资本论》第 1 卷第 1 版序言里又指出："我要在本书研究的，是资本主义生产方式以及和它相适应的生产关系和交换关系。"② 在这里，马克思进一步明确了：（1）生产方式是政治经济学的研究内容；（2）生产关系和交换关系也是政治经济学的研究内容，但不能孤立地研究生产关系和交换关系，而是要联系生产方式来进行研究，因为生产关系是和生产方式相适应的，即有怎样的生产方式，就有怎样的生产关系；（3）生产力虽然是决定生产方式的因素，但并不是政治经济学的研究对象，所以没有包括在这个定义中。

1885 年，恩格斯整理出版了马克思的《资本论》第 2 卷，其中有这样一段话："不论生产的社会形式如何，劳动者和生产资料始终是生产的因素。但是，二者在彼此分离的情况下只在可能性上是生产因素。凡要进行生产，就必须使它们结合起来。实行这种结合的特殊方式和方法，使社会结构区分为各个不同的经济时期。"③ 在这里，马克思具体讲到生产方式这个概念的基本涵义，即劳动者和生产资料结合的方式和方法，并且再一次讲到社会经济结构对生产方式的依赖关系。

很清楚，从以上我们引用的马克思的三段话中，说明了在马克思的著作

---

① 《马克思恩格斯全集》第 27 卷，人民出版社 1972 年版，第 478～479 页。
② 《马克思恩格斯全集》第 23 卷，人民出版社 1972 年版，第 8 页。
③ 《马克思恩格斯全集》第 24 卷，人民出版社 1972 年版，第 44 页。

中存在着生产方式这个概念，它是生产力与生产关系相联系的中间环节，是生产关系变化发展的重要依据，说明了马克思是确确实实把生产方式列入政治经济学的研究对象。

关于生产方式的涵义，我们曾写过一篇探讨性的文章，刊登在《学术月刊》1963 年第 2 期上。现在我们再扼要地对这一概念以及它与生产关系的联系做点说明。

迄今在人类历史上大体存在过五种本质不同的生产方式：原始公社的、奴隶制的、封建的、资本主义的和社会主义的。这些生产方式之所以互为区别，就是因为劳动者和生产资料结合的方式和方法不同的缘故。适应这五种不同的生产方式，产生了五种不同的生产关系，即五种不同的社会经济形态。正如马克思所说：生产方式"不仅生产出物质的产品，而且不断地再生产出产品在其中生产出来的那种生产关系"①。试举封建生产方式和资本主义生产方式的例子来说。

在中世纪，生产资料主要是土地集中在一小部分人手里，劳动者也拥有自己的一点生产工具，占有土地的人把他的土地租给失去生产资料的劳动者使用，由劳动者在狭小的范围内组织生产，单家独户成为一个生产单位。这种劳动者和生产资料的结合方式和方法即封建的生产方式，产生了相应的封建的生产关系。到了后来，生产资料日益集中在一小部分人手里，广大劳动者到了一无所有的地步，自由的劳动者和他的生产资料分开了。这时劳动者和生产资料结合的方式和方法又变得特殊了。它不是把生产资料分给劳动者去单家独户地在小范围内进行生产，而是占有生产资料的剥削者通过购买劳动力，使劳动者在他的工场作坊、工厂企业里，在较大范围上和生产资料结合在一起从事生产，其目的也不是为了自己消费，而是把生产出来的产品出售给别人。这种资本主义的生产方式就产生了相应的资本主义的生产关系：生产资料所有者成为资本家，劳动者成为雇佣工人；资本家剥削工人创造的剩余价值。

---

① 《马克思恩格斯全集》第 25 卷，人民出版社 1974 年版，第 994 页。

　　根据上面的简单分析说明，要了解不同社会的生产关系，就必须研究生产过程中人的因素和物的因素二者结合的方式和方法即生产方式。封建生产方式和资本主义生产方式的前提相同，都是生产资料集中在一小部分人手里，那为什么生产关系各不相同，一个是封建的生产关系，另一个是资本主义的生产关系呢？这个问题显然不能从生产关系本身找答案，也不能从所有制本身找答案，因为所有制的特殊性质正是要在分析生产关系的特殊性质之后才能知道。只有弄清楚了生产关系的特殊性质，弄清楚了剥削的特殊形式，才能确定生产资料所有者是地主还是资本家，也只有弄清楚了这一切之后，才能知道这种生产资料所有制究竟是地主所有制还是资本家所有制。而要弄清楚生产关系的特殊性质，又只有从分析生产方式着手，就是说，要看劳动者与生产资料结合的特殊方式或方法，才能确定生产关系的特殊性质。因此，政治经济学要研究生产关系，就必须先研究生产方式。离开生产方式而孤立地研究生产关系，甚至连生产关系的特殊性质也无法确定，只能是停留在空洞的不着边际的议论上。

　　马克思关于《资本论》研究对象的定义，亦即关于政治经济学资本主义部分对象的定义，是在对资本主义社会进行研究时作出的，那么，它是否适用于政治经济学的社会主义部分呢？应该说，它是完全适用的。说政治经济学社会主义部分要研究社会主义生产关系，这是容易理解的，讲它要研究社会主义生产方式还得说明一下理由：

　　第一，只有研究社会主义的生产方式，才能深入研究全民所有制的生产关系。许多社会主义政治经济学教材，都表明是研究生产关系的，但实际上并没有讲多少生产关系。所有制，讲到全民已经到顶；"相互关系"，一度大讲领导与被领导的矛盾，也过了头；分配，讲不了什么东西，就只好讲政治挂帅。这样的政治经济学教材，干瘪得很，十分乏味，难怪人们表示不满意了。因此，社会主义政治经济学早就面临着一个如何研究社会主义生产关系的大问题。为了解决这个大问题，有的同志建议研究生产关系要联系生产力，有的同志主张研究生产关系还要联系上层建筑，有的同志提出要研究分工协作，还有的同志认为要研究管理体制乃至劳动组织等。虽然都是一些好建议，但由于研究对象问题没有解决，这些建议也就不能付诸实施，而且必然引起无休止的争论。比如，你要研究劳动组织，就会出现一场劳动组织是生产力，还是生产关系的争论。当作生产力，自然就要排斥在研究之外，因为政治经济学只研究生产关系；于是，要研究劳动组织，就得提出政治经济学也要研究生产力的命题来。而这样一来，又会引起更大的争论。

社会主义政治经济学所要研究的，是社会主义生产方式以及和它相适应的生产关系和交换关系，很多问题据此都可迎刃而解。劳动组织到底是生产力还是生产关系这个争论不清的问题可以得到解决，因为它实际上就是生产方式，是劳动者和生产资料具体结合的方式和方法，理所当然是政治经济学的研究对象。再如，管理体制也是生产方式，涉及劳动者和生产资料如何具体结合的问题，是全国集中统一地组织二者的结合，还是分散到地方去组织二者的结合，抑或由基层生产单位组织二者的结合等的问题。虽然总的来说都是社会主义的生产关系，但结合的具体方式和具体形式不一，和它相适应的具体的生产关系也就不同。全国集中组织生产，是一种类型的社会主义生产关系；分散生产、分散经营，又是一种类型的社会主义生产关系。所以，管理体制也应该是政治经济学的研究对象。生产关系是要适应生产方式的要求并随着生产方式的改变而改变的，我们所要研究的生产关系就是具体的、生动的、可变的、有血有肉的。

第二，只有研究社会主义的生产方式，才能很好研究农村集体所有制的生产关系。我国农村组织互助组时，劳动者和生产资料以特殊的方式和方法结合在一起，于是有了社会主义生产关系的萌芽；建立初级农业生产合作社后，劳动者和生产资料的结合方式和方法发生了变化，与此相适应，社会主义的生产关系得到了发展，在高级农业生产合作社和人民公社，社会主义的生产关系有了更进一步的发展。但由于我国在农业的社会主义改造过程中，不顾生产力发展的实际水平，过快地不断扩大生产过程中劳动者和生产资料结合的范围和规模，不仅使生产关系不能逐步趋向完善，还在一定程度上挫伤了农民的生产积极性。所以，从目前我国农村的生产力状况出发，研究在农村人民公社中劳动者和生产资料二者应该在怎样大的范围内有计划有组织地结合起来进行生产，应该怎样结合更能促进生产力的发展，研究一种结合方式和方法向另一种结合方式和方法过渡的条件以及如何创造这些条件等等，对于巩固、完善和发展农村社会主义生产关系，都有着十分重要的意义。

第三，政治经济学要研究生产关系，就不能不研究企业里的生产方式。企业的具体的生产方式，核心问题也是劳动者和生产资料如何结合的问题，企业有什么样的生产组织形式和管理形式，就会有与此相适应的生产关系。全能厂的生产组织形式与专业厂的生产组织形式不同，与此相适应，全能厂生产关系也就与专业厂的生产关系有所不同。全厂集中统一核算与全厂分级进行经济核算的管理形式不同，与此相适应的生产关系也就有所差别。所以要分析企业里的具体的生产关系，就一定要分析企业的具体的生产方式。政治经济学必须先有具体的东西，然后才能进行抽象，而且抽象出来的东西，也还要回到具体现象中去，这样才能使理论这个骨架有血有肉。对企业的生产关系，尤其应当这样进行分析，才能解决问题。

总而言之，无论从理论上来说，还是从实践上来说，政治经济学并不研究生产力，它的研究对象是生产方式以及和它相适应的生产关系。

（原文发表于《学术月刊》1980 年第 6 期）

论政治经济学或经济学的研究对象

吴易风*

本文指出，学术界在政治经济学的研究对象问题上的争论，至少有两种对立的意见：一是资源配置说，一是生产方式以及和它相适应的生产关系说。从经济思想史上看，两种观点的根本分歧，实际上是马克思经济学与西方经济学在研究对象上的根本分歧。为了弄清分歧之所在，本文分别考察了马克思关于《资本论》研究对象的规定和罗宾斯关于西方经济学研究对象的规定。指出：马克思在《资本论》中研究的，是资本主义生产方式以及和它相适应的生产关系。这是马克思运用生产力—生产方式—生产关系原理，分析资本主义生产所得到的科学结论。由此可以顺理成章地引导出社会主义政治经济学研究社会主义生产方式以及和它相适应的生产关系或经济关系；政治经济学或经济学研究人类社会各个历史发展阶段上的生产方式以及和它相适应的生产关系或经济关系。因此，把政治经济学研究对象仅仅定义为资源配置或生产关系，显然是不准确的，是不能包容政治经济学丰富的科学内容的。文章最后，对马克思主义经济学和西方经济学在研究对象上的根本分歧，从不同的角度进行了剖析和阐述。其分歧并不在于要不要研究资源配置，西方经济学研究的是生产一般的资源配置，而马克思主义经济学不仅研究资源配置一般，而更重要的是要研究同生产方式相适应的历史的、具体的资源配置及其特征。

一、关于政治经济学或经济学研究对象的意见分歧

政治经济学或经济学的研究对象是什么？它研究资源配置，还是研究生

---

* 吴易风：中国人民大学经济学系教授。

产方式以及和它相适应的生产关系？在这个问题上，我国经济理论界存在着严重的意见分歧。

为了叙述的方便，这里有必要先说明一下政治经济学和经济学的关系。虽然国内外都有人试图区分政治经济学和经济学，但是都未见成功。我们在这里仍然把政治经济学和经济学看作是同义语。事实上，在马克思的著作中，政治经济学和经济学二者是在相同的意义上使用的，具有相同的内涵和外延，可以互用。在有代表性的西方经济学教科书中，经济学和政治经济学也常常是同义语。例如，马歇尔的《经济学原理》中有"政治经济学或经济学"的提法，萨缪尔森的《经济学》中有"经济学或政治经济学"的提法。还值得注意的是，《新帕尔格雷夫经济学大辞典》也把政治经济学和经济学看作是同义语："在即将进入 21 世纪的今天，'政治经济学'和'经济学'这两个名词都还存在。自它们产生以来，涵义都有所变化，然而，两者基本上可看作同义语。"[1]

目前国内经济学界在政治经济学或经济学研究对象问题上至少存在两种对立的意见。

一种意见认为，经济学是关于资源配置的科学，研究资源配置是全部经济学的核心。

另一种意见认为，政治经济学或经济学的研究对象是生产方式以及和它相适应的生产关系。资源配置方式从属于生产方式。对生产方式的研究也就包含了对资源配置问题的研究。但是，决不能把政治经济学或经济学只规定为关于资源配置的科学。如果这样规定，就会把生产方式排除在政治经济学或经济学的研究范围之外，就会把由生产方式产生并和生产方式相适应的生产关系排除在政治经济学或经济学的研究范围之外。

国内学术界的上述意见分歧，从更广阔的经济思想史背景上看，实际上是马克思主义经济学和西方经济学在研究对象上的根本分歧。为了弄清楚意见分歧的所在，有必要分别考察一下马克思关于《资本论》研究对象的规定和罗宾斯关于西方经济学研究对象的规定。

---

① 《新帕尔格雷夫经济学大辞典》第 3 卷，经济科学出版社 1992 年版，第 970 页。

二、马克思《资本论》的研究对象和国内学者的不同理解

我国目前有数以百计的政治经济学教科书。每一本教科书开宗明义第一章都规定：政治经济学是关于生产关系的科学，它研究人们的社会生产关系即经济关系。

这个定义的优点是突出了对生产关系的研究，缺点是没有把对生产方式的研究放在应有的地位。从研究对象中排除了生产方式，也就排除了生产关系所包容不了的重要经济问题，例如资源配置问题。这样，政治经济学的研究对象就狭窄化了。内容原本丰富的政治经济学现在被局限于只研究三方面的问题：生产资料的所有制形式；各种社会集团在生产中的地位以及它们的相互关系；产品分配形式。

要避免把马克思主义政治经济学的研究对象狭窄化，就应当从现今教科书的定义复归到马克思的定义上去。

马克思在《资本论》德文第 1 版序言中明确地规定了《资本论》的研究对象。他说："我要在本书研究的，是资本主义生产方式以及和它相适应的生产关系和交换关系。"[1]

从马克思的上述规定中可以清楚地看到，马克思在《资本论》中研究的，一是资本主义生产方式，一是和资本主义生产方式相适应的生产关系和交换关系。大家知道，马克思在这里所说的生产关系和交换关系同属经济关系，也就是哲学教科书和政治经济学教科书所说的生产关系。因此，马克思在《资本论》中研究的，是资本主义生产方式以及和它相适应的生产关系。

马克思关于《资本论》研究对象的规定，从内容到文字，都是准确无误、没有二义的。但是，我国经济学界长期以来对于如何理解这一规定一直存在着争论，意见颇为分歧，而且始终未取得共识。《资本论》研究对象成了难解之谜。

一种观点认为，政治经济学是关于生产关系的科学，因此，马克思在这

---

[1]　《马克思恩格斯全集》第 23 卷，人民出版社 1972 年版，第 8 页。

里说的"资本主义生产方式"实际上指的是资本主义生产关系。可是，如果这样解释，前面引用的马克思的那句话就成了"我要在本书研究的，是资本主义生产关系以及和它相适应的生产关系和交换关系"。这显然犯了逻辑混乱的错误。

另一种观点认为，马克思在这里说的"资本主义生产方式"指的是资本主义广义生产关系，"和它相适应的生产关系和交换关系"指的是狭义生产关系。可是，如果这样解释，马克思的这句话就成了"我要在本书研究的，是资本主义广义生产关系以及和它相适应的狭义生产关系"。这同样犯了逻辑混乱的错误。

还有一种观点认为，马克思在这里说的"生产方式"既包括生产力，又包括生产关系，是生产力和生产关系的统一。因此，政治经济学不只是关于生产关系的科学，而且是关于生产力的科学。可是，如果这样解释，马克思的这句话就成了"我要在本书研究的，是生产力和生产关系以及和它相适应的生产关系和交换关系"。这仍然犯了逻辑混乱的错误。

原本很清楚的问题，我国经济学界越争论反而越不清楚。除了其他原因之外，恐怕主要有以下三个原因。

第一个原因是，我们头脑中有一个先入为主的政治经济学定义。我们学习政治经济学，除极少数例外，都不是从《资本论》开始，而是从政治经济学教科书开始的。按照教科书的定义，政治经济学是关于生产关系的科学。在研究和诠释《资本论》时，由于头脑中已经有了教科书的定义，就很容易用教科书的定义去解释马克思的定义，以便保持教科书定义和《资本论》研究对象之间的一致。把"资本主义生产方式"解释成为"资本主义生产关系"或"资本主义广义生产关系"的主要动因就在于此。

第二个原因是，我们头脑中有一个先入为主的生产方式的定义。我们对生产方式这一范畴的认识，一般不是直接来自马克思，而是来自后来的马克思主义者，来自哲学教科书和政治经济学教科书。在教科书中，生产方式包括生产力和生产关系，是二者的统一。在研究和诠释《资本论》时，由于头脑中已经有了这种生产方式定义，就很容易据此解释《资本论》研究对象，并由此认为政治经济学还应当研究生产力。

第三个原因是，我们一般只熟悉马克思在《政治经济学批判》序言中表述的生产力—生产关系原理，而不熟悉马克思在一系列著作中阐述的生产力—生产方式—生产关系原理，更没有注意到马克思在《资本论》中对《政治经济学批判》序言的原理所作的重大修改。马克思关于《资本论》研究对象的规定，正是建立在生产力—生产方式—生产关系原理之上的。

理解马克思《资本论》研究对象的关键，就在于理解马克思生产力—生产方式—生产关系原理。

（1）马克思在 1846 年 12 月 28 日致安年科夫的信中第一次提出了生产力—生产方式—生产关系原理。他写道："随着新的生产力的获得，人们便改变自己的生产方式，而随着生产方式的改变，他们便改变所有不过是这一特定生产方式的必然关系的经济关系。"① 请注意，这里不是生产力直接决定生产关系，也不是生产力和生产关系的统一构成生产方式，而是生产力决定生产方式，生产方式决定生产关系即经济关系。

（2）马克思在 1847 年的《哲学的贫困》中再次阐述了生产力—生产方式—生产关系原理。他写道："随着新生产力的获得，人们改变自己的生产方式，随着生产方式即保证自己生活的方式的改变，人们也就会改变自己的一切社会关系。"②

（3）马克思在 40 年代形成的生产力—生产方式—生产关系的思想后来在《资本论》中得到了充分的发展。马克思写道："对资本主义生产方式的科学分析却证明：资本主义生产方式是一种特殊的、具有独特历史规定性的生产方式；它和任何其他一定的生产方式一样，把社会生产力及其发展形式的一定阶段作为自己的历史条件，而这个条件又是一个先行过程的历史结果和产物，并且是新的生产方式由以产生的现成基础；同这种独特的、历史规定的生产方式相适应的生产关系，——即人们在他们的社会生活过程中、在他们

---

① 《马克思恩格斯全集》第 27 卷，人民出版社 1972 年版，第 479 页。
② 《马克思恩格斯全集》第 4 卷，人民出版社 1958 年版，第 144 页。

的社会生活的生产中所处的各种关系，——具有独特的、历史的和暂时的性质。"① 这是马克思运用生产力—生产方式—生产关系原理分析资本主义生产方式所得到的科学结论。结论表明：一定历史阶段上的生产力及其发展形式，是一定的生产方式由以产生的历史条件和现成基础。一定的生产方式又决定一定的生产关系。新的生产力会产生和它相适应的新的生产方式，新的生产方式又会产生和自己相适应的新的生产关系。资本主义生产方式是特殊的、历史规定的生产方式，和它相适应的资本主义生产关系也具有特殊的、历史的和暂时的性质。

（4）马克思根据自己的生产力—生产方式—生产关系原理，在 1867 年出版的《资本论》中，对 1859 年问世的《政治经济学批判》序言中的生产力—生产关系原理作了重大修改。其中最重要的是把《政治经济学批判》序言中的"同他们的物质生产力的一定发展阶段相适合的生产关系"②，修改成"一定的生产方式以及与它相适应的生产关系"③。马克思的这一修改十分重要。修改后的原理表明：第一，不是生产力直接决定生产关系，而是一定历史发展阶段的生产力决定和生产力相适应的生产方式，一定的生产方式决定和生产方式相适应的生产关系。第二，成为社会的经济结构或经济基础的，是生产方式以及和它相适应的生产关系，而不只是生产关系。

（5）马克思在 1872 年开始出版的《资本论》法文版中，又将《政治经济学批判》序言中的"同他们的物质生产力的一定发展阶段相适合的生产关系"，修改成"一定的生产方式以及从这种生产方式中产生的社会关系"④。

由上述可见，生产力—生产方式—生产关系原理贯穿于马克思从 40 年代到 70 年代的著作，经历了一个形成和发展的过程。因此，决不能把生产力—生产方式—生产关系原理看作是偶然出现于马克思个别著作中的个别提法。

在马克思那里，生产力—生产方式—生产关系原理的基本内容是：

① 《马克思恩格斯全集》第 25 卷，人民出版社 1974 年版，第 993 页。
② 《马克思恩格斯全集》第 13 卷，人民出版社 1962 年版，第 8 页。
③ 《马克思恩格斯全集》第 23 卷，人民出版社 1972 年版，第 99 页注（33）。
④ 《资本论》（法文版中译本），中国社会科学出版社 1983 年版，第 61 页。

第一，生产力决定生产方式。一定历史发展阶段上的生产力及其发展形式，是一定的生产方式赖以产生的历史条件和现成基础。生产力的变化引起生产方式的变化，新的生产力要求产生和它相适应的新的生产方式。

第二，生产方式决定生产关系。生产关系是从生产方式中产生的，一定的生产关系是一定的生产方式所具有的必然关系。生产关系和生产方式相适应。生产方式的发展引起生产关系的发展，生产方式的改变导致生产关系的改变。

第三，生产方式和生产关系具有历史暂时性。生产力是不断发展、不断变革的，因此，同生产力相适应的生产方式具有特殊的、历史的和暂时的性质，同生产方式相适应的生产关系也具有特殊的、历史的和暂时的性质。

以上分析表明，在马克思那里，生产力、生产方式、生产关系三个范畴之间既不存在替代关系，也不存在包容关系。既不能将马克思"资本主义生产方式以及和它相适应的生产关系和交换关系"中的"生产方式"解释成生产关系或广义生产关系，也不能解释成生产力和生产关系的统一。

马克思所说的"资本主义生产方式"，是指生产的资本主义的社会形式，即资本主义条件下劳动者和生产资料相结合以生产人们所需要的物质资料的特殊方式，也就是雇佣劳动和资本相结合以生产人们所需要的物质资料的特殊方式。在马克思的著作中，"资本主义生产方式"和"资本主义生产"具有相同的含义。在马克思亲自校订的《资本论》法文版中，"资本主义生产方式"有时就被改成"资本主义生产"。关于资本主义生产即资本主义生产方式的基本特征，马克思写道："我们称为资本主义生产的是这样一种社会生产方式，在这种生产方式下，生产过程从属于资本，或者说，这种生产方式以资本和雇佣劳动的关系为基础，而且这种关系是起决定作用的、占支配地位的生产方式。"①

理解了马克思的生产力—生产方式—生产关系原理，马克思关于《资本论》研究对象的定义就不再是难解之谜。

---

① 《马克思恩格斯全集》第47卷，人民出版社1979年版，第151页。

第一，在生产力、生产方式、生产关系三者中，成为《资本论》研究对象的第一个组成部分的是生产方式。马克思在《资本论》中详细地研究了资本主义生产方式：考察了资本主义生产方式的起点、前提和基础，分析了资本主义生产方式的特征，剖视了资本主义生产方式的直接目的和决定动机，揭示了资本主义生产方式的矛盾和对抗。

第二，在生产力、生产方式、生产关系三者中，成为《资本论》研究对象的第二个组成部分的是生产关系。马克思在《资本论》中详细地研究了资本主义生产关系：考察了资本主义生产资料私有制，揭示了资本主义社会各种社会集团在生产中的地位以及它们的相互关系，分析了资本主义社会的产品分配形式。马克思不是在完成对资本主义生产方式的考察之后再考察资本主义生产关系，而是将二者密切地结合在一起。这是因为，生产关系是和生产方式相适应的，是从生产方式中产生的。马克思说："资本主义占有方式，从而资本主义的私有制"，是"从资本主义生产方式产生"的。① 又说，生产关系和交换关系是从生产方式产生的。② 至于分配关系，马克思说，生产方式总是决定分配。

第三，在生产力、生产方式、生产关系三者中，生产力不是《资本论》的研究对象。马克思所说的"资本主义生产方式以及和它相适应的生产关系和交换关系"中的"生产方式"，是生产力所决定的，但它本身不包括生产力。诚然，生产力、生产方式、生产关系三者有着密切的联系。政治经济学或经济学在研究生产方式以及和它相适应的生产关系时，不能脱离生产力和实际劳动过程。但是，无论如何不能因此把生产力或实际劳动过程作为政治经济学或经济学的研究对象。马克思说："政治经济学不是工艺学。"③ 又说："正如考察商品的使用价值本身是商品学的任务一样，研究实际的劳动过程是工艺学的任务。"④

---

① 《马克思恩格斯全集》第 23 卷，人民出版社 1972 年版，第 832 页。
② 《马克思恩格斯全集》第 25 卷，人民出版社 1974 年版，第 702 页。
③ 《马克思恩格斯全集》第 46 卷上册，人民出版社 1979 年版，第 23 页。
④ 《马克思恩格斯全集》第 47 卷，人民出版社 1979 年版，第 56 页。

　　总之，马克思关于《资本论》研究对象的规定是科学的定义。这一规定不仅实际上解决了资本主义政治经济学和社会主义政治经济学的研究对象问题，而且实际上也解决了政治经济学或经济学的研究对象问题。从马克思的规定中可以顺理成章地引导出资本主义政治经济学和社会主义政治经济学的研究对象：资本主义政治经济学研究资本主义生产方式以及和它相适应的生产关系或经济关系，社会主义政治经济学研究社会主义生产方式以及和它相适应的生产关系或经济关系。从马克思的规定中还可以顺理成章地引导出政治经济学或经济学的研究对象。这就是，政治经济学或经济学研究人类社会各个历史发展阶段上的生产方式以及和生产方式相适应的生产关系或经济关系。

三、罗宾斯的经济学定义和西方学者的批评

　　在政治经济学史或经济思想史上，古典经济学家虽然都没有把资本主义生产方式以及和它相适应的生产关系作为政治经济学的研究对象，但是，在他们取得科学成就的地方，他们事实上把生产看作是资本主义生产，并在一定程度上透过物和物的关系看到人和人的关系。古典经济学家的这一科学传统没有被他们的后继者所继承。19 世纪 70 年代，新古典经济学完全背离了古典传统，开始把政治经济学的研究主题局限于资源配置问题。在这方面，杰文斯是一个具有代表性的经济学家。用西方经济学家的话说："杰文斯……把'经济学的列车开上了'资源配置的轨道。"①

　　1932 年，英国经济学家莱昂内尔·罗宾斯在题为《经济科学的性质和意义》的论文中，第一次正式地把稀缺资源的合理配置规定为经济学的研究对象。他说："经济学是一门研究作为目的和具有不同用途的稀缺手段之间关系的人类行为的科学。"② 直到晚年，罗宾斯还坚持自己的这一经济学定义，说："我将继续我关于经济学问题定义的立场"，"我坚持按照由稀缺性所限定的行

---

① 西德尼·温特劳布主编：《当代经济思想》，商务印书馆 1989 年版，第 2 页。
② 莱昂内尔·罗宾斯：《经济科学的性质和意义》，麦克米伦教育出版集团 1935 年版，第 16 页。

为描述这一主题"。①

根据罗宾斯的论述以及罗宾斯追随者的解释，罗宾斯的经济学定义包含以下几个要点：经济学研究人的行为；人的行为的目的是满足需要，而需要是无限的；资源有各种不同的用途，但资源是稀缺的或有限的；一切社会的中心问题是无限的需要和有限的资源之间的冲突，即目的和手段之间的冲突；因此，经济学的任务就在于研究人类如何在可供选择的用途之间进行资源配置。

罗宾斯的论文不仅在发表之初"产生了一场真正的轰动"②，而且对现代西方经济学产生了深远的影响。从这篇论文发表以来，西方正统的经济学教科书很多都把罗宾斯的定义奉为圭臬，在教科书的导论中以这种或那种形式重申罗宾斯的经济学定义。

这里，我们不妨浏览一下最近几年西方国家出版的一些经济学教科书关于经济学研究对象的定义。

E. 曼斯菲尔德在《经济学》一书中说："按照一个标准的定义，经济学研究满足人们需要的在可供选择的用途之间配置资源的方式。"③

W. 尼科尔森在《微观经济理论》一书中说："经济学通常被定义为研究稀缺资源在竞争性目的用途之间的配置。这个定义强调经济学的两个重要特点：……第一，生产性资源是稀缺的。……对资源如何利用必须进行选择。进行选择的必要性导致经济学定义的第二个特点：发现如何在竞争性目的之间作出选择。"④

K. E. 凯斯、R. C. 费尔在《宏观经济学原理》一书中说："经济学研究人们和社会怎样作出抉择来利用自然界和祖先提供的稀缺资源。"⑤

---

① 莱昂内尔·罗宾斯：《经济学与政治经济学》，载于《美国经济评论》1981 年 5 月号。译文载于《现代外国经济学论文选》第 14 辑，商务印书馆 1992 年版。

② 马克·布劳格：《经济学方法论》，北京大学出版社 1990 年版，第 97 页。

③ E. 曼斯菲尔德：《经济学：理论与应用》第 8 版，W. W. 诺顿出版公司 1994 年版，第 1、6~7 页。

④ W. 尼科尔森：《微观经济理论》，德累顿 1992 年版，第 3 页。

⑤ K. E. 凯斯、R. C. 费尔：《宏观经济学原理》，普伦蒂斯－霍尔出版公司 1989 年版，第 4 页。

S. 费希尔、R. 道恩布希、R. 施马伦西在《经济学》一书中说："经济学研究社会怎样以有限的、稀缺的资源决定生产什么、怎样生产和为谁生产。"①

M. 帕金在《微观经济学》一书中说："经济学研究人们怎样试图用他们的有限资源来满足他们的无限需要。"②

R. J. 拉芬、P. R. 格雷戈里在《宏观经济学原理》一书中说："经济学研究人们如何选择用他们的有限资源（土地、劳动和资本）来生产、交换和消费商品和劳务。"③

R. A. 阿诺德在《经济学》一书中说："我们把经济学定义为研究旨在满足一定目的而满足这些目的所需要的手段具有不同用途的个人和社会行为的科学。"④

R. B. 埃克隆、R. D. 托莱森在《宏观经济学》一书中说："经济学研究实际上具有无限需要的个人和社会怎样作出选择来配置稀缺资源以满足他们的需要。"⑤

从上述引文中不难看出，这些定义尽管不完全一样，但都来源于罗宾斯，都把资源配置规定作经济学的研究对象。罗宾斯的经济学定义对现代西方经济学的影响由此可见。这是一方面。

另一方面，不少有思想的西方经济学家先后从不同角度对罗宾斯的经济学定义提出了质疑和批评。罗宾斯本人在晚年也承认，他的《经济科学的性质和意义》"不时成为批评与讨论的对象"，甚至引起"强烈谴责"⑥。

F. H. 奈特、H. L. A. 迈因特、L. G. 雷诺兹、P. 格罗奈维根、J. 罗宾逊、J. K. 加耳布雷思、J. M. 布坎南等西方经济学家都是罗宾斯经济学定义的强烈的批评者。他们认为罗宾斯定义的经济学范围太窄，没有普遍意义。他们对

---

① S. 费希尔、R. 道恩布希、R. 施马伦西：《经济学》，麦克格劳 – 希尔公司 1988 年版，第 3 页。
② M. 帕金：《微观经济学》，艾迪生 – 韦利斯出版公司 1990 年版，第 9 页。
③ R. J. 拉芬、P. R. 格雷戈里：《宏观经济学原理》，斯科特·福尔斯曼 1986 年版，第 3 页。
④ R. A. 阿诺德：《经济学》，韦斯特 1989 年版，第 6 页。
⑤ R. B. 埃克隆、R. D. 托莱森：《宏观经济学》，斯科特·福尔斯曼 1988 年版，第 4 页。
⑥ 莱昂内尔·罗宾斯：《经济学与政治经济学》，载于《美国经济评论》1981 年 5 月号。译文载于《现代外国经济学文选》第 14 辑，商务印书馆 1992 年版。

这一定义提出了广泛的批评。

有的西方学者批评罗宾斯把经济问题仅仅归结为资源稀缺问题，而对资源过剩引起的经济问题却毫无所知。在罗宾斯经济学定义问世的 1932 年，历史上空前严重的经济危机震撼了整个资本主义世界。困扰西方社会的是劳动力过剩、资本过剩、土地过剩，即资源过剩，而不是资源稀缺。罗宾斯的经济学定义是从微观经济学的角度提出的，可是，在 30 年代大萧条期间，"人们对微观经济学的兴趣丧失殆尽"①。J. 罗宾逊不无讽刺地说："1932 年，罗宾斯教授……发表了他的著名论文。在这篇论文里，他把经济学评述为研究稀缺资源在各种可供选择的使用中间进行配置的科学。……可是本文发表的时间却是不幸的。在这本著作刊行的时候，英国有三百万工人失业，而美国的国民生产总值的统计数字刚好下降到原来数字的一半。当为了达到任何目的的资源完全没有先前那样稀缺时，本书出版了，这恰是一种巧合。"②

有的西方学者批评罗宾斯的经济学定义不仅不适用于宏观经济学，而且还同宏观经济学相冲突。P. 格罗奈维根说："罗宾斯定义的主要缺陷是它与凯恩斯的著作和与失业均衡可能性的证明不相一致，因而与罗宾斯要求资源必须是稀缺的经济问题的存在相矛盾。"③ 有鉴于这一类批评，A. 里斯在《经济学》④ 中试图把微观经济学的资源配置理论和宏观经济学的就业、通货膨胀和经济增长理论综合在经济学定义之中。

有的学者批评罗宾斯的经济学定义只考虑生产，不研究分配，分配问题被排除在经济学的研究范围之外。有鉴于这类批评，P. A. 萨缪尔森在《经济学》⑤ 中试图把稀缺资源配置问题和产品分配问题综合在经济学的定义之中。

有的西方学者批评罗宾斯的经济学只适用于实证经济学，而不适用于规

① 劳埃德·雷诺兹：《经济学的三个世界》，商务印书馆 1990 年版，第 278 页。

② 琼·罗宾逊：《经济理论的第二次危机》，载于《美国经济评论》1972 年 5 月号。译文载于《现代外国经济学论文选》第 1 辑，商务印书馆 1979 年版。

③ 彼得·格罗奈维根：《政治经济学与经济学》，引自《新帕尔格雷夫经济学大辞典》第 3 卷，经济科学出版社 1992 年版，第 970 页。

④ A. 里斯：《经济学》，引自 D. L. 西尔斯主编《国际社会科学百科全书》第 4 卷，麦克米伦教育出版集团 1968 年版，第 472～485 页。

⑤ P. A. 萨缪尔森：《经济学》，麦克格劳—希尔公司 1961 年版，第 6 页。

范经济学。事实上，罗宾斯不仅在 1932 年的《经济科学的性质和意义》中认为经济学只研究"是"和"不是"的问题，不研究"应当"和"不应当"的问题，"凡是使我们说明政策好坏的经济学都是不科学的"①，而且在 1981 年的《经济学与政治经济学》中仍然继续坚持他在 30 年代初的基本观点。罗宾斯的这一立场遭到新福利经济学家的普遍反对。

有的西方学者批评罗宾斯的经济学定义把许多重要因素排除在经济学的研究范围之外。L. G. 雷诺兹说：按照罗宾斯的定义，"在一定程度上属于社会－政治范畴、常常无法用数量表示的决定资源供给和技术的因素，逐渐被逐出了严格的经济学领域。在制度结构方面，可以观察到相同的趋势"②。J. K. 加耳布雷思认为，资源配置"在很大程度上取决于生产者的权力"，"权力系来自资本所有权——生产资料所有权"，而罗宾斯等人的经济学定义可能是"掩盖这种权力的幌子"。加耳布雷思主张扩大经济学的研究范围，把被掩盖了的这种权力包括在内。③ J. M. 布坎南认为，罗宾斯的经济学定义"不是推动着而是阻碍着科学的进步"。布坎南主张经济学要研究"人类关系制度"，他说："我建议将此人类关系制度引进经济学家的研究范围，广泛地包括集体制度和私人制度。"而罗宾斯以资源配置为研究对象，逃避了对"人类关系制度"的研究。布坎南认为，资源配置理论"不应该在经济学家的思考过程中占主导地位"④。

有的西方学者批评罗宾斯的经济学定义是把经济学研究"变成一种比较简单的求最大值的应用计算技术……如果经济学没有比这更多的事情可做，我们最好就把经济学研究完全交给应用数学家"⑤。

有的西方学者批评罗宾斯定义的经济学"只适用于私人所有制下的分散

① 莱昂内尔·罗宾斯：《经济科学的性质和意义》，麦克米伦教育出版集团 1935 年版，第 153 页。
② 劳埃德·雷诺兹：《经济学的三个世界》，商务印书馆 1990 年版，第 11 页。
③ 约·肯·加耳布雷思：《经济学和公共目标》，商务印书馆 1980 年版，第 146、46、11、320 页。
④ 詹姆斯．M. 布坎南：《经济学家应该做什么》，西南财经大学出版社 1988 年版，第 4、16、9 页。
⑤ 詹姆斯．M. 布坎南：《经济学家应该做什么》，西南财经大学出版社 1988 年版，第 7~8 页。

型市场经济"①，而不适用于其他各种类型的经济。

总之，罗宾斯的经济学定义在西方国家已经受到了广泛的和有根据的批评。用西方学者雷诺兹的话说，罗宾斯定义"标志着一个时代的结束，这个时代甚至在罗宾斯写作的年代就已濒于死亡"。现在，罗宾斯定义已经成为"一种几乎没有人完全相信的学说"。西方经济学家正在为"酝酿一个罗宾斯后的定义"而进行探索。雷诺兹还说：在很多方面，"经济学均已超越了罗宾斯的定义。虽然我们仍引其言论，但是我们已不再循其足迹。根据我们的实践修改定义，现在正是时候"②。

四、马克思主义经济学和西方经济学在研究对象问题上的根本分歧

在研究对象问题上，马克思主义经济学和西方经济学的根本分歧不在于要不要研究资源配置，而在于：（1）要不要研究生产方式；（2）要不要研究和生产方式相适应的生产关系；（3）要不要区分抽象的生产一般的资源配置和具体的特定生产方式的资源配置，以及要不要研究具体的特定生产方式的资源配置。在所有这些问题上，马克思主义经济学的回答都是肯定的，而西方经济学的回答都是否定的。

有些西方学者在某种程度上感觉到马克思主义经济学和西方经济学在研究对象问题上存在巨大分歧。例如，美国经济学家雷诺兹说："当罗宾斯说经济学研究的是如何在相互竞争的用途之间分配稀缺性资源的时候，（对于马克思主义者来说）他是在胡说八道。"雷诺兹还说：马克思主义经济学的主题"显然是比罗宾斯的经济学广泛得多的主题，它涉及财产所有权、收入分配以及政治结构等事项。"③ 这些说法虽然并不全面，但能说明一些西方学者意识到了两大经济理论体系在研究对象上存在原则区别。

现在的问题是，罗宾斯为什么只把稀缺资源在不同用途之间的配置作为经济学的研究对象。

---

① 劳埃德·雷诺兹：《经济学的三个世界》，商务印书馆 1990 年版，第 7 页。
② 劳埃德·雷诺兹：《经济学的三个世界》，商务印书馆 1990 年版，第 6、293、295 页。
③ 劳埃德·雷诺兹：《经济学的三个世界》，商务印书馆 1990 年版，第 57、24 页。

　　罗宾斯在经济危机最严重的 1932 年发表他的《经济科学的性质和意义》，提出经济学的定义，不是偶然的。经济危机最严重的年代，也是西方传统经济学危机最严重的年代。就在 1932 年，凯恩斯公开承认："（西方）经济学家今天是世界上一群最无能的科学工作者。"① 在大萧条时期，英国的一些知识分子开始重新思考资本主义的命运和前途问题。一位西方学者说："马克思主义在 30 年代剑桥大学的学生中是尽人皆知的。……马克思主义成为可供选择的经济学之一，……有人开始思考马克思主义者考虑到的问题。"② 在这一历史背景下，政治上敏感的罗宾斯出于在经济学领域抵消马克思主义影响的考虑，精心地制定了和马克思主义经济学定义相对抗的经济学定义。

　　罗宾斯的经济学定义首先把生产方式逐出经济学的研究范围。罗宾斯及其追随者只研究抽象的没有社会内容的生产一般，不敢接触特定社会形式的生产，不敢研究资本主义生产方式。他们知道，马克思对资本主义生产方式进行缜密分析所得到的科学结论是，资本主义生产方式具有特殊性、历史性和暂时性，和历史上的其他生产方式一样，这种生产方式也不是自然的、永恒的。

　　罗宾斯的经济学定义也把和生产方式相适应的生产关系逐出经济学的研究范围。罗宾斯及其追随者不敢研究和生产方式相适应的生产关系，不敢研究和资本主义生产方式相适应的资本主义生产关系。他们知道，马克思对和资本主义生产方式相适应的生产关系进行科学分析的结果是，资本主义生产方式是特殊的、历史的、暂时的，由这种生产方式产生的生产关系也是特殊的、历史的、暂时的。

　　可见，罗宾斯及其追随者的理论属于西方学者所说的"逃避考察人与人之间的社会经济关系"③ 的理论之列。

　　罗宾斯及其追随者 T. C. 库普曼斯等人不了解、也不愿意了解抽象的生产

---

① 琼·罗宾逊：《凯恩斯以后》，商务印书馆 1985 年版，第 16 页。

② 玛乔里·谢泼德·特纳：《琼·罗宾逊与两个剑桥之争》，江西人民出版社 1991 年版，第 85 页。

③ 沃伦·萨缪尔斯：《经济学中的意识形态》，引自西德尼·温特劳布主编《当代经济思想》，商务印书馆 1989 年版，第 43 页。

一般的资源配置和具体的特定生产方式的资源配置的区别，他们不合理地抽象掉生产方式，把资源配置看作是超历史、超制度的。库普曼斯的典型说法是："在我自己的研究中，则是试图创立一项可以称之为超制度的资源配置理论。"①

由于没有区分抽象的生产一般的资源配置和具体的特定生产方式的资源配置，西方经济学家在资源配置理论上常常陷入混乱状态。他们在研究"超制度的"资源配置理论时，缺乏足够的抽象力，还不时地囿于资本主义生产方式的资源配置。他们在得出"超制度的"最优资源配置的研究成果时，又错误地断言资本主义经济制度能实现那种"超制度的"最优资源配置。

我们根据马克思关于《资本论》研究对象的规定引导出的资本主义政治经济学的定义、社会主义政治经济学的定义和政治经济学或经济学的定义，都把生产方式以及和它相适应的生产关系放在中心地位。只有这样，才能反映出政治经济学或经济学的本质特征。马克思主义经济学定义并不排除对资源配置的研究，但是资源配置方式从属于生产方式，它不能取代生产方式和生产关系而成为全部经济学的核心。

从马克思主义的观点来看，生产表现为双重关系：一方面是自然关系，另一方面是社会关系。也就是，一方面是人和自然的关系，另一方面是人和人的关系。相应地，生产中的资源配置也表现为两种资源配置：一种是抽象的生产一般的资源配置，一种是具体的特定生产方式的资源配置。劳动过程中的资源配置属于抽象的生产一般的资源配置。这种资源配置不以生产方式为转移，它是一切社会形式的生产所共有的。人类为了生存，必须在人和自然之间进行物质变换。劳动过程是人类生活的永恒的自然条件，是人和自然之间的物质变换的一般条件。作为人和自然之间的单纯过程，劳动过程必具有几个简单要素：劳动力和生产资料（包括劳动资料和劳动对象），即人的要素和物的要素，也就是人力资源和物力资源。不论生产的社会形式如何，都要在不同用途间对生产资源进行合理配置。这就是说，在生产中，人的要素

---

① T. C. 库普曼斯：《最优化概念及其应用》，载于《美国经济评论》1977 年 6 月号。译文载于《现代外国经济学论文选》第 2 辑，商务印书馆 1981 年版。

和物的要素的合理配置，或人力资源和物力资源的合理配置，是一切社会共有的经济问题。

和抽象的生产一般的资源配置不同，具体的特定生产方式的资源配置的性质取决于生产方式的性质。不同的生产方式有不同的资源配置，资源配置方式是和生产方式相适应的。在奴隶制生产方式中，资源配置表现为"会说话的工具"和"不会说话的工具"在不同用途间的配置，目的是满足奴隶主的直接需要。在资本主义生产方式中，资源配置表现为雇佣劳动和资本在不同用途间的配置。支配这种资源配置的，不是直接满足社会需要，而是资本主义生产的直接目的和决定动机，即剩余价值的生产。在资本主义生产方式中，雇佣劳动从属于资本，剩余价值率的高低决定资本的分配，资本的分配再决定雇佣劳动的分配。正如马克思所说："从属于资本的雇佣劳动，……必须按照资本的需要变来变去，让人们把它从一个生产部门抛到另一个生产部门。"① 在马克思设想的自由人联合体的生产方式中，"社会化的人，联合起来的生产者，将合理地调节他们和自然之间的物质变换"②。"生产将以所有的人富裕为目的。"③ 按照马克思的设想："只有在生产受到社会实际的预定的控制的地方，社会才会在用来生产某种物品的社会劳动时间的数量，和要由这种物品来满足的社会需要的规模之间，建立起联系。"④ 马克思还指出："在社会公有的生产中，……社会把劳动力和生产资料分配给不同的生产部门。"⑤

按照马克思的观点，各个历史时期的生产有一些共同标志和共同规定。如果生产一般把这些共同点提取出来并确定下来，免得重复，那么生产一般这一抽象就是一个合理的抽象。用马克思的这一观点来看待资源配置问题，从生产一般的层次上研究资源配置理论，探索最优资源配置的必要和充分条件，是有其合理性的。研究共同点，可以更好地认识差别。认识到生产一般

---

① 《马克思恩格斯全集》第 25 卷，人民出版社 1974 年版，第 218 页。
② 《马克思恩格斯全集》第 25 卷，人民出版社 1974 年版，第 926 页。
③ 《马克思恩格斯全集》第 46 卷下册，人民出版社 1980 年版，第 222 页。
④ 《马克思恩格斯全集》第 25 卷，人民出版社 1974 年版，第 209 页。
⑤ 《马克思恩格斯全集》第 24 卷，人民出版社 1972 年版，第 397 页。

层次上资源配置的共同点，可以更好地认识不同生产方式下的资源配置的不同点。然而，罗宾斯及其追随者库普曼斯等人只愿意研究"超制度的"资源配置，而不愿意研究具体的特定生产方式的资源配置，其全部智慧就在于承认共同点而忘记差别。

从马克思主义的观点看，研究具体的特定生产方式的资源配置十分重要。例如，对资本主义生产方式的资源配置的研究会发现，这种生产方式的资源配置不能满足抽象的生产一般的最优资源配置所需要的条件，因而不能达到最优状态。对资本主义生产方式的资源配置的研究还会发现，在这种生产方式中，企业的资源配置即微观资源配置是有组织有计划的，是相对有效率的。然而，社会的资源配置即宏观资源配置是盲目的、无政府状态的，是缺乏效率的。对资本主义企业的资源配置的研究还会发现，这种企业的资源配置也不可能达到最有效率的状态。只要存在着雇佣劳动和资本的对抗关系，就不可能有最优资源配置。

总之，马克思主义经济学定义对政治经济学或经济学的本质特征作了正确的说明。以生产方式以及和它相适应的生产关系为研究对象，不仅不排除对资源配置的研究，而且为生产一般的资源配置和特定生产方式的资源配置的区分和研究提供了科学的理论基础。相反，罗宾斯及其追随者的经济学定义根本没有触及经济学的本质特征。以稀缺资源的配置为研究对象，满足于对抽象的和所谓超制度的资源配置的考察，不仅排除了对特定生产方式以及和它相适应的生产关系的研究，而且也排除了正确理解和认识特定生产方式的资源配置的前提。

（原文发表于《中国社会科学》1997 年第 2 期）

论"生产方式"

高 峰[*]

一

"生产方式"一词，是马克思经济学著作中出现频率最高的词汇之一，也是对其含义争论最多的范畴之一。《资本论》第 1 卷第 1 版"序言"中，马克思开宗明义地指出："我要在本书研究的，是资本主义生产方式以及和它相适应的生产关系和交换关系。"[①] 在关于《资本论》研究对象的讨论中，对这句话的理解争论极大，至今没有定论，关键就在如何理解其中"生产方式"这个范畴。一些学者认为，此地的"生产方式"指的是"生产力和生产关系的统一"，进而强调政治经济学的研究对象应该把生产力包括在内。另一些学者认为，这个"生产方式"指的是"经济制度"或"生产关系"，从而断言政治经济学的研究对象不应包括生产力。这两种观点似乎都值得商榷。前者是在用斯大林对"生产方式"的界定来理解马克思;[②] 后者则使这句话在表述上不合逻辑。吴易风教授在《论政治经济学或经济学的研究对象》一文中对上述不同观点进行了梳理和批评，指出应从"生产力—生产方式—生产关系"的原理来看待生产方式的含义。这是最符合马克思逻辑思路的分析。马克思从早在 1846 年致安年柯夫的信、1847 年《哲学的贫困》，直到《资本论》第 3 卷，的确都坚持了"生产力—生产方式—生产关系"的分析原理。这个原

---

[*] 高峰：南开大学经济学院教授。

[①] 《马克思恩格斯全集》第 23 卷，人民出版社 1972 年版，第 8 页。

[②] 斯大林说："生产，生产方式是把社会的生产力和人们的生产关系两者都包含在内，而体现着两者在物质资料生产过程中的统一。"(《苏联共产党（布）历史简明教程》，人民出版社 1954 年版，第 158 页。)

理表明，在生产力和生产关系之间，"生产方式即在特定方式下进行的生产活动是必不可少的中介"①。但吴易风教授对这个"生产方式"具体含义的解释我觉得仍然可以讨论。他认为，马克思所说的"资本主义生产方式"，是指生产的资本主义的社会形式，即资本主义条件下劳动者和生产资料相结合以生产人们所需要的物质资料的特殊形式，也就是雇佣劳动和资本相结合以生产人们所需要的物质资料的特殊形式。② 如果这样理解，资本主义生产方式和资本主义生产关系就基本上是同义的了，因为资本主义生产关系就是"生产的资本主义的社会形式"，工人和资本家的生产关系就是"雇佣劳动和资本相结合生产物质资料的特殊形式"。结果，这句话中具有中介性质的"资本主义生产方式"的特定内涵仍然是不明确的。③

　　查阅《资本论》第 4 卷和 1857～1858 年与 1861～1863 年的《经济学手稿》，发现马克思多次提到"生产方式"这个范畴，表达的涵义并不完全相同，其中最主要的用法我认为有两种。第一，指生产的社会类型或型式，如资本主义生产方式，即指资本主义的生产类型，以区别于其他类型的社会生产。这可称为广义的生产方式概念，它可以指社会多种生产类型中的一种，也可以指社会经济中占主导地位的生产类型。例如他说："产业资本不论作为货币资本还是作为商品资本的循环，是和各种不同的社会生产方式的商品流通交错在一起的，只要这些生产方式同时是商品生产。不论商品是建立在奴隶制基础上的生产的产品，还是农民的产品（中国人，印度的农奴），还是公社的产品（荷属东印度），还是国家生产的产品（如从前在俄罗斯历史上出现

---

① 孟捷：《马克思主义经济学的创造性转化》，经济科学出版社 2001 年版，第 56 页。
② 吴易风：《马克思主义经济学和西方经济学》，经济科学出版社 2001 年版，第 10 页。
③ 吴易风教授在论文中列出了《资本论》关于资本主义生产方式研究的独立内容，如"考查了资本主义生产方式的起点、前提和基础，分析了资本主义生产方式的特征，剖视了资本主义生产方式的直接目的和决定动机，揭示了资本主义生产方式的矛盾和对抗"。但我认为，《资本论》中关于这些问题的研究主要是通过对资本主义生产关系的分析来揭示的。此外，吴易风教授和孟捷教授的论文都试图从"生产方式"这个范畴来论证马克思对资源配置的研究，认为"资源配置方式从属于生产方式"，批评西方主流经济学离开具体的经济制度来研究资源配置的错误方法。这种批评是完全正确的。但这也说明了，马克思正是从特定的资本主义生产关系的运动规律（如价值规律、利润率平均化规律等）来揭示资本主义条件下社会资源配置的内在机制，而并非借助于对作为生产力和生产关系中间环节的"生产方式"这个特殊范畴的具体分析来说明资本主义社会资源的宏观配置。

的以农奴制为基础的国家生产），还是半开化的狩猎民族的产品等等。"① 又如："我们称为资本主义生产的是这样一种社会生产方式，在这种生产方式下，生产过程从属于资本，或者说，这种生产方式以资本和雇佣劳动的关系为基础，而且这种关系是起决定作用的、占支配地位的生产方式。"② 再如："大体说来，亚细亚的、古代的、封建的和现代资产阶级的生产方式可以看做是社会经济形态演进的几个时代。"③ 在这种意义上，"生产方式"是一个总体性概念。所谓"资本主义生产方式"，大体上和"资本主义生产"、"资本主义经济"、"资本主义社会经济形态"的概念相当。这种广义的"生产方式"虽然同时包含生产要素的技术结合方式和社会结合方式，但与生产关系的概念更为接近。因为各种生产方式或生产类型之所以不同，主要在于它们生产要素的社会结合方式不同，从而体现各不相同的生产关系，或代表各不相同的经济时代。④ 第二，指生产的劳动方式。这可看做是狭义的生产方式概念。⑤ 马克思说："在一定的生产方式本身中具有其活生生的现实性，这种生产方式既表现为个人之间的相互关系，又表现为他们对无机自然界的一定的实际的关系，表现为一定的劳动方式。"⑥ 这种用法在《资本论》第 1 卷中最为常见。这一卷提到"生产方式"概念最多，而且大多集中在涉及相对剩余价值生产并以研究资本主义劳动过程演变为主要内容的第十一章到第十四章。其中的"生产方式"通常用来指协作、工场手工业分工和机器大工业等资本主义"劳动方式"。如第十一章第一段中就说："就生产方式本身来说，例如初期的工场手工业，除了同一资本同时雇用的工人较多而外，和行会手工业几乎没有什么区别。"⑦ 该章末尾三段中说："协作本身表现为同单个的独立

① 《马克思恩格斯全集》第 24 卷，人民出版社 1972 年版，第 126～127 页。
② 《马克思恩格斯全集》第 47 卷，人民出版社 1979 年版，第 151 页。
③ 《马克思恩格斯选集》第 2 卷，人民出版社 1972 年版，第 83 页。
④ 《马克思恩格斯全集》第 24 卷，人民出版社 1972 年版，第 44 页。
⑤ 就直接生产过程来说，舍弃掉少数产业中自然力独立作用于劳动对象的时间，生产过程与劳动过程本是同一过程。生产过程是从结果和产品的角度来看的劳动过程，劳动过程是从能动主体的角度来看的生产过程，所以生产方式和劳动方式也可以是同义的。
⑥ 《马克思恩格斯全集》第 46 卷上册，人民出版社 1979 年版，第 495 页。
⑦ 《马克思恩格斯全集》第 23 卷，人民出版社 1972 年版，第 358 页。

劳动者或小业主的生产过程相对立的资本主义生产过程的特有形式……协作仍然是资本主义生产方式的基本形式"① （马克思亲自修订的《资本论》法文版第 1 卷则改为更简明的表述："协作表现为资本主义生产的特殊方式"，"协作是资本主义生产的基本方式"②）。再如第十二章指出："整个社会内的分工，不论是否以商品交换为媒介，是各种社会经济形态所共有的，而工场手工业分工却完全是资本主义生产方式的独特创造。"③ 他还在一个小注中说："在那里（《哲学的贫困》——编者注）我第一次提到工场手工业分工是资本主义生产方式的特殊形式。"④ 第十三章指出："一个工业部门生产方式的变革，必定引起其他部门生产方式的变革。……因此，有了机器纺纱，就必须有机器织布，而这二者又使漂白业、印花业和染色业必须进行力学和化学革命。"⑤ 这里的"生产方式"一词明显指的是机器生产这种劳动方式。上面这些引证说明，马克思在《资本论》第 1 卷，特别是论述劳动过程的几章中所使用的"生产方式"或"资本主义生产方式"概念，其含义主要是指劳动方式或资本主义劳动方式。马克思对资本主义劳动过程演变的研究，就是要探讨资本主义劳动方式的演变及其逐渐发展到在全社会起支配作用的过程。⑥ 他的着眼点不在劳动过程的技术方面而在劳动过程的社会组织，力图揭示雇佣劳动者的劳动方式如何在资本的控制下不断演变，使劳动从对资本的形式上的从属逐渐发展到对资本的实际上的从属。

现在回到《资本论》的研究对象。马克思在《资本论》第 1 卷第 1 版"序言"中说，他在该书要研究的"是资本主义生产方式以及和它相适应的生产关系和交换关系"，其中的"生产方式"是哪一种含义呢？我认为应该理解为资本主义的劳动方式。从理论上说，根据马克思"生产力—生产方式—生

---

① 《马克思恩格斯全集》第 23 卷，人民出版社 1972 年版，第 372 页。
② 《资本论》第 1 卷（法文版中译本），中国社会科学出版社 1983 年版，第 336~337 页。
③ 《马克思恩格斯全集》第 23 卷，人民出版社 1972 年版，第 397~398 页。
④ 《马克思恩格斯全集》第 23 卷，人民出版社 1972 年版，第 401 页。
⑤ 《马克思恩格斯全集》第 23 卷，人民出版社 1972 年版，第 421 页。
⑥ "政治经济学意义上的生产方式，指的是在资本主义社会中，占主导地位的资本主义劳动过程。"（《资本论》第 1 卷（法文版中译本），中国社会科学出版社，1983 年版）

产关系"的一贯原理,这个作为生产力和生产关系中间环节的"生产方式"如果理解为"资本主义生产"或"资本主义生产类型"这种广义的概念,并没有具有中介性质的独立的特殊内容;而如果理解为"资本主义劳动方式",就完全合乎逻辑了。因为"劳动方式"恰恰是生产力和生产关系的中间媒介,它一方面与生产力和生产的技术条件密切相关,随着生产工具和生产技术的发展而变化,直接体现生产力的发展水平和性质;另外,它又与生产关系密切相关,受到生产的社会条件和经济关系的制约。① "物质生产力的变动必然与作为其社会形式的生产关系发生矛盾运动,这种矛盾运动具体体现在作为二者结合的中介——劳动过程之中。"② "资本主义劳动方式"就是社会化生产力与资本主义经济关系矛盾运动的中间承载体,同时体现劳动的技术方式和社会方式,它以生产力的社会化发展为基础,又被资本主义生产关系所规定、所塑造,具有明显的社会历史特征。按这种意义来理解,马克思在《资本论》第1版"序言"中所说的与资本主义生产方式"相适应的生产关系和交换关系"就合乎逻辑了。首先,这个"相适应"可解释为"相一致"的意思,因为资本主义生产关系和资本主义劳动方式的确是一致的。其次,这个"相适应"还可解释为,只有典型的资本主义劳动方式即大规模机器生产形成后,资本主义生产关系才得以普遍发展,最后确立其社会支配地位。这两种理解在理论上都是合乎逻辑的,并与资本主义经济发展的实际相吻合。③

---

① 张彤玉:《社会资本论》,山东人民出版社1990年版,第80~87页。

② 《资本论》第1卷(法文版中译本),中国社会科学出版社1983年版。

③ 在上述《资本论》第1卷第1版"序言"的引文后面,马克思紧接着写道:"到目前为止,这种生产方式的典型地点是英国。"这句话在《资本论》第1卷法文版中改为:"英国是这种生产的典型地点。"有学者根据这一改动认为,马克思这里使用的"生产方式"与"生产"有着同等的意义,资本主义生产方式指的就是资本主义生产,是从生产的社会结合方式意义上理解生产方式的(顾海良:《把握真谛　着力创新》,载于《政治经济学评论》2010年第1期;赵学清:《〈资本论〉第1卷法文版和德文版第4版"生产方式"概念比较研究》,载于《马克思主义与现实》2011年第6期)。但我认为,如果这里使用的两个概念具有同等意义,前后紧密相关的两句话中"生产方式"一词就应都改为"生产"才对,为什么马克思只改了后一句话呢?这或许恰好证明前一句话中的"生产方式"是在"劳动方式"这种意义上使用的。接着在指出英国作为一种典型时,就不应限于这种狭义的理解上,而应看做是资本主义生产类型即广义"生产方式"的典型地点。为了区别,将后一句话中的"这种生产方式"改为"这种生产"(即资本主义生产)就更为明确和准确了。

再从《资本论》第 1 卷的内容看，也印证了马克思对《资本论》研究对象的界定。他在对资本主义经济关系进行一般的抽象理论研究之后，花了巨大的篇幅来分析资本主义劳动过程的演变，考察资本主义下的雇佣劳动如何从它最初的简单协作方式逐渐发展到典型的机器大工业的劳动方式。在《资本论》第 1 卷正文第 843 页中，主要分析资本主义劳动过程演变的第十一至第十四章共计 209 页，占了近 25% 的篇幅，这还不包括涉及工人劳动状况的论述"工作日"的第八章。可见，《资本论》第 1 卷的实际内容也表明，马克思在序言中所说的"资本主义生产方式"应该指的是"资本主义劳动方式"。对资本主义劳动过程的研究是如此重要，以至于格林在概括马克思主义经济学的主要内容时，把"劳动过程"列为三大理论部分之首（其他两个部分是"价值、利润与剥削"和"资本积累与危机"）。格林的概括是否恰当虽然可以讨论，但至少说明了对劳动过程和劳动方式的研究在马克思经济学中所具有的重要地位。①

马克思在《资本论》的研究对象中首先强调资本主义"生产方式"或"劳动方式"，说明他在研究资本主义经济时，把对直接生产过程中经济关系的考察放在了基础位置，而不是首先关注分配领域中的经济关系，也不满足于对生产关系的一般抽象的理论分析。在马克思看来，资本主义剥削制度的弊端不仅仅在于资本家无偿占有雇佣工人的剩余劳动，使工人生活相对地甚至有时是绝对地贫困；而且首先在于资本主义的劳动方式使雇佣工人的劳动发生异化，从劳动者的主动行为蜕变为资本控制下的机器的附庸，成为工人的沉重负担和痛苦的一种源泉。马克思的这种思想甚至可以追溯到他的早期著作。② 因此，马克思在《资本论》第 1 卷中把对资本主义生产方式的研究和

---

① 安德鲁·格林：《新帕尔格雷夫经济学大辞典》第 3 卷，经济科学出版社 1992 年版，第 420～424 页。

② 在《1844 年经济学哲学手稿》中，马克思就从两个方面考察了资本主义条件下"劳动的异化行为。第一，工人同劳动产品这个异己的、统治着他的对象的关系。……第二，在劳动过程中劳动同生产行为的关系"。他指出："劳动为富人生产了奇迹般的东西，但是为工人生产了赤贫。劳动创造了宫殿，但是给工人创造了贫民窟。劳动创造了美，但是使工人变成畸形。劳动用机器代替了手工劳动，但是使一部分工人回到野蛮的劳动，并使另一部分工人变成机器。劳动生产了智慧，但是给工人生产了愚钝和痴呆。"（《马克思恩格斯全集》第 42 卷，人民出版社 1979 年版，第 94、93 页。）

批判置于首位。非常遗憾的是，马克思政治经济学的这一传统，在后来的马克思主义经济理论研究中基本上被忽视和丢弃了。造成这种不正常现象的原因和历史背景，布雷弗曼作了深刻论述。一方面，在资本主义国家，20 世纪的许多重大事件吸引了马克思主义者的注意力，两次世界大战、法西斯主义、30 年代大萧条、无产阶级革命和民族解放运动等支配着马克思主义的分析工作，而科学技术发展、生产率增长和工人阶级消费水平的提高也影响了工会运动的走向，工人把更多注意力转到对劳动产品占有份额的讨价还价上，"对生产方式的批判已让位于对作为一种分配方式的资本主义的批判"。另一方面，在社会主义国家，如苏联，由于生产技术和经济水平落后，农民散漫的劳动传统根深蒂固，共产党人更加羡慕发达资本主义的科学技术、生产制度和有组织的劳动过程，并以敬畏的心情把资本主义生产方式"看做是它必须去学习和借鉴的榜样，而且如果苏联要赶上资本主义并为社会主义打下基础的话，它就得模仿这一榜样"。实际上，"苏联的工业化是模仿资本主义模式的，……采用一种仅仅在细节方面不同于资本主义国家的劳动组织"。总之，"全世界的马克思主义者都感到这种意识形态的影响：马克思以谨慎的保留态度论述的资本主义技术，和他以激烈的敌对态度论述的劳动组织和劳动管理，现在都成为相当可以接受的东西了"。[①] 布雷弗曼的研究终于打破了这种倾向。这位美国马克思主义学者继承《资本论》的传统，对现代资本主义的生产方式进行了后续性的深入研究和批判。他于 1974 年出版的《劳动与垄断资本》，应看做是第二次世界大战后最重要的马克思主义经济学著作之一。

二

资本主义社会的劳动方式作为特殊的资本主义生产方式，具有若干基本特征。这些特征根源于资本主义劳动过程的特殊性质。资本主义劳动过程不仅生产商品和劳务，同时创造价值和剩余价值，这构成资本生产和资本积累

---

① 哈里·布雷弗曼：《劳动与垄断资本——二十世纪中劳动的退化》，商务印书馆 1979 年版，第 11~15 页.

的现实基础。资本家和工人首先在市场上发生契约关系，资本家以提供一定工资报酬为代价，购买工人一定时间的劳动力使用权。这是法律形式上的平等交换，而后便在资本家的工厂中开始了生产商品的劳动过程。既然工人的劳动力使用权在此期间已让渡给资本家，工人的劳动当然只能在资本家的管理下进行，他们支出的劳动以及所生产的产品也只能归资本家所有。由于工人在整个劳动过程中创造的产品价值超过了资本家支付给工人的工资品价值，其剩余部分便被资本家无偿占有，形成了资本家对工人剩余劳动的剥削关系。设剩余价值中资本家个人消费部分和积累部分的比例已定，则劳动过程中创造的剩余价值量越大，能够进行积累的资本量也越多。因此，在追求利润最大化和积累最大化的无穷欲望驱使下，资本家的本能就是要让工人在劳动过程中创造尽可能多的剩余价值和利润。

在这种社会关系下所进行的劳动过程，必然包含着资本家和工人不同的利益目标。资本家的愿望是让工人生产出尽可能多的产品价值与剩余价值，是利润最大化，所以希望工资尽可能低，劳动时间尽可能长，劳动强度尽可能大，劳动效率尽可能高，以达到成本最低和利润最大的目的。工人的想法则不同，因为付出更多劳动所生产的产品并不归他们所有，自然没有工作积极性，而是希望工资越高越好、劳动时间越短越好、劳动强度越小越好。这种不同利益目标产生的矛盾由于下面这个事实而变得更加尖锐：工人出卖给资本家的只是一定时间的劳动力使用权，是潜在的劳动力而不是现实的劳动量。在一定的劳动时间内，比如说一天 8 小时，工人工作努力与否，所提供的实际劳动量会有很大差别。因此，对资本家来说，管理劳动过程经常面临的一个关键问题就是，如何把工人的潜在劳动力转化为最大限度的现实劳动量。

资本主义劳动过程既是一种社会过程，也是一种技术过程。在劳动过程中，工人要在特定技术条件下与生产资料相结合，通过分工与协作进行集体劳动。任何集体劳动都需要管理，以协调劳动者与生产资料的技术配置以及各个劳动者之间的生产步调，这就如同一个乐队需要有一个指挥来协调一样。由劳动过程的技术关系所产生的管理要求作为起协调作用的管理职能，是任何大规模生产和集体劳动都不可或缺的。但是对于资本主义劳动过程的管理来说，仅有协调功能是远远不够的。协调能使资本主义生产有条不紊地进行，但不一定能保证生产出最大限度的剩余价值，而后面这一点才是资本主义生产的核心要求。"资本家的管理不仅是一种由社会劳动过程的性质产生并属于社会劳动过程的特殊职能，它同时也是剥削社会劳动过程的职能，因而也是由剥削者和他所剥削的原料之间不可避免的对抗决定的。"① 为了达到这个目的，资本就需要控制劳动过程。协调是技术上的需要；控制则是社会关系的需要，正是它构成资本主义生产管理的本质特征。布雷弗曼非常形象地指出："像使用缰绳、马笼头、踢马刺、胡萝卜和马鞭子的骑士一样，资本家从小受到的训练就是将自己的意志强加于人，竭力通过管理进行控制。控制的确是一切管理制度的中心思想，这已为一切管理理论家所承认，或是默认，或是直言不讳。"② 如一个叫莱劳韦尔的人就说："有效的管理就是控制。这两个词在某种意义上是可以互相替换的，因为没有控制的管理是不可想象的。"③ 近来有一则信息可与这种高论相呼应，一位电子工业的巨头（他在中国大陆的企业被批评为"血汗工厂"，或被称为"压力锅"）私下对人说："management 这个词翻译成'管理'不好，应该译成'管控'。"

由资本家组织、指挥和管理的劳动过程，是资本主义关系下的一种社会组织。"这样的社会组织可以被认做为一个控制体系。这是雇主管理劳动场所的手段。一个资本主义的劳动场所几乎从来就不是民主地组织起来的，它自上而下地运行。既然雇主组织劳动的原因是生产商品以获得利润，控制体系就被设计用来增强雇主榨取工人劳动的能力。"④ 企业中的控制体系体现了资本对工人的直接控制，包括大体同时存在但在不同场所不同时期有所侧重的

---

① 《马克思恩格斯全集》第 23 卷，人民出版社 1972 年版，第 368 页。
② 哈里·布雷弗曼：《劳动与垄断资本——二十世纪中劳动的退化》，商务印书馆 1979 年版，第 63 页。
③ 哈里·布雷弗曼：《劳动与垄断资本——二十世纪中劳动的退化》，商务印书馆 1979 年版，第 63 页。
④ 塞缪尔·鲍尔斯等：《理解资本主义：竞争、统制与变革》，中国人民大学出版社 2010 年版，第 278 页。

几种主要控制方式。第一,强力监督。在小企业中,老板往往直接监督生产;在大企业中,雇主则建立科层式的等级制度,由管理者对雇员进行层层监督,车间和工段都有工头或领班监管工人劳动。其监管方式可以是温和的劝诱也可能是粗暴的强制,对不努力或不称职的工人采取呵斥、处罚甚至开除的办法,迫使工人紧张工作。这是最原始也最普遍的控制制度,从资本主义企业开始出现直到资本主义经济高度发达的当今世界,始终不同程度地存在。第二,机器驱使。当资本主义的工场手工业过渡到机器大工业后,机器的应用开辟了监督工人劳动的新手段,并使这种监督变得更为容易。机器作为工人劳动的工具,反过来成为控制工人的异己力量。资本家通过提高机器的运转速度,就能驱使工人更迅速、更紧张地工作。从早期的单个机器加速运转,到后来广泛推行的生产装配线,再到现在的计算机和互联网的运程监控,无不体现了资本运用机器控制雇员劳动的巨大力量和广泛的可能性。第三,利益激励。资本的控制从来就是大棒加胡萝卜。利益激励通常比强制监督更为有效,也更容易激发工人的自愿配合与合作。资本设计出许多激励制度,如计件工资、超额奖励、任务包干,甚至给雇员少量股票等等。在激励制度下,工人越努力就能在一定时间内拿到更多工资或得到额外收益,他们自然就会努力干活。此外,在科层制企业中,雇主可能实行一种按照资历逐渐提高雇员工资(有时与逐渐提高劳动等级或工作职位相结合)的制度来激励雇员忠诚于企业,为保全企业职位而积极工作。[①] 从长期发展趋势来看,资本对第一种控制方式的使用在相对减少,而更多依赖于第二种和第三种控制方式的运用。

资本在企业中对工人的直接控制通常由于资本借助劳动市场施加的间接控制而加强。资本主义劳动市场存在激烈的竞争关系。工人不占有生产资料,必须依靠出卖劳动力为生;而资本主义经济的常态是劳动力供过于求,大量失业工人对在业工人形成巨大压力,使他们不得不臣服于资本的支配。从这个意义上说,资本凭借劳动市场上的竞争,也形成了一种对劳动的控制力量。

---

① 以上分析参考了塞缪尔·鲍尔斯等著:《理解资本主义:竞争、统制与变革》第13章第一目。但在基本控制方式的分类上我与他们不尽相同。

这不是单个资本家对其工人的直接控制，而是整个资产阶级对工人阶级的客观控制力，但它无疑对每个资本主义企业都有影响。在经济繁荣时期，可能出现失业率下降甚至劳动力不足的局面；但资本主义经济运行的内在机制最终会使这种形势根本扭转，导致失业队伍重新扩大。资本主义雇佣劳动的经济条件决定了工人之间的市场竞争，在工人力量分散和工会力量薄弱的情况下，这种竞争尤为激烈。当工人因对工资、劳动强度或工作条件不满而试图挑战雇主的监督和控制时，资本可以用解雇、关闭工厂或搬迁企业等手段对单个或全体工人进行威慑。资本的流动性远胜于劳动力的流动性，在经济全球化和信息化的当今世界，资本的流动早已超出国界。资本所有者可以把工厂迁往发展中国家，甚至在不迁厂的情况下把部分生产任务外包出去。这不仅在国内制造出更多失业者，而且把不计其数的国外劳动力纳入到劳动市场的竞争当中，大大强化了资本对工人的客观控制力量。

很多学者认为，劳动组织、劳动方式或劳动过程决定于生产的技术条件，特别是劳动工具的性质，属于生产的技术结合方式。技术是劳动过程的物质基础，制约着各种生产要素之间以及要素投入与产出之间的关系，因此不可否认，技术条件对劳动过程具有一定约束，例如用纺织机器织布时就不能用操纵手工织布机的劳动方法。但是，技术对劳动过程的制约又并非想象的那样严格：同样是手工工具，可以采用家庭手工业的劳动方式，也可以采用工场手工业的劳动方式。这里的关键在于理解劳动过程并不是单纯由技术条件决定的，它还受到生产关系的制约。在资本主义社会，资本总是要按照它自身的目的即最大限度地生产利润和进行积累去组织由它支配的劳动过程。它不仅要对劳动过程进行控制，而且要对劳动过程施加改造，使之符合资本的利益。正如布雷弗曼一针见血指出的："我们在我们周围看到的'生产方式'，即组织和进行劳动过程的方式，是我们称为资本主义的那种社会关系的'产物'。"①

可见，以一定技术为基础的劳动过程同时受到特定生产关系的制约。正

① 哈里·布雷弗曼：《劳动与垄断资本——二十世纪中劳动的退化》，商务印书馆1979年版，第24页。

是这种以特定技术为基础并具有特定社会特征的劳动过程，包括劳动组织和劳动方式，作为生产力与生产关系矛盾运动的中介，可以称之为特定的社会生产方式。这种意义上的资本主义生产方式就是指资本主义劳动方式，即资本家组织工人进行劳动的方式。劳动方式绝不是一个单纯的技术范畴或生产力范畴，它同时也是一个社会范畴。马克思在《资本论》中深刻揭示了作为劳动方式的资本主义生产方式所具有的社会历史特征。

资本主义劳动过程的基础是劳动过程的社会化。微观方面，以企业中的大规模集体劳动为特征；宏观方面，以社会各部门劳动的相互依存为特征。这是资本主义劳动过程与前资本主义劳动过程的一个根本区别。劳动过程的社会化随着资本主义生产发展具有逐渐提高的基本趋势。在这个基础上，从工人自身的劳动行为来观察，其劳动方式有以下若干基本特征。

资本主义劳动方式的第一个特征，是工人之间不断细化的劳动分工。这种工人之间的分工早在资本主义工场手工业时期就已经相当发展了，它属于企业内部的分工或个别分工，而与社会分工相区别。马克思指出："社会内部的分工和工场内部的分工，尽管有许多相似点和联系，但二者不仅有程度上的差别，而且有本质的区别。"它们的本质区别在于：社会分工是所有社会经济的共同特征，个别分工则是资本主义经济的特殊产物；社会分工是社会自发形成的，个别分工却由资本主义管理强加于工人；社会分工的前提是生产的分散化，个别分工的前提依赖于生产的集中；社会分工以不同部门的商品交换为媒介，个别分工则以资本家把工人作为结合劳动力来使用为媒介。① 生产过程中工人的分工在现代工厂中已经发展到极高的程度。

生产中的分工首先是从劳动过程的分解开始的。把劳动过程分解为若干不同阶段并不是资本主义的发明。资本主义生产的特征在于，它不仅分解劳动过程，而且进一步分解工人，即让不同工人从事不同的劳动操作。这是两个步骤。② 亚当·斯密在谈到工场手工业分工的优越性时说，它可以减少频繁

① 《马克思恩格斯全集》第 23 卷，人民出版社 1972 年版，第 392～394 页。

② 哈里·布雷弗曼：《劳动与垄断资本——二十世纪中劳动的退化》，商务印书馆 1979 年版，第 69～71 页。

从一种工作转换到另一种工作所浪费的时间。节约劳动时间的确是分工的一个巨大优越性，但它主要发生在企业内分工的第一个步骤即劳动过程分解这一步。以斯密所举的制造扣针为例，即使没有工场手工业的分工和专业化，一个个体手工业者也不会在制成一根完整的扣针后再做第二根扣针。他可能已经把劳动过程进行了分解，通常和他的家人一起从一段时间集中于一项劳动任务到另一段时间集中于另一项劳动任务，如首先抽出制造成百上千根扣针所需要的针条，然后将它们集中拉直，然后集中截断，然后集中削尖针条的一端，等等，这同样可以节约劳动时间。所以马格林说："节约时间至多只需要每个工人在一个单独的活动中每次持续数日，而不是一生都花在上面。节约时间意味着任务的分割和活动的持续，而不是专业化。"①资本主义工场手工业的分工则是尽可能地分解工人，使不同工人只从事不同的局部操作。例如，制针手工工场的针条就要经过 72 个甚至 92 个专门从事局部操作的工人之手。②

资本主义劳动方式的另一个特征，是工人劳动的片面化、畸形化，成为局部工人。这是资本主义分工的必然结果。马克思指出：在资本主义发展的初始阶段，简单协作大体上还没有改变个人的劳动方式，而工场手工业却使它彻底地发生了革命，从根本上侵袭了个人的劳动力。"工场手工业把工人变成畸形物，它压抑工人的多种多样的生产志趣和生产才能，人为地培植工人片面的技巧。""工场手工业使工人畸形发展，变成局部工人。""独立的农民或手工业者所发挥（虽然是小规模地）的知识、判断力和意志，……现在只是对整个工场说来才是必要的。生产上的智力在一个方面扩大了它的规模，正是因为它在许多方面消失了。局部工人所失去的东西，都集中在和他们对立的资本上面了。"③

资本家之所以要在工场中发展专业化分工，关键在于资本榨取剩余价值

---

① S. 马格林：《老板们在做什么？——资本主义生产中等级制度的起源和功能》，引自柳欣、张宇主编：《政治经济学评论》2009 卷第 1 辑，中国人民大学出版社 2009 年版。

② 《马克思恩格斯全集》第 23 卷，人民出版社 1972 年版，第 381 页。

③ 《马克思恩格斯全集》第 23 卷，人民出版社 1972 年版，第 399～400 页。

的需要。专业化分工不仅提高了生产效率，增加了价值和剩余价值的创造，同时也加强了工人对资本的依附。"工场手工业工人按其自然的性质没有能力做一件独立的工作，他只能作为资本家工场的附属物进行生产活动。""起初，工人因为没有生产商品的物质资料，把劳动力卖给资本，现在，他个人的劳动力不卖给资本，就得不到利用。……分工在工场手工业工人的身上打上了他们是资本的财产的烙印。"①

资本主义劳动方式的最重要特征，是在大规模机器生产中工人劳动成为机器的附庸。机器生产是典型的资本主义劳动方式，现代大工厂成为资本主义工业的典型生产单位。在工厂中，工场手工业的分工原则继续存在，"但这种分工首先就是把工人分配到各种专门机器上去，以及把大群没有形成有组织的小组的工人分配到工厂的各个部门，在那里，他们在并列着的同种工作机上劳动"。结果是，工场手工业中旧的分工制度，"在更令人厌恶的形式上得到了系统的恢复和巩固。过去是终身专门使用一种局部工具，现在是终身专门服侍一台局部机器。……这样，不仅工人自身再生产所必需的费用大大减少，而且工人终于毫无办法，只有依赖整个工厂，从而依赖资本家"。②

资本主义机器大工业中的劳动方式彻底改变了人和生产工具的关系。"在工场手工业和手工业中，是工人利用工具；在工厂中，是工人服侍机器。在前一种场合，劳动资料的运动从工人出发；在后一种场合，则是工人跟随劳动资料的运动。在工场手工业中，工人是一个活机构的肢体；在工厂中，死机构独立于工人而存在，工人被当做活的附属物并入死机构。"这种劳动方式对工人造成的伤害是全面的。"机器劳动极度地损害了神经系统，同时它又压抑肌肉的多方面运动，侵吞身体和精神上的一切自由活动。甚至减轻劳动也成了折磨人的手段，因为机器不是使人摆脱劳动，而是使工人的劳动毫无内容。一切资本主义生产既然不仅是劳动过程，而且同时是资本的增值过程，因此都有一个共同点，即不是工人使用劳动条件，相反地，而是劳动条件使用工

---

① 《马克思恩格斯全集》第23卷，人民出版社1972年版，第399页。
② 《马克思恩格斯全集》第23卷，人民出版社1972年版，第460、462~463页。

人，不过这种颠倒只是随着机器的采用才取得了在技术上很明显的现实性。"①

以上就是马克思在《资本论》中对资本主义劳动方式基本特征的主要描述。概括地说，资本主义劳动方式或生产方式的基本特征，就是以社会化的机器生产为基础，细密的分工，工人劳动的片面化、简单化和畸形化，日益成为机器的附庸。② 这些基本特征的具体表现和严重程度在不同工人之间会有很大差别，在不同历史时期也会有显著变化；但作为基本特征，在多数工人身上大多不同程度地存在着。资本主义劳动方式的这种基本特征根源于剩余价值生产和资本控制工人劳动的需要，反映了资本主义生产关系对劳动过程的决定性影响。

马克思不仅揭示了资本主义经济关系对劳动方式的影响与塑造，同时也阐明了特殊的资本主义劳动方式的形成对资本主义经济关系最终确立的基础

---

① 《马克思恩格斯全集》第 23 卷，人民出版社 1972 年版，第 463 ~ 464 页。

② 对于马克思的这些描述，拉佐尼克提出了批评，他认为马克思过多地受到 19 世纪上半叶英国激烈的阶级斗争和恩格斯对 40 年代早期英国工人阶级状况描述的影响。恩格斯的这些描述连同当时政府大多在 19 世纪中期以前进行的对工人工作环境调查的陈述，让马克思坚信英国资本家已把工人剥削到了"身上只剩下锁链"的地步。拉佐尼克以英国 19 世纪棉纺织业的详细研究资料为主要依据，强调车间的技术工人不仅掌握着有关生产的知识，而且控制着生产的组织形式，他们已不能仅仅被称作机器的附属品了。对此有必要澄清两点。第一，马克思在《资本论》第 1 卷（主要在第八章和第十三章）中还指出，他不打算把该书的叙述延续到当前，原因之一是"马克思的《资本论》第 1 卷已经极为详细地描述了 1865 年左右，即英国的工业繁荣达到了顶点时英国工人阶级的状况"。可见，说马克思主要根据 19 世纪中期以前的资料得出结论的说法是不符合实际的。第二，拉佐尼克也承认那些掌握车间控制权的男性技术工人依靠强有力的工会组织成为"工人贵族"，但其人数在 19 世纪后期只占到英国劳工的 10% ~ 20%。既然如此，当时 80% ~ 90% 的普通工人又如何呢，他们能彻底逃脱马克思所描述的悲惨命运吗？恩格斯在上述"序言"中实际上已谈到这一点。他指出：19 世纪下半期有两种受到保护的工人的状况得到了长期的改善。第一种是工厂工人；第二种是巨大的工联，这是那些绝大部分或者全部使用成年男子劳动的生产部门的组织。"他们形成了工人阶级中的贵族；他们为自己争到了比较舒适的地位"；"但是，谈到广大工人群众，他们的穷困和生活无保障的情况，现在至少和过去一样严重"。（以上两点恩格斯有关论述，参见《马克思恩格斯选集》第 4 卷，人民出版社 1972 年版，第 276、280、281 页。）当然，在澄清上述两点后也应该说明，我们无意否定拉佐尼克著作的学术价值。他强调权力关系在塑造劳动过程中的重要作用的观点是正确的，他对英国、美国和日本工厂中劳动组织不同特征的比较分析也具有理论意义；但他把英国的衰落、美国的崛起，以及战后一个时期日本的竞争力暂时超过美国的事实主要归因于企业劳动组织和车间竞争优势这种微观层次的差异和变化，似乎也过于简单化了。离开更宏观的经济背景以及制度和政策因素，这些问题不可能得到全面科学的解释。（威廉·拉佐尼克：《车间的竞争优势》，中国人民大学出版社 2007 年版，第 70 ~ 71 页。）

性作用。在他看来，资本主义生产方式与资本主义经济关系是一种相互决定的辩证过程。对这一点，马克思《经济学手稿（1861—1863 年）》第 1 篇第六章开头的一段话讲得最为清晰："我们不仅看到了资本是怎样进行生产的，而且看到了资本本身是怎样被生产出来的，资本作为一种发生了本质变化的关系，是怎样从生产过程中产生并在生产过程中发展起来的。一方面，资本改变着生产方式的形态，另一方面，生产方式的这种被改变了的形态和物质生产力的这种特殊发展阶段，是资本本身的基础和条件，是资本本身形成的前提。"① 这段话是对前 3 章（第三章至第五章）内容的简要概括。而这 3 章手稿构成了《资本论》第 1 卷第十章到第十四章的基本素材。正是在这几章中，马克思在分析资本主义生产方式演变过程的同时，也揭示了资本关系与生产方式的辩证关系。在最初的资本主义简单协作条件下，只是资本同时雇用较多工人，和行会手工业几乎没有什么区别。由于劳动方式并未发生根本变化，资本对工人的剥削主要采用绝对剩余价值方法，工人只是在形式上隶属于资本，只是由于资本与雇佣劳动的交换形式使工人处在资本的剥削之下。但这时劳动已开始从属于资本，工人已必须在资本的监督和管理下进行劳动，因此，"生产过程中的统治和从属关系代替了生产过程中的从前的独立性"。② "这是实际的劳动过程由于隶属于资本而经受的第一个变化。"③ 随着简单协作条件下生产规模的扩大和工人人数的增多，资本出于增加剩余价值和加强控制的需要，开始在工人中实行分工，典型的工场手工业发展起来。工场手工业分工使工人的劳动方式发生了重大变化。"简单协作大体上没有改变个人的劳动方式，而工场手工业却使它彻底地发生了革命，从根本上侵袭了个人的劳动力。"④ 分工大大地提高了劳动生产率，提高了生产的社会化程度，为资本主义生产的扩大创造了条件；同时，由于工人劳动的片面化和畸形化，也强化了劳动对资本的从属，但还没有发展到对资本的实际从属的程度。"由

---

① 《马克思恩格斯全集》第 48 卷，人民出版社 1985 年版，第 36 页。
② 《马克思恩格斯全集》第 48 卷，人民出版社 1985 年版，第 7 页。
③ 《马克思恩格斯全集》第 23 卷，人民出版社 1972 年版，第 372 页。
④ 《马克思恩格斯全集》第 23 卷，人民出版社 1972 年版，第 399 页。

于手工业的熟练仍然是工场手工业的基础，同时在工场手工业中执行职能的总机构没有任何不依赖工人本身的客观骨骼，所以资本不得不经常同工人的不服从行为作斗争。"① 但是，工场手工业的发展最终为机器大工业的产生创造了前提。"工场手工业时期通过劳动工具适合于局部工人的专门的特殊职能，使劳动工具简化、改进和多样化。这样，工场手工业时期也就同时创造了机器的物质条件之一，因为机器就是由许多简单工具结合而成的。"② 随着机器大工业的形成和发展，工人的劳动方式发生了根本性变化，相对剩余价值生产成为资本榨取剩余价值的主要方法（但不排斥在增加相对剩余价值的同时可能增加绝对剩余价值），劳动生产率大幅度提高，社会化生产力发展到新的高度，特殊的资本主义生产方式终于形成，为资本主义生产关系的普遍建立和最后巩固奠定了坚实的物质基础。与此同时，由于工人已成为机器的附庸，才真正实现了劳动对资本的实际的从属。"在这里不仅是形式方面发生了变化，而且劳动过程本身也发生了变化。一方面，只是现在才表现为特殊生产方式的资本主义生产方式，改变了物质生产的形态。另一方面，物质形态的这种变化构成资本主义关系发展的基础。"③ 由此可以看到：在资本主义社会形成过程中，"一定水平的生产力在以一定方式进行的生产活动中得以应用和发展，也正是这种以一定方式进行的生产活动再生产出人与人之间的生产关系。生产力和生产关系都应立足于劳动范畴加以规定"④。

弄清马克思关于资本与生产方式的相互作用，是理解他的"生产力—生产方式—生产关系"原理的关键。否则，我们就会产生疑问：既说资本主义特有的生产方式是在生产力发展基础上由资本主义关系决定的，又说资本主义生产关系要与资本主义生产方式相适应，这岂不是相互矛盾？其实它们之间的关系本来就是辩证的，由此才能真正理解马克思在《资本论》第 3 卷第五十一章那个总结性的论断："资本主义生产方式是一种特殊的、具有独特历

① 《马克思恩格斯全集》第 23 卷，人民出版社 1972 年版，第 406 页。
② 《马克思恩格斯全集》第 23 卷，人民出版社 1972 年版，第 379 页。
③ 《马克思恩格斯全集》第 48 卷，人民出版社 1985 年版，第 18 页.
④ 孟捷：《马克思主义经济学的创造性转化》，经济科学出版社 2001 年版，第 56 页。

史规定性的生产方式；它和任何其他一定的生产方式一样，把社会生产力及其发展形式的一定阶段作为自己的历史条件……同这种独特的、历史规定的生产方式相适应的生产关系……具有独特的、历史的和暂时的性质；最后，分配关系本质上和生产关系是同一的，是生产关系的反面，所以二者都具有同样的历史的暂时的性质。"① 这样，再回过头来看马克思在《资本论》第1版序言中所说，我要在本书研究的是"资本主义生产方式以及和它相适应的生产关系和交换关系"，就不会引起什么误解或者觉得有什么难以理解的了。

三

马克思的《资本论》写于19世纪中后期，书中对资本主义生产方式的分析符合当时资本主义国家的实际情况。但是，进入20世纪以后，资本主义的生产技术和经济条件已经发生了巨大变化，资本主义劳动过程是否仍然具有《资本论》中所描述的基本特征呢？马克思的劳动过程理论是否还具有现实意义呢？这正是布雷弗曼在《劳动与垄断资本》中要回答的问题。尽管20世纪的资本主义已经大大不同于19世纪，工人阶级的劳动条件和生活水平已经大为改善，19世纪大多数工人那种悲惨的劳动和生活状况已不复存在，但布雷弗曼还是从理论和实证两方面说明，资本主义劳动过程在很大程度上仍保持着马克思所揭示的基本特征。

首先是分工和专业化的继续发展。工人分工的日益细化不但可以强化资本对劳动的控制，而且有利于降低劳动成本。布雷弗曼强调了后一因素对于推动资本主义分工的重要性。他指出：在亚当·斯密以后的半个世纪里，这一原因从未得到明确的论述和强调，直到查尔斯·巴贝奇的著作问世。巴贝奇通过分析揭示出：在以买卖劳动力为基础的社会里，划分工艺会降低其各个部分的工价。换句话说，为了用廉价劳动力代替较昂贵的劳动力，一个重要办法就是尽可能地细分劳动工艺，将较复杂的技术性劳动分解为各种简单的重复性操作，从而把从事简单操作的工人的工资大大减低。"巴贝奇的原理

---

① 《马克思恩格斯全集》第25卷，人民出版社1974年版，第993页。

是资本主义社会分工发展的基本原理。它所反映的不是分工的技术方面，而是分工的社会方面。……用市场术语来说，这就是：能够完成全过程的劳动力，作为各种分离的成分来购买时，要比作为一个工人的全部能力来购买时便宜。巴贝奇的原理最早应用于手工业，后来又应用于各种使用机器的行业，终于成为支配资本主义社会各种劳动的基本力量，不论这种劳动的背景是什么，也不论是处于什么等级。"①

随着机器大工业的发展，进入 20 世纪后，资本主义企业内部继续了分工细化的趋势。20 世纪 10 年代美国福特公司开始实行汽车组装的装配线生产。在汽车装配线上，工人被安排到各个不同的劳动岗位，各自分别从事整个装配工作中的一个不断重复的局部环节，成为进行某种简单操作的熟练工。在福特公司的较早年代，劳动过程主要是由技术工人控制的，他们通常能决定劳动的强度和生产效率。但在 1913 年 10 月，标准的装配线开始运转并经过仔细的动作研究后，汽车底盘的装配工作在 140 个装配工人间进行了分工，他们沿着 150 英尺长的装配线一字排开，在一天 9 小时劳动中要完成 435 个底盘配件的安装。②福特公司的装配线是一个首创，此后装配线在其他汽车公司和许多制造业部门广泛推行，并且逐渐推广到其他资本主义国家，使劳动过程中的分工得以进一步强化。装配线成为战后资本主义装配制造企业生产的突出特征。

资本主义劳动过程中仍然存在着使普通工人日益成为单纯操作者的趋势，布雷弗曼用"概念与执行相分离"来概括这种趋势。"概念与执行相分离"是泰罗所开创的科学管理的核心原则，尽管泰罗制声誉不好，实际上它已成为现代资本主义企业管理的基石。布雷弗曼把泰罗制的科学管理概括为三条原则。第一条是"使劳动过程和工人的技术分离开来"。其方法是搜集工人过去所有的一切传统技术知识，加以分类、列表使之变成规则和公式，将其简化为具体的操作规则。这就为劳动过程与工人传统的知识和手艺相脱离提供

---

① 哈里·布雷弗曼：《劳动与垄断资本——二十世纪中劳动的退化》，商务印书馆 1979 年版，第 75～76 页。

② David Gartman. "Origins of Assembly Line and Capitalist Control of Work at Ford", in Andrew Zimbalist. *Case Studies on the Labor Process.* New York：Monthly Review Press，1979，P. 202.

了可能。第二条是"使概念和执行分离"。即把一切脑力工作从车间转移出去集中到计划或设计部门，而让工人成为单纯的操作者和执行者。工人的劳动不再在自己的概念指导下进行，他们便失去了劳动的自主性，只能按照资本所规定的要求和速度工作。第三条是经理部门"利用这种对知识的垄断来控制劳动过程的每一个步骤及其执行方式"。管理部门事先订出计划，向工人详细说明他们应该完成的任务以及工作时所用的方法。这表明劳动过程的一切因素已进行有系统的预先计划和计算，完全由管理部门控制。上述泰罗制的三项原则中最核心的是第二条，布雷弗曼将其概括为"概念与执行分离"而不是"脑力劳动和体力劳动分离"，是因为即使主要从事脑力劳动的办公室工作，也要服从这一概念与执行分离的原则。① 当资本把"科学管理"原则应用到办公室工作，使办公室也受到所谓"合理化"过程的影响时，思考和计划等职责就日益集中到办公室内越来越少的一些人身上，而对于大多数雇员来说，办公室就像工场一样也成了体力劳动的场所。

多数工人的劳动技能趋于简单化和程式化的现象也继续存在，这被称为工人的"去技能化"（deskilling）。由于在工人中不断进行细密的分工使之成为局部工人，由于把劳动中的概念和知识尽可能转移到管理部门，这些工人必然丧失（或者从未掌握过）其生产知识和技能，退化成只会进行局部简单重复性操作的熟练工。在现代资本主义社会，大多数熟练工是机械操作工，并因为他们在使用机器，被认为是具有一定技术或技能的。这是一种误解。熟练不等于技能，虽然技能包含着熟练。"技能这一概念在传统上是和精通一种工艺密切相关的——这就是说，既要懂得进行某一种生产工作时所需用的材料和过程，在实际操作时又要作得纯熟灵巧。"掌握技能意味着具有一定的知识基础，并通常需要几年的学习训练，再经过若干年的实际经验的积累。西方传统的学徒工学徒年限很少低于 4 年，甚至有的长达 7 年之久。相比而言，简单的操作工或熟练工通常只需要几天或几个星期的训练，就能掌握一

① 哈里·布雷弗曼：《劳动与垄断资本——二十世纪中劳动的退化》，商务印书馆 1979 年版，第 103~110 页。

种操作，几个月的培训期已被认为是非常高的要求了。①

工人劳动的去技能化在资本主义工业化过程中表现得最为突出，这种现象被"社会积累结构"学派称为劳动的"均质化"（the homogenization of labor）。他们指出：美国的劳动均质化主要发生在 1873 年前后到第二次世界大战前这个时期。劳动均质化的技术基础是工业发展过程中的生产机械化和资本/劳动比率的迅速提高。美国制造业的实际资本/劳动比率指数在 1870 年为18.4，到 1930 年已大幅上升到 100.0，1970 年进一步提高到 136.0。劳动均质化意味着多数工人的劳动技能下降，技能差别趋于缩小和接近。其具体表现是熟练工（即统计上所说的半技能工人）和粗工的比重迅速扩大。在美国制造业全部男性雇员中，操作工和粗工所占的比重从 1870 年的 38.6% 提高到1900 年的 42.0%，再到 1930 年的 55.0%。② 这种劳动均质化所形成的关系也被称为"驱赶制度"（drive system），它涉及三个主要层面：由机械化和职业调整所促进的工作重组导致生产工人的就业日趋均质化；规模迅速扩张的工厂中工资劳动者更加失去个性化特征（impersonality）；工头作用的不断扩大使新的控制制度具有更强烈的监督功能。③

第二次世界大战后，资本主义国家开始了新的科学技术革命，伴随着电子技术、计算机技术等新兴科技的兴起，生产过程逐渐向半自动化和自动化方向发展。这个新科技革命对劳动者的影响比较复杂。由于研究与开发活动激增、更复杂机械系统的应用等等，对科技专业人才和高端技术工人的需求增加了；但另一方面，多数普通工人仍然无法摆脱分工细化和劳动去技能化的命运。就美国来说，发轫于战前而形成于战后的这种趋势被"社会积累结构"学派概括为劳动市场的"二元化"。④ 他们指出：资本主义生产已分化为

①　哈里·布雷弗曼：《劳动与垄断资本——二十世纪中劳动的退化》，商务印书馆 1979 年版，397～398 页。

②　David M. Gordon, Richard Edwards, Michael Reich. *Segmented Work*, *Divided Workers*. Cambridge: Cambridge University Press, 1988, P. 230.

③　David M. Gordon, Richard Edwards, Michael Reich. *Segmented Work*, *Divided Workers*. Cambridge: Cambridge University Press, 1988, P. 128.

④　David M. Gordon, Richard Edwards, Michael Reich. *Segmented Work*, *Divided Workers*. Cambridge: Cambridge University Press, 1988.

一级劳动部门和二级劳动部门，前者指核心大企业的劳动市场和劳动过程，以生产技术先进、白领雇员较多、平均收入较高和就业相对稳定为特征；后者指边缘企业的劳动市场和劳动过程，以生产技术水平较差、普通工人特别是熟练工人比重较大、平均收入水平较低和就业相对不稳定为特征。一级劳动市场通过资本与工会的合作建立起劳资议价谈判的新的控制制度，以雇员工资随劳动生产率增长而适当提高为条件，换取资本对调整劳动组织的决定权和控制权；二级劳动市场则仍保持着较早期的控制方式即"驱赶制度"，主要利用生产机械化和提高劳动强度实现机器控制，广泛实行监工制，减少对技术工人的依赖。一级劳动市场，又可分为独立的一级劳动市场和从属的一级劳动市场，前者主要指核心企业中的专业工作、管理工作和技术工作，这些雇员多是通过正规教育获得知识，劳动中的技能含量较高，其劳动报酬也较高，工作更稳定；后者主要指核心企业中半技术的蓝领工人和白领雇员，他们的教育程度较低，大多是在企业工作过程中获得的技能，主要从事比较常规性的和相对重复性的工作，因而他们的劳动报酬较低，工作稳定性也较差。在这种劳动市场二元化的情况下，就工人的劳动方式而言，独立一级劳动市场的雇员其劳动技能是趋于提高的；而从属的一级劳动市场和二级劳动市场的工人，多数仍经历着分工细化和去技能化的趋势。从统计分析来看，在美国全部非农业就业人员中，独立一级劳动市场雇员所占比重从 1950 年的 27.8% 上升到 1970 年的 32.8%；从属一级劳动市场雇员从 37.2% 下降到 31.0%；二级劳动市场雇员从 35.0% 提高到 36.2%。[1]

生产自动化对工人的影响可以机器车间为例来说明。数字控制和其他许多控制系统在工业上的广泛应用是从 20 世纪五六十年代美国的电子革命开始的。[2] 电子革命为控制仪表提供了廉价而可靠的电路系统。它从晶体管开始，而后有了集成电路，再发展到可组合大型集成电路的集成电路块。其批量生

---

① David M. Gordon, Richard Edwards, Michael Reich. *Segmented Work*, *Divided Workers*. Cambridge: Cambridge University Press, 1988, P. 211.

② 哈里·布雷弗曼:《劳动与垄断资本——二十世纪中劳动的退化》, 商务印书馆 1979 年版, 第 176~182 页。

产使成本和价格大幅下降而效能迅速提升，构成了控制工艺发生变更的基础。1968 年成为转折点，当时数控机床只占 1%，而该年装运的新机床中配备了数控附件的占到 20%。数控机床提高了效率和精度，使金属切削过程自动化，本可以将其使用过程统一到熟练机工手中，因为他们已经掌握了程序设计所需要的实际知识。但实际上，由于数字控制下的机械过程提供了分解劳动的机会，结果是工人进一步被细分，掌握技术的熟练机工被三种工人所代替。第一种是"程序设计员"，他们把工程图转化为设计图，要求看清工程图上的各项规格并记录到设计图纸上，这只需要具备手艺学徒在头几个月所学到的能看懂蓝图的知识，加上基本的加减法演算知识和使用机器性能的标准数据知识。第二种是"程序带穿孔员"，其任务是把设计图表变成机器可读的形式，通常用简单的编码机制成穿孔纸带。这种工作用少女即可，几天就能学会，几个星期或几个月即可达到最佳效率。第三种是"机床操作工"，只需拥有简单的技能就可以胜任，尽管他们需要了解所使用的设备，接受应有的训练，懂得几种已规定好的简单的例行工作，但并不具备熟练机工的技能。结果是，工人的细分使每个部分的劳动都简化了，其工价也必然降低。程序设计员和穿孔员的工资要大大低于原来的熟练机工自不待说，现在机工的工资也会比原来的熟练机工低。因为培养和训练一个用常规方法和常规机器来制造部件的工人所需成本与培养和训练一个用数字控制的机器系统来制造同样部件的工人所需成本之比大约是 12∶1。自动化对工人的影响及其控制方式并不限于金属切削机器，它也发生在多种生产工艺和生产部门中。关于生产自动化对工人技艺的一般影响，布雷弗曼引用了布赖特的研究结论："技艺条件与自动化程度之比越来越往下降，而不是往上升，这一点并未得到普遍的承认，有人甚至没有加以考虑。"布赖特把工业的机械化程度由低到高分为 17级，指出：机械化处于 1～4 级时，工具完全由工人控制，技艺水平是上升的；5～8 级时，虽采用机器控制但仍要靠工人，所以有些技艺水平上升，但许多技艺水平下降；9～11 级时，机器处于外部控制，大多数技艺水平下降；12～17 级即最后的 6 个级别中，完全自动化，机器自动更改动作，这时从知识和经验直到做出决定等每一个技艺指标，都急剧下降。①

生产的机械化和自动化不仅影响车间的蓝领工人，也影响到办公室的白领雇员。早期的办公室职员的数量很少，且都是全能型的工作人员，要处理业务流程的所有环节，包括工作的组织和实施、执行各种不同任务，并通常要承担广泛的行政责任。当时办公室的工作组织让职员的技能得到发展，他们被视为某种专家或经营者的一部分，地位和收入都较高。现代大型企业办公室的情况已经完全不同。20 世纪特别是第二次世界大战后，由于大公司的发展和科学技术进步，办公室工作的规模急剧扩大，主要从事生产的研发、设计、安排和控制，价值转移的记录、计算和审计，投入品的购买和产品的销售，等等。办公室工作已转化为大规模的独立劳动过程，资本便开始把生产车间使用的"科学管理"方法推行于办公室工作，使办公室雇员的分工不断细化。大量职员被组织到不同的下属职能部门，各部门的职员又按照任务进一步细分。因而在大型组织中，"书面工作"最突出的特征就是对任务的精心细密的分工和职员工作的极端专业化。例如，在美国一个大型保险公司里，2000 名职员分别具有超过 350 个不同的职位名称。② 当一些办公室机械特别是计算机系统陆续引入企业后，大多数办公室工作便逐渐实现了机械化和自动化。计算机首先用于大规模例行的重复性工作，如关于工资单、账单、收付款、抵押账目、存货控制、保险统计和红利计算等工作，很快又应用于新的复杂任务，如推销报告、成本会计、市场研究、佣金计算直到一般会计工作。办公室会计程序的计算机化把整个体系的那些熟练人员特别是簿记员的地位削弱了。例如在银行业办公室里，由于电子簿记机的使用，簿记员几乎完全变成机器操作员。出纳员曾经是银行中的重要职位，但由于附属于机械电子设备，他们已变成类似超级市场货币柜台上的结账员。此外，如管卷宗的办事员、打字员、拣信员、电话接线员、存货管理员、接待员、编制工资单和

---

① 哈里·布雷弗曼：《劳动与垄断资本——二十世纪中劳动的退化》，商务印书馆 1979 年版，第 193 ~ 196 页。

② Evelyn Nakano Glenn, Roslyn L. Feldberg. "Proletarianizing Clerical Work: Technology and Organizational Control in the Office" in Andrew Zimbalist. *Case Studies on the Labor Process*. New York: Monthly Review Press, 1979, pp. 53 – 54.

计时办事员、装运和收货办事员等等，也都得从事或多或少机械化了的例行工作。大多数办公室人员实际上成为操纵各种办公机械的工人，他们的劳动趋于简单化程式化，劳动紧张程度不断提高。由于各种办公机械和计算机的应用，办公室的管理部门也可以像工厂一样把办公机器作为一种控制武器。[①] 不断扩大的办公室工作也日益成为女性的主要劳动领域。美国在 1900 年时办公室雇员主要是男性。但从 1900 年到 1977 年，美国办公室职员从 77 万增长到 1610.6 万，由占全部雇员的 2.6% 提高到 17.8%；其中女性职员从 20.4 万上升到 1271.5 万，由占全部职员的 26.5% 提高到 78.9%。[②] 以女性为主体的办公室职员由于工作的片面化、机械化和简单化，其社会地位和经济地位明显下降。1900 年时，美国铁路和制造业办公室雇员的年平均薪金约为生产和运输工人年平均工资的两倍；而到 70 年代初，美国办公室专职工作的通常每周中等工资已低于各种所谓蓝领工作的工资。[③]

在办公室职员以外，另一个似乎和生产车间工人不同的劳动群体是服务业工人。20 世纪以来，服务部门的劳工在全部雇佣劳动中的比重不断扩大。1900~1970 年，整个就业人数的增长不到 3 倍，而服务行业职工的增长则超过 9 倍，达到 900 多万人。如再加上零售业中的大约 300 万人，服务人员和零售人员就构成 1200 多万人的劳动大军。当时在服务业职工中，大多数工作集中在清洁服务和看管房屋，以及厨房和食品服务两大领域。清洁服务、饮食服务加上个人服务三大类人员共计超过 600 万人，占到服务业劳工总数的 67%，其中女性超过男性。服务业中，除警察警官、消防队员、高级厨师、高级美发师、航空乘务员、实习护士等几个特殊类别外，大部分人所从事的是比较简单的和重复性的劳动。他们所需要的训练是最低限度的，向上提升

① 哈里·布雷弗曼：《劳动与垄断资本——二十世纪中劳动的退化》，商务印书馆 1979 年版，第 296 页。

② Evelyn Nakano Glenn, Roslyn L. Feldberg. "Proletarianizing Clerical Work: Technology and Organizational Control in the Office", in Andrew Zimbalist. *Case Studies on the Labor Process*. New York: Monthly Review Press, 1979, P. 55.

③ 哈里·布雷弗曼：《劳动与垄断资本——二十世纪中劳动的退化》，商务印书馆 1979 年版，第 393、260~261 页。

的阶梯几乎不存在，而失业率却高出一般水平。就零售业来说，商业形态的
变革和新技术的应用，已使许多零售工作人员大体上成为类似工厂里的机械
操作工。例如在零售食品业，以前需要全能的食品杂货店员、水果蔬菜商人、
乳制品商人、屠夫等等；而现在，这种需要已为超级市场中的一种劳动结构
所取代，即卡车卸货员、货物上架员、结账员、包装员和切肉员，他们中只
有切肉员还保留一点类似技能的东西，其他人全都不需要关于零售业的一般
知识。商品均附有条形码，结账员运用扫描器迅速结账，现金收入记录系统
已为计算机化的自动结账系统所代替，结账柜台已把形式最完整的装配线或
工厂速度采为己用。多数服务劳动和零售劳动已经简单化、程式化和部分的
机械化，从他们的平均工资等级也可得到证实。在服务性职业中，挣工资或
薪金的工作人员通常每周收入的中间数比农场工人以外的任何职业类别都低。
1971 年 5 月，这个中间数是每周 96 美元（不包括 50 万私人家庭仆役，加上
他们是 91 美元）；而办公室人员为每周 115 美元，非农场劳工为每周 117 美
元，机械操作工为每周 120 美元。在同一月内，专职零售人员工资的中间数
是 95 美元，表明这一类别更接近于服务性职业，而不接近于其他任何重要职
业类别。①

四

布雷弗曼的著作问世后，在马克思主义学术界带来了对资本主义劳动过
程研究的复兴。他在赢得高度评价和众多赞同者的同时，也受到大量的甚至
是严厉的批评，并引起了马克思主义学者（包括经济学家、社会学家等等）
有关劳动过程问题的长期争论。

第一类批评涉及工人阶级的反抗和阶级斗争问题。一些批评者指责布雷
弗曼忽视和低估了阶级斗争在劳动过程形成中的作用，认为在他的描述下，
资本似乎可以不受抵抗地单方面地对劳动过程实行控制，泰罗制和技术似乎

① 哈里·布雷弗曼：《劳动与垄断资本——二十世纪中劳动的退化》，商务印书馆 1979 年版，第
328~329 页。

可以随意被引进作为统治工人的强制性制度。在这些批评者看来，泰罗的著作不过只是泰罗的想法和理论，布雷弗曼却将其解读为仿佛是真实的过程。①批评者还引用实例说明工人对泰罗制的顽强抵抗，以及泰罗制往往并不能成为实际的控制方法，等等。应该说，这类批评在很大程度上是对布雷弗曼著作的一种误读。《劳动与垄断资本》一书的目的，是探讨资本主义劳动过程演进的客观趋势，揭示当代资本主义社会工人劳动的基本状况。论述的出发点当然是资本主义对抗性的阶级关系，但重点却不是工人阶级反抗资本的斗争。他在"导言"中明确指出了这一点："我已经把研究的范围扩大了，现在让我赶快给它定个轮廓分明的界限。我不打算讨论现代工人阶级的觉悟、组织或活动的水平。这是一本关于作为一个自在阶级而不是作为一个自为阶级的工人阶级的书。我明白，在许多读者看来，似乎我已把这一主题中最紧要的部分略去了。……首先需要的是，按照资本积累过程给劳动人民造成的形象如实地描绘工人阶级。"② 即使布雷弗曼做了这种限定，他在著作中还不时提醒读者，资本对劳动过程的控制程度仍要受到工人阶级反抗的影响。例如他在第八章论述管理部门设想把工人当作机器来操纵时特别加上一个小注说明："这里是从管理部门的观点来描述一种'理论上完美的'系统，并不是试图描述事态发展的实际情况。这里我们姑且略而不提工人是难于驾驭的，也不提生产的平均速度多半要经过一番——不论有组织的还是没有组织的——斗争才能规定出来。因此，管理部门操纵的机器有其内部的摩擦，不论以机械为机器还是以人为机器，都是这样。"③ 齐波里斯特在为布雷弗曼辩护时也指出：布雷弗曼完全了解工厂工人的反抗和泰罗制的各种变体，以及一般说来资本主义控制劳动过程企图的局限性。他并没有十分注重泰罗制的细节，而是关注于泰罗制作为资本主义管理意识的表现，以及作为一种新的劳动分工和工

---

① Craig R. Littler. *The Development of the Labour Process in Capitalist Societies*. Heinemann Educational Books，1992，pp. 28 – 30.

② 哈里·布雷弗曼：《劳动与垄断资本——二十世纪中劳动的退化》，商务印书馆 1979 年版，第 29 页。

③ 哈里·布雷弗曼：《劳动与垄断资本——二十世纪中劳动的退化》，商务印书馆 1979 年版，第 161 页。

作场所基本重组的反映。他对管理部门的时间、动作研究感兴趣不是因为实际上可能对每个工人的动作进行详细控制，而是因为它反映了资本把工人看做是机械部件的这种占支配地位的意识形态。①

但也需要指出的是，如果引入阶级斗争的影响，特别是不同国家不同部门阶级力量对比的实际状况，企业劳动过程的组织和方式可能会有重大差别。如英国由于工联主义的强大，棉纺织工业部门的技术工人保持了对技术选择的较大影响和对车间劳动过程的一定控制权。这形成英国棉纺织业与美国同类部门（以管理层控制为特征）在劳动过程上的差异。② 虽然英国资本家选择技术工人控制而不是管理层控制当时符合资本的利益，并且技术工人（机器看护工）控制意味着非技术工人（大小结线工）承受更沉重的劳动负担与剥削，但它终究对技术工人有利，并且体现了技术工人有组织力量的作用。因此，拉佐尼克强调生产关系中的具体权力结构对劳动过程的影响是有道理的。

第二类批评涉及工人阶级的主观性问题。批评者认为，布雷弗曼把劳动过程研究限定在客观主义框架内而不考虑阶级的主观层面的方法是错误的。由于布雷弗曼将阶级的主观内容等同于阶级自身的觉悟、组织与活动，他就完全忽略了在科学技术革命中所展现出来的工人的主观性因素。③ 布若威断言："如果说工业社会学从问题就提错了，而马克思主义则是提出了正确的问题却给出了错误的答案。马克思主义者——从马克思到布雷弗曼——坚持认为强制是从劳动力中榨取劳动的手段。……布雷弗曼聚焦于工作'去技术化'的历史变迁，却忽视了工作层面的主观性。"布若威根据他于 1974～1975 年期间在美国联合公司（前身为吉尔公司）机械车间做工人的实际体验和调查，研究了 1944～1974 年企业劳动过程中生产政体（rejime of production）的变迁，强调吉尔公司和联合公司代表了资本主义劳动过程的两种不同类型：前一种是专制的工作组织，威压明显地胜过了同意；第二种是霸权的工作组织，

---

① Andrew Zimbalist. *Case Studies on the Labor Process*. New York：Monthly Review Press，1979，P. 13.
② 威廉·拉佐尼克：《车间的竞争优势》中国人民大学出版社 2007 年版。
③ David Knights，Hugh Willmott. *Labour Process Theory*. New York：Macmillan，1990，P. 15.

基于同意压倒了威压。他认为工人的这种"同意"就是在生产场所"制造"出来的，因为"资本主义劳动过程的确定本质是同时掩饰和赢得剩余价值"。他论述了"生产"同意的三种机制：劳动过程被组织成一种（在计件工资基础上）争取超额的游戏；（企业）内部劳动市场通过按资历调配有利工作岗位培育了工人对企业的承诺；（企业）内部国家则通过联合使用申诉制度和集体议价制度具体调整了工会与资方的利益。"所有这些促成了个体主义的成长、等级冲突的散布以及资本家与劳动者、经理与工人之间利益的具体协调，从而也就促成了掩饰并赢得剩余劳动。"① 对于布若威的上述批评应当有所分析。事实上，布雷弗曼在书中强调的资本主义管理的本质特征是控制，而控制并不等于强制。他在论述"管理的起源"的第二章中，特别谈到资本主义早期的管理需要运用强制方法，采取了种种苛刻而专横的方式，包括工厂内部法律上的强制做法和超法律的惩罚结构。而在现代条件下，（他引用历史学家厄威克的著作说）："整个控制过程经历了一场深刻的变革。这时，工厂的所有者或经理，也就是人们说的'雇主'，必须从'雇工'身上得到某种程度的服从，或者能够使他实行控制的合作。"② 这里所说的要从工人那里得到某种程度的服从与合作就意味着工人对劳动过程的"认可"，和布若威所说的"同意"的含义是基本一致的。可见，布雷弗曼并没有把现代资本主义对劳动过程的控制等同于单纯的强制，也完全了解工人主观上一定程度的服从与合作在形成现代劳动过程中的意义（尽管他没有展开论述这一点）。当然，布若威也指出："虽然始终既有一些强制又有一些同意，但它们的相对比例以及它们的清晰度随着时间的流逝而变化了。"意味深长的是，距他在联合公司工作的30 年后，布若威也坦率地承认："1944 年与1974 年之间生产组织令人惊异的稳定是一个方法论上的便利。但却引导我关注解释细小变化，忽视了资本主义大规模和显著的变化。……由于我僵化了产生它的外部力量，我把生产的

---

① 迈克尔·布若威：《制造同意——垄断资本主义劳动过程的变迁》，商务印书馆 2008 年版，第12、3、50、193 页.

② 哈里·布雷弗曼：《劳动与垄断资本——二十世纪中劳动的退化》，商务印书馆 1979 年版，第61~64 页。

霸权政体变为了一个自然的永恒的形式。……敌视劳工的一对双胞胎——首先是市场，其次是国家——使霸权政体从一个固若金汤的支配形式（在我的想象中！）变成了美国劳动关系史中转瞬即逝的片刻。……所以，我未能预料到美国制造业的衰亡、工会运动的衰亡（至少在私有部门），当然还有生产的霸权政体的衰亡。"①

第三类批评涉及资本主义管理的策略。安德鲁·弗里德曼对马克思和布雷弗曼提出一种理论上的修正，认为资本对劳动的管理策略有两种基本和对立的类型："直接控制"（如泰罗制）和"责任自治权（responsibleautonomy）"（如团队生产或具有更多自主决定权的小组等）。在他看来，企业购买的工人劳动能力是一种特异商品，其特异性有两个原因：第一，工人是分别"可锻塑的"（malleable），一旦被雇用可使其从事超越雇佣合同所规定的许多其他工作；第二，工人最终怀有独立的并通常是（对企业）敌对的意愿。"劳动能力的这两种特异性便引出了两种类型的策略，它们被高层经理用来维护对工人的管理权威。"采用第一种策略意味着，管理层着眼于劳动能力可锻塑性的这个积极方面，赋予工人一定的责任、地位，以及温和的监管，激发他们对企业的忠诚等等。采用第二种策略意味着管理层力图实行紧密的监督，事先详细规定每个工人必须执行的具体任务，以减少单个工人所承担的职责。② 对于弗里德曼的观点，可以做出以下评论。首先，他作为引出策略二分法根据的对劳动力商品特性的分析并没有抓住要害。绝大多数马克思主义学者都把资本主义条件下劳动力商品的特殊性作为分析劳动过程的出发点，并认为这个特殊性主要在于劳动力与劳动的区分以及劳动力转化为实际劳动量的不确定性。如里特勒指出：由于存在这种劳动潜力的不确定性，必须用其他的办法来解决。"为了把（对劳动力的）法定所有权转变为（对劳动的）

---

① 迈克尔·布若威：《制造同意——垄断资本主义劳动过程的变迁》，商务印书馆2008年版，第2～5页。

② Paul Thompson. The Capitalist Labour Process: Concepts and Connections. *Capital & Class*, 2010, Vol. 34，P. 178.

实际占有，雇主必须建立对劳动的控制结构。"① 汤普森也认为：劳动过程理论的"核心始于认识到作为商品的劳动具有独特的不确定性，因而资本积累就要求把劳动力转化为实际创造利润的劳动"。由此引出的原则之一是，"仅靠市场机制无法调节劳动过程，而必须通过管理系统进行控制，以减少这种不确定性"。② 其次，弗里德曼批评布雷弗曼"把资本主义劳动过程中行使管理权威的一种特殊策略错当做管理权威本身。……泰罗的科学管理并不是行使管理权威的唯一可用的策略，考虑到工人的实际反抗，它通常也不是最合适的策略"③。其实，不是布雷弗曼混淆了管理权威和运用管理权威的策略；而是弗里德曼把控制意图和管理策略割裂开了，以为有的管理策略可以不体现控制意图。控制是资本主义管理的基本特性，而管理部门的控制策略则可能是多种多样的。所谓维持对工人的管理权威，不外就是维护管理部门对劳动过程的决定权和对工人的控制权。因此，他提出的两种管理策略只是实行控制的不同方法，并非是实行控制和不实行控制这样两种不同的管理策略。再次，布雷弗曼非常清楚在泰罗的所谓科学管理之外还有其他各种管理理论、管理策略和组织劳动过程的方法。他写道：在工人对劳动的不满情绪显著增长、旷工率和离职率不断提高的情况下，企业"已经提出了各种补救办法和改革措施，有些已由有特别迫切问题的公司在一些工人小组中加以试验，其中包括扩大工作范围，丰富工作内容，或实行工作轮换制，组织工作组，协商或工人'参加管理'，集体奖金和分红，放弃装配线技术，取消生产计时钟，以及'自己的工作由自己处理'计划等"。尽管这些改革措施很多是在"使工作人性化"的旗号下进行的，但在公司的管理部门看来，"这是一个成本和管理的问题，而不是'使工作人性化'的问题。这些问题迫使他们注意，因为它以旷工、人员流动和不符合他们的打算和期望的生产率水平的形式表现出来"。但是，"虽然大公司接受了一些微小的改进措施，但资本主义的结

① Craig R. Littler. *The Development of the Labour Process in Capitalist Societies*. Heinemann Educational Books，1992，P. 31。

② 埃里克·奥林·赖特：《后工业社会中的阶级》，辽宁教育出版社 2004 年版，第 10 页。

③ David Knights，Hugh Willmott. *Labour Process Theory*. New York：Macmillan，1990，P. 12.

构和运行方式都成千倍更加迅速、更加大规模、更加广泛地再造成目前的劳动过程"。① 从以上论述可以看出布雷弗曼和弗里德曼观点上的区别，即他们对于所谓"人性化工作"策略的相对重性有不同的诠释：布雷弗曼把"工作人性化"包括在基本的控制策略之内，弗里德曼则把它具体化为一种完全不同的劳动过程组织方法与管理策略。最后，应该承认提出管理策略多样性问题对于分析劳动过程具有一定意义。资本主义管理的控制意图和本质通常不会改变，但管理部门的控制策略则受到多种因素的影响，包括生产技术和产品特性、社会文化意识传统、不同政治思潮和力量的影响、企业的市场赢利状况，乃至（前已提到的）工人阶级斗争力量的消长等等。因此不能否认，不同国家、不同部门或企业的管理层从最终有利于资本利益出发，可能采用不同的控制策略和劳动组织方法。

第四类批评涉及工人的去技能化问题，即布雷弗曼所说的"劳动的退化"。根据克耐茨和威尔默特的概括，这些批评主要有：布雷弗曼把手艺和手艺劳动在工业中的地位过于浪漫化了，他得出的去技能化过程主要是从有利于这种发展方向的特定条件中归纳出来的，他低估了过分依赖劳动退化策略所带来的严重矛盾，他没有认识到这种矛盾会影响资本去选择和寻求其他替代的积累策略，他忽视了劳动的实际隶属也要依赖于技能的保留与创造，他未能看到"默会"技能的存在和主观重要性，他也没有注意到内部和外部劳动市场的功能，等等。② 在罗列了各种批评后，作者写道："尽管有这些纷乱的批评，但值得注意的是，许多批评都处于关注琐碎细节的水平上，它们已超出布雷弗曼的分析范围。应当记住，《劳动与垄断资本》是要提供一个关于趋势的概述，以推动和复兴有关劳动与阶级的批判性研究，而不是要对资本主义劳动过程各种形式的组织和控制做出精确的详细说明。记住这一点，至少一位有影响的评论者的论述是值得引用的，他在审视了各种批评后得出结论，仍表示同意布雷弗曼的核心命题：工人的技能'通常成为资本充分利用

① 哈里·布雷弗曼：《劳动与垄断资本——二十世纪中劳动的退化》，商务印书馆1979年版，第37~40页。

② David Knights, Hugh Willmott. *Labour Process Theory*. New York：Macmillan，1990, pp. 10 – 11.

生产资料的一种障碍'，因而去技能化'仍然是资本主义劳动过程发展中主要的趋势性现象'。由于生产的持续革新，新的技能不断出现，而一旦它们得到发展，在同样的生产革新过程面前，这些技能又将变得脆弱和易受伤害，因为就资本积累来说，如没有更具吸引力的机会，生产的革新过程就会大力降低与再生产相关的成本和（对技能的）依赖。"① 从汤普森最近的一篇论文可以看出，西方学者在这个问题上仍然存在巨大的争论。"布莱顿劳动过程小组"（Brighton Labour Process Group，BLPG）认为，体力劳动与脑力劳动分隔、等级制度和层级控制、劳动的碎片化和去技能化，是资本主义劳动过程的"内在规律"，应确定为资本主义劳动组织"固有的"和"基本的结构性特征"。汤普森则原则上反对把这些现象看做是规律，认为"社会科学家只能对趋势做出断言"。他指出不能把这些现象当做内在规律是因为它们在经验上靠不住，在概念上会引起混淆。资本主义劳动过程中确实存在体力劳动与脑力劳动的分隔，但其边界会随着外在压力和内部的政治斗争而变动，将其看做是"固有的"对我们解释这些变动的能力毫无帮助；等级制度并不是资本主义劳动过程所专有的结构特征，层级控制虽然是所有权关系一般水平上的特点，但并非必然要进行细节上或操作上的控制，例如资本可以利用向团队授权或者规范性的自我约束（特别是对高层次雇员）；最后，可测量、可标准化的常规性工作虽然是资本主义劳动过程中经常看到的一种特征，但也不是对所有的劳动形式都适用，甚至去技能化也不一定是标准化的必然路径。他还说："过去 25 年实际劳动过程研究向我们展示的是，资本一直在大力推动对雇员默会知识和技能的利用并使其增值，还有劳动力尚未被开发的其他方面，如情感和身体特质。这些已在各种实践中有所展现，包括团队作业、知识管理、情感化和美学化的劳动。坦率地说，用概念与执行分离和去技能化的所谓内在规律是不可能充分理解这些变化的。"② 从上面的引文看出，汤普森的观点好像有些变化，但他仍然承认资本主义劳动过程中存在体脑分工、

---

① David Knights, Hugh Willmott. *Labour Process Theory*. New York: Macmillan, 1990, pp. 11 – 12.

② Paul Thompson. The Capitalist Labour Process: Concepts and Connections. *Capital & Class*, 2010, Vol. 34, P. 9.

层级控制和去技能化等现象，认为它们是经常可以看到的特征，似乎也隐约承认它们是某种"趋势"。他反对将其看做内在的或固有的"规律"是因为它们并非适用于所有的劳动形式，难以解释资本主义劳动过程中各种复杂的新现象。

对于上述争论我们的基本看法是，不应否认分工细化和去技能化仍然是资本主义劳动过程的一种基本特征和趋势；但同时也要看到，随着科学技术的发展，也存在着对高技能人才需求增长的另一种趋势。布雷弗曼并非没有看到这一点，但他对这种趋势的估计可能是不足的。资本主义条件下工人（包括白领雇员）的分工细化和去技能化，在第二次世界大战前的工业化时期表现得最为明显，战后随着新技术革命的兴起，某些高新技术部门和高新技术职业对高知识高技能雇员和管理人才的需要在增长，但就多数蓝领和白领工人来说，仍存在着技能退化的一定特征。这种劳动结构的分化现象在社会积累结构学派的"二元劳动市场"理论中已经有所反映。从 20 世纪 70 年代开始，由于信息技术革命的深化和经济全球化的勃兴，情况又有了进一步的变化。我们可以美国为例来观察不同时期雇佣人员职业结构的演变趋势（见表 1）。

表 1　　　　美国雇员中职业结构的变化（1900 年、1970 年、2000 年）

单位：万人（%）

	1900 年			1970 年			2000 年		
总计（%）	2903	（100）		7973	（100）		13521	（100）	
白领雇员	512	（17.6）	（100）	3786	（47.5）	（100）	8033	（59.4）	（100）
管理人员	170	（5.8）	293	646	（8.1）	1802	1977	（14.6）	4527
专业技术人员	123	（4.3）	（57.2）	1156	（14.5）	（47.6）	2550	（18.9）	（56.4）
销售人员	131	（4.5）	210	563	（7.1）	1984	1634	（12.1）	3506
普通职员	88	（3.0）	（42.8）	1421	（17.8）	（52.4）	1872	（13.8）	（43.6）
蓝领雇员	1040	（35.8）	（100）	2917	（36.6）	（100）	3320	（24.5）	（100）

续表

	1900 年			1970 年			2000 年		
技工维修工	306	(10.5)	(29.4)	1108	(13.9)	(38.0)	1488	(11.0)	(14.8)
操作工	372	(12.8)	734	1434	(18.0)	1809	1288	(9.5)	1832
粗工	362	(12.5)	(70.6)	375	(4.7)	(62.0)	544	(4.0)	(55.2)
服务人员	263	(9.0)		1025	(12.9)		1828	(13.5)	
农业人员	1089	(37.5)		245	(3.1)		340	(2.4)	

资料来源:《美国历史统计:从殖民时代到 1970 年》,系列 D182 - 232,1970 年英文版第 139 页;美国劳工统计局《美国劳动力报告 (2001 年)》表 10。百分比是作者算的。由于美国统计部门在长时期内数次调整统计口径与统计分类,数字没有精确的可比性,只能反映大体的变动趋势。此外,由于职业统计和部门统计不同,此表中的服务人员并不代表服务部门的人员;在 20 世纪下半期,服务部门的就业实际上已占到全部社会就业的大部分。

　　通过表 1 的统计数据可以看到 1900~1970 年期间职业变动的几个主要特点:第一,农业就业人员急剧下降,他们大幅度地向非农业部门转移。第二,非农业部门中,白领雇员相对于蓝领雇员在绝对量和相对量上都显著增长,但增长最大的是普通职员,他们和大多数销售人员一起,基本上属于低技能的白领工人,两者合计占全部白领雇员的比重从 42.8% 上升到 52.4%;同时专业技术人员也有较大幅度增长。第三,蓝领工人的绝对量迅速扩大,但相对量只有少量增长,其中人数增加最多的是操作机械的熟练工,他们在整个就业中的比重显著上升;只是由于粗工的增长缓慢,所以作为低技能的操作工和粗工合计在蓝领雇员中的比例有所下降。总的来看,整个雇员中技能退化的趋势仍是明显的,但已经出现了新的现象,表明战后的新技术革命开始增加了对专业人才和技术人才的需求。

　　但是,1970~2000 年期间结构变化的新特征就非常突出了。可以看到:第一,白领雇员的绝对量和相对量继续大幅度提高;而蓝领雇员的绝对量增长接近于停滞,相对量则迅速下降。第二,在白领雇员中,高知识高技术的管理人员和专业技术人员迅速增长,特别是其中的专业人员和技术人员增长幅度最大,成为白领雇员增长的主要原因,他们在白领雇员中的比重也有显著上升;相反,低技能的普通职员则增加缓慢,尽管销售人员增长较快,但他们总体在白领雇员中的比重还是明显的下降了。第三，在蓝领雇员中，技术工人继续有所增长，但低技能的操作工数量却减少了；操作工和粗工在蓝领雇员中的比重也在继续下降。

　　上述 20 世纪 70 年代后的雇员职业结构变化从赖特的经验研究中也可得到佐证。根据赖特的数据，在 1960～1990 年的 30 年间，美国工人（普通雇员）在全部就业中的份额从 58.08% 降低到 54.15%，其中低技能工人从 44.59% 下降到 41.38%；而经理、专家和监督者的比重则从 28.56% 上升到 35.96%。如果在就业人员中减掉所有者的人数（包括雇主和小资产者，他们在 1960 年占 13.4%，在 1990 年占 9.9%），仅看在全部雇员中的比重，美国工人的份额从 1960 年的 67.0% 下降到 1990 年的 60.1%；经理、专家和监督者的份额从 33.0% 上升到 39.9%。[①]

　　20 世纪 70 年代后美国的职业结构变化向马克思主义的传统理论提出了疑问：是否信息技术革命和高新技术发展改变了工人阶级劳动技能退化的趋势？不可否认的是，随着企业规模的扩大、经营环境的复杂和科学技术的新发展，确实增加了对高层管理人员、科学技术专家、金融专家、法律专家等高级人才的需要。这不仅发生在日益缩小的物质生产部门，也发生在日益扩大的服务业部门（主要是其中的社会和政治服务、科学技术服务和金融服务部门）。这些高级人才数量的更迅速的增长减少了普通雇员（包括白领雇员和蓝领工人）的构成比例。至于普通雇员中技术性雇员和低技能雇员的相对消长，是信息技术革命发展的一种新趋势还是一种暂时现象，仍有待于观察。赖特指出："正如各类'后工业'社会理论家所认为的那样，发达资本主义社会的引人注目的新生产力可能从根本上改变了资本主义阶级关系的发展趋势。在这点上，各类专家和管理者的阶级位置的信息技术的含义尤其重要。可能出现的情况是，对于资本主义的主要生产来讲，人口比例的减少是必要的，而且在仍受雇于资本主义经济的人们中，一个相当高的比例人口将占据负责、专业和自主的位置。……当然，这可能只是一个短时期而不是资本主义阶级结

[①]　埃里克·奥林·赖特：《后工业社会中的阶级》，辽宁教育出版社 2004 年版，第 101 页。

构的永久重构。一旦这些新技术在一段时间内处于适合地位，那么一个系统的降低技能水平和无产阶级化过程可能再度支配阶级分布中的变化。但这些新的生产力也可能稳定地产生出一个区别于早期工业技术的阶级结构。"①

如果考虑到 20 世纪最后 30 年的经济全球化趋势，对于上述现象也可能有另一种解释。此次经济全球化固然以金融的全球化为突出特征，但同时也包含着实体经济的全球化发展。美欧等发达国家的跨国公司通过跨国投资把大量制造业转移到成本低廉的发展中国家，再通过商品进口满足国内需要。这就是所谓的"去工业化"或"产业空心化"趋势。由此导致了两个重要结果。第一，由于大规模生产转移到国外，随生产增长而增加的工人就表现为发展中国家工人阶级的扩大，发达国家内部的工人数量因而相对缩减（有些部门甚至绝对缩减）。这样看来，美国等发达国家普通雇员的相对减少可能并不表明无产阶级化的趋势已经改变，只不过被国别统计的现象掩盖了。赖特就对这种可能性给予了足够的重视。他说："人们很久就已认识到资本主义是一个全球生产体系。这表明理解资本主义阶级结构转变的适当分析单位应是世界而不是具体公司、国家甚至区域。例如，可能的情况是，美国的世界范围的公司中的工人阶级雇员的比例可能增加了，但工人阶级的雇佣已经转移到美国边界之外。这样，尽管发达资本主义没有加速无产阶级化的特点，但全球资本主义可能会有这种特点。"② 第二，发达国家转移到国外的制造业主要是劳动密集型的产业部门和生产环节，通常需要数量众多的低技能操作工，它们甚至把一部分低技能的服务劳动也转包到国外。这样一来，就把本应在国内大量增长的低技能的蓝领工人和白领雇员转移到了发展中国家，而在发达国家内部，在工人阶级相对缩小的同时，低技能工人和雇员也必然有更大比例的缩减。因此，发达国家工人的去技能化现象看似发生了逆转，很可能也是一种国别统计造成的错觉，它掩盖了低技能工人和职员大量增长（只不过转移到了发展中国家）的实际趋势。

① 埃里克·奥林·赖特：《后工业社会中的阶级》，辽宁教育出版社 2004 年版，第 537～539 页。
② 埃里克·奥林·赖特：《后工业社会中的阶级》，辽宁教育出版社 2004 年版，第 537 页。

五

把生产方式纳入政治经济学的研究对象具有重要的理论和实践意义。

长期以来，由于没有弄清《资本论》第 1 卷第 1 版"序言"所说"生产方式"这个范畴的确切含义，劳动方式问题一直不在马克思主义经济学者的研究视野之内。劳动方式作为联系生产力和生产关系的中间环节，既包含人与物的物质技术关系，又包含人与人、阶级与阶级的经济利益关系。但因为把劳动过程和劳动方式通常看做是单纯的物质技术问题，很自然地就把它排除在政治经济学的研究对象之外。马克思的确说过："正如考察商品的使用价值本身是商品学的任务一样，研究实际的劳动过程是工艺学的任务。"① 马克思在研究资本主义生产过程时，一开始也是把劳动过程和价值增殖过程分开和并列地进行分析的，似乎劳动过程与社会关系无关，只有价值增殖过程才体现资本主义生产关系。这当然是一种误解。上述引文中马克思所说的"实际的劳动"，是指单纯从生产使用价值的角度来考察的劳动一般，"它不依赖于人类生活的所有的一定的社会形式"②，这样的实际劳动过程当然只能是工艺学的对象。但马克思还指出："就劳动过程只是人和自然之间的单纯过程来说，劳动过程的简单要素对于这个过程的一切社会发展形式来说都是共同的。但劳动过程的每个一定的历史形式，都会进一步发展这个过程的物质基础和社会形式。"③ 因此，一旦从抽象的一般的劳动过程转到具体的特殊的资本主义劳动过程分析时，经济关系对劳动过程的影响就不但不能舍弃掉，而且成为重要的考察内容了。

劳动过程、劳动方式和其中所包含的生产关系在西方由于布雷弗曼著作的推动，已成为马克思主义经济学家和社会学家的一个重要研究领域。布若威还特别把人与人在劳动过程中的复杂关系称之为"生产中关系"（relations in production），而与直接以财产权为基础的"生产关系"（relations of produc-

① 《马克思恩格斯全集》第 47 卷，人民出版社 1985 年版，第 56 页。
② 《马克思恩格斯全集》第 47 卷，人民出版社 1985 年版，第 65 页。
③ 《马克思恩格斯全集》第 25 卷，人民出版社 1974 年版，第 999 页。

tion）相区别。① 在布若威对资本主义企业的考察中，"生产中关系"不仅包含工人和资本家（管理层）之间的对抗、斗争与合作，还包括工人之间的分工、协作、矛盾与竞争。他根据亲身体验与观察，生动描述了机床操作工与车间计划员、库房值班员、叉车司机、设定工、检验员和工头等之间的协作和摩擦，以及在组织超额游戏和内部劳动市场中不同熟练工人、不同资历工人、新老工人之间的矛盾与竞争。他强调资本主义劳动组织的特征之一就是要尽可能地模糊和掩盖工人与资本之间的根本利害冲突，而激发工人之间的竞争和矛盾。这样，"资本与工人的冲突被转变成了工作组织所导致的竞争和团体内部的斗争"，从而"将等级的支配转变为横向的对抗"。② 这是促使工人形成对资本主义劳动过程一定程度"同意"与"合作"的重要条件。布若威的研究丰富了对劳动过程中生产关系的考察。

关于劳动过程中的经济关系这个领域在我国学术界虽然没有像西方那样深入的研究论著，但也早被某些卓越的理论家所关注。平心先生早在 20 世纪 50 年代末期就在《学术月刊》上发表多篇论生产力性质的论文，提出"生产力二重性"的命题，认为"每一个社会的生产力体系的组成一方面必须依靠许多必要的物质技术条件，这就使它带有适合当时生产需要的物质技术属性；另一方面必须依靠许多必要的社会条件，这就使它带有体现当时劳动特点和生产社会结合的社会属性"。他所说的"社会属性"涵盖的意思很广，但明确包括"生产力结构内部"的"社会经济关系"，并认为"生产力必须具有一定的社会关系才能构成体系，实现运动"。③④ 1979 年《经济研究》发表了张闻天同志的遗作（撰写于 1963 年）《关于生产关系的两重性问题》，又提出了"生产关系二重性"的命题，认为生产关系"包含有两个对立的方面。……直接表现生产力的生产关系方面和所有关系方面"。"直接表现生产力的生产关

---

① 迈克尔·布若威：《制造同意——垄断资本主义劳动过程的变迁》，商务印书馆 2008 年版，第 14 页。

② Paul Thompson. The Capitalist Labour Process：Concepts and Connections. *Capital & Class*，2010，Vol. 34，P. 80.

③ 平心：《再论生产力性质》，载于《学术月刊》1959 年第 9 期。

④ 平心：《关于生产力性质几个问题的发言》，载于《学术月刊》1960 年第 4 期。

系是指人们为了进行生产，依照生产技术（即生产资料，特别是生产工具）情况和需要而形成的劳动的分工和协作的关系"，可称之为"生产关系一般"；而通常所说的生产关系则是"包括有生产、分配、交换和消费的四个方面的特殊生产关系，即所有关系"。"生产力和生产关系的矛盾，具体表现在生产关系的一个方面同生产关系的另一个方面的矛盾，也只能在生产关系的内部矛盾中表现出来。"① 表面看来，平心和张闻天的观点正好相反，但实际上他们都强调了通常被人们忽视的一个重要方面，即劳动过程中生产者的社会关系，这反映了他们深刻的理论洞察力；但由于他们没有着重考察企业内部的劳动过程，并且都把这类社会关系（如分工协作）实际上归于生产力范畴（张闻天虽将其划入生产关系，仍把它看做是生产力的一种表现），因而他们都没有对企业劳动方式及其关系的特殊社会性质进行深入研究。

就我看到的文献，在我国首先按照马克思的原意诠释"生产方式"概念的，是马家驹和蔺子荣两位教授。他们说："马克思所讲的生产方式并不是作为生产力和生产关系的统一把这两者包括在自身之内，而是介于这两者之间从而把它们联系起来的一个范畴。""马克思所讲的生产方式本身也有两个不同的含义。第一，它是指劳动的方式；第二，它又是指生产的社会形式。"他们还进一步指出，马克思"非常重视对于作为劳动方式的生产方式的分析，把它作为分析生产的社会形式的基础。这一点突出地表现在'相对剩余价值生产'这一篇中专门对协作、分工和机器大工业所作的详尽而周密的考察当中，他总是首先分析劳动方式的某种变化如何提高了劳动生产力，进而再去分析它又如何成为资本加强对雇佣劳动的剥削，增加剩余价值生产的方法。……劳动方式的变化和劳动生产力的提高又在不断促进生产关系在资本主义范围之内的种种变化"。② 可惜的是，他们在正确诠释"生产方式"概念时，主要进行的是一般性的理论探讨，加之他们认为劳动方式体现的社会关系不同于通常理解的"作为所有制关系的生产关系"③，因而未能深入分

① 张闻天：《关于生产关系的两重性问题》，载于《经济研究》1979 年第 10 期。
② 马家驹、蔺子荣：《生产方式和政治经济学的研究对象》，载于《经济研究》1980 年第 6 期。
③ 马家驹、蔺子荣：《生产方式和政治经济学的研究对象》，载于《经济研究》1980 年第 6 期。

析特定生产关系对劳动方式的制约，以及劳动方式本身所具有的社会历史特征，但他们的论文已经非常接近甚至已经触及到这个重要问题了。

在我国经济学界，对资本主义劳动过程进行研究的学者极少①，对于中国企业劳动过程及其社会关系的研究则几乎近于空白。现代西方马克思主义学者关于资本主义劳动过程已有大量学术论著，我们应该借鉴，并结合中国的实践，大力开展这个领域的实际考察和理论研究。关于资本主义劳动过程研究的成果对于我国是有现实意义的。中国虽然是社会主义国家，但在很长历史阶段将存在多种生产资料所有制。不但私有企业、资本主义企业中的劳动方式和西方的资本主义企业基本无异，很多企业甚至更接近早期资本主义劳动过程的残酷状态；而国有企业、国家控股企业和集体企业等，也基本上沿袭了资本主义企业的劳动方式。资本主义劳动过程的许多弊端，如层级控制、细化分工、工人劳动的碎片化和去技能化等等，在我国企业中已是普遍存在，人们早已习以为常、见怪不惊。我们应该通过调查研究，努力探索劳动组织和劳动方式的变革，逐步克服资本主义生产方式的各种弊端，建立更人性化的有利于劳动者全面发展的社会主义生产方式。

也许有人认为，现代大机器工业中的等级控制、专业化分工、生产方法简化和常规化等等都是技术进步和大规模生产的内在要求和提高生产效率的基本途径，属于现代企业的必然状态和正常现象，根本不可能改变。这种看法反映了资本主义意识形态的深刻影响，也昭显出资本主义生产方式根深蒂固的支配地位。马格林在探讨资本主义等级制度的起源时有说服力地证明了，工厂等级制度和专业化分工并非技术变革的必然要求，而是产生于资本控制劳动以保证利润的需要。马格林说："剥夺工人对产品和过程的控制权的两个决定性步骤——（1）精细劳动分工的发展，……和（2）集中化了的组织的发展，这是工厂体系的特征——都不是主要因为技术上的优越性而发生的。……等级制工作组织的功能不是在于技术上的效率，而是在于积累。"②

---

① 就我所知，只有中国人民大学的谢富胜副教授，他已有专著和一批论文发表。

② S. 马格林：《老板们在做什么？——资本主义生产中等级制度的起源和功能》，引自柳欣、张宇主编《政治经济学评论》2009 卷第 1 辑，中国人民大学出版社 2009 年版。

诺布尔以自控机床这种新设备为案例，深入讨论了一种新技术的选择和应用如何受到社会因素的决定性影响。他用大量事实说明：对于自动控制的不同技术设计，大公司所以选择"数字控制"（numerical control）系统而不是"记录回放"（record-playback）系统，以及在采用数字控制系统的劳动安排上，由技术人员控制程序设计而让工人单纯从事机器操作，其原因除了技术上和经济上的因素外，都充满了管理层加强控制工人和减少对工人技能依赖的考虑，反映了资本主义生产方式中的社会关系。① 这个案例表明，现实中某些创新可能有多种技术选择，推行某种技术也可能有多种劳动安排，而究竟选择什么样的技术和什么样的劳动组织，在相当程度上决定于特定的社会经济关系。布雷弗曼在论述机器发展对工人影响的一章中有一段深刻的论述："实际上，机器可能做到的事非常之多，其中不少可能性都被资本故意地挫伤了，而不是发展了。一个自动机器体系使人数较少的工人队伍有可能真正控制一家生产力很强的工厂，只要这些工人的工程技术知识达到能够掌握机器的水平，并且自己能分担从技术上最先进的直到最平凡的例行业务。使劳动社会化，并把劳动看做是技术成就很高的一种工程技术事业，这种趋势抽象地看，是充分发达的机器的一个特点，远比其他任何特点都引人注目。自从工业革命以来，技术上每进一步，这个发展前途就重复展现一次，但受资本家的阻挠，始终未能成为现实，因为资本家力求从分工的一切最坏的方面去重新组织、甚至加深分工，尽管这种分工已经日益过时了。"②

还可能有人提出，即使马克思和布雷弗曼的分析是正确的，克服资本主义生产方式弊端的意见和尝试目前在我国也许过于超前，因为中国现在劳动关系中的主要问题还不是劳动方式是否人性化，而是大批劳动力找不到工作，很多企业缺乏基本安全和健康的劳动条件（如频发矿难、大量职业病、恶劣的工作环境等），相当数量工人的工资收入不合理，许多法定的工人基本权利

---

① David F. Noble. "Social Choice in Machine Design：The Case of Automatically Controlled Machine Tools", in Andrew Zimbalist. *Case Studies on the Labor Process*. New York：Monthly Review Press，1979，pp. 18 –50.

② 哈里·布雷弗曼：《劳动与垄断资本——二十世纪中劳动的退化》，商务印书馆 1979 年版，第 207～208 页。

得不到保障和落实（如不遵守最低工资标准，不严格执行 8 小时工作日和 5 天工作周制度，不按规定给工人上保险，职工加班不付或不按规定付给加班费，不认真落实国家规定的带薪休假制度，等等），甚至还有血汗工厂和黑砖窑、黑煤窑等非法企业。因此，解决这些更基本的问题是更为迫切的任务。这种看法可以理解。确实，上述不合理、不合法现象在我国不仅大量存在于私人企业和资本主义企业，而且在相当程度上存在于国有企业和集体企业。这些问题必须首先解决。要促使企业严格执行国家有关劳动的法律法规，国有企业尤其应该发挥制度示范作用。为此，还应加强工会组织的独立性和维护工人权益的职能，建立工人与管理层的议价谈判制度；加强各级政府对企业的主动监管，对于不遵守国家劳动法规的企业给以惩罚；加强职工和舆论的社会监督。但是，在争取工人这些最基本的劳动权益的同时，关于探索社会主义生产方式这个更根本更长远的任务也应提上日程，千里之行始于足下。社会主义生产方式的探索是社会主义国家企业发展的应有之义，是体现"以人为本"和建立"和谐社会"的重要内容。以人为本首先就要以劳动者为本。使全体人民成为全面发展的劳动者，是社会主义社会的最终目标。这一马克思主义学说的精髓很多人并未理解。这里要特别指出的是，现在很多政府官员，包括国有企业官员，他们头脑中并没有"以劳动者为本"的思想，他们有的是"以利润为本"、"以速度为本"、"以 GDP 为本"、"以政绩为本"，甚至"以资本家为本"等等。在经济建设中单纯追求增长速度，已成为某种痼疾。这不仅导致粗放的不可持续的增长方式，导致产品质量低劣和豆腐渣工程，也导致对劳工基本权益甚至基本安全的漠视。在我国经济发展的现阶段，没有一定的速度虽然不行，但前提是保证产品质量，保证经济效益，保证职工的安全、健康和权利。因此，不论是在推动我国劳动关系的健康发展上，还是在探索社会主义生产方式的改革中，关键都是要首先解决思想认识问题和加强相关的制度建设。

可能还有一种观点认为，资本主义生产关系决定了资本主义劳动过程的内在规律与特征，它的弊端在资本主义条件下是不可能改变的，除非废除资本主义经济制度，在还看不到这种前景的情况下改革现有劳动过程的努力不会有什么结果。这种观点似乎完全忽略了工人阶级的力量和斗争所具有的社会功能。不论是马克思还是布雷弗曼，在揭示资本主义劳动过程的特征和弊端时，并不是在宣扬宿命论，他们从未排除工人阶级的抗争和力量对具体劳动方式形成可能产生的影响。诺布尔指出生产技术和社会关系的"因果联系从来就不是自动的——不论原因是技术，还是它背后的社会选择——而总是要经过一个复杂的过程，其结果说到底仍要取决于参与双方的相对力量。……因此，生产技术会先后两次被生产的社会关系所决定：首先，它要按照决策者的思想方式和社会权力来进行设计与部署；其次，它在生产中的实际应用还要受到车间阶级斗争现实情况的制约"。① 为了说明这第二层意思，诺布尔举了计算机数字控制系统（computer numerical control systems，即 CNC）的例子。在美国马萨诸塞州通用电气公司的工厂中引进这种最新的 CNC 系统时，机器操作工是不允许编辑程序的，只有监督雇员和程序设计员才能编辑程序，管理者唯恐失去对车间的控制。而挪威康斯伯格的一个国有武器工厂虽然基本情况与美国通用电气公司的工厂大体相似，但在引进同样类型的 CNC 设备时，机器操作工却可以按照他们自己的安全、效率、质量和便利标准，常规性地从事所有程序编辑工作，他们可以改变操作顺序，增加或减少操作，有时还改变整个程序的结构以适合自己的意愿。当他们对程序感到满意并完成一组部件的制造后，按下按钮生成一个订正了的磁带，在经过程序设计员的认可后便可入库作永久储存。他们接受数字控制编程的训练，但仍然是机器操作工，他们与专职程序设计员的冲突也减少了。这样做的结果不但提高了工人的技能，也提高了生产效率。为什么同样是引进一种新技术设备，挪威的工厂对劳动过程的影响会与美国的工厂完全不同呢？这有若干原因，挪威的钢铁和金属工人工会是国家最强大的产业工会，在康斯伯格当地社会生活中具有重要影响。挪威的社会民主立法鼓励工人参与涉及劳动条件的相关事务，给予工会以获取技术情报的权利，当地工会并早已加入到一项

① David F. Noble. "Social Choice in Machine Design: The Case of Automatically Controlled Machine Tools", in Andrew Zimbalist. *Case Studies on the Labor Process*. New York: Monthly Review Press, 1979, P. 19.

"工会参与计划"中。面对以计算机为基础的信息和控制系统应用所带来的前所未有的挑战，工会已经采取步骤学习如何应对。在实践中，工会创设了由工人担任的"车间数据管理员"职位，负责严格审查新的技术系统，另有一名工人则被指派对他进行监督，以确保其不至违背车间工人利益；同时在单个公司和地方工会之间以及全国工会和雇主联合会之间，建立正式的"数据协议"，以界定工会参与技术决定的权利。正是在上述条件下，在康斯伯格，工会经过长期斗争成功确保了所有车间人员利用以计算机为基础的生产和存货系统的权利。① 实际上在挪威，90% 的有组织工人都被涵盖在"数据（处理）协议"之下。它规定，在引进一种与计算机相关的新技术之前，管理层必须事先向工人通报其意图，用工人能理解的语言说明这种新技术和它对工作的影响，并要有工人代表参加新技术规划小组。② 上述情况表明，即使在资本主义条件下，只要工人阶级和工会的力量足够强大，国家通过立法和监督对企业劳动关系施行有力干预，企业在采用新技术时也可能形成更人性化的劳动组织和劳动方式，在管理层（或资方）与工人之间建立相对协调的劳动关系。这种劳动方式不但有利于促进工人的全面发展，而且有利于提高生产效率和经济效益，加强企业的竞争力。

（原文发表于《政治经济学评论》2012 年第 2 期）

---

① David F. Noble. "Social Choice in Machine Design：The Case of Automatically Controlled Machine Tools", in Andrew Zimbalist. *Case Studies on the Labor Process*. New York：Monthly Review Press, 1979, pp. 48 – 49.

② 威廉·拉佐尼克：《车间的竞争优势》，中国人民大学出版社 2007 年版，第 15 页。

《资本论》的研究对象及其启示

赵学清[*]

关于《资本论》的研究对象，马克思自己在《资本论》第 1 卷第 1 版序言中说得非常明确。他指出："我要在本书研究的，是资本主义生产方式以及和它相适应的生产关系和交换关系。"[①] 然而，由于研究者对《资本论》中"生产方式"这一重要概念的理解存在分歧，因而对《资本论》研究对象的理解也存在着较大差异。究竟如何理解《资本论》的研究对象，不仅影响《资本论》研究的深入，也影响社会主义初级阶段政治经济学研究的深入。本文从《资本论》中生产方式的含义入手重释《资本论》的研究对象，并进而论证社会主义初级阶段政治经济学的研究对象。

一、《资本论》研究对象新释

对《资本论》研究对象产生的分歧主要源于对"生产方式"这一概念的不同理解。究竟如何理解《资本论》的研究对象，还需要从准确理解《资本论》中生产方式的含义入手。查阅《资本论》文本，可以发现"生产方式"一词有不同的含义，概括起来主要有三种。

一是指生产方法、技术方式、协作方式等。这是在最一般的意义上使用生产方式。这种含义的生产方式在《资本论》第 1 卷第四篇"相对剩余价值的生产"、第五篇"绝对剩余价值和相对剩余价值的生产"等篇使用得非常频繁。试举两例。马克思指出："采用改良的生产方式的资本家比同行业的其余的资本家，可以在一个工作日中占有更大的部分作为剩余劳动。他个别地所

　＊　赵学清：南京政治学院教授。
　①　《资本论》第 1 卷，人民出版社 1975 年版，第 8 页。

做的，就是资本全体在生产相对剩余价值时所做的。但是另一方面，当新的生产方式被普遍采用。因而比较便宜地生产出来的商品的个别价值和它的社会价值之间的差额消失的时候，这个超额剩余价值也就消失。"① 显然马克思在这里使用的生产方式的含义是指生产皮鞋的方法。又如马克思在分析相对剩余价值的生产时说："一个鞋匠使用一定的手段，在一个十二小时工作日内可以做一双皮靴。如果他要在同样的劳动时间内做两双皮靴，他的劳动生产力就必须提高一倍。不改变他的劳动资料或他的劳动方法，或不同时改变这二者，就不能把劳动生产力提高一倍。因此，他的劳动生产条件，也就是他的生产方式，从而劳动过程本身，必须发生革命。"② 同样，马克思在这里还是从物质产品生产方法的角度使用生产方式这一概念的。如果我们把这里的生产方式理解为生产力与生产关系的统一、或者生产资料和劳动者的结合方式等，那就和马克思的原意大相径庭了。类似的用法在《资本论》中还有多处，虽然马克思有时指生产方法，有时指生产条件，有时指技术方式，但它们都是物质资料的生产方法，这是毫无疑义的。

二是指物质生产所采取的社会形式。人们在不同的生产力水平下，生产、交换物质资料所采取的形式是不同的。迄今为止，人类社会的特殊的物质资料生产方式主要有两种：一种是自给自足的生产，或称自然经济；一种是商品生产，或称商品经济。至于未来社会的"与商品生产截然相反的生产形式"③ 还在探索之中。从这个意义上来说，《资本论》使用的生产方式的第二种含义指的是自给自足的生产、商品生产和未来社会的"与商品生产截然相反的生产"。由于研究对象的界定，马克思在这种意义上使用的"生产方式"，更多地是指商品生产。

在《资本论》中，马克思曾把商品生产当作生产方式的同义词来使用。例如，马克思指出："对于这个历史上一定的生产方式即商品生产的生产关系来说，这些范畴是有社会效力的，因而是客观的思维形式。因此，一旦我们

---

① 《资本论》第1卷，人民出版社1975年版，第354页。
② 《资本论》第1卷，人民出版社1975年版，第350页。
③ 《资本论》第1卷，人民出版社1975年版，第112页。

逃到其他的生产形式中去，商品世界的全部神秘性，在商品生产的基础上笼罩着劳动产品的一切魔法妖术，就立即消失了。"① 在这里，马克思明确把商品生产看作是历史上一定的社会生产方式。有人认为这里生产方式不是指商品生产，而是指商品生产的生产关系，果真如此吗？在郭大力、王亚南翻译的《资本论》中，这段文字被译为："对这种历史规定的社会生产方式（商品生产）的生产关系来说……"。② 这段译文则更清楚地证明商品生产是社会生产方式。更为充分的证据还表现在马克思亲自校订的法文版《资本论》第1卷里。法文版《资本论》第1卷和德文第4版相比，在生产方式一词的使用上有多处修改③，其中有两处在德文版中使用的是"商品生产"，而在法文版中，马克思则将"商品生产"改为"生产方式"。如在《资本论》德文第4版中，马克思在分析资本的拜物教性质及其秘密时指出，"劳动产品一旦作为商品来生产，就带上拜物教性质，因此拜物教是同商品生产分不开的"④。在法文版第1卷中，这段文字被改为"劳动产品一旦表现为商品，就带上拜物教的性质，拜物教是同这种生产方式分不开的"⑤。这处改动清楚地表明马克思认为商品生产就是一种生产方式。

马克思不仅把商品生产看成是一种生产方式，而且把商品生产看作是一种特殊生产方式。马克思指出："彼此独立的私人劳动的特殊的社会性质表现为它们作为人类劳动而彼此相等，并且采取劳动产品的价值性质的形式——商品生产这种特殊生产形式所独具的这种特点，在受商品生产关系束缚的人们看来，无论在上述发现以前或以后，都是永远不变的"。⑥ 这里马克思虽然没使用特殊生产方式而用特殊生产形式，但意义是显而易见的。在法文版第1卷中，马克思则讲得非常清楚。马克思指出"每个商品都是一个符号，因为它只有作为在生产它时所耗费的人类劳动的物质外壳，才是价值。但是，当

---

① 《资本论》第1卷，人民出版社1975年版，第93页。
② 《资本论》第1卷，人民出版社1953年版，第52页。
③ 根据笔者初步统计，这种改动共有61处之多。
④ 《资本论》第1卷，人民出版社1975年版，第89页。
⑤ 《资本论》第1卷，中国社会科学出版社1983年版，第52页。
⑥ 《资本论》第1卷，人民出版社1975年版，第91页。

人们只把物在特殊生产方式的基础上所具有的社会性质，或者说，把劳动的社会规定在特殊生产方式的基础上所具有的物的性质看成是单纯的符号时，他们就使这些性质具有了被所谓人们的普遍同意所认可的约定俗成的虚构的意义。"①

不仅如此，马克思还将商品生产这种生产方式和其它生产方式进行了对比研究，弄清了和商品生产这种生产方式相对称的其它生产方式的基本规定。② 在孤岛上的鲁滨逊的生产、中世纪的自给自足的生产，农村家长制生产、自由人联合体的生产等这些生产方式中，人们同他们的劳动和劳动产品的社会关系，无论在生产上还是在分配上，都是简单明了的，只有在商品生产这种生产方式中，生产者才把他们的产品当作商品，从而当作价值来对待，而且通过这种物的形式，把他们的私人劳动当作同等的人类劳动来互相发生关系，才会发生商品拜物教。

三是指与不同的所有制形式、劳动形式相结合所形成的决定社会经济形态性质的生产方式。生产方式首先是物质资料的生产方式，这种规定性存在于一切社会的生产之中。物质资料生产和交换的社会形式如自给自足生产、商品生产和产品生产，虽然反映了一定的生产关系，并且可以在一定的生产力水平下存在于几个社会形态之中，但它并不决定某一个社会经济形态的性质。因为这种特殊的生产方式有一定的适应范围，在一定的生产力水平下可以和某些不同的所有制形式、劳动形式相结合，构成决定社会经济形态性质的个别的生产方式。如自给自足的生产可以和奴隶制、奴隶劳动相结合形成"古代的"生产方式，也可以和封建所有制、徭役劳动等形式形成"封建的"生产方式。商品生产可以和资本主义私有制、雇佣劳动相结合构成资本主义生产方式，商品生产也可以和社会主义公有制和局部联合劳动构成社会主义初级阶段的生产方式，等等。从这个意义上说，马克思在《资本论》中使用的生产方式的第三种含义是"亚细亚的、古代的、封建的和现代资本主义的

① 《资本论》第1卷，中国社会科学出版社1983年版，第71页。
② 《资本论》第1卷，人民出版社1975年版，第93~97页。

生产方式", 由于研究范围的界定, 在这类意义上使用的生产方式大都指资本主义生产方式。

在《资本论》中, 第三种意义上使用的"生产方式"一词, 一般都用"资本主义"、"封建的"等定语来限定。这种意义的"生产方式", 一般又可以和经济制度互换。在马克思校订的法文版《资本论》第 1 卷中, 马克思就把德文版中的若干处"资本主义生产方式"改为"资本主义经济制度"或"资本主义制度", 把德文版中若干处"资本主义制度"改为"资本主义生产方式"。① 在这种意义上使用的生产方式由于包括前两种含义的生产方式, 因而马克思也经常将资本主义生产方式理解为"资本主义生产"或"资本主义商品生产"。据初步统计, 在法文版《资本论》第 1 卷中, 马克思将德文版中的"资本主义生产方式"的用法改为"资本主义生产"的有 13 处, 将"资本主义生产"改为"资本主义生产方式"的有 1 处。在这个意义上又可以认为, "资本主义生产方式"和"资本主义商品生产"、"资本主义生产"在一定程度上是通用的。

《资本论》第 1 卷序言中关于研究对象那段话中的"资本主义生产方式", 不仅是物质生产的方式, 而且这种物质生产采取商品生产这种特殊的形式, 更重要的是这种商品生产是资本主义的生产, 是建立在资本主义私有制和雇佣劳动基础之上的商品生产, 是资本主义的商品生产。这种生产方式从第一种含义来讲, 经历了三个阶段, 采取了简单协作、工场手工业、机器和大工业三种主要形式; 从第二种含义来讲, 主要采用商品生产这种形式; 从第三种含义来讲, 主要是指建立在资本主义私有制和雇佣劳动基础之上的、采用机器和大工业这种生产方法的社会化商品生产。

这样, "我要在本书研究的, 是资本主义生产方式以及和它相适应的生产关系和交换关系"② 这段话可以理解为, 《资本论》研究的是资本主义商品生产以及和资本主义商品生产相适应的生产关系和交换关系。说得繁琐一点,

---

① 根据笔者初步统计, 这种改动共有 7 处之多。
② 《资本论》第 1 卷, 人民出版社 1975 年版, 第 8 页。

《资本论》研究的是：建立在资本主义私有制和雇佣劳动基础之上的、采用机器和大工业这种生产方法的社会化商品生产，以及和这种商品生产相适应的生产关系和交换关系。这种解释，意思是明确了，确实有助于加深对《资本论》研究对象的理解，但总不如马克思的原话内涵深刻。

二、《资本论》叙述过程对研究对象的证明

在资本主义社会中，商品生产成了占统治地位的生产方式。因此，马克思要研究资本主义商品生产，即"资本主义形式的商品生产"。《资本论》也开宗明义地指出："资本主义生产方式占统治地位的社会的财富，表现为'庞大的商品堆积'，单个的商品表现为这种财富的元素形式。因此，我们的研究就从分析商品开始。"① 因为，"在古亚细亚的、古希腊罗马的等等生产方式下，产品变为商品，从而人作为商品生产者而存在的现象，处于从属地位"②。"只有在资本主义生产的基础上，商品生产才表现为标准的、占有统治地位的生产形式。"③ 既然研究对象是资本主义商品生产以及和它相适应的生产关系和交换关系，既然资本主义商品生产这种生产方式占统治地位的社会财富表现为商品堆积，那么自然而然地要从商品生产这种生产方式的细胞——商品展开分析。商品生产是资本主义生产的形式，资本主义生产关系和交换关系都和商品生产这种生产方式紧密联系，并且颠倒地表现为物与物之间的关系。如果不分析资本主义商品生产，对资本主义生产关系和交换关系的分析就无从下手。马克思把资本主义商品生产概括到研究对象中去，并从分析商品开始，就科学地选择了突破口，就可以通过这种研究，和盘托出资本主义的生产关系和交换关系。

资本主义商品生产作为一种生产方式，不仅具有商品生产的一般性质，而且具有资本主义生产的特殊性质。从它的一般性质来说，它生产的产品是商品，商品交换要遵循等价原则，它的基本规律是价值规律。这和其它采用

---

① 《资本论》第1卷，人民出版社1975年版，第47页。
② 《资本论》第1卷，中国社会科学出版社1983年版，第185页。
③ 《资本论》第2卷，人民出版社1975年版，第40页。

商品生产这种生产方式的社会是一致的。但是，即使在这种一般性质上，它和其他存在商品生产的经济形态仍然有着区别。其区别在于，在资本主义条件下，"成为商品是它的产品的占统治地位的、决定的性资"①，是劳动力成为商品，从而使商品生产发展成为资本主义生产，商品本身成为资本产品。从这种生产方式的特殊性质来说，"剩余价值的生产是生产的直接目的和决定动机"②。在资本主义条件下，生产商品是生产剩余价值的手段。在资本主义商品生产这种生产方式中，商品生产是资本主义生产的一般形式，资本主义生产的各种特殊规律都建立在商品生产的一般规律之上，并在商品生产一般规律的前提下发挥作用。反过来，只有在资本主义生产的基础之上，商品生产才成为生产的一般形式，才占统治地位。所以要揭示现代社会的经济运动规律，就必须从分析商品生产入手，进而分析资本主义的商品生产。而《资本论》的理论部分前 3 卷正是这样做的。

　　《资本论》第 1 卷从资本主义经济的细胞——商品入手，分析了商品的价值决定，揭示商品内含的矛盾，说明了商品生产的一般规律——价值规律，同时，马克思通过对商品的分析，揭示了被商品这个物所掩盖的人与人之间的关系。可以这样说，如果不是通过对商品及商品生产的分析，就根本揭示不出被商品掩盖的人和人之间的生产关系。在分析了商品生产一般之后，马克思就进而分析资本主义商品生产。资本主义商品生产和简单商品生产的区别不在于生产商品，而在于是否生产剩余价值。马克思发现了劳动力这一特殊商品，并在价值规律的基础上科学地说明了剩余价值的产生，说明了资本主义生产方式中最核心的范畴——资本和雇佣劳动。但是，十分重要的是，马克思对资本增殖秘密的揭露是从商品生产的一般规定——价值形成的角度入手的。他仔细分析了资本主义商品生产的价值形成过程，发现了劳动力的价值和劳动力在劳动过程中创造的价值是两个不同的量，从而揭示了剩余价值产生的秘密。如果不分析资本主义商品生产的价值形成过程，就不能揭开

---

① 《资本论》第 3 卷，人民出版社 1975 年版，第 994 页。

② 《资本论》第 3 卷，人民出版社 1975 年版，第 996 页。

资本剥削雇佣劳动之谜。如果不分析劳动力商品，也同样揭不开价值增殖之谜。

《资本论》第 2 卷考察的是资本主义商品生产的流通过程。通过对单个资本的商品生产和商品流通的考察，马克思不仅发现了单个资本循环中购、产、销的比例关系，更重要的是揭示了资本循环的规律以及这种规律对于剩余价值生产和实现的重要性；通过对单个资本商品再生产和商品流通的分析，马克思不仅总结了物质再生产的速度规律，更重要的是揭示了资本周转的规律及其对剩余价值生产和实现的重要性；通过对社会总资本的再生产和流通的考察，马克思不仅发现了社会再生产的按比例规律，而且说明了资本主义再生产的根本矛盾以及这种矛盾的表现形式——经济危机。马克思形式上考察的是资本主义商品生产的流通过程，但揭示出来的则是物质生产的一般规律、商品流通的特殊规律和资本主义剩余价值的实现规律。

《资本论》第 3 卷考察的是资本主义商品生产的总过程，是包括生产、流通和分配在内的资本主义商品生产的总过程。通过对资本主义商品生产总过程的分析，马克思不仅在越来越接近现实的层面上揭示了社会生产的按比例规律，商品生产的价格规律，而且通过对这些经济现象的分析，透彻地说明了各个社会阶级如何参与社会价值产品分配，职能资本家、生息资本家和大土地所有者如何瓜分雇佣工人生产的剩余价值的规律。如果不分析包括生产、流通和分配在内的资本主义商品生产的总过程，马克思怎能揭示出资本主义生产关系的背面——资本主义的分配关系。总之，我们可以这样说，在《资本论》第 1 卷第一篇中，马克思着重考察了"历史规定的社会生产方式（商品生产）的生产关系"①，在《资本论》理论部分前 3 卷中，通过考察资本主义商品生产的生产过程、流通过程和包括生产、流通和分配在内的总过程，马克思不仅说明了资本主义社会物质生产的规律、商品生产的规律和资本主义商品生产的规律，而且说明了与资本主义商品生产相适应的资本主义生产关系和交换关系。

---

① 《资本论》第 1 卷，人民出版社 1953 年版，第 58 页。

三、《资本论》研究对象的启示

在《资本论》第1卷发表140年后的今天，在深化改革、完善社会主义市场经济体制的过程中，重温马克思关于《资本论》研究对象的论述，给我们许多深刻的启示。

我国正处在并将长期处在社会主义初级阶段。社会主义初级阶段作为一种根本不同于资本主义、又与经典作家设想的社会主义相区别的社会阶段，在物质生产方式、物质生产的社会形式方面具有与资本主义相同或相近的性质，在社会生产方式上具有既不同于资本主义又不同于经典社会主义不同的性质。和社会主义初级阶段的生产方式相适应，社会主义初级阶段的生产关系和交换关系也必然存在着既不同于资本主义又区别于经典社会主义的性质。如何揭示社会主义初级阶段物质生产运动的规律、社会主义商品生产运动的规律以及与之相适应的生产关系和交换关系的性质，如何透彻地说明社会主义初级阶段的经济现象，如何为党在社会主义初级阶段的经济纲领提供理论上的彻底支持，这些都依赖于社会主义初级阶段政治经济学的科学研究。而要科学地推进这一研究，就必须科学地确定社会主义初级阶段政治经济学的研究对象。根据分析《资本论》研究对象的结论，我认为，社会主义初级阶段政治经济学的研究对象应该是：社会主义初级阶段的生产方式以及和它相适应的生产关系和交换关系。具体地说，就是社会主义商品生产以及和它相适应的生产关系和交换关系，就是以社会主义初级阶段基本经济制度为基础、采用多层次物质生产方式的社会化商品生产以及和它相适应的生产关系和交换关系。

社会主义商品生产这种生产方式可以从三个层面上去分析。第一，从物质生产的技术手段或生产方法的角度来看，社会主义商品生产的生产条件是多层次的。既有现代化的自动化的机器和大工业，进行机器或机器体系的协作；也有半机械化的工厂或工场，进行着机器的协作；还有不少手工劳动，实行简单协作。在社会主义初级阶段，物质生产的技术手段或生产条件具有典型的不平衡性。第二，从物质生产的社会形式看，经过近30

年以市场为基本取向的改革，我国物质生产的商品化、市场化程度已经较高，市场已经在社会资源配置中发挥着基础性作用，社会生产已经是商品生产了。社会主义初级阶段物质生产的社会形式是社会化的商品生产。第三，从商品生产的所有制基础看，我国的商品生产以公有制为主体的多种所有制结构为基础。社会主义初级阶段的商品生产既不以私有制为基础，也不像未来的产品生产那样以全社会的公有制为基础，而以公有制为主体的多种所有制为基础。

社会主义商品生产的上述特点必然产生与之相适应的社会主义初级阶段的生产关系和交换关系。这种生产关系和交换关系还与商品这种物的关系联系在一起，甚至表面上仍然采取物的形式。不同生产要素所有者和劳动力所有者之间结合起来生产仍然要采用商品交换的形式。人类劳动的等同性，取得了劳动产品的等同的价值对象性这种物的形式，用劳动的持续时间来计量的人类劳动力的耗费，取得了劳动产品的价值量的形式，劳动的那些社会规定借以实现的生产者的关系，取得了劳动产品的社会关系的形式。人们劳动本身的社会性质仍然反映成劳动产品本身的物的性质，生产者同总劳动的社会关系仍然表现为生产者之外的物与物之间的社会关系，社会生产在很大程度上仍然接受"看不见的手"的指挥。要揭示和社会主义商品生产相适应的生产关系和交换关系，仍然要从研究社会主义初级阶段的生产方式入手，从研究社会主义商品生产入手。

研究社会主义初级阶段的生产方式以及和它相适应的生产关系和交换关系，就是要揭示社会主义初级阶段经济运动的规律。这种规律至少包括三个方面：一是社会主义初级阶段物质生产运动的规律，如物质生产劳动协作规律、资源配置规律、生产技术升级规律、产业结构发展运动规律、社会生产比例和速度规律、全球经济运动规律等；二是社会化商品生产运动的规律，如劳动分工规律、总体劳动创造价值规律、社会需求决定市场价格规律、世界价值规律等；三是社会主义商品生产运动的规律，如和谐劳动规律、和谐分配规律、和谐社会规律等。

《资本论》的研究对象给社会主义初级阶段的政治经济学研究提供了许多

深刻的启示。我们应该根据这些启示开展扎扎实实的工作，通过对社会主义商品生产以及和它相适应的生产关系和交换关系的研究，揭示社会主义初级阶段经济运动的规律，为建设中国特色的社会主义经济提供理论上的支持。

（原文发表于《当代经济研究》2007 年第 11 期）

试论作为《资本论》研究对象的"生产形式"

张 开[*]

一、生产过程及其资本主义形式

对于研究对象，马克思在《资本论》第 1 卷德文第 1 版序言中指出："我要在本书研究的，是资本主义生产方式以及和它相适应的生产关系和交换关系。到现在为止，这种生产方式的典型地点是英国。因此，我在理论阐述上主要用英国作为例证。"[①] 这是把《资本论》的研究对象界定为"资本主义生产方式以及和它相适应的生产关系和交换关系"。然而，对于什么是"生产方式"，以及能否把研究对象简化为"生产关系"，国内理论界存在很大争论。实际上，这种争论在一定程度上反映了把"生产方式"和"生产关系和交换关系"当作具有相对独立性的两个部分，相当于出现了两个相对独立的研究对象。然而，马克思紧接着讲"这种生产方式的典型地点是英国"，这说明马克思所讲的研究对象是一个整体，而不是两个独立的部分、两个研究对象。

这里不妨借助一下英文版《资本论》的相关内容：

In this work I have to examine the capitalist mode of production, and the conditions of production and exchange corresponding to that mode. Up to the present time, their classic ground is England. That is the reason why England is used as the chief illustration in the development of my theoretical ideas. [②]

这段英文说明：第一，中文版中的"资本主义生产方式"，实际上也可以翻译成"生产的资本主义方式"；第二，中文版中的"生产关系和交换关

---

* 张开：中共中央党校经济学教研部副教授。
① 《马克思恩格斯全集》第 44 卷，人民出版社 2001 年版，第 8 页。
② Karl Marx. *Capital*, Vol. 1, Lawrence and Wishart Press, 2010, P. 8.

系"，具有"生产条件和交换条件"的含义。综合起来讲，《资本论》研究的
是关于生产的资本主义方式，以及这种方式所需要的生产条件和交换条件。
显然，这种生产的资本主义方式不是悬在真空中，而是要求与之相对应的、
相配套的生产条件和交换条件来支撑，"资本主义生产是和它的条件同时发展
的"①，"资本主义生产不是绝对的生产方式，而只是一种历史的、和物质生
产条件的某个有限的发展时期相适应的生产方式"②，并且它会"通向一种新
的生产形式（a new form of production——引者)。"③ 同时，在资本主义生产方
式中，"资本支配生产本身并赋予生产一个完全改变了的独特形式（a wholly
changed and specific form——引者)。"④ 这也就意味着，只有通过对资本主义
生产条件和交换条件的分析，才能掌握生产的资本主义方式的实现条件，进
而把握生产的资本主义方式；反之，抛开对资本主义生产条件和交换条件的
考察，就无法真正掌握生产的资本主义方式。因此，一定程度上，可以把资
本主义的生产条件和交换条件视作生产的资本主义方式的实现形式，进而推
论出《资本论》的研究对象是生产或生产过程的资本主义形式。

　　马克思在《资本论》第 2 版跋中指出："只要政治经济学是资产阶级的政
治经济学，就是说，只要它把资本主义制度（capitalist régime——引者）不是
看作历史上过渡的发展阶段，而是看作社会生产的绝对的最后的形式（final
form of social production——引者)，那就只有在阶级斗争处于潜伏状态或只是
在个别的现象上表现出来的时候，它还能够是科学。"⑤

　　马克思在"商品的拜物教性质及其秘密"中分析商品形式时指出："这种
种形式（such like forms——引者）恰好形成资产阶级经济学的各种范畴。对
于这个历史上一定的社会生产方式即商品生产的生产关系（the conditions and

---

① 《马克思恩格斯全集》第 45 卷，人民出版社 2003 年版，第 380 页。
② 《马克思恩格斯全集》第 46 卷，人民出版社 2003 年版，第 289 页。
③ 《马克思恩格斯全集》第 46 卷，人民出版社 2003 年版，第 497 页。Karl Marx. *Capital*, Vol. 3,
Lawrence and Wishart Press, 2010, P. 436.
④ 《马克思恩格斯全集》第 46 卷，人民出版社 2003 年版，第 364 页。Karl Marx. *Capital*, Vol. 3,
Lawrence and Wishart Press, 2010, P. 324.
⑤ 《马克思恩格斯全集》第 44 卷，人民出版社 2001 年版，第 16 页。Karl Marx. *Capital*, Vol. 1,
Lawrence and Wishart Press, 2010, P. 14.

relations of a definite, historically determined mode of production, viz., the pro-
duction of commodities——引者）来说，这些范畴是有社会效力的、因而是客
观的思维形式。因此，一旦我们逃到其他的生产形式（other forms of produc-
tion——引者）中去，商品世界的全部神秘性，在商品生产的基础上笼罩着劳
动产品的一切魔法妖术，就立刻消失了。"① 需要说明：一是马克思是把"生
产方式"和"生产关系"联系起来、作为具有整体性的一个研究对象来讲的。
二是在"其他生产形式"中，不存在商品拜物教。这说明，马克思在这里是
把两类生产形式进行比对，从而印证了把《资本论》研究对象理解为"生产
的资本主义形式"是具有合理性的。

　　在分析与绝对剩余价值不同的相对剩余价值生产时，马克思列举鞋匠为
在同等劳动时间内产量翻倍，必须使劳动生产力提高一倍，并指出："他的劳
动生产条件，也就是他的生产方式，从而劳动过程本身（the conditions of pro-
duction, i. e., his mode of production, and the labour process itself——引者），
必须发生革命。"② 并进一步指出："对于由必要劳动转化为剩余劳动而生产
剩余价值来说，资本占有历史上遗留下来的或者说现存形态的劳动过程（the
labour process in the form——引者），并且只延长它的持续时间，就绝对不够
了。它必须变革劳动过程的技术条件和社会条件（the technical and social con-
ditions of the process——引者），从而变革生产方式本身，以提高劳动生产力，
通过提高劳动生产力来降低劳动力的价值，从而缩短再生产劳动力价值所必
要的工作日部分。"③ 在这里，马克思非常明确地把"生产条件"和"生产方
式"相联系并视作一个整体，乃至等同起来；也就意味着，那种把《资本论》
研究对象理解为两个独立部分的观点是不准确的。

　　"诚然，政治经济学（系指古典政治经济学——引者）曾经分析了价值和

---

① 《马克思恩格斯全集》第 44 卷，人民出版社 2001 年版，第 93 页。Karl Marx. *Capital*, Vol. 1,
Lawrence and Wishart Press, 2010, P. 87.

② 《马克思恩格斯全集》第 44 卷，人民出版社 2001 年版，第 366 页。Karl Marx. *Capital*, Vol. 1,
Lawrence and Wishart Press, 2010, P. 319.

③ 《马克思恩格斯全集》第 44 卷，人民出版社 2001 年版，第 366 页。Karl Marx. *Capital*, Vol. 1,
Lawrence and Wishart Press, 2010, P. 320.

价值量（虽然不充分），揭示了这些形式所掩盖的内容。但它甚至从来也没有提出过这样的问题：为什么这一内容采取这种形式呢？为什么劳动表现为价值，用劳动时间计算的劳动量表现为劳动产品的价值量呢？"① 但是，在生产过程支配人，而人还没有支配生产过程的那种社会形态中，劳动和劳动量表现为价值和价值量，这成了不言而喻的事情。对此，马克思指出了以斯密和李嘉图为代表的古典政治经济学的根本缺点之一："把价值形式看成一种完全无关紧要的东西或在商品本性之外存在的东西。这不仅仅因为价值量的分析把他们的注意力完全吸引住了。还有更深刻的原因。劳动产品的价值形式是资产阶级生产方式的最抽象的、但也是最一般的形式，这就使资产阶级生产方式成为一种特殊的社会生产类型，因而同时具有历史的特征（The value form of the product of labour is not only the most abstract, but is also the most universal form, taken by the product in bourgeois production, and stamps that production as a particular species of social production, and thereby gives it its special historical character. ——引者）。因此，如果把资产阶级生产方式误认为是社会生产的永恒的自然形式，那就必然会忽略价值形式的特殊性，从而忽略商品形式及其进一步发展——货币形式、资本形式，等等的特殊性。"② 劳动产品在资本主义生产中获得价值形式，价值形式逐渐表现为商品形式、货币形式、资本形式，等等，劳动过程或生产过程表现为具有历史过渡性、一种特殊的社会生产类型。

如果研究进程止步于作为价值形式的初级发展阶段的商品形式，未能进一步把握作为价值形式的高级发展阶段的货币形式、资本形式，就无法理解生产过程的资本主义形式。马克思指出："但商品生产和商品流通是极不相同的生产方式都具有的现象，尽管它们在范围和作用方面各不相同。因此，只知道这些生产方式所共有的、抽象的商品流通的范畴，还是根本不能了解这

① 《马克思恩格斯全集》第44卷，人民出版社2001年版，第98页。
② 《马克思恩格斯全集》第44卷，人民出版社2001年版，第99页。Karl Marx. *Capital*, Vol. 1, Lawrence and Wishart Press, 2010, pp. 91–99.

些生产方式的本质区别，也不能对这些生产方式作出判断。"① 例如，对于资本主义银行业的理论考察，仅仅凭借服务于简单商品经济的、抽象的、一般的货币概念，不足以准确刻画银行业的资本主义特征，原有的货币概念就显得"能力不足"了。

通过确立劳动力商品概念，马克思科学论证了货币转化为资本的实现条件：作为劳动力占有者的工人，作为货币占有者的资本家，两者在流通领域相遇。但是，这种条件或关系的产生是历史的产物："自然界不是一方面造成货币占有者或商品占有者，而另一方面造成只是自己劳动力的占有者。这种关系既不是自然史上的关系，也不是一切历史时期所共有的社会关系。它本身显然是已往历史发展的结果，是许多次经济变革的产物，是一系列陈旧的社会生产形态（a whole series of older forms of social production——引者）灭亡的产物。"② 这里的"社会生产形态"就是"社会生产形式"，即"生产的社会形式"。

产品转化为商品、货币转化为资本，都需要一定的历史条件。"如果我们进一步研究，在什么样的状态下，全部产品或至少大部分产品采取商品的形式（take the form of commodities——引者），我们就会发现，这种情况只有在一种十分特殊的生产方式即资本主义生产方式的基础上才会发生（can only happen with production of a very specific kind, capitalist production——引者）。"③ 如果绝大多数产品直接用来满足生产者自己的需要，这些产品也就没有变成商品，"从而社会生产过程（social production——引者）按其广度和深度来说还远没有为交换价值所控制"④。生产过程被交换价值所控制的生产形式，意味着生产过程的资本主义形式，因此，仅仅凭借商品概念和货币概念，还不

---

① 《马克思恩格斯全集》第 44 卷，人民出版社 2001 年版，第 136 页。
② 《马克思恩格斯全集》第 44 卷，人民出版社 2001 年版，第 197 页。Karl Marx. *Capital*, Vol. 1, Lawrence and Wishart Press, 2010, P. 179.
③ 《马克思恩格斯全集》第 44 卷，人民出版社 2001 年版，第 197 页。Karl Marx. *Capital*, Vol. 1, Lawrence and Wishart Press, 2010, pp. 179 – 180.
④ 《马克思恩格斯全集》第 44 卷，人民出版社 2001 年版，第 197 页。Karl Marx. *Capital*, Vol. 1, Lawrence and Wishart Press, 2010, P. 180.

足以精确刻画生产过程的资本主义形式。货币是以商品交换发展到一定高度为前提的，"有了商品流通和货币流通，决不是就具备了资本存在的历史条件。只有当生产资料和生活资料的所有者在市场上找到出卖自己劳动力的自由工人的时候，资本才产生；而单是这一历史条件（historical condition——引者）就包含着一部世界史。因此，资本一出现，就标志着社会生产过程的一个新时代"①。马克思做出进一步解释："资本主义时代的特点是，对工人本身来说，劳动力（labour power——引者）是归他所有的一种商品的形式（the form of a commodity——引者），因而他的劳动具有雇佣劳动的形式（becomes wage labour——引者）。另一方面，正是从这时起，劳动产品的商品形式才普遍化。"② 劳动力成为商品和雇佣劳动的普遍化，是生产的资本主义形式确立的基础，"资本和雇佣劳动的关系"决定着"这种生产方式的全部性质"。③ "不论生产的社会的形式如何，劳动者和生产资料始终是生产的因素。但是，二者在彼此分离的情况下只在可能性上是生产因素。凡要进行生产，它们就必须结合起来。实行这种结合的特殊方式和方法，使社会结构区分为各个不同的经济时期。"④ 所以，劳动者和生产资料"是怎样和在什么条件下结合起来"就成为关键问题。对生产资料进一步分析，"不管劳动过程在什么样的社会条件（social conditions——引者）下进行，每一个劳动过程中的生产资料都分为劳动资料和劳动对象。但是，二者只有在资本主义生产方式（capitalist mode of production——引者）下才成为资本……劳动资料和劳动对象这个以劳动过程的性质为基础的区别，就以固定资本和流动资本的新形式的区别再现出来"⑤。在这里，劳动过程的社会条件、资本主义生产方式、劳动过程的性质，三者具有一致的含义：劳动过程或生产过程的资本主义形式。

① 《马克思恩格斯全集》第44卷，人民出版社2001年版，第198页。Karl Marx. *Capital*, Vol. 1, Lawrence and Wishart Press, 2010, P. 180.

② 《马克思恩格斯全集》第44卷，人民出版社2001年版，第198页。Karl Marx. *Capital*, Vol. 1, Lawrence and Wishart Press, 2010, P. 180.

③ 《马克思恩格斯全集》第46卷，人民出版社2003年版，第996页。

④ 《马克思恩格斯全集》第45卷，人民出版社2003年版，第44页。

⑤ 《马克思恩格斯全集》第45卷，人民出版社2003年版，第181页。Karl Marx. *Capital*, Vol. 2, Lawrence and Wishart Press, 2010, P. 164.

马克思指出："虽然使用价值或财物的生产是为了资本家，并且是在资本家的监督下进行的，但是这并不改变这种生产的一般性质。所以，劳动过程首先要撇开每一种特定的社会的形式（the labour process independently of the particular form it assumes under given social conditions——引者）来加以考察。"[1]资本主义生产过程既是生产一般，也是生产特殊，这种特殊就在于它所具有的资本主义形式。"资本主义生产过程是社会生产过程一般的一个历史规定的形式（a historically determined form——引者）。而社会生产过程既是人类生活的物质生存条件的生产过程，又是一个在特殊的、历史的和经济的生产关系中进行的过程，是生产和再生产着这些生产关系本身，因而生产和再生产着这个过程的承担者、他们的物质生存条件和他们的互相关系即他们的一定的经济的社会形式的过程。"[2]　"资本主义的生产方式，和任何别的生产方式一样，不仅不断再生产物质的产品（material product——引者），而且不断再生产社会的经济关系（social and economic relations——引者），即再生产物质产品形成上的经济的形式规定性（characteristic economic forms——引者）。"[3]　生产过程既是产品的再生产，又是产品所特有的经济形式的再生产。可见，劳动过程或生产过程所呈现的具体形式，是在给定的社会条件下所具备的，所以生产条件或交换条件构成生产过程的具体形式。

二、揭示资本主义社会的经济运动规律

马克思《资本论》的最终研究目的是揭示资本主义社会的经济运动规律。"一个社会即使探索到了本身运动的自然规律，——本书的最终目的就是揭示现代社会的经济运动规律，——它还是既不能跳过也不能用法令取消自然的

---

[1] 《马克思恩格斯全集》第44卷，人民出版社2001年版，第207页。Karl Marx. *Capital*，Vol. 1，Lawrence and Wishart Press，2010，P. 187.

[2] 《马克思恩格斯全集》第46卷，人民出版社2003年版，第927页。Karl Marx. *Capital*，Vol. 3，Lawrence and Wishart Press，2010，P. 805.

[3] 《马克思恩格斯全集》第65卷，人民出版社2003年版，第987页。Karl Marx. *Capital*，Vol. 3，Lawrence and Wishart Press，2010，P. 858.

发展阶段。但是它能缩短和减轻分娩的痛苦"①。显然，马克思是把资本主义社会视作人类社会的一个自然发展阶段，是不可跳过、不可人为消灭的，并把"经济的社会形态的发展理解为一种自然史的过程"②。但是，"问题本身并不在于资本主义生产的自然规律所引起的社会对抗的发展程度的高低。问题在于这些规律本身，在于这些以铁的必然性发生作用并且正在实现的趋势。工业较发达的国家向工业较不发达的国家所显示的，只是后者未来的景象"③。可以说，当时英国的今天就是德国的明天；德国不仅受制于资本主义的发展，更受制于资本主义的不发展。资本主义生产的"自然规律"是怎样一种情况呢？

马克思指出："生产剩余价值或赚钱，是这个生产方式的绝对规律。"④这种剩余价值的生产构成了"资本主义生产的直接目的和决定性动机"⑤。资本主义生产方式的趋势是："尽可能使一切生产转化为商品生产；它实现这种趋势的主要手段，正是把一切生产卷入它的流通过程；而发达的商品生产本身就是资本主义的商品生产。产业资本的侵入，到处促进这种转化，同时又促使一切直接生产者转化为雇佣工人。"⑥ 所以，随着资本主义生产方式占据统治地位，价值规律（以及剩余价值规律）转化为生产价格规律（以及利润率规律）；这种转化的发生是由资本主义竞争完成的，这种竞争包括部门内部竞争（同类商品生产企业之间的竞争）和部门之间竞争（资本在部门之间的流动）。

对于上述两个转化，马克思指出："如果商品都按照它们的价值出售，那就像已经说过的那样，不同生产部门由于投入其中的资本量的有机构成不同，会产生极不相同的利润率。但是资本会从利润率较低的部门抽走，投入利润率较高的其他部门。通过这种不断地流出和流入，总之，通过资本在不同部

---

① 《马克思恩格斯全集》第 44 卷，人民出版社 2001 年版，第 10 页。
② 《马克思恩格斯全集》第 44 卷，人民出版社 2001 年版，第 10 页。
③ 《马克思恩格斯全集》第 44 卷，人民出版社 2001 年版，第 8 页。
④ 《马克思恩格斯全集》第 44 卷，人民出版社 2001 年版，第 714 页。
⑤ 《马克思恩格斯全集》第 46 卷，人民出版社 2003 年版，第 272 页。
⑥ 《马克思恩格斯全集》第 45 卷，人民出版社 2003 年版，第 127 页。

门之间根据利润率的升降进行的分配，供求之间就会形成这样一种比例，使不同的生产部门都有相同的平均利润率，因而价值也就转化为生产价格。资本主义或多或少能够实现这种平均化，资本主义在一国社会内越是发展，也就是说，该国的条件越是适应资本主义生产方式，资本就越能够实现这种平均化。随着资本主义生产的发展，这种生产的各种条件也发展了，这种生产使生产过程借以进行的全部社会前提从属于它的特殊性质和它的内在规律。"①这种平均化要求资本和劳动力都具有更大的灵活性，也意味着"只要资本的量相等，那就不管资本的构成如何，它们都会从社会总资本所生产的总剩余价值中分到相等的份额"②，使资本"意识到自己是一种社会权力；每个资本家都按照他在社会总资本中占有的份额而分享这种权力"③，以及"资本家在他们的竞争中表现出彼此都是假兄弟，但面对着整个工人阶级却结成真正的共济会团体"④。

为价值和剩余价值进行的生产，"包含着一种不断发生作用的趋势，就是要把生产商品所必需的劳动时间，即把商品的价值，缩减到当时的社会平均水平以下。力求将成本价格缩减到它的最低限度的努力，成了提高劳动社会生产力的最有力的杠杆"⑤。同时，"当新的生产方式被普遍采用，因而比较便宜地生产出来的商品的个别价值和它的社会价值之间的差额消失的时候，这个超额剩余价值也就消失。价值由劳动时间决定这同一规律，既会使采用新方法的资本家感觉到，他必须低于商品的社会价值来出售自己的商品，又会作为竞争的强制规律，迫使他的竞争者也采用新的生产方式"⑥。因此，商品价值平均水平指由社会必要劳动时间决定的商品价值大小，价值规律对社会生产起调节作用。资本家作为资本的人格化，其目的绝不是为了单纯的个人享受和使用价值。"作为价值增殖的狂热追求者，他肆无忌惮地迫使人类去

① 《马克思恩格斯全集》第46卷，人民出版社2003年版，第218页。
② 《马克思恩格斯全集》第46卷，人民出版社2003年版，第194页。
③ 《马克思恩格斯全集》第46卷，人民出版社2003年版，第217页。
④ 《马克思恩格斯全集》第46卷，人民出版社2003年版，第220页。
⑤ 《马克思恩格斯全集》第46卷，人民出版社2003年版，第997页。
⑥ 《马克思恩格斯全集》第44卷，人民出版社2001年版，第370页。

为生产而生产，从而去发展社会生产力，去创造生产的物质条件；而只有这样的条件，才能为一个更高级的、以每一个个人的全面而自由的发展为基本原则的社会形式建立现实基础。"①

资本主义生产方式的内在规律固有着其无法克服的矛盾。"生产资料的集中和劳动的社会化，达到了同它们的资本主义外壳不能相容的地步。这个外壳就要炸毁了。资本主义私有制的丧钟就要响了。剥夺者就要被剥夺了。"②"这种剥夺是通过资本主义生产本身的内在规律的作用，即通过资本的集中进行的。"③ 这个外壳就是生产的资本主义形式。"资本主义生产的真正限制是资本自身，这就是说：资本及其自行增殖，表现为生产的起点和终点，表现为生产的动机和目的；生产只是为资本而生产，而不是反过来生产资料只是生产者社会的生活过程不断扩大的手段。"④ 生产者或劳动者和生产资料的资本主义结合——资本主义生产过程——只是服务于资本增殖这个目的，而没有真正表现为生产者自己社会生活过程的不断扩大。"资本主义生产方式的矛盾正好在于它的这种趋势：使生产力绝对发展（absolute development of the productive forces——引者），而这种发展和资本在其中运动、并且只能在其中运动的独特的生产条件（the specific conditions of production——引者）不断发生冲突。"⑤ 这时，"生产的物质发展和它的社会形式之间就发生冲突。"⑥

三、生产过程和资本主义形式之间矛盾的四种危机表现

生产过程本身的发展会冲破资本主义形式的牢笼。这个固有矛盾具体表现在以下四个方面：

第一，剩余价值实现危机。马克思把资本主义生产过程区分为"两个行

---

① 《马克思恩格斯全集》第 44 卷，人民出版社 2001 年版，第 683 页。
② 《马克思恩格斯全集》第 44 卷，人民出版社 2001 年版，第 874 页。
③ 《马克思恩格斯全集》第 44 卷，人民出版社 2001 年版，第 873 页。
④ 《马克思恩格斯全集》第 46 卷，人民出版社 2003 年版，第 278 页。
⑤ 《马克思恩格斯全集》第 46 卷，人民出版社 2003 年版，第 286 页。Karl Marx. *Capital*, Vol. 3, Lawrence and Wishart Press, 2010, P. 256.
⑥ 《马克思恩格斯全集》第 46 卷，人民出版社 2003 年版，第 1000 页。

为"。"生产出剩余价值，只是结束了资本主义生产过程的第一个行为，即直接的生产过程。"① 随着社会劳动生产力的发展，社会总资本中的不变资本相对可变资本逐渐增加，一般利润率趋向下降，资本加速积累，生产出的剩余价值总量会增加。此时进入第二个行为："总商品量，即总产品，无论是补偿不变资本和可变资本的部分，还是代表剩余价值的部分，都必须卖掉"②。商品如果卖不掉，或者只有部分卖掉，或者以低于生产价格的市场价格卖掉，"榨取的剩余价值就完全不能实现，或者只是部分地实现，资本就可能部分或全部地损失掉"③。这是因为两个行为分别受到不同条件的限制。"进行直接剥削的条件和实现这种剥削的条件，不是一回事。二者不仅在时间和地点上是分开的，而且在概念上也是分开的。前者只受社会生产力（the productive power of society——引者）的限制，后者受不同生产部门的比例关系和社会消费力（the consumer power of society——引者）的限制。"④ 这种社会消费力包括生活消费和生产消费两个方面。

对于源自生活消费的限制，马克思指出，社会消费力"取决于以对抗性的分配关系（antagonistic conditions of distribution——引者）为基础的消费力；这种分配关系，使社会上大多数人的消费缩小到只能在相当狭小的界限以内变动的最低限度"。⑤ 同时，"工人作为商品的买者，对于市场来说是重要的。但是作为他们的商品——劳动力——的卖者，资本主义社会的趋势是把它的价格限制在最低限度"⑥。"商品的出售，商品资本的实现，从而剩余价值的实现，不是受一般社会的消费需求的限制，而是受大多数人总是处于贫困状态、而且必然总是处于贫困状态的那种社会的消费需求的限制。"⑦ 其结果就

---

① 《马克思恩格斯全集》第 46 卷，人民出版社 2003 年版，第 272 页。
② 《马克思恩格斯全集》第 46 卷，人民出版社 2003 年版，第 272 页。
③ 《马克思恩格斯全集》第 46 卷，人民出版社 2003 年版，第 272 页。
④ 《马克思恩格斯全集》第 46 卷，人民出版社 2003 年版，第 272 页。Karl Marx. *Capital*, Vol. 3, Lawrence and Wishart Press, 2010, P. 243.
⑤ 《马克思恩格斯全集》第 46 卷，人民出版社 2003 年版，第 273 页。Karl Marx. *Capital*, Vol. 3, Lawrence and Wishart Press, 2010, P. 243.
⑥ 《马克思恩格斯全集》第 45 卷，人民出版社 2003 年版，第 350 页。
⑦ 《马克思恩格斯全集》第 45 卷，人民出版社 2003 年版，第 350 页。

是造成工人消费能力被限制在狭小的范围之内。

对于源自生产消费的限制,马克思指出,社会消费力"还受到追求积累的欲望,扩大资本和扩大剩余价值生产规模的欲望的限制。这是资本主义生产的规律,它是由生产方法本身的不断革命,由总是和这种革命联系在一起的现有资本的贬值,由普遍的竞争斗争以及仅仅为了保存自身和避免灭亡而改进生产和扩大生产规模的必要性决定的。因此,市场必须不断扩大,以致市场的联系和调节这种联系的条件,越来越采取一种不以生产者为转移的自然规律的形式,越来越无法控制"①。但是劳动生产力越发展,资本有机构成越提高,一般利润率越下降,资本家为保持既有体量乃至增大的利润量,就必须不断加大资本投入、加速资本积累。"这个内部矛盾力图通过扩大生产的外部范围求得解决。但是生产力越发展,它就越和消费关系的狭隘基础发生冲突。"② 然而,上述资本主义生产过程的"两个行为"受制于不同条件,"生产剩余价值的条件和实现这个剩余价值的条件之间的矛盾,恰好也会随之而增大"③。

综合生活消费和生产消费两个方面的限制,"立足于资本主义基础的有限的消费范围和不断地力图突破自己固有的这种限制的生产之间,必然会不断发生不一致"④。同时,"以广大生产者群众的被剥夺和贫穷化为基础的资本价值的保存和增殖,只能在一定的限制以内运动,这些限制不断与资本为它自身的目的而必须使用的并旨在无限制地增加生产,为生产而生产,无条件地发展劳动社会生产力的生产方法相矛盾。手段——社会生产力的无条件的发展——不断地和现有资本的增殖这个有限的目的发生冲突"⑤。价值增殖是资本主义生产的目的,为实现这一目的而采用的手段或生产方法就是生产力的无限发展,其结果表现为一般利润率趋向下降,目的的有限性和手段的无限性之间存在经常性矛盾。资本主义生产方式的总体性矛盾表现为这两个方面:一方面"包含着绝对发展生产力的趋势,而不管价值及其中包含的剩余

---

① 《马克思恩格斯全集》第46卷,人民出版社2003年版,第273页。
② 《马克思恩格斯全集》第46卷,人民出版社2003年版,第273页。
③ 《马克思恩格斯全集》第46卷,人民出版社2003年版,第273页。
④ 《马克思恩格斯全集》第46卷,人民出版社2003年版,第285页。
⑤ 《马克思恩格斯全集》第46卷,人民出版社2003年版,第279页。

价值如何，也不管资本主义生产借以进行的社会关系（social conditions——引者）如何；而另一方面，它的目的是保存现有资本价值和最大限度地增殖资本价值（也就是使这个价值越来越迅速地增加）"①。打一个比喻，资本主义生产过程是一个穿上"社会消费力紧身衣"的人体发育过程。

　　第二，"微观企业层面有计划"和"宏观社会层面无政府"的矛盾诱发危机。从企业内部看，是有计划、有权威来组织生产的。在资本主义生产方式基础上，对于那些在劳动过程中与生产资料相结合的直接生产者工人来讲，"他们的生产的社会性质是以实行严格管理的权威的形式，并且是以劳动过程的完全按等级组织的社会机制的形式出现的"②。这种权威的承担者就是资本家，他们掌握着劳动条件而和工人劳动相对立，劳动生产力的提高表现为资本生产力的提高。但从社会宏观层面看，在资本家之间、企业与企业之间，"占统治地位的却是极端无政府状态，在这种状态中，生产的社会联系只是表现为对于个人随意性起压倒作用的自然规律"③。实际上，马克思在论述"两类分工"（工场手工业内部分工和社会内部分工）时，指出了资产阶级的"一个悖论"：一方面，资产阶级赞美工场手工业内部分工提高了劳动生产力，工场内部生产过程是有计划的，并带给了资本家以绝对权威和专制；另一方面，资产阶级只承认竞争的权威，并责骂对社会生产过程的任何有意识的社会监督和调节。④ 这说明，资本主义社会微观层面的生产组织企业（工场）内部是有计划的，而整个社会宏观层面是无政府和杂乱无章的，二者之间的冲突和矛盾必然会诱发经济危机。因此，"资产阶级社会的症结正是在于，对生产自始就不存在有意识的社会调节"⑤。

　　第三，社会总资本再生产平衡条件失衡危机。资本只能理解为运动，"资本作为自行增殖的价值，不仅包含着阶级关系，包含着建立在劳动作为雇佣

① 《马克思恩格斯全集》第46卷，人民出版社2003年版，第278页。Karl Marx. *Capital*，Vol. 3，Lawrence and Wishart Press，2010，P. 248.
② 《马克思恩格斯全集》第46卷，人民出版社2003年版，第997页。
③ 《马克思恩格斯全集》第46卷，人民出版社2003年版，第998页。
④ 《马克思恩格斯全集》第44卷，人民出版社2001年版，第412～413页。
⑤ 《马克思恩格斯选集》第4卷，人民出版社2012年版，第474页。

劳动而存在的基础上的一定的社会性质。它是一种运动，是一个经过各个不同阶段的循环过程，这个过程本身又包含循环过程的三种不同的形式。因此，它只能理解为运动，而不能理解为静止物"①。作为资本在一定阶段职能形式的货币资本、生产资本和商品资本，"这些形式都是流动的形式"，"资本作为整体是同时地、在空间上并列地处在它的各个不同阶段上"。② 这些描述是马克思针对单个资本运动来讲的，对于社会总资本同样适用。对于社会总资本再生产的平衡条件，马克思指出："商品生产是资本主义生产的一般形式这个事实，已经包含着在资本主义生产中货币不仅起流通手段的作用，而且也起货币资本的作用，同时又会产生这种生产方式所特有的、使交换从而也使再生产（或者是简单再生产，或者是扩大再生产）得以正常进行的某些条件，而这些条件转变为同样多的造成过程失常的条件，转变为同样多的危机的可能性；因为在这种生产的自发形式中，平衡本身就是一种偶然现象。"③ 实际上，在这里，马克思不仅阐述了社会总资本再生产的平衡条件难以实现，而且叙述了资本主义生产方式、生产条件、交换条件之间的关系。④ 同时，"价值规律不过作为内在规律，对单个当事人作为盲目的自然规律起作用，并且是在生产的偶然波动中，实现着生产的社会平衡"⑤。

第四，一般利润率趋向下降危机。"由于资本主义生产内部所特有的生产方法的日益发展，一定价值量的可变资本所能支配的同数工人或同量劳动力，会在同一时间内推动、加工、生产地消费掉数量不断增加的劳动资料，机器和各种固定资本，原料和辅助材料，——也就是价值量不断增加的不变资本。"⑥ 资本家之间总是进行着激烈竞争，竞相通过机器改良来代替劳动力，其目的是使自己的商品因更加便宜而占有市场；新的生产方法被普遍采用后，

① 《马克思恩格斯全集》第45卷，人民出版社2003年版，第121页。
② 《马克思恩格斯全集》第45卷，人民出版社2003年版，第121页。
③ 《马克思恩格斯全集》第45卷，人民出版社2003年版，第557页。
④ 孙立冰：《论中国特色社会主义政治经济学的研究对象》，载于《社会科学战线》2019年第7期。
⑤ 《马克思恩格斯全集》第46卷，人民出版社2003年版，第996页。
⑥ 《马克思恩格斯全集》第46卷，人民出版社2003年版，第236页。

就会导致社会总资本中不变资本对于可变资本的相对增加,"这是资本主义生产方式的规律"。① 资本主义生产的实际趋势,"随着可变资本同不变资本相比的日益相对减少,使总资本的有机构成不断提高,由此产生的直接结果是:在劳动剥削程度不变甚至提高时,剩余价值率会表现为一个不断下降的一般利润率",而一般利润率趋向下降"只是劳动的社会生产力日益发展在资本主义生产方式下所特有的表现"。② "劳动生产力的发展使利润率的下降成为一个规律,这个规律在某一点上和劳动生产力本身的发展发生最强烈的对抗,因而必须不断地通过危机来克服。"③ 劳动生产力的发展诱发利润率的下降,进而导致资本主义生产的紊乱。

商品的价值同劳动生产力成反比,劳动生产力越发展,商品生产需要越少的劳动投入,商品越便宜;相对剩余价值(具体表现为超额利润)同劳动生产力成正比。上述这两个方面是同一个过程——采用新生产方法(通常表现为机器替代工人,资本有机构成提高)——的两个具体表现。这种对个别资本家最初有利的行动,逐渐转变为一种对资本家阶级整体有害的社会行动,这是"根据资本主义生产方式的本质证明了一种不言而喻的必然性","这个规律对资本主义生产极其重要"。④ 随着可变资本的相对减少,也就是说,"随着劳动的社会生产力的发展,为了推动同量的劳动力和吸收同量的剩余劳动,所需要的总资本量越来越大。因此,工人人口相对过剩的可能性随着资本主义生产的发展以同样的程度发展起来"⑤。进一步来讲,相对过剩人口的出现源自"资本的不断增加和它对不断增加的人口的需要的相对减少之间的不平衡"⑥。利润率的下降对于资本主义生产来讲是致命的伤害,资本离不开利润,就像鱼儿离不开水。

(原文发表于《经济纵横》2020 年第 8 期)

---

① 《马克思恩格斯全集》第 46 卷,人民出版社 2003 年版,第 236 页。
② 《马克思恩格斯全集》第 46 卷,人民出版社 2003 年版,第 237 页。
③ 《马克思恩格斯全集》第 46 卷,人民出版社 2003 年版,第 287 页。
④ 《马克思恩格斯全集》第 46 卷,人民出版社 2003 年版,第 237 页。
⑤ 《马克思恩格斯全集》第 46 卷,人民出版社 2003 年版,第 247 页。
⑥ 《马克思恩格斯全集》第 46 卷,人民出版社 2003 年版,第 247 页。

从"六册结构"计划看马克思经济学的研究对象

刘明远 *

一、引言

学术界多年来有一种倾向,希望扩大马克思主义政治经济学的其研究范围:不仅研究生产关系,还应当研究生产力及资源配置问题。为了能够实现这一目标,他们寄希望于对《资本论》第 1 卷初版序言中的"我要在本书研究的是,资本主义生产方式以及和它相适应的生产关系和交换关系"(以下简述为《资本论》序言中的"那句话")进行新的解读:即只要《资本论》研究对象包括生产力及资源配置等方面的内容,就可以理所当然地认为马克思主义政治经济学不仅研究生产关系,还研究生产力及资源配置,甚至将其置于首位。这种学术倾向有其合理的一面,但也暴露了一个缺陷,即把《资本论》的研究对象等同于马克思主义政治经济学研究对象或马克思经济学研究对象。这样做有顾此失彼之嫌,因为《资本论》的研究对象事实上不仅不能等同于马克思主义政治经济学的研究对象,甚至也不能等同于马克思经济学的研究对象。马克思经济学的研究对象比《资本论》研究对象宽泛得多,马克思主义政治经济学的研究对象比马克思经济学的研究对象更加宽泛,因为马克思经济学理论体系由"六册结构"组成,《资本论》仅仅相当于其中"资本一般"篇,马克思主义政治经济学不仅研究资本主义经济制度,还研究社会主义经济制度。如果把《资本论》研究对象等同于马克思主义政治经济学研究对象,就等于缩小了马克思主义政治经济学研究对象的范围。不仅如此,要想从序言中的"那句话"中解读出《资本论》不仅研究生

---

* 刘明远:中国人民大学经济学院副教授。

产关系，还研究生产力及资源配置，关键在于解读"资本主义生产方式"，而解读这一概念的困难在于如何做到既符合"那句话"的逻辑，又符合马克思的原意。

本文着眼于马克思经济学著作"六册结构"计划，以及马克思对其政治经济学研究对象的多次表述，认为他的政治经济学的研究对象是一个多层面结构。作为整体的"六册结构"体系的研究对象，"资本一般"（《资本论》）、竞争、信用、股份制等篇的研究对象是一个从抽象到具体、从一般到特殊逐渐展开的体系。整个经济学著作也就是"六册结构"体系的研究对象是"资本主义经济制度"。"资本"、"雇佣劳动"、"土地所有制"等册的研究对象分别是"资本家阶级"、"雇佣工人阶级"、"土地所有者阶级"的"经济生活条件"。《资本论》阐述的是"资本一般"层面上的理论，因而是最抽象、最一般、最基本的部分，其研究对象是"资本主义生产以及和它相适应的生产和交换条件"。以此类推，处于整个著作最为具体层面上的"世界市场"册将考察"资本主义生产方式的前提、基础和生活条件"①，即"资本主义经济制度作为世界市场总体考察时所表现出来的联系与各种要素之间的关系"。

本文充分意识到准确把握马克思经济学研究对象与《资本论》研究对象的理论与实践意义。所以，研究工作最大限度地尊重马克思的原意，尊重恩格斯、列宁、斯大林、毛泽东等马克思主义经典作家的相关论述，尤其是对中国学者多年来对政治经济学、《资本论》研究对象的研究成果给予了高度关注，他们的有益探索为本文的论证提供了强有力的支撑。

二、解读《资本论》研究对象应当遵循的原则

有些学者考察过马克思著述中几百处出现过的"生产方式"的段落或句子，并且根据上下文将其含义归纳为"生产关系"、"生产力与生产关系的统一"、"用什么工具进行生产"、"劳动方式"、"生产力与生产关系的中间环节"、"保证自己的生活方式"等含义，然后选择一种自己认为与"资本主

---

① 《资本论》第3卷，人民出版社2004年版，第126~127页。

义生产方式"相匹配的含义,使"资本主义生产方式以及和它相适应的生产关系和交换关系"不存在同义反复,进而确定《资本论》的研究对象。这种方法表面看来仔细认真,但实际上不应当成为辨析《资本论》研究对象的首选,只是在万不得已时才考虑的选项,因为这样做仍然带有很强的主观色彩。

本文认为,解读《资本论》研究对象理应遵循以下原则:(1)尽量寻找能够反映马克思本人意愿的关于《资本论》研究对象的表述或信息。(2)尽量以恩格斯对政治经济学(包括《资本论》)研究对象的阐述或认可的表述为依据。(3)以马克思《资本论》内容体现的研究对象为依据。(4)尽量避免随意摘引马克思著作中的某些段落来论证自己的既定观点。(5)仔细核对译文是否准确。①

坚持原则(1)的理由是显而易见的。《资本论》是马克思独立完成的著作,相关文献中不仅有作者对研究对象的表述,而且这种表述是多视角、多层面、一贯的,这就是"市民社会—资产阶级经济制度—资本主义生产方式—资本主义生产"。如果我们能够做到既尊重德文语境下的含义,又尊重法文版的含义,就等于尊重了马克思的原意,《资本论》研究对象就可以表述为"我要在本书研究的是,资本主义生产以及和它相适应的生产和交换条件"。

坚持原则(2)的理由也是显而易见的。对于马克思经济学而言,除了马克思本人外,恩格斯应当最有发言权,这不仅因为马克思支持恩格斯写的著作中专门讨论过政治经济学研究对象问题,恩格斯还亲自审阅、校对过的《资本论》英文第1版选择了德文"verhaltniss"中的"conditions"("条件")含义,而且这种选择与恩格斯在《反杜林论》中对政治经济研究对象的表述保持了一致。当然,恩格斯与马克思之间在理论、信念、学术等方面特殊的合作关系,更能够体现恩格斯对解读马克思《资本论》或政治经济学研究对象的权威性。

---

① 胡钧:《关于〈资本论〉的研究对象问题——与卫兴华同志商榷》,载于《经济理论与管理》1982年第6期。

坚持原则（3）实质上是尊重和坚持实物依据。马克思在《资本论》第3卷第一篇第一章开头对《资本论》各卷研究对象的阐述无疑是解读《资本论》对象的重要依据之一。在此，马克思明确指出，《资本论》第1卷"研究的是资本主义生产过程本身作为直接生产过程考察时呈现的各种现象，而撇开了这个过程以外的各种情况引起的一切次要影响"；第2卷的研究对象是资本的"流通过程"；第3卷"揭示和说明资本运动过程作为整体考察时所产生的各种具体形式"。应当说，《资本论》第3卷阐述的《资本论》各卷的研究对象在总体上与马克思、恩格斯对《资本论》以及政治经济学研究对象的表述是一致的。前面的论证已经说明，马克思整个经济学著作的研究对象是"资本主义经济制度"，《资本论》的研究对象是"资本主义生产以及和它相适应的生产和交换条件"，由于"产品分配的条件和形式"是"资本运动过程作为整体考察时所产生的各种具体形式"，所以属于"生产与交换条件"的从属形式，在研究对象的表述中可以提及也可省略，如恩格斯在《反杜林论》中两次表述广义政治经济学研究对象时就是这样。

坚持原则（4）是为了避免以只语片言为依据，随意解释马克思原文的含义。学术界多年来对《资本论》研究对象的辨析、论证较为突出地反映了这种倾向，许多学者预先设定了某种观点，然后从马克思的著作中选择某些段落、某句话作为依据，以证明自己的观点是正确的。我们经常能看到这样的情况，学者们引述了同一句话，但证明的观点或得出的结论存在很大的差异，甚至截然相反，也就是用同一些段落或话语既可以说马克思对《资本论》研究对象的表述明白无误，也可以说存在多义。这种状况很容易导致无休止的争论。

坚持原则（5）也很有必要。就一般的情理而言，像马克思那样治学特别严谨的人，不可能在为自己几乎耗费毕生精力完成的著作写的序言中出现差错，尤其是不可能把该著作的研究对象这样一个极为重要的话题表述得模糊不清。况且《资本论》第1卷问世后，马克思本人亲自修订、校订过三个版本，在长达十多年的时间内，即使最初的表述不够清楚，马克思也完全有可能根据读者的反馈意见和自己的严谨的治学态度发现并予以纠正。把一种语言表达的内容转换为另一种语言来表达，随着语言环境的变化，出现误译、误解是常有的事。《资本论》中译文就经常存在误译之处，被读者发现后予以纠正。《资本论》英译本也存在这种情况，英文第 1 版与第 2 版对《资本论》研究对象的翻译就存在差异。所以，仔细考证、推敲一下译文是否准确，也并非多余。

三、马克思对其政治经济学研究对象的表述

在马克思研究和创立政治经济学理论体系的过程中，对政治经济学研究对象有过多次表述，这些表述反映了马克思确定政治经济学研究对象的原意。通过对这些表述的分析对比不仅有助于我们了解马克思经济学的研究对象，也有助于我们消除学术界对《资本论》研究对象的质疑。

1842 ~ 1843 年间，马克思在《莱茵报》做编辑工作的时候遇到了"需要对物质利益发表意见的难事"。为了解决这一让他苦恼的问题，他趁《莱茵报》被当局取缔的机会再次回到书房，对黑格尔法哲学进行了深入研究①，并得出这样的结论："法的关系正像国家的形式一样，既不能从它们本身来理解，也不能从所谓人类精神的一般发展来理解，相反，它们根源于物质的生活关系，这种物质的生活关系的总和，黑格尔按照 18 世纪的英国人和法国人的先例，概括为'市民社会'，而对市民社会的解剖应该到政治经济学中去寻求。"② 这里的"市民社会"就是马克思最初为他的经济学确定的研究对象，其含义就是"资本主义社会"、"资本主义经济制度"或"资本主义物质关系的总和"。③

在此后的十几年时间里，马克思对资产阶级经济学文献、经济史、现实经济进行了广泛的批判和研究，写下了大量的笔记（《巴黎笔记》、《布

---

① 马克思第一次对黑格尔法哲学进行批判是在 1842 年初。1842 年 3 月 5 日，他在致卢格的信中曾谈到，他想写一篇文章来批判黑格尔的法的概念和政治概念（《马克思恩格斯全集》第 27 卷，人民出版社 1974 年版，第 421 页）。
② 《马克思恩格斯全集》第 31 卷，人民出版社 1998 年版，第 412 页。
③ 《马克思恩格斯全集》第 31 卷，人民出版社 1998 年版，第 648 页。

鲁塞尔笔记》、《曼彻斯特笔记》、《伦敦笔记》）和《雇佣劳动与资本》、《哲学的贫困》等经济学著述，为创建马克思经济学理论体系打下了基础。1857 年 6 月，马克思正式开始写作"解剖市民社会"的经济学著作。动笔后不久，他为整个经济学著作拟定了一个写作计划，即"五篇结构"计划："显然，应当这样来分篇：（1）一般的抽象的规定，因此它们或多或少属于一切社会形式，不过是在上面所分析过的意义上。（2）形成资产阶级社会内部结构并且成为基本阶级的依据的范畴。资本、雇佣劳动、土地所有制。它们相互之间的关系。城市和乡村。三大社会阶级。它们之间的交换。流通。信用事业（私人的）。（3）资产阶级社会在国家形式上的概括。就它本身来考察。"非生产"阶级。税。国债。公的信用。人口。殖民地。向外国移民。（4）生产的国际关系。国际分工，国际交换。输出和输入。汇率。（5）世界市场和危机。"① "五篇结构"计划虽然不是最终的写作计划，但它已经勾勒出马克思经济学理论体系的基本轮廓，是一个高度凝缩的提纲。通过这个提纲，我们已经能够看出马克思经济学理论体系的基本结构以及各篇包括的基本内容是什么了。

半年后，马克思在致拉萨尔的信中又进一步把"五篇结构"计划调整为"六册结构"计划。这个计划在 1859 年出版的《政治经济学批判（第一分册）》"序言"中予以公布，即："我考察资产阶级经济制度是按照以下的顺序：资本、土地所有制、雇佣劳动；国家、对外贸易、世界市场。在前三项下，我研究现代资产阶级社会分成的三大阶级的经济生活条件；其他三项的相互联系是一目了然的。第一册论述资本，其第一篇由下列各章组成：（1）商品，（2）货币或简单流通，（3）资本一般。"② 根据马克思对"六册结构"计划的解释，前三册将详细阐述基本经济原理，后三册只打算做一些基本叙述。③ 由于"六册结构"计划是马克思"解剖市民社会"的整体理论结构与著作体系，所以该计划中提出的"资产阶级经济制度"就是马克思经

① 《马克思恩格斯全集》第 30 卷，人民出版社 1995 年版，第 50 页。
② 《马克思恩格斯全集》第 31 卷，人民出版社 1998 年版，第 411 页。
③ 《马克思恩格斯全集》第 29 卷，人民出版社 1972 年版，第 534 页。

济学的研究对象。在这一总的研究对象即整个著作的研究对象之下，从抽象到具体依次展开的"各册"、"各篇"都有自己具体的、特殊的研究对象。例如，第一册"资本"、第二册"土地所有制"、第三册"雇佣劳动"分别研究资产阶级、土地所有者阶级、雇佣工人阶级等"现代资产阶级社会分成的三大阶级的经济生活条件"；"竞争"、"信用"、"股份制"等篇则具体研究"许多资本"之间既对立又统一的关系。这里，"竞争"篇的研究对象应当是"许多资本之间的相互作用"；"信用"篇的研究对象应当是"整个资本与单个资本之间的关系"；"股份资本"篇的研究对象应当是"导向未来社会的资本组织形式及其矛盾"。如果联系"五篇结构"计划中的提示，我们还可以大致推测出"国家"册的研究对象是"资本主义经济制度在国家形式上的概括"；"对外贸易"册的研究对象是"资本主义生产的国际关系（条件）"；"世界市场"册的研究对象是"资本主义生产方式的基础和生活条件"，① 或作为"资本主义社会的各种矛盾的普遍展开和随之而来的经济危机的不断深化"，即经济危机。②

　　1862 年 12 月 28 日，马克思写信告诉库格曼，作为《政治经济学批判》第一分册"续篇"的"第二分册"即将完成。这个第二部分"将以《资本论》为标题单独出版，而《政治经济学批判》这个名称只作为副标题"。"它只包括本来应该构成第一篇第三章的内容，即《资本一般》"，"这里没有包括资本的竞争和信用"。"这一卷的内容就是英国人称作政治经济学原理的东西"，它同第一部分合起来就是整个著作的"精髓"。③ 写于 1864 年夏的《资本论》第 3 卷第一章，对《资本论》第 1、第 2、第 3 卷的研究对象做了具体说明："在第一册中，我们研究的是资本主义生产过程本身作为直接生产过程考察时呈现的各种现象，而撇开了这个过程以外的各种情况引起的一切次要影响。但是，这个直接的生产过程并没有结束资本的生活过程。在现实世界里，它还要由流通过程来补充，而流通过程则是第二册研

---

① 《资本论》第 3 卷，人民出版社 1975 年版，第 126～127 页。

② 汤在新：《〈资本论〉续篇探索》，中国金融出版社 1995 年版，第 500 页。

③ 《马克思恩格斯全集》第 30 卷，人民出版社 1975 年，第 636～637 页。

究的对象。在第二册中，特别是把流通过程作为社会再生产过程的媒介来考察的第三篇指出：资本主义生产过程，就整体来看，是生产过程和流通过程的统一。至于这个第三册的内容，它不能是对于这个统一的一般的考察。相反地，这一卷要揭示和说明资本运动过程作为整体考察时所产生的各种具体形式。资本在其现实运动中就是以这些具体形式互相对立的，对这些具体形式来说，资本在直接生产过程中采取的形态和在流通过程中采取的形态，只是表现为特殊的要素。因此，我们在本册中将阐明的资本的各种形态，同资本在社会表面上，在各种资本的相互作用中，在竞争中，以及在生产当事人自己的通常意识中所表现出来的形式，是一步步地接近了。"① 1867 年，《资本论》第 1 卷德文第 1 版问世，马克思在这一版"序言"中明确提出："我要在本书研究的，是资本主义生产方式以及和它相适应的生产关系和交换关系。"此后的德文版虽然都沿用了这一表述，但是在法文版和英文版却做了修改。在法文版中，马克思把这句话之后紧接着的那句话"到现在为止，这种生产方式的典型地点在英国"，改为"英国是这种生产的典型地点"。这意味着前一句话中的"资本主义生产方式"，其含义是"资本主义生产"。

总的看来，从最初的"解剖市民社会"，到后来的"考察资产阶级经济制度"、"研究现代资产阶级社会分成的三大阶级的经济生活条件"，再到后来的研究"资本主义生产"，马克思不仅为整个经济学著作（"六册结构"计划）确定了总的研究对象，也为从抽象到具体按照纵向依次展开的部分著作（资本、雇佣劳动、土地所有制；国家、对外贸易、世界市场）确定了研究对象，还为从总体到个别即横向依次展开的著作（资本一般、竞争、信用、股份制；《资本论》第 1、第 2、第 3 卷）确定了研究对象，这样的一个由横向、纵向展开的著作体系不仅要研究资本主义经济制度、"现代资产阶级社会分成的三大阶级的经济生活条件"、资本主义生产，还要研究这种生产如何在一定的关系下进行，这种关系不仅包括第一级的关系，还包括"第二级和第三级，

① 《马克思恩格斯全集》第 46 卷，人民出版社 2003 年版，第 29 页。

总之，派生的、转移来的、非原生的生产关系"，以及"国际关系在这里的影响"。①

需要说明的是，马克思于1862年决定以《资本论》为标题单独出版只包括相当于"资本一般"内容的经济学著作，而原来的《政治经济学批判》只作为副标题，之后，马克思虽然没有再从整体意义上提及"六册结构"计划，但也没有在任何地方表明他放弃了这个计划；相反，有大量的提示表明，马克思一直把"资本一般"以后的各篇（"竞争"、"信用"、"股份资本"）和"资本"册以后的各册（《土地所有制》、《雇佣劳动》、《国家》、《对外贸易》、《世界市场》）作为《资本论》的续篇看待。尤其是《资本论》第1卷中的两处提示为此提供了有力的证据，即"这里不考察资本主义生产的内在规律怎样表现为资本的外部运动，怎样作为竞争的强制规律发生作用，从而成为单个资本家意识中的动机。然而有一点是很清楚：只有了解了资本的内在本性才能对竞争进行科学的分析，正像只有认识了天体的实际的、但又直接感觉不到的运动的人，才能了解天体的表面上的运动一样"②。"工资本身又采取各种各样的形式……但是，阐述所有这些形式属于专门研究雇佣劳动的学术的范围，因而不是本书的任务。"③ 从德文第一版开始，以后的一再修订再版，这两段话始终未做变动。④

四、对马克思关于政治经济学研究对象表述中若干术语与表述的说明

从确定"解剖市民社会"到法文版对《资本论》研究对象的说明性修改，期间数次提及政治经济学的研究对象，涉及"市民社会"、"资产阶级经济制度"、"现代资产阶级社会分成的三大阶级的经济生活条件"、"资本主义

---

① 《马克思恩格斯全集》第31卷，人民出版社1998年版，第51页。
② 《马克思恩格斯全集》第44卷，人民出版社2001年版，第368页。
③ 《马克思恩格斯全集》第23卷，人民出版社1974年版，第594页。
④ 由于受篇幅、主题的限制，本文不再就马克思是否改变"六册结构"计划问题展开论证。国内外学者已对此进行过多年的研究，本文作者也较多地涉足于这一领域的研究工作，且赞同"六册结构"计划"没有改变说"，读者可以通过阅读相关文献进行了解。如：汤在新：《〈资本论〉续篇探索》，中国金融出版社1995年版；杨国昌《马克思经济学体系的继承与创新》，北京师范大学出版社2004年版；汤在新、张钟朴、成保良、顾海良等学者发表过多篇有关"六册结构"计划的论文。

生产方式以及和它相适应的生产关系和交换关系"、"资本主义生产"等术语和说法，明确它们之间的差别与内在联系，对于准确理解和把握包括《资本论》在内的马克思经济学的研究对象也很有必要。

关于"市民社会"，在马克思的著作中有两重含义。广义地说，是指社会发展各个历史时期的经济制度，即决定政治制度和意识形态的物质关系总和、"社会发展各历史时期的经济制度"。狭义地说，是指资产阶级社会的物质关系或资本主义"物质关系的总和"。① 由于马克思经济学解剖的是特定历史条件下的"市民社会"，所以其含义应当是"资本主义社会"、"资本主义物质关系的总和"或"资产阶级经济制度"。

关于"资产阶级经济制度"，恩格斯在1891年为《雇佣劳动与资本》新版单行本写的序言中有过这样的一段解说："这就是我们的全部当代社会的经济制度：工人阶级是生产全部价值的唯一的阶级。因为价值只是劳动的另一种表现，是我们当代资本主义社会中用以表示包含在一定商品中的社会必要劳动量的一种表现。但是，这些由工人所生产的价值不属于工人，而是属于那些占有原料、机器、工具和预付资金，因而有可能去购买工人阶级的劳动力的所有者。所以，工人阶级从他们所生产的全部产品中只取回一部分。另一部分，即资本家阶级保留在自己手里并至多也只需和土地所有者阶级瓜分的那一部分，如我们刚才所说的那样，随着每一项新的发明和发展而日益增大，而落到工人阶级手中的那一部分（按人口计算）或者增加得很慢和很少，或者是一点也不增加，并且在某些情况下甚至还会缩减。"② 恩格斯的这个说明基本上涵盖了资本主义经济制度的本质特征：（1）资本家阶级垄断了生产资料占有权；（2）广大劳动者只能靠出卖劳动力为生；（3）资本家无偿地占有雇佣工人剩余劳动创造的剩余价值，且对剩余价值的追求成为社会生产的决定性动机和根本目的；（4）资本积累的趋势表现为资本家阶级的财富积累与无产阶级的贫困积累一同增长。

---

① 《马克思恩格斯全集》第31卷，人民出版社1998年版，第648页"注释"159。
② 《马克思恩格斯选集》第1卷，人民出版社1995年版，第329页。

关于"现代资产阶级社会分成的三大阶级的经济生活条件",主要指"资本主义生产"或"剩余价值生产"。因为在资本主义社会,资本家垄断了生产资料,土地所有者垄断了土地所有权,雇佣工人除了劳动力之外,既无生产资料又无生活资料来源。资本家为了获得剩余价值,在市场上购买生产资料、劳动力等生产要素,让劳动力和生产资料相结合进入生产过程,生产出包含有剩余价值的商品;雇佣工人不得不把劳动力卖给资本家,在劳动过程中一方面把物化劳动的价值保存下来,同时创造出劳动力价值和剩余价值。在价值分配环节上,雇佣工人得到了劳动力价值,全体资本家、土地所有者通过对剩余价值的瓜分,分别获得利润、利息和地租。于是,利润、利息、地租、工资构成了"现代资产阶级社会分成的三大阶级"的基本生活来源,资本主义生产或剩余价值生产也就自然成为资本家阶级、土地所有者阶级、雇佣工人阶级共同的经济生活条件。

关于"资本主义生产方式以及和它相适应的生产关系和交换关系",由于马克思在不同场合下对"生产方式"的使用赋予了其不同的含义,这给理解《资本论》第 1 卷德文第 1 版序言中有关《资本论》研究对象的表述带来了困难。但是,法文版的改动已经明确了"资本主义生产方式以及和它相适应的生产关系和交换关系"中的"生产方式"的含义是什么,这就是"资本主义生产"。《资本论》第 1 卷法文版是马克思改动最多的一版,也是他有生之年修订过的最后一版。法文版是在德文第 2 版的基础上修订的,这一版中的许多改动是为了让读者更好地理解原文。在法文版中,马克思对德文第 2 版中出现过"资本主义生产方式"的地方有过多处修改,"资本主义生产方式"有时候被保存下来,有时候被修改为"资本主义社会"、"资本主义制度"、"资本主义生产",而且在许多场合,"资本主义生产方式"、"资本主义生产"被同时并用。中国学者冯文光、张钟朴列举了法文版多处改动"生产方式"的例子,他们从改动后的含义总结出两点结论:一是指某种生产(形式)、某种社会制度或经济制度;二是指生产技术工艺或生产技术方式。冯文光与张钟朴根据改动后的含义,把德文第 1 版序言中的表述还原为"我要在本书研究的,是资本主义生产以及和它相适应的生产关系和交换关系"。并且认为,这里的资本主义生产本质上就是剩余价值生产。①

关于"资本主义生产",马克思在《资本论》第3卷中指出了它的三个主要事实,即"（1）生产资料集中在少数人手中,因此不再表现为直接劳动者的财产,尽管首先表现为资本家的私有财产。这些资本家是资产阶级社会的受托人,但是他们会把从这种委托中得到的全部果实装进私囊。（2）劳动本身由于协作、分工以及劳动和自然科学的结合而组织成为社会的劳动。从这两方面,资本主义生产方式把私有财产和私人劳动扬弃了,虽然是在对立的形式上把它们扬弃的。（3）世界市场的形成。在资本主义生产方式内发展着的、与人口相比惊人巨大的生产力,以及虽然不是与此按同一比例的、比人口增加快得多的资本价值（不仅是它的物质实体）的增加,同这个惊人巨大的生产力为之服务的、与财富的增长相比变得越来越狭小的基础相矛盾,同这个不断膨胀的资本的价值增值的条件相矛盾。危机就是这样发生的"②。在《资本论》第1卷中,马克思认为,资本主义生产"实质上就是剩余价值的生产,就是剩余劳动的吮吸"③。这些事实表明,马克思在《资本论》中研究资本主义生产,实际上是揭示资本主义基本矛盾的发展规律。

尽管"资本主义生产方式"、"资产阶级经济制度"、"资本主义经济形态"、"资本主义生产关系"等在马克思著作中经常以相同含义的概念来使用,但是这些概念被用在对研究对象的表述上还是有差别的。例如,《资本论》第1卷序言有关研究对象表述中的"资本主义生产方式"就不可以被"资产阶级经济制度"、"资本主义经济形态"、"资本主义生产关系"等概念所取代,而且不能是"生产力与生产关系统一"意义上的"资本主义生产方式"。作为整个著作的研究对象,不应该是仅仅反映"资本主义生产"含义的"资本主义生产方式",而是反映"资本主义物质关系的总和"的"资产阶级经济制度"。作为《资本论》研究对象的"资本主义生产"就不能等同于"资本

---

① 冯文光、张钟朴:《法文版〈资本论〉的独立的科学价值》,黑龙江人民出版社1985年版,第20页。

② 《马克思恩格斯全集》第46卷,人民出版社2003年版,第296页。

③ 《马克思恩格斯全集》第44卷,人民出版社2003年版,第307页。

主义的经济制度”，因为“资本主义经济制度”不仅包括“剩余价值生产”，还包括“资产阶级社会在国家形式上的概括”、“生产的国际关系”、“资产阶级社会越出国家的界限”、“经济危机”等内容。

五、恩格斯、列宁、斯大林等人对政治经济学研究对象的表述及其影响

恩格斯在发表于 1877 年 1 月至 1878 年 7 月之间的《反杜林论》中，以专门论题阐述过政治经济学的研究对象与方法，他在“第二编（政治经济学）”一开头就指出：“政治经济学，从最广的意义上说，是研究人类社会中支配物质生活资料的生产和交换的规律的科学。”认为，“生产和交换是两种不同的职能”，“这两种职能在每一瞬间都互相制约，并且互相影响，以致它们可以叫做经济曲线的横坐标和纵坐标”，“随着历史上一定社会的生产和交换的方式和方法的产生，随着这一社会的历史前提的产生，同时也产生了产品分配的方式方法”。也就是说，分配是生产和交换的产物，生产和交换方式决定分配方式，分配方式反过来影响生产和交换方式。基于这样一些要素及其关系，恩格斯又进一步指出：“政治经济学作为一门研究人类各种社会进行生产和交换并相应地进行产品分配的条件和形式的科学，——这样广义的政治经济学尚待创造。到现在为止，我们所掌握的有关经济科学的东西，几乎只限于资本主义生产方式的发生和发展：它从批判封建的生产形式和交换形式的残余开始，证明它们必然要被资本主义形式所代替，然后把资本主义生产方式和相应的交换形式的规律从正面，即从促进一般的社会目的的方面来加以阐述，最后对资本主义的生产方式进行社会主义的批判，就是说，从反面来叙述它的规律，证明这种生产方式由于它本身的发展，正在接近它使自己不可能再存在下去的境地。这一批判证明：资本主义的生产形式和交换形式日益成为生产本身所无法忍受的桎梏；这些形式所必然产生的分配方式造成了日益无法忍受的阶级状况，造成了人数愈来愈少但是愈来愈富的资本家和人数愈来愈多而总的说来处境愈来愈恶劣的一无所有的雇佣工人之间的日益尖锐的对立；最后，在资本主义生产方式内部所造成的、它自己不再能驾

驭的、大量的生产力，正在等待着为了有计划地合作而组织起来的社会去占有，以便保证，并且在越来越大的程度上保证全体社会成员享有生存和自由发展其才能的资料。"① 从上述引文可以看出，恩格斯在写作《反杜林论》的时候，还仅仅知道《资本论》第 1 卷的理论体系，而这一卷也只是阐述了资本的生产问题，还尚未涉及交换和分配问题。尽管如此，恩格斯对政治经济学研究对象的表述，为我们解读马克思在《资本论》第 1 卷第 1 版序言中对《资本论》研究对象的表述提供了一个新的视角。

《反杜林论》虽然以恩格斯署名，但它事实上是马克思、恩格斯合作的成果，两人不仅在许多问题上有过商量、讨论，马克思还听恩格斯念过《反杜林论》的全稿，还亲自为该书撰写了政治经济学编中 "《批判史》论述" 一章。按理说，两人对政治经济学研究对象的表述应该具有一致性，因为恩格斯完全赞同马克思的经济学说。从恩格斯对政治经济学研究对象的表述推测，马克思对政治经济学研究对象的表述，即 "我要在本书研究的，是资本主义生产方式以及和它相适应的生产关系和交换关系" 中的 "生产关系和交换关系"，可以被理解为 "生产条件和交换条件" 或 "生产和交换条件"。事实上，恩格斯对政治经济学研究对象的表述在 1887 年 1 月出版的英文第 1 版中得以体现。由恩格斯亲自审校过的英文版对德文第 1 版序言中对政治经济学研究对象的表述翻译为： "In this work I have to examine the capitalist mode of production, and the conditions of production and exchange corresponding to that mode. Up to the present time, their classic ground is England." 第一版德文原文用的是 "verhaltniss" 一词，该词的含义较多，其中包括 "relation"、 "condition" 等含义，翻译成英文时多数情况下采用 "condition"。《资本论》第 1 卷英文译本第 1 版由赛米尔·穆尔和艾威林翻译，其中艾威林翻译了 "作者的两篇序言"。② 也就是说，《资本论》出版序言是由艾威林翻译的，译文采用了 "conditions"。这句话译成中文就是： "我要在本书研究的，是资本主义生

---

① 《马克思恩格斯选集》第 3 卷，人民出版社 1995 年版，第 489～493 页。
② 《马克思恩格斯全集》第 44 卷，人民出版社 2003 年版，第 32 页。

产方式以及和它相适应的生产和交换条件"。艾威林没有研究政治经济学的经历，因而有人认为英译文采用"conditions"是艾威林的一个翻译失误。这种说法不符合情理，因为即使艾威林是一个经济学外行，不能准确翻译原文，有恩格斯这样的最终校对与审阅者，做出修正应当在情理之中，况且序言对政治经济学研究对象的表述如此重要，恩格斯不可能在这上面出现疏忽。仔细推敲，翻译成"conditions"比翻译成"relations"在更大程度上与《资本论》的内容相符，也符合马克思对《资本论》研究对象表述的逻辑要求。"我要在本书研究的，是资本主义生产以及和它相适应的生产和交换条件"，这样的表述在更大程度上与《资本论》的实际内容相吻合，即《资本论》在整体上研究"资本主义生产"，在具体层面上：第 1 卷研究资本主义生产过程本身作为直接生产过程考察时呈现的各种现象，即资本的生产条件；第 2 卷研究资本的流通过程，及资本的交换条件；第 3 卷揭示和说明资本运动过程作为整体考察时所产生的各种具体的形式，即资本的分配条件。

值得注意的是：《资本论》第 1 卷 1867 年推出德文第 1 版、1873 年德文第 2 版、1883 年 11 月第 3 版、1890 年 6 月推出第 4 版，期间还翻译出版了法文版（1872～1875 年）、英文版（1887 年 1 月）、俄文版，等等，在长达二十多年的时间中，马克思、恩格斯没有一处文稿提到过《资本论》第 1 卷序言中"那句话"存在争议。恩格斯逝世之后，包括考茨基、卢森堡、希法亭等在内的第二国际理论家们以及一大批苏联学者，对《资本论》中的许多问题进行过解释、争辩，但很少有人正面回应这句话在理解上存在分歧。现代研究《资本论》的欧美学者、日本学者基本上对"那句话"采取认可的态度，很少有人从正面提出质疑。例如，苏联著名的《资本论》研究专家卢森贝在《〈资本论〉注释》中用这样一段话解释《资本论》的研究对象："马克思对于政治经济学对象，也就是对于《资本论》对象的理解，与此完全不同。马克思认为，首先，生产、流通和分配是统一的整体，并且不论流通或分配都是由生产方式决定的，虽然它们反过来影响生产方式。"① 这里，卢森贝把

---

① 卢森贝：《〈资本论〉注释》（第一卷），生活·读书·新知三联书店 1963 年版，第 14 页。

"生产"等同于"生产方式"，等于说《资本论》的研究对象就是资本的"生产、流通和分配"。路易—阿尔都塞（《读〈资本论〉》）、欧内斯特—曼德尔（《〈资本论〉新英译本导言》）在他们研究《资本论》的专门著作中虽然有专门讨论《资本论》研究对象的条目，但基本上回避了对《资本论》第 1 卷序言中的"资本主义生产方式"一词的解释。他们要么从生产、消费、分配、交换等经济学的三大或四大"空间"领域讨论《资本论》的研究对象，要么以《资本论》第 3 卷开头的那段话为依据说明《资本论》的研究对象。由本·福克斯（BenFowkes）翻译的《资本论》第 1 卷英文第 2 版，把英文第 1 版中的"conditions"替换为"relations"，但没有对此做任何说明。这些动向也许说明《资本论》序言中的"那句话"存在歧义，但人们只是因为某些方面的顾忌而没有展开争论。究其原因可能主要有以下两个方面：（1）德文的原文表述本来就较为清楚，后来经过法文版的说明性修改已经十分清楚。像《资本论》这样几乎耗费了作者毕生精力且寄予厚望的著作，作者不可能在为其写作出版序言的时候出现疏忽，不可能把研究对象这样重要的内容表述得模糊不清、令人费解。马克思之所以在出版《资本论》法文版时对原稿做了大量修改与补充，原因之一就是为了让法国读者更容易理解。（2）马克思主义经典作家的观点限制了学术界本该有的质疑与争论。恩格斯、列宁、斯大林、毛泽东等人都对政治经济学的研究对象发表过意见，在社会主义发展史上，质疑、挑战革命导师的言论曾一度要冒很大的政治风险。

　　恩格斯在为《资本论》写的书评中指出："政治经济学所研究的不是物，而是人和人之间的关系，归根到底是阶级和阶级之间的关系。""政治经济学是现代资产阶级社会的理论分析，因此，它以发达的资产阶级关系为前提。"即对发达的资本主义生产关系的理论分析。他还说："经济学所研究的不是物，而是人和人之间的关系。"① 列宁在 1897 年发表的《评经济浪漫主义》一文中写道："政治经济学的对象绝不像通常所说的那样是物质的生产（这是工艺学的对象），而是人们在生产中的社会关系。""马克思认为经济制度是政

――――――――――

① 《马克思恩格斯选集》第 2 卷，人民出版社 1995 年版，第 44 页。

治上层建筑借以树立起来的基础，所以他特别注意研究这个经济制度。马克思的主要著作《资本论》就是专门研究现代社会即资本主义社会的经济制度的。"① 1952 年，斯大林在《苏联社会主义经济问题》一书中为政治经济学下了一个具体的定义："政治经济学的对象是人们的生产关系，即经济关系。这里包括：（1）生产资料的所有制形式；（2）由此产生的各种社会集团在生产中的地位以及它们的相互关系，或如马克思所说的，'互相交换其活动'；（3）完全以它们为转移的产品分配形式。这一切共同构成政治经济学的对象。"一直到今天，我国许多政治经济学的教科书都根据这一观点阐述政治经济学的研究对象。毛泽东在 1959 年批注苏联版的《政治经济学教科书》时也做了"政治经济学研究对象，主要是生产关系"的论述。

恩格斯、列宁、斯大林、毛泽东关于政治经济学研究对象的上述观点，被许多学者"无条件"接受，相关的段落或句子成为学术界求证《资本论》或政治经济学研究对象时引用频率很高的文献。这在一定程度上与领袖的权威性有关。在正常的学术环境下，这本来是一件有利于繁荣学术的好事，但在过度"领袖崇拜"的年代，却不利于学术争鸣的深入开展。

六、中国学者对《资本论》研究对象的辨析及其成就

20 世纪 50 年代末 60 年代初，中国学者对政治经济学是否研究生产力问题展开过讨论。学者李平心率先主张政治经济学不仅要研究生产关系，还应当研究生产力，并且对生产力的性质、运动规律等进行了深入而广泛的论述。由于这样的主张在当时过于敏感，立刻引起一场激烈的论战，最后迫于政治压力，不了了之。80 年代初，中国学者又一次发起对生产力问题的讨论，除了继续探讨生产力性质、生产力系统、生产力运动规律等内容外，直接主张政治经济学不仅要研究生产力，还应当将其放在首位。② 与此前的讨论相比较，此次讨论更有针对性，目标更加明确，一开始就围绕对《资本论》第 1

---

① 《列宁选集》第 2 卷，人民出版社 1995 年版，第 311 页。
② 熊映梧是这一主张的积极倡导者，他发表了许多论文，主持创建了"生产力经济学"。

卷序言中"那句话"的解读而展开，希望能够从《资本论》研究对象中找到"政治经济学的研究对象是生产力与生产关系的统一"的依据。

学者们首先认为，马克思著述中的"生产方式"不是一个单一含义概念，而是一个包含"生产关系"、"生产力与生产关系的统一"、"生产力的利用形式"、"用什么工具进行生产"、"劳动方式"、"生产的社会形式"、"生产力和生产关系的中间环节"、"保证自己的生活方式"等在内的多重含义概念，《资本论》研究对象中的"资本主义生产方式"如果包含有"生产关系"含义，就与"和它相适应的生产关系与交换关系"发生逻辑上的冲突，只有排除了这层含义，才能避免逻辑错误。这样，可供选择的就只剩下"生产力的利用形式"、"用什么工具进行生产"、"生产资料同劳动力的结合方式"、"生产力和生产关系的中间环节"、"保证自己的生活方式"、"劳动方式"等含义。从学者们论述情况来看，多数观点倾向于"生产力和生产关系的中间环节"、"劳动方式"等含义。

有些学者根据马克思在 1846 年 12 月 28 日致安年科夫信中的一句话、1847 年《哲学的贫困》中的一句话、《资本论》第 3 卷第 993 页中的一段话，认为马克思始终坚持了"生产力决定生产方式，生产方式决定生产关系"原理（即所谓"生产力—生产方式—生产关系"原理），他对《资本论》研究对象的表述就是这一原理的具体应用，所以其表述明白无误，不存在二义。持有这类观点的学者认为，这一原理中的"生产方式"是"生产力和生产关系的中间环节"，其含义是"劳动者和生产资料相结合以生产人们所需要的物质资料的特殊方式"；作为"资本主义生产方式"，其含义就是"雇佣劳动和资本相结合以生产人们所需要的物质资料的特殊方式"。[①] 也有学者将其解释为"资本主义生产过程中劳动者与生产资料的结合方式"。[②] 还有学者认为，根据马克思"生产力—生产方式—生产关系"的一贯分析原理并结合《资本

---

①　吴易风：《论政治经济学或经济学的研究对象》，载于《中国社会科学》1997 年第 2 期。

②　陈招顺、李石泉：《从生产方式的涵义论及政治经济学的研究对象》，载于《财经研究》1983年第 4 期。

论》第 1 卷的实际内容，"资本主义生产方式"似应理解为"资本主义劳动方式"，"劳动方式"是生产力与生产关系矛盾运动的中介体，特定的劳动方式以一定的生产力为基础，同时受到特定生产关系的制约，具有显著的社会历史特征。① 总之，认为马克思有"生产力—生产方式—生产关系"原理，并且用这个原理解读《资本论》研究对象，其前提是这里的"生产方式"不能包含"生产关系"含义，否则就会导致逻辑错误，而目前的解读均存在生产关系的成分。例如，不管"资本主义劳动方式"，还是"雇佣劳动和资本相结合以生产人们所需要的物质资料的特殊方式"，均反映着资本与劳动者之间的雇佣与被雇佣关系。如果把这里的"生产方式"理解为"生产的纯技术方式"，也同样会出现与前面的"生产力"难以划清界限的问题，除非给"生产力"规定一个特定一个类似"生产资料"这样的含义。②

有学者根据《资本论》全书的内容和初版序言中"那句话"的内部联系，把序言中"资本主义生产方式"的含义解释为"生产资料的资本主义所有制关系"；③ 有学者则将其含义推断为"资本主义物质生产力和资本主义生产关系相统一的资本主义生产方式"；④ 有学者将其含义推断为"与一定的所有制相联系的资本和雇佣劳动相结合的方式"；⑤ 有学者将其含义推断为"资本主义生产要素结合方式"；⑥ 有学者将其含义推断为"生产的技术方式"或"一定历史时期的特定社会的物质生产的技术状况及其技术的、社会的结合形式"；⑦ 有学者将其含义推断为"资本主义经济形成的生产力基础的生产组织

---

① 高峰：《论"生产方式"》，载于《政治经济学评论》2012 年第 2 期。

② 奚兆永：《对有关〈资本论〉研究对象的其他几种观点的评论——关于《资本论》的研究对象的研究之二》，载于《当代经济研究》1998 年第 5 期。

③ 孙开塇：《〈资本论〉序言中资本主义生产方式的涵义》，载于《中央财政金融学院学报》1983 年第 4 期。

④ 周治平：《〈资本论〉的研究对象是资本主义生产方式》，载于《暨南大学学报》（哲学社会科学）1980 年第 2 期。

⑤ 卫兴华：《〈资本论〉的研究对象、结构和学习的意义》，载于《当代经济研究》2002 年第 11 期。

⑥ 杨欢进、王毅武：《〈资本论〉研究对象新论》，载于《武汉大学学报》（社会科学版）1985 年第 5 期。

⑦ 罗雄飞：《论马克思经济学的研究对象》，载于《马克思主义与现实》2012 年第 5 期。

或劳动方式";① 有学者将其含义推断为"社会经济形态",② 等等。由于受篇幅的限制,这里不一一列举。针对学术界对《资本论》初版序言中"资本主义生产方式"的任意解读,冯文光、张钟朴早在 1985 年就以马克思在法文版中的"说明性修改"为依据,认为其含义应当是"资本主义生产",马克思在《资本论》中要研究的是"资本主义生产以及和它相适应的生产关系和交换关系"。③ 胡钧在 1997 年发表文章认为,《资本论》法文版的出版应当说"已经解决了争论的问题"。④ 在明知存在反映马克思原意之证据的情况下,学者们仍然各说其是、争论不休,这只能说明他们不愿接受马克思在法文版中的"说明性修改"。

当然,从马克思其他论述中寻找线索对马克思政治经济学研究对象做出解释的学者也大有人在,汤在新是其中的一位,他根据马克思在《哲学的贫困》中对政治经济学研究对象的论述,即"经济学家们向我们解释了生产怎样在上述关系下进行,但是没有说明这些关系本身是怎样产生的,也就是说,没有说明产生这些关系的历史运动"⑤,推断出"政治经济学要研究生产怎样在一定关系下进行,或者说,研究在一定生产关系下如何使物质财富得到增长,并研究这些关系的历史运动"。⑥ 他曾特意强调"也许可以说,撇开了前者,就不成其为政治经济学;撇开了后者,就不是马克思主义政治经济学"。这就意味着,"政治经济学不仅要研究生产怎样在一定的关系下进行,还要研究这些关系的历史运动"⑦。

总之,中国学者多年来对《资本论》乃至政治经济学研究对象的争论虽然仍在继续,分歧依然很多,但取得的成就也是有目共睹。首先,学术上的争论加深了人们对《资本论》乃至政治经济学研究对象的认识,推动了学术

① 林岗:《论〈资本论〉的研究对象、方法和分析范式》,载于《当代经济研究》2012 年第 6 期。
② 洪远朋:《通俗〈资本论〉》,上海科学技术文献出版社 2009 年版,第 9 页。
③ 冯文光、张钟朴:《法文版〈资本论〉的独立科学价值》,黑龙江人民出版社 1985 年版。
④ 胡钧:《对〈资本论〉研究对象的再认识》,载于《经济学家》1997 年第 2 期。
⑤ 《马克思恩格斯全集》第 4 卷,人民出版社 1958 年版,第 139~140 页。
⑥ 汤在新:《政治经济学理论体系探索》,载于《当代经济研究》2005 年第 1 期。
⑦ 汤在新:《马克思经济学著作计划与社会主义政治经济学研究对象》,载于《经济学家》1992 年第 1 期。

繁荣。其次，多数学者对政治经济学需要研究生产力或资源配置等问题达成共识，并以实际行动促进这一目标的实现。再次，对生产力的研究取得了突破性进展，提出了"生产力有其自身发展规律"的理论主张，创建了以生产力发展规律为研究对象的"生产力经济学"。

七、结论

本文着眼于马克思经济学著作"六册结构"计划，把马克思经济学的研究对象还原为"资本主义经济制度"；着眼于《资本论》法文版、英文版对其研究对象的说明性修改与翻译，把《资本论》研究对象还原为"资本主义生产以及和它相适应的生产和交换条件"；着眼于马克思、恩格斯对《资本论》乃至政治经济学研究对象的一贯表述，把马克思主义政治经济学、马克思经济学与《资本论》研究对象区分开来，认为马克思经济学著作从整体到部分、从抽象到具体、从一般到特殊，是一个多层面结构，其研究对象也呈现出多层面性。根据研究对象的差别，以及学术界多年来对这个问题的讨论，本文认为很有必要把马克思主义政治经济学、马克思经济学、《资本论》区分开来，这样做有利于清楚界定学科之间的界限，明确其研究对象。"马克思主义政治经济学"除了包括马克思经济学的全部内容之外，还包括马克思之外的其他人的经济学说或理论。"马克思经济学"包括《资本论》在内的所有马克思创造的经济学说或理论，《资本论》仅仅是马克思经济学的一部分。

作为马克思经济学研究对象的"资本主义经济制度"，与作为"资本一般"研究对象的"资本主义生产以及和它相适应的生产和交换条件"相比较，其研究范围要宽泛得多，它在"资本一般"已经研究的基础上，还要研究雇佣劳动者阶级、土地所有者阶级的基本经济生活条件，还要研究国家的职能和作用、生产的国际关系、资本的国际流动、价值规律作用的国际形式、作为资本主义生产方式的基础和生活条件的世界市场、资本主义经济制度的总体关系、世界经济危机等问题。所以，马克思经济学研究对象本来是一个很宽泛的领域，只是因为受《资本论》研究对象以及某些马克思主义经济学经典作家某些观点的影响，学者们编写了无数基本上将其研究对象局限于生产关系的教科书，排除了生产力、生态环境与人口增长、竞争、信用等许多属于"社会经济制度"较为具体层面上的内容，从而严重制约了政治经济学的发展。

马克思经济学研究"资本主义经济制度"，其最终目的是"揭示现代社会的经济运动规律"。当这一研究对象同时也包括"社会主义经济制度"或其他经济制度时，马克思主义政治经济学就上升为"一门研究人类各种社会进行生产和交换并相应地进行产品分配的条件和形式的科学"。所以，随着研究范围的扩大或缩小，研究对象会发生变化，研究的内容也有所侧重。当社会主要矛盾的发展需要从根本上变革社会经济制度的时候，对生产关系的研究自然要有所偏重，对生产力的研究要服务于对生产关系的研究，把揭示社会经济制度产生、发展、灭亡的趋势作为主要任务；当社会主要矛盾的发展需要通过完善社会经济制度、大力发展生产力的时候，对生产力的研究自然应该有所侧重，研究生产关系要服务于对生产力的研究。这才符合政治经济学作为历史性科学的总特征。人类只能够完成一定历史条件下赋予他的任务，政治经济学也只能够服务于一定历史时期某些阶级的利益要求。政治经济学研究对象随着历史的发展而进行调整，是其生命力之源泉。

（原文发表于《政治经济学评论》2014 年第 1 期）

马克思主义经济学研究对象重新解读[①]

郭冠清[*]

一、引言

马克思主义经济学或政治经济学的研究对象究竟是什么？是研究生产关系，还是研究生产方式以及和它相适应的生产关系？在这个问题上，经济理论界存在严重的分歧（吴易风，1997；奚兆永，1998a，1998b；樊纲，1995b）。因为研究对象直接涉及到马克思主义经济学与马克思主义其他学科的区别，直接涉及到马克思主义经济学是否适合现代经济社会这一重大理论问题，因此，对马克思主义经济学研究对象的准确理解变得非常重要。在本文中，笔者以科学的态度为理论研究的出发点，以马克思主义的经典著作（德文版和英文版）为理论研究的依据，对马克思主义经济学研究对象进行了重新解读。研究发现，马克思在《资本论》中的研究对象是"资本主义生产方式以及和它相应的生产和交换条件"，或者表述为"资本主义生产和交换的形式和相应的条件"，马克思主义经济学的研究对象既不是仅仅研究"生产关系"，也不完全是"研究生产方式以及和它相适应的生产关系"，而是"研究人类各种社会生产和交换的条件和形式的科学"。由此，长期以来，马克思和恩格斯在研究对象方面分离的误解得到了解决，马克思主义经济学只侧重研究人与人的关系，而不注重研究人与自然关系（樊纲，1995b）的误解得到克服。从而马克思主义在理论经济学范式之争中陷于先天的劣势的局面将得到扭转。

---

* 郭冠清：中国社科院经济研究所博士后。

① 吴易风教授和左大培教授拔冗阅读了本文初稿，并给予了指导，在此特致谢忱。

二、对《资本论》研究对象不同理解的评析

自列宁对政治经济学的研究对象有了重新定义后，政治经济学的研究对象就成了学术界时常被争论的焦点，原本并不模糊的定义变得模糊起来。

列宁（1897）在《评经济浪漫主义》一文中写道："政治经济学的对象决不像通常所说的那样是物质的生产（这是工艺学的对象），而是人们在生产中的社会关系"①。继列宁之后，斯大林（1952）在《苏联社会主义经济问题》中作了类似的定义，他写道："政治经济学的对象是人们的生产关系，即经济关系。"② 毛泽东（1959）在批注苏联版的《政治经济学教科书》时也作了"政治经济学研究对象，主要是生产关系"③ 论述。这样传统政治经济学关于政治经济学对象就已形成。改革开放以来，我国出版了数以百计的政治经济学教科书，而每一本教科书都将政治经济学研究对象归结为生产关系（孟捷，2000）。尽管许多学者在阅读《资本论》中译本时，看到马克思的"我要在本书研究的，是资本主义生产方式以及和它相适应的生产关系和交换关系"④ 这句话时也许会受到一点冲击，但是由于"先入为主"的思想的影响，结果又大都回到传统政治经济学教科书的定义中来。

通过对上述影响我国近百年的观点追溯，不难发现⑤，列宁在分析《资本论》中马克思对经济学研究对象规定时，由于疏忽或别的原因，犯了一个逻辑错误。他在阐述《资本论》基本思想时指出："马克思在《资本论》序言中写道：'本书的最终目的就是揭示现代社会（即资本主义社会，资产阶级社会）的经济运行规律。'研究这个历史上一定的社会生产关系的发生、发展和衰落，就是马克思经济学说的内容"⑥，从这里可看出，列宁在分析马克思的

---

① 《列宁全集》第 2 卷，人民出版社 1959 年版，第 166 页。
② 斯大林：《苏联社会主义经济问题》，人民出版社 1961 年版，第 58 页。
③ 《毛泽东读社会主义政治经济学批注和谈话》（下），人民出版社 1998 年版，第 804 页。
④ 《资本论》第 1 卷，人民出版社 1975 年版，第 8 页。
⑤ 这需要摘掉库恩的"有色眼镜"，用科学的态度重新审视已有的研究结论。
⑥ 洪远朋：《〈资本论〉难题探索》，山东人民出版社 1985 年版，第 11 页。

经济学研究对象时，将第一部分"资本主义生产方式"内容释义后并进了第二部分，而忘记了马克思对经济学的研究对象的规定一是资本主义生产方式，二是与资本主义生产方式相适应的生产关系和交换关系，这一逻辑错误一直延续到今天。

长期以来，将马克思主义经济学研究对象归之为人与人的关系，将西方主流经济学研究对象归之为人与自然的关系，于是，樊纲（1995b）得出了"不同的经济理论着重研究了社会经济活动的某一特殊方面"的结论，而在人与自然关系变得愈来愈重要的现代社会，就使马克思主义经济学在理论经济学范式之争中陷于先天的劣势（吴易风，1997）。

为了摆脱政治经济学教科书中将马克思主义经济学的研究对象规定为只研究"人与人的关系"的困境，许多学者作了有益的探讨。一些学者试图通过重新解释马克思在《资本论》研究对象规定中的关键概念如生产方式、生产关系，赋予马克思主义经济学新的活力［如胡均（1997）］；另一些学者试图从《资本论》中的实际研究内容出发，证明马克思主义经济学不仅研究生产关系，而且已经将西方经济学研究的"资源配置"包含了进去［如程恩富、齐新宇（2001）］。

在此过程中，吴易风教授（1997）的《论政治经济学或经济学的研究对象》一文的发表应该说是具有里程碑意义的事情。在这篇文章中，吴教授通过对照《资本论》中研究对象的规定和简单的逻辑推导，批驳了将关键概念生产方式理解为"生产关系"、"广义生产关系"和"生产力和生产关系的统一"三种常见的观点，并对产生混乱的原因进行了深层次的分析，指出"先入为主的政治经济学定义"和"先入为主的生产方式定义"是两个重要原因，而不熟悉马克思在一系列著作中阐述的"生产力—生产方式—生产关系"原理是影响理解马克思《资本论》研究对象的关键。通过对"生产力—生产方式—生产关系"原理的阐述和对生产方式的重新定义，吴教授得出了马克思在《资本论》中研究对象是"资本主义生产方式以及和它相适应的生产关系"，以及政治经济学的研究对象是"研究人类社会各个历史发展阶段上的生产方式以及和生产方式相适应的生产关系或经济关系"

的结论①。

在研究对象问题上，有一点是可以肯定的，那就是社会经济活动的二重性即一方面是人与自然（或物）关系的物质生产活动，另一方面人和人关系的社会交往活动——决定了经济学研究对象的二重性：一方面要研究人与自然的关系，另一方面要研究人与人的关系（吴易风，1997；樊纲，1995b）。只有在劳动的异化和人的异化被完全消除，人与自然的关系等于人与人的关系以后（马克思，1883—1884），二者才能统一起来。吴易风教授的研究表明马克思主义经济学既研究人与人的关系，揭示物与物背后人与人关系的本质，也研究人与自然的关系，解决如何增加财富，如何进行资源配置问题。

吴教授的研究开拓了研究的新视野，使原本丰富的研究对象重新丰富起来，就此意义上讲，怎样评价吴教授的研究成果都不过分。不过由于研究的侧重点不同，在研究对象方面，并不是所有问题都已经解决，对吴教授的研究成果深入学习发现，仍有值得研究的课题。

吴教授在回归马克思的研究对象时，写道："马克思在这里所说的生产关系和交换关系同属经济关系，也就是哲学教科书和政治经济学教科书所说的生产关系。因此，马克思在《资本论》中研究的，是资本主义生产方式和它相适应的生产关系"②，但笔者认为，这句话可以进行更进一步的探讨。因为，如果生产关系和交换关系是同义语，那么，前面引用的马克思的那句话变成了"我要在本书研究的，是资本主义生产方式以及和它相适应的生产关系和生产关系"，这里存在逻辑错误；如果生产关系和交换关系不是同义语，加上交换关系，那么，与生产方式相适应的就变成了生产关系和交换关系，而不是生产关系，这又与吴教授论证的"生产力—生产方式—生产关系"原理不一致，存在新的逻辑困难。事实上，在马克思的经典著作中生产关系和交换关系并不是同义语，生产关系和财产关系才是同义语，这一点在《政治经济学批判》（马克思，1859）有过明确的论述，马克思写道："社会的物质生产

---

① 吴易风：《论政治经济学或经济学的研究对象》，载于《中国社会科学》1997年第2期。
② 吴易风：《论政治经济学或经济学的研究对象》，载于《中国社会科学》1997年第2期。

力发展到一定阶段，便同它们一直在其中活动的生产关系或财产关系（这只是生产关系的法律用语）发生矛盾"①，注意这里用的是"或"而不是"和"，用的是"财产关系"而不是"交换关系"。对于生产关系和交换关系不是同义语的论证，也可以参考恩格斯（1876—1878）在《反杜林论》中的论述，他写道："生产和交换是两种不同的职能。没有交换，生产也能进行；没有生产，交换——正因为它一开始就是产品的交换——便不能发生。……这两种职能在每一瞬间都互相制约，并且互相影响，以致它们可以叫做经济曲线的横坐标和纵坐标。"②

既然"交换关系"不能当作"生产关系"的同义语省略，那么，是否吴教授的论证关键点"生产力—生产方式—生产关系"原理存在问题呢？为此（当然主要是为了学习）笔者认真研读了《马克思恩格斯全集》（中译本，1960 年版），结果得出了与吴教授一样的结论（虽然在原理的理解上有所不同，论证方法上有所不同。有兴趣的读者可参阅笔者博士论文中"唯物史观重新解读"一节）（郭冠清，2001）。既然"生产力—生产方式—生产关系"原理符合马克思的论证逻辑或基本思想，而马克思的叙述又不可能存在逻辑问题（否则，马克思在以后的版本中不可能不修改），那么马克思主义经济学研究对象究竟是什么？

本文试图在吴易风教授（1997）、程恩富、齐新宇（2001）、孟捷（2000）、奚兆永（1998a、1998b）、胡钧（1997）、赵平（2001）等研究成果基础上，开辟新的视野，对马克思主义研究对象进行重新解读，以便将吴教授开创的研究深入下去。

三、研究对象的重新解读

重新阅读马克思主义经典著作，将会发现马克思和恩格斯对研究对象的叙述并不是一个，而且对研究对象的关键范畴——生产方式的定义也不只是

①《马克思恩格斯全集》第 13 卷，人民出版社 1962 年版，第 8～9 页。
②《马克思恩格斯全集》第 20 卷，人民出版社 1971 年版，第 160 页。

一个，这给理论研究带来了不少困难，当然这也为研究带来了突破口。

除了马克思（1867）在《资本论》第 1 卷中的定义外，马克思（1857—1858）在《经济学手稿（1857—1858 年）》中将研究对象定义为"政治经济学所研究的是财富的特殊社会形式或者不如说是财富生产的特殊社会形式"①。恩格斯（1876—1878）在《反杜林论》中关于研究对象定义有两个，一个是"政治经济学，从最广的意义上说，是研究人类社会中支配物质生活资料的生产和交换规律的科学"②；另一个是政治经济学是"研究人类各种社会进行生产和交换并相应地进行产品分配的条件和形式的科学"③。

从上述定义中似乎能看出问题来，那就是马克思和恩格斯的定义都包含"生产"和"交换"范畴（马克思的定义指《资本论》中的定义），同时，研究对象绝不仅仅是生产关系。下边我们将《资本论》中的定义英文版原文摘录如下：

In this work I have to examine the capitalist mode of production and the conditions of production and exchange corresponding to that mode （Marx, Karl, 1967a）④。

在这里译文的关键是"he conditions of production and exchange"，在《资本论》（中文版）中译为"生产关系和交换关系"，从英文版看是不妥的，一方面"condition"常见的意思是"条件"、"情况"（如现代出版社 1993 年出版的《朗文现代英汉双解词典》和商务印书馆 1996 年出版的《牛津现代高级英汉双解词典》没有"关系"的条目），另一方面按照惯例"生产关系"在英文中已有固定的用法，即"productive relations"（William and Howard, 1997）或"the relations of production"（William and Howard, 1994），所以译成"生产和交换的条件"，而不是"生产关系和交换关系"似乎更妥，何况与《反杜林论》中用的同一个词"condition"也译为"条件"呢？于是译文应改

---

① 《马克思恩格斯全集》第 46 卷下册，人民出版社 1980 年版，第 383 页。
② 《马克思恩格斯全集》第 20 卷，人民出版社 1971 年版，第 160 页。
③ 《马克思恩格斯全集》第 20 卷，人民出版社 1971 年版，第 163 页。
④ Karl Marx, 1857a. *Capital*. Moscow: Foreign Languages Publishing House, 1985, P. 8.

为"我要在本书研究的，是资本主义生产方式以及和它相应的生产和交换的条件"。再对照《资本论》和《反杜林论》中定义（指第二个定义）将发现二者是惊人的一致，笔者认为这绝非偶然。为了对照的方便，这里也将《反杜林论》中第二个定义的英文版原文摘录如下：

Political economy, however, as the science of the conditions and forms under which the various human societies have produced and exchanged and on this basis have distributed their products-political economy in this wider sense has still to be brought into beings (Engels, Frederich, 1876—1878a)[1]。

在恩格斯关于广义政治经济学的定义的第一个表述中，我们得到"生产和交换规律"是广义政治经济学研究对象。在第二个表达：政治经济学作为一门"研究人类各种社会进行生产和交换并相应地进行产品分配的条件和形式的科学"[2]，我们进一步知道广义政治经济学研究对象是"生产与交换（并相应地进行产品分配）的条件和生产与交换的形式"。如果把"生产与交换的条件和生产与交换的形式"的科学作为"生产和交换的规律"的科学的更进一步描述（两个定义在同一本书，按前后顺序应如此），那么第二个定义就更恰当。再看一看《资本论》中我们已校对过的定义，马克思在《资本论》中要研究的是"生产方式"和相应的"生产和交换的条件"，如果"生产和交换形式"与"生产方式"是同一回事或含义基本相同，那么我们就会发现二者除研究范围不同外其他都相同，即一个是研究"人类各种社会"，一个是研究特定的"资本主义"社会，而这不正是广义和狭义的区别吗？

看来，过去由于翻译有误将马克思和恩格斯研究对象隔离是没有道理的，事实上恩格斯在写《反杜林论》时，《资本论》第1卷已经出版，第2卷尚未出版，不可能不考虑《资本论》中的定义，而当时马克思还健在，如果像我们所理解的那样大的差别，恩格斯不可能不与马克思商量。现在问题是"生产和交换形式"与"生产方式"是一回事或含义基本相同吗？下面将给

---

① Fredrich Engels. 1876 – 1878a: *Anti – Dühring*, Karl Marx Friedrich Engels Collected Works, Volume 25. Moscow: Foreign Languages Publishing House, 1987, P. 138.

② 《马克思恩格斯全集》第20卷，人民出版社1971年版，第163页。

出论证。

关于生产方式的概念，许多学者作了深入的探讨，但由于"先入为主"的影响，这种研究有多少科学意义是值得思考的。限于篇幅，下边我们仅以著名的马克思主义经济学家奚兆永教授（1998a，1998b）的研究为例，做一个简单分析。奚兆永教授在《究竟如何理解马克思所说的"生产方式"——关于〈资本论〉的研究对象的研究之一》一文中从《资本论》中"生产方式的革命，市场手工业中以劳动力为起点，在大工业中以劳动资料为起点"[①] 得出生产方式"甚至把它和生产力看作是等值的概念，将其作为生产力的同义语互换使用"[②]；从"生产关系和生产方式之间的联系"以及"一定的生产方式以及与它相适应的生产关系"[③] 这两个地方原文作者认为该用生产力而用了生产方式，就得出了"在这两个地方，马克思都是'生产方式代替了生产力'"[③]的结论；接着奚文又认为生产方式和生产关系具有等同性。奚文通过马克思在《哲学的贫困》一书的一句话"这难道不是说，生产方式，生产力在其中发展的那些关系，并不是永恒的规律，而是同人们及其生产力的一定发展相适应的东西，人们生产力的一切变化必然引起他们的生产关系的变化吗？"[③]得出"在这里，'生产方式'和生产关系的含义具有相同的含义是很清楚的"。这里且不说马克思（1847）《哲学的贫困》原著中译文是"、"而不是"，"，一方面从上面引文中"生产力在其中发展的那些关系"同义互换并不成立，另一方面奚文不读原著上下文的态度是值得思考的。看一下《哲学的贫困》的原著就会得到，马克思这里的"生产方式"是指封建社会的生产方式，"生产力在其中发展的那些关系"是指封建社会的生产关系，丝毫得不出奚文的结论。为了证明生产方式等于生产关系，奚文又引用了《资本论》中马克思论述商品拜物教的一段话为佐证："这种种形式恰好形成资产阶级经济学的各种范畴。对于这个历史上一定的社会生产方式即商品生产的生产关

---

① 奚兆永：《究竟如何理解马克思主义所说的"生产方式"——关于〈资本论〉研究对象的研究之一》，载于《当代经济研究》1998 年第 4 期。

② 奚兆永：《究竟如何理解马克思主义所说的"生产方式"——关于〈资本论〉研究对象的研究之一》，载于《当代经济研究》1998 年第 4 期。

③ Karl Marx, 1867a. *Capital.* Moscow：Foreign Languages Publishing House，1985，P. 8.

系来说，这些范畴是有社会效力的，因而是客观的思维形式"①，奚文由此得出了"生产方式"和"生产关系"之间划上了等号的结论，原因是"一定的生产方式和商品生产的生产关系之间用了一个'即'字将二者等同起来"②。通过上下文可看出，这里的生产方式不是生产关系，而是商品生产，是"社会生产方式即商品生产"而不是原文作者所论证的结果。毋需再进一步引用就可以看出奚文在该文中余下得出的结论"生产方式"和"生产制度"含义相同，"生产方式"和"生产力和生产关系统一"含义相同有多少科学含量。同样，奚兆永教授（1998b）在《对有关〈资本论〉研究对象的其他几种观点的评论——关于〈资本论〉的研究对象研究之二》一文也有许多地方值得再评论，这里仅引用一个与"生产方式"有关的事例做一说明。奚文在评论"随着新生产力的获得，人们便改变自己的生产方式，随着生产方式即谋生方式的改变，人们也就会改变自己的一切社会关系"③（吴易风（1997）在论证生产力—生产方式—生产关系原理时引用的《哲学的贫困》一书中的话）时，竟然在"反复阅读"中得出了这里的生产方式是"从生产力意义上理解的生产方式"，把生产力理解为"生产资料"，而且还加了一句"马克思通过在生产力和生产关系之间划上了等号，把二者看作是等值的概念"④，这里可看出奚文逻辑的问题。按照奚文在两文中所作的分析，可以通过等量替换得出"生产力＝生产方式＝生产制度＝生产关系……"至少在某种意义上相等的结论，这里奚文的荒谬即可得出。

从上面对"生产方式"概念的探讨中，可看出我国一些学者在对待马克思主义态度上存在的明显误区。为了证明或反驳一个结论不是用"科学的态度"去探索，而是戴着"有色眼镜"去寻找对自己有力的论据。这种形而上

① 奚兆永：《究竟如何理解马克思主义所说的"生产方式"——关于〈资本论〉研究对象的研究之一》，载于《当代经济研究》1998年第4期。
② 奚兆永：《究竟如何理解马克思主义所说的"生产方式"——关于〈资本论〉研究对象的研究之一》，载于《当代经济研究》1998年第4期。
③ 奚兆永：《究竟如何理解马克思主义所说的"生产方式"——关于〈资本论〉研究对象的研究之一》，载于《当代经济研究》1998年第4期。
④ 奚兆永：《究竟如何理解马克思主义所说的"生产方式"——关于〈资本论〉研究对象的研究之一》，载于《当代经济研究》1998年第4期。

学的态度是造成传统政治经济学在我国长期负面影响的原因，也是每一种说法都是"公有公的理，婆有婆的理"的根源。

为了证明"生产和交换的形式"与"生产方式"是同一回事或含义基本相同，笔者没有从马克思早期著作中找论证，有两个考虑：一个是为了证明一个结论而去寻找论据的做法有可能得出的结论有悖马克思主义的原意，不符合笔者在引言中提出的"科学态度"；另一个是马克思在早期著作中讲的"生产方式"必须结合上下文才能给出完整的含义，这需要大量篇幅，同时如果马克思在后期著作中已经改变了说法，这种方法是事倍功半，得不偿失。笔者希望做的是认真研读原著，准确把握马克思主义的思想，而这需要纵横比较，逻辑分析，甚至像本节所讲的对照原文等。

笔者认为，对于"生产方式"与"生产和交换的形式"是否同一回事或含义是否基本相同的问题，恩格斯（1876—1878）的《反杜林论》可以作为佐证。原因是恩格斯写作《反杜林论》时，《资本论》第1卷已出版，马克思尚健在，而且《资本论》第2卷、第3卷又是恩格斯在此后时间不久开始整理的，二者具有内在的一致性。

在《反杜林论》中，恩格斯在定义了广义政治经济学后，接着就对此作了阐述。他写道："生产和交换是两种不同的职能。没有交换，生产也能进行；没有生产，交换——正因为它一开始就是产品的交换——便不能发生。……这两种职能在每一瞬间都互相制约，并且互相影响，以致它们可以叫做经济曲线的横座标和纵座标"[1]，这里恩格斯首先对生产和交换两种不同职能作了界定，清除了生产决定交换，研究生产就包含交换思想。恩格斯在"随着历史上一定社会的生产和交换的方式和方法的产生，随着这一社会的历史前提的产生，同时也产生了产品分配方式和方法"[2]，说明生产和交换方式决定了产品分配方式，这从另一个角度事实上说明了政治经济学研究对象可以不把分配专列出来。在恩格斯作了第二个定义之后（事实上是第一定义更

---

[1]　《马克思恩格斯全集》第20卷，人民出版社1971年版，第160页。
[2]　《马克思恩格斯全集》第20卷，人民出版社1971年版，第161页。

进一步表达），接着就作了阐述，"到现在为止，我们所掌握的有关经济科学的东西，几乎只限于资本主义生产方式的发生和发展，它从批判封建的生产形式和交换形式的残余开始，证明它们必然要被资本主义形式所代替……"①这里可看出，恩格斯将"生产方式"与"生产形式和交换形式"在互换使用，下面的话可以进一步证明这一点，"最后对资本主义的生产方式进行社会主义的批判，就是说，从反面来叙述它的规律，证明这种生产方式由于它本身的发展，已达到使它自己不可能再存在下去的地步。这一批判证明：资本主义的生产形式和交换形式日益成为生产本身所无法忍受的桎梏；……"②这里明显是"生产方式"与"生产形式和交换形式"的互换。通读《反杜林论》发现，尽管有时恩格斯在生产方式、交换方式、生产形式、交换形式使用上，要求并不严格，但可以得出"生产方式"和"生产形式和交换形式"是同一回事或含义基本相同的结论。

四、对研究对象的进一步研究

通过对照英文版原文和理论分析，似乎完成了对马克思主义经济学研究对象的研究，但是，事实上远非如此。一方面，英文版由艾威林博士，而不是马克思本人所译，有误译的可能，尽管恩格斯担任了校对工作；另一方面，中文版译成"关系"不可能是偶然的失误，必须作深入的探讨；此外，上文采用的是《资本论》和《反杜林论》比较的方法，但是恩格斯思想是否与马克思思想一致并不能确定，生产方式的确切含义是什么的研究只是刚刚开始，这些都有待深入研究。

为了准确把握马克思经济学的研究对象，这里将《资本论》和《反杜林论》德文版有关部分摘录如下：

Was ich in diesem Werk zu erforschen habe, ist die *kapitalistische* Produktions-weise und die ihr entsprechenden Produktions-und Verkehrsverhältnisse（Marx,

---

① 《马克思恩格斯全集》第 20 卷，人民出版社 1971 年版，第 163 页。
② 《马克思恩格斯全集》第 20 卷，人民出版社 1971 年版，第 160 页。

Karl，1867b）.①

Die politische Oekonomie，als die Wissenschaft von den Bedingungen und For-
men，unter denen die verschiedenen menschlichen Gesellschaften produzirt und aus-
getauscht，und unter denen sich demgemäβjedesmal die Produkte vertheilt haben—
die politische Oekonomie in dieser Ausdehnung soll jedoch erst geschaffen werden
（Engels，Frederich，1876–1878b）.②

在《资本论》德文中，与 condition 对应的是 verhältnis。这个词既有 con-
dition 意思，又有 relation 意思（参见商务印书馆 1999 年出版的《德汉词典》
中的条目），而英文版选择了 condition，中文版选择了 relation（译为"关
系"），从这里我们首先找到了问题的根源。再看《反杜林论》德文，与 con-
dition 对应的是 Bedingungen。这个词只有 condition 意思，没有 relation 意思
（参见商务印书馆 1999 年出版的《德汉词典》中的条目），中文译文没有争议。
现在问题是 verhältnis 哪一个译法（指中文和英文）遵循马克思的原意呢？

通过反复对照中文、英文和德文版，我们发现恩格斯在英文校对上比较
严谨，不是疏忽将 verhältnis 译成了 condition，而至少是恩格斯的理解。他在
和生产方式对应的只有生产的地方，译成 relation，而在生产和交换同时存
在的地方译成 condition。如在《资本论》脚注中（中文版第 99 页，英文版第
82 页，德文版第 49 页），它将与"一定的生产方式以及与它相适应的生产关
系"对应的英文译成 each special mode of production and the social relations
corresponding to it。在《反杜林论》中恩格斯直接用 Bedingungen，也许正是
为了避免误会吧。对于马克思的研究对象，恩格斯在英文版序言中的论述值
得重视，他写道："能够多少恰当地表现某一时期占统治地位的社会生产和交
换条件，马克思就加以引证"③，注意这里马克思关注的是生产和交换条件。
另外，恩格斯在对待马克思的著作的态度上非常认真，他在第三版序言中

---

① Karl Marx，1867b. *Das Kapital*，Karl Marx Friedrich Engels Gesamtausgabe，Sozialistischen Einhe-
itspartei Deutschlands，Dietz Verlag Berlin，Band 5，1983，P. 12.

② Fredrich Engels，1876–1878b. *Anti–Dühring*，Karl Marx Friedrich Engels Gesamtausgabe，Sozial-
istischen Einheitspartei Deutschlands，Dietz Verlag Berlin，Band 27，1988，P. 343.

③ 《资本论》第 1 卷，人民出版社 1975 年版，第 35 页。

写道："在第三版中，凡是我不能确定作者自己是否会修改的地方，我一个字也没有改"①，他在研究对象这样的关键问题上应该不会有意更改马克思的东西。

综上所述，将马克思在《资本论》中的研究对象译成"资本主义生产方式以及和它相对应的生产和交换条件"，不仅与马克思本人的著作在逻辑上一致、与恩格斯的著作在逻辑上一致，而且也可能准确的符合马克思的原意。对此，在下一节中将给出补充证明。对于生产方式的深入探讨，限于篇幅，留在以后的论文。

五、对研究对象重新解读的补充证明和小结

本文从英文版和德文版，以及马克思、恩格斯对同一问题论述等入手重新解读了在学术界争论已久的马克思主义经济学研究对象。根据本文的论证，马克思在《资本论》中"研究对象是资本主义生产方式以及和它相应的生产和交换条件"，或者表述为"研究对象是资本主义生产和交换的形式和相应的条件"。马克思在《资本论》是否进行了这样的研究，这是比逻辑推理更重要的事情。

在《资本论》第1卷中马克思研究的是资本的生产过程，对生产的形式和生产条件作了深入分析。在《资本论》第2卷中马克思研究的是资本的流通过程。对于流通和交换的关系，马克思在（1857—1858）写道："流通本身只是交换的一定的要素，或者是从总体上看的交换"②，这说明研究流通过程和研究交换过程是一致的。在这一卷中，马克思对交换的形式和交换条件作了详细的分析。在《资本论》第3卷中马克思研究的是资本主义生产的总过程，是把生产和交换作为互相联系又互相作用的整体去研究的。为了便于研究，马克思在《资本论》第1卷中在研究生产时也研究交换（如第二章交换过程③），不过是在生产的基础，为了研究的需要研究的交换；在第2卷在研

---

① 《资本论》第1卷，人民出版社1975年版，第31页。
② 《马克思恩格斯全集》第46卷下册，人民出版社1980年版，第749页。
③ 在英文版中第二章题目为 exchange，译为"交换"较妥。

究交换时也研究生产（如简单再生产和扩大再生产研究中包含了对生产的进一步研究等），但是研究生产的目的是更深入地研究交换；在第 3 卷，马克思把第 1 卷、第 2 卷研究的结果作为一个整体去研究，实现了"从抽象到具体"（卢森贝，1961）。

从上述对《资本论》简单分析可看出，马克思在《资本论》中研究的并不是传统政治经济学教科书所说的仅仅研究生产关系，而是"研究生产方式以及和它相应的生产和交换条件"，广义政治经济学研究对象应是"研究各种人类社会的生产方式以及和它相应的生产和交换条件"。

（原文发表于《海派经济学》2003 年第 2 期）

相关文献

[1] 平心：《论生产力性质》，载于《学术月刊》1959 年第 6 期，第 14 ~ 19、69 页。

[2] 平心：《关于生产力性质几个问题的发言》，载于《学术月刊》1960 年第 4 期，第 17 ~ 36、45 页。

[3] 王学文：《"资本论"的研究对象》，载于《经济研究》1961 年第 1 期，第 38 ~ 44 页。

[4] 刘诗白：《论马克思列宁主义政治经济学的对象》，载于《经济研究》1961 年第 10 期，第 39 ~ 48 页。

[5] 方文：《马克思列宁主义政治经济学的对象是社会生产方式》，载于《经济研究》1961 年第 7 期，第 42 ~ 53 页。

[6] 李志远：《马克思在政治经济学研究对象和方法上所完成的革命——学习〈政治经济学批判〉序言和导言的体会》，载于《经济研究》1961 年第 10 期，第 30 ~ 38、29 页。

[7] 王亚南：《关于应用〈资本论〉体系来研究政治经济学社会主义部分的问题》，载于《经济研究》1961 年第 5 期，第 8 ~ 17 页。

[8] 田光：《从马克思列宁主义政治经济学史来看政治经济学的对象》，载于《经济研究》1961 年第 4 期，第 23 ~ 31 页。

[9] 谷书堂：《政治经济学的对象和生产关系》，载于《新建设（哲学社会科学）》1962 年第 8 期，第 57 ~ 65 页。

[10] 广经：《李超桓教授讲〈资本论〉的研究对象和方法》，载于《学术研究》1962 年第 6 期，第 100 页。

[11] 王亚南：《〈资本論〉研究的对象与方法》，载于《中国经济问题》1963 年第 9 期，第 1 ~ 9、22 页。

[12] 陈征：《政治经济学的对象不容篡改》，载于《福建师大学报（哲学社会科学版）》1978 年第 2 期，第 2 ~ 11 页。

[13] 孙德华:《从〈资本论〉的研究对象剖析"四人帮"的"资产阶级法权政治经济学"》,载于《思想战线》1978 年第 2 期,第 10 ~ 14 页。

[14] 黄世雄:《对马克思主义经典作家有关政治经济学对象的各种提法的研究》,载于《安徽大学学报》1979 年第 8 期,第 18 ~ 24 页。

[15] 孙冶方:《政治经济学也要研究生产力——为平心同志〈资本论〉文集序》,载于《社会科学》1979 年第 3 期,第 83 ~ 90 页。

[16] 孙冶方:《论作为政治经济学对象的生产关系》,载于《经济研究》1979 年第 8 期,第 3 ~ 13 页。

[17] 杨长福:《政治经济学要重视联系生产力研究生产关系》,载于《社会科学研究》1979 年第 3 期,第 10 ~ 15 页。

[18] 洪朋远:《应该恢复马克思的定义——也谈作为政治经济学对象的生产关系》,载于《学术月刊》1979 年第 12 期,第 26 ~ 29、19 页。

[19] 陈乃圣:《〈资本论〉第二卷研究对象质疑》,载于《山东大学文科论文集刊》1979 年第 1 期,第 20 ~ 27 页。

[20] 张秋舫:《评关于政治经济学研究对象的几种看法》,载于《学术月刊》1980 年第 5 期,第 20 ~ 25 页。

[21] 熊映梧:《经济科学要把生产力的研究放在首位——兼评单独创立"生产力经济学"的主张》,载于《经济科学》1980 年第 2 期,第 1 ~ 7 页。

[22] 张照珂、王廷湘:《政治经济学研究的对象应当包括生产力》,载于《兰州大学学报》1980 年第 3 期,第 26 ~ 36 页。

[23] 周治平:《〈资本论〉的研究对象是资本主义生产方式》,载于《暨南大学学报(哲学社会科学版)》1980 年第 2 期,第 54 ~ 59、43 页。

[24] 张魁峰:《谈〈资本论〉的研究对象——兼谈我国政治经济学的研究对象》,载于《山西财经学院学报》1980 年第 1 期,第 1 ~ 4 页。

[25] 孙矩:《与孙冶方同志论作为政治经济学对象的生产关系》,载于《经济研究》1980 年第 9 期,第 16 ~ 20 页。

[26] 黄声仲:《我对政治经济学对象的一点看法》,载于《湘潭大学学报(哲学社会科学版)》1980 年第 2 期,第 56 ~ 63 页。

[27] 奚兆永：《评"经济科学要把生产力的研究放在首位"的主张》，载于《江汉论坛》1980 年第 6 期，第 3～8 页。

[28] 吴斌：《社会主义政治经济学也应研究生产方式》，载于《郑州大学学报（社会科学版）》1980 年第 1 期，第 60～65、77 页。

[29] 王启荣：《政治经济学的对象和生产关系的内涵——兼与孙冶方同志商榷》，载于《华中师范学报（人文社会科学版）》1980 年第 4 期，第 8～16 页。

[30] 刑俊芳：《一年来经济学界关于政治经济学对象问题的讨论》，载于《经济研究》1980 年第 9 期，第 23～27 页。

[31] 陈招顺、李石泉：《政治经济学的研究对象是生产方式和生产关系》，载于《学术月刊》1980 年第 6 期，第 34～37 页。

[32] 马家驹、蔺子荣：《生产方式和政治经济学的研究对象》，载于《经济研究》1980 年第 6 期，第 65～72 页。

[33] 马家驹、蔺子荣：《生产方式和政治经济学的研究对象》，载于《中国社会科学》1981 年第 6 期，第 105～116 页。

[34] 杨长福：《关于政治经济学研究对象的几点商榷》，载于《经济研究》1981 年第 1 期，第 26～33 页。

[35] 王学文、任维忠：《试论政治经济学中有关社会生产力的几个问题》，载于《中国社会科学》1981 年第 4 期，第 91～102 页。

[36] 田光：《论〈资本论〉的对象问题》，载于《经济研究》1981 年第 5 期，第 47～54 页。

[37] 彭劢：《关于〈资本论〉第二卷的研究对象问题——与陈乃圣同志商榷》，载于《山东大学文科论文集刊》1981 年第 2 期，第 109～114、119 页。

[38] 王志平：《第四讲〈资本论〉第二卷的对象、体系结构和方法》，载于《上海经济研究》1981 年第 5 期，第 18～24 页。

[39] 胡钧：《〈资本论〉第二卷的研究对象和基本结构》，载于《教学与研究》1981 年第 2 期，第 47～52 页。

[40] 林白鹏：《论政治经济学的研究对象》，载于《求是学刊》1981 年

第 2 期，第 43～49 页。

[41] 陈秀山、黎小波：《评〈经济科学要把生产力的研究放在首位〉》，载于《经济理论与经济管理》1981 年第 2 期，第 54～58 页。

[42] 周勤英：《不能把生产力排除在政治经济学对象之外》，载于《经济科学》1981 年第 2 期，第 49～55、48 页。

[43] 罗郁聪：《论政治经济学的对象》，载于《中国经济问题》1981 年第 2 期，第 15～21 页。

[44] 刘秉云：《政治经济学的对象是生产方式》，载于《财经研究》1981 年第 2 期，第 45～49 页。

[45] 李扬：《关于政治经济学对象的探讨》，载于《安徽大学学报（哲学社会科学版）》1981 年第 2 期，第 28～33 页。

[46] 俞金顺、汪承基、于靖扬：《马克思主义政治经济学的研究对象探讨》，载于《青海社会科学》1983 年第 2 期，第 16～23 页。

[47] 刘茂山：《社会主义政治经济学应该研究两重含义的生产关系》，载于《南开学报（哲学社会科学版）》1981 年第 1 期，第 16～20 页。

[48] 卫兴华：《〈资本论〉的研究对象问题》，载于《经济理论与经济管理》1982 年第 1 期，第 46～52 页。

[49] 洪远朋：《关于〈资本论〉的研究对象问题》，载于《唯实》1982 年第 4 期，第 45～47 页。（收录于洪远朋著《论〈资本论〉——洪远朋〈资本论〉研究文集》，复旦大学出版社，2013 年版，第 11～15 页。）

[50] 雍文远：《怎样理解"我要在本书研究的，是资本主义生产方式以及和它相适应的生产关系和交换关系"?》，载于《上海经济研究》1982 年第 7 期，第 28～30 页。

[51] 胡培兆、孙连成：《论〈资本论〉研究对象——与马家驹、熊映梧等同志商榷》，载于《经济科学》1982 年第 2 期，第 28～33、27 页。

[52] 陈征：《〈资本论〉第三卷的研究对象、结构和方法》，载于《福建师大学报（哲学社会科学版）》1982 年第 2 期，第 1～9 页。

[53] 刘炳瑛：《马克思是怎样确立政治经济学研究对象的——读马克思

《导言》扎记》，载于《江西社会科学》1982 年第 1 期，第 108～110 页。

[54] 王兆亮、孙家驹：《论经济基础——兼论政治经济学对象》，载于《四川大学学报（哲学社会科学版)》1982 年第 1 期，第 38～43 页。

[55] 刘永佶：《从〈资本论〉看马克思主义政治经济学的对象》，载于《河北大学学报（哲学社会科学版)》1982 年第 4 期，第 15～22 页。

[56] 胡钧：《关于〈资本论〉的研究对象问题——与卫兴华同志商榷》，载于《经济理论与经济管理》1982 年第 6 期，第 45～50 页。

[57] 吴树青：《〈资本论〉第二卷的研究对象、结构和意义》，载于《经济理论与经济管理》1982 年第 5 期，第 53～59 页。

[58] 王荣庚：《经典作家为什么把生产关系作为政治经济学的研究对象》，载于《北方论丛》1982 年第 3 期，第 75～78 页。

[59] 罗郁聪：《关于〈资本论〉的对象》，载于《中国经济问题》1982 年第 5 期，第 41～48 页。

[60] 李名学：《正确理解马克思关于政治经济学对象的论述——对〈资本论〉序言中一段话的理解》，载于《经济研究》1982 年第 7 期，第 72～74 页。

[61] 秦庆武：《试论〈资本论〉的研究对象与生产方式》，载于《学术论坛》1982 年第 5 期，第 55～58、74 页。

[62] 王永锡、张天性：《关于〈资本论〉的研究对象》，载于《财经科学》1982 年第 4 期，第 17～23 页。

[63] 姜炳坤：《生产方式和〈资本论〉的对象——读〈资本论〉第一卷的体会》，载于《文史哲》1982 年第 4 期，第 101～106 页。

[64] 沈德仁：《〈资本论〉的对象包括生产条件资本主义私有关系》，载于《新疆师范大学学报（社会科学版)》1982 年第 1 期，第 6～10、25 页。

[65] 熊映梧：《生产力、劳动方式与生产方式》，载于《经济科学》1983 年第 2 期，第 1～8 页。

[66] 刘伟：《试论作为〈资本论〉研究对象的"生产方式"》，载于《经济理论与经济管理》1983 年第 5 期，第 50～55 页。

[67] 少小文：《在政治经济学研究对象问题上必须坚持历史唯物主义——

由〈资本论〉的一个脚注说起》，载于《苏州大学学报》1983 年第 1 期，第 64～67、77 页。

[68] 陆玉龙：《〈资本论〉的标题与研究对象》，载于《淮阴师专学报（社会科学版）》1983 年第 3 期，第 47～49 页。

[69] 卫兴华：《〈资本论〉究竟研究什么？——与胡钧同志商榷》，载于《中国经济问题》1983 年第 4 期，第 35～42 页。

[70] 詹仲、郭清海：《〈资本论〉的研究对象与目的》，载于《锦州师院学报（哲学社会科学版）》1983 年第 2 期，第 1～3、50 页。

[71] 陈俊明：《论〈资本论〉的直接对象和本质对象》，载于《华侨大学》1983 年第 0 期，第 25～34 页。

[72] 李华明：《试论〈资本论〉的研究对象》，载于《湘潭大学社会科学学报》1983 年第 1 期，第 1～7 页。

[73] 常兆忠：《〈资本论〉在政治经济学研究对象上的革命》，载于《西北大学学报（哲学社会科学版）》1983 年第 1 期，第 23～28 页。

[74] 金徐銮：《关于〈资本论〉的研究对象问题浅议》，载于《温州师专学报（社会科学版）》1983 年第 1 期，第 7～12 页。

[75] 蒋绍进：《资本主义生产方式与〈资本论〉的研究对象》，载于《中国经济问题》1983 年第 2 期，第 25～31 页。

[76] 朱玲、巫继学：《再论劳动的政治经济学研究对象——〈资本论〉研读的思考》，载于《福建论坛》1983 年第 2 期，第 9～13、17 页。

[77] 磨针：《资本主义生产方式是〈资本论〉的研究对象》，载于《厦门大学学报（哲学社会科学版）》1983 年第 1 期，第 13～21、12 页。

[78] 杨伯安：《〈资本论〉序言中资本主义生产方式含义探讨》，载于《四川师院学报（社会科学版）》1984 年第 4 期，第 8～12 页。

[79] 巫继学：《两种政治经济学的对象、方法及任务——马克思〈资本论〉和萨缪尔森〈经济学〉研读札记之一》，载于《中州学刊》1984 年第 1 期，第 52～56 页。

[80] 杨欢进、王毅武：《〈资本论〉研究对象新论——关于"资本主义

生产方式"含义考析及启示》，载于《武汉大学学报（社会科学版）》1985 年第 5 期，第 25～29 页。

［81］刘炳瑛：《〈资本论〉研究的本题和对象》，载于《理论月刊》1985年第 9 期，第 24～27 页。

［82］袁绪程：《从〈资本论〉研究对象的提法看生产方式的含义》，载于《中国社会科学》1985 年第 5 期，第 108～112、103 页。

［83］许精德：《浅谈资本主义生产方式与〈资本论〉的研究对象》，载于《陕西师大学报（哲学社会科学版）》1985 年第 1 期，第 22～25 页。

［84］李翔华：《"系统论"是解开〈资本论〉研究对象之谜的钥匙——兼评关于政治经济学研究对象的几种观点》，载于《江西财经学院学报》1985年第 3 期，第 63～67、73 页。

［85］李绪蔼：《唯物主义历史观与〈资本论〉的对象》，载于《厦门大学学报（哲学社会科学版）》1986 年第 4 期，第 82～88 页。

［86］向林、刘厚福：《也谈"生产方式"和政治经济学的研究对象——读〈资本论〉札记》，载于《云南财贸学院学报》1986 年第 1 期，第 29～32 页。

［87］郑炎潮：《对马克思主义政治经济学研究对象的再认识及新探索》，载于《广东社会科学》1986 年第 1 期，第 26～32 页。

［88］唐培海：《浅谈生产方式与政治经济学研究对象的关系——学习〈资本论〉札记》，载于《河南大学学报（哲学社会科学版）》1987 年第 6 期，第 35～39 页。

［89］周治平：《〈资本论〉第三卷的研究对象和现实意义》，载于《暨南学报（哲学社会科学）》1987 年第 2 期，第 1～4 页。

［90］陈守中：《对〈资本论〉研究对象的认识》，载于《中央财政金融学院学报》1989 年第 S3 期，第 92～94 页。

［91］王圣学：《〈资本论〉研究对象新探》，载于《唐都学刊》1989 年第 4 期，第 32～37 页。

［92］赵学清：《〈资本论〉中"生产方式"含义的考证——兼析〈资本论〉的研究对象》，载于《南京政治学院学报》1990 年第 6 期，第 47～51 页。

[93] 张旭：《〈资本论〉与政治经济学——二者研究对象的区别及意义》，载于《学习与探索》1990 年第 6 期，第 88～92 页。

[94] 刘广云、王亚文：《〈资本论〉的研究对象和方法》，载于《内蒙古电大学刊》1990 年第 10 期，第 40～42 页。

[95] 袁绪程：《政治经济学研究对象的重新思考——兼谈生产力、生产方式、生产关系的含义》，载于《改革与战略》1990 年第 3 期，第 16～28、48 页。

[96] 汤在新：《马克思经济学著作计划与社会主义政治经济学研究对象》，载于《经济学家》1992 年第 1 期，第 88～100 页。

[97] 康静萍：《〈资本论〉研究对象与邓小平经济理论》，载于《内蒙古财经学院学报》1997 年第 4 期，第 20～22 页。

[98] 吴易风：《马克思的生产力—生产方式—生产关系原理》，载于《马克思主义研究》1997 年第 2 期，第 3～6 页。

[99] 胡钧：《对〈资本论〉研究对象的再认识》，载于《经济学家》1997 年第 2 期，第 13～18 页。

[100] 吴易风：《论政治经济学或经济学的研究对象》，载于《中国社会科学》1997 年第 2 期，第 53～66 页。

[101] 奚兆永：《我的政治经济学研究对象观——关于〈资本论〉的研究对象的研究之三》，载于《当代经济研究》1998 年第 6 期，第 55～60 页。

[102] 奚兆永：《对有关〈资本论〉研究对象的其他几种观点的评论——关于《资本论》的研究对象的研究之二》，载于《当代经济研究》1998 年第 5 期，第 59～63 页。

[103] 奚兆永：《究竟如何理解马克思所说的"生产方式"——关于〈资本论〉的研究对象的研究之一》，载于《当代经济研究》1998 年第 4 期，第 46～51 页。

[104] 姚挺：《应从〈资本论〉范畴的逻辑体系理解生产方式》，载于《当代经济研究》1999 年第 8 期，第 21～26、49 页。

[105] 胡世祯：《政治经济学研究对象中的生产方式》，载于《当代经济

研究》1999 年第 6 期，第 43～49 页。

[106] 于金富、王胜利：《从〈资本论〉结构重新认识政治经济学研究对象》，载于《当代经济研究》2001 年第 3 期，第 52～56 页。

[107] 卫兴华：《〈资本论〉的研究对象、结构和学习的意义》，载于《当代经济研究》2002 年第 11 期，第 26～32、10 页。

[108] 徐茂魁：《正确理解和把握马克思主义政治经济学的研究对象》，载于《理论学习》2002 年第 2 期，第 13～15 页。

[109] 郭冠清：《马克思主义经济学研究对象重新解读》，载于《海派经济学》2003 年第 2 期，第 146～157 页。

[110] 奚兆永：《申论政治经济学的研究对象——答胡世祯、郭冠清并论"生产关系与交换关系"的翻译》，载于《海派经济学》2004 年第 2 期，第 156～172 页。

[111] 冀纯堂、郭冠清：《重新理解政治经济学研究对象》，载于《当代经济研究》2004 年第 7 期，第 9～12、73 页。

[112] 卫兴华：《马克思主义政治经济学对象问题再探讨》，载于《马克思主义研究》2006 年第 1 期，第 27～35 页。

[113] 许建康：《〈资本论〉的研究对象和资本主义生产方式的商品拜物教性质》，载于《黑龙江社会科学》2006 年第 3 期，第 1～6 页。

[114] 王秀海、尹玲娟：《关于〈资本论〉研究对象及其意义的再探讨》，载于《河北经贸大学学报》2007 年第 3 期，第 9～13 页。

[115] 赵学清：《〈资本论〉的研究对象及其启示》，载于《当代经济研究》2007 年第 11 期，第 1～5、73 页。

[116] 赵家祥：《生产方式概念含义的演变》，载于《北京大学学报（哲学社会科学版）》2007 年第 5 期，第 27～32 页。

[117] 许光伟：《从社会主义市场经济角度再谈政治经济学的研究对象——改革开放 30 年成功实践的理论启示》，载于《当代经济研究》2008 年第 10 期，第 1～6、72 页。

[118] 张俊山：《对经济学中"资源稀缺性"假设的思考——兼论资源

配置问题与政治经济学研究对象的关系》，载于《甘肃社会科学》2009 年第 2
期，第 40～46 页。

[119] 白暴力、白瑞雪：《〈资本论〉方法、体系与基本内容》，载于
《中国特色社会主义研究》2010 年第 4 期，第 36～41 页。

[120] 赵学清：《〈资本论〉第 1 卷法文版和德文第 4 版"生产方式"概
念比较研究》，载于《马克思主义与现实》2011 年第 6 期，第 17～22 页。

[121] 孟氧：《〈资本论〉的若干问题》，载于《政治经济学评论》2011
年第 1 期，第 65～76 页。

[122] 林岗：《论〈资本论〉的研究对象、方法和分析范式》，载于《当
代经济研究》2012 年第 6 期，第 1～7、93 页。

[123] 高峰：《论"生产方式"》，载于《政治经济学评论》2012 年第 2
期，第 3～38 页。

[124] 王胜利：《准确理解〈资本论〉的研究对象》，载于《西北人文科
学评论》2012 年第 0 期，第 167～172 页。

[125] 罗雄飞：《论马克思经济学的研究对象》，载于《马克思主义与现
实》2012 年第 5 期，第 22～27 页。

[126] 吴宣恭：《论作为政治经济学研究对象的生产方式范畴》，载于
《当代经济研究》2013 年第 3 期，第 1～10、93 页。

[127] 陈俊明：《〈资本论〉的研究对象：具体的和抽象的》，载于《福
建论坛（人文社会科学版)》2013 年第 9 期，第 12～17 页。

[128] 刘明远：《从"六册结构"计划看马克思经济学的研究对象》，载
于《政治经济学评论》2014 年第 1 期，第 139～157 页。

[129] 马拥军：《对〈资本论〉的九个根本性误读》，载于《天津社会科
学》2015 年第 2 期，第 14～23 页。

[130] 许光伟：《生产关系的三层次解读关系及其意蕴——政治经济学研
究对象域内的道名学说和生长论》，载于《当代经济研究》2016 年第 10 期，
第 5～13、97 页。

[131] 吴宣恭：《学好〈资本论〉推进当代中国政治经济学建设》，载于

《经济纵横》2016 年第 3 期，第 7~13 页。

[132] 卫兴华：《我与〈〈资本论〉简说〉——对三个理论问题不同解读的辨析》，载于《东南学术》2016 年第 1 期，第 1~11、246 页。

[133] 程恩富：《关于〈资本论〉的研究对象等若干问题的讨论》，载于《政治经济学评论》2017 年第 3 期，第 24~26 页。

[134] 余斌：《〈资本论〉的研究对象与中国特色社会主义政治经济学的研究对象》，载于《政治经济学评论》2017 年第 3 期，第 40~41 页。

[135] 王庆丰：《〈资本论〉的对象问题——阿尔都塞哲学解读的切入点》，载于《华南师范大学学报（社会科学版）》2017 年第 2 期，第 26~32、191 页。

[136] 王明友：《对马克思〈资本论〉研究对象的几点思考》，载于《北京工业大学学报（社会科学版）》2017 年第 3 期，第 65~70 页。

[137] 卫兴华、聂大海：《马克思主义政治经济学的研究对象与生产力的关系》，载于《经济纵横》2017 年第 1 期，第 1~7 页。

[138] 杨继国、袁仁书：《政治经济学研究对象的"难题"新解——兼论"中国特色社会主义政治经济学"研究对象》，载于《厦门大学学报（哲学社会科学版）》2018 年第 4 期，第 12~20 页。

[139] 卫兴华：《遵照马克思的系统说明把握〈资本论〉的研究对象》，载于《经济学动态》2018 年第 10 期，第 21~26 页。

[140] 颜鹏飞：《新时代中国特色社会主义政治经济学研究对象和逻辑起点——马克思〈资本论〉及其手稿再研究》，载于《内蒙古社会科学（汉文版）》2018 年第 4 期，第 27~31、2 页。

[141] 周新城：《关于中国特色社会主义政治经济学的研究对象》，载于《海派经济学》2018 年第 1 期，第 11~23 页。

[142] 张作云：《马克思〈资本论〉的研究对象及其当代意义》，载于《当代经济研究》2018 年第 2 期，第 5~16、97 页。

[143] 田超伟、卫兴华：《再谈马克思主义政治经济学的研究对象问题——与陈伯庚教授商榷》，载于《当代经济研究》2018 年第 10 期，第

46 ~ 51 页。

[144] 朱鹏华、王天义:《中国特色社会主义政治经济学研究对象探析》,载于《马克思主义与现实》2019 年第 1 期,第 85 ~ 91 页。

[145] 卫兴华:《关于〈资本论〉基本理论问题的辨析——〈马克思与〈资本论〉〉前言》,载于《东南学术》2019 年第 2 期,第 24 ~ 31、247 页。

[146] 刘荣材:《〈资本论〉研究对象的三重理论维度及其当代价值》,载于《经济纵横》2020 年第 2 期,第 64 ~ 72 页。

[147] 张开:《试论作为〈资本论〉研究对象的"生产形式"》,载于《经济纵横》2020 年第 8 期,第 1 ~ 8 页。

[148] 李逢铃:《〈资本论〉对象的哲学追问——反思柯尔施与阿尔都塞解答的差异》,载于《世界哲学》2020 年第 2 期,第 52 ~ 60 页。

[149] 罗雄飞、徐泽林:《关于〈资本论〉研究对象及相关问题的再认识》,载于《经济纵横》2021 年第 3 期,第 1 ~ 17、137 页。

后　记

　　经典著作的恒久魅力，在于其所蕴含的思想能够穿透时空而抵达当下，超越时代而指向未来。《资本论》就是这样的经典之作，无论时代如何变迁，它都始终站在人类思想之巅。

　　1983 年马克思逝世一百周年，陈征先生主编了一套《资本论》教学研究参考资料以表示对这位伟大革命导师的纪念。该套丛书选编了新中国成立后 30 余年国内研究《资本论》的论文和译文，分五册由福建人民出版社出版，分别是：《〈资本论〉创作史研究》《〈资本论〉的对象、方法和结构》《〈资本论〉第一卷研究》《〈资本论〉第二卷研究》以及《〈资本论〉第三卷研究》。这套资料的出版受到了学界的一致好评。

　　斗转星移，现在距离《资本论》教学研究参考资料丛书的出版已经整整过去了四十年。四十年来，中国从低收入国家一跃成为世界第二大经济体，发生了天翻地覆的变化。然而，作为中国的主流经济学，马克思主义政治经济学经历了一个从一统天下到多元并存再到强势重建的否定之否定的发展历程。曾经有一段时期，马克思主义经济学"失语、失踪、失声"问题非常突出，一些年轻人缺乏理论自信，认为马克思经济学过时了，《资本论》过时了。对此，陈征先生在接受采访时郑重指出："我始终对《资本论》研究充满信心和动力。"他还表示："《资本论》没有过时，也永远不会过时。因为《资本论》分析了资本主义的问题，预见了资本主义一定要向更高级社会形态演变的规律，对现在依然有很强的指导意义。"在一次题为《关于马克思主义经济学研究的几个问题》报告中，李建平先生强调必须重视对马克思经济学经典著作的现代解读，因为"《资本论》揭示了资本主义市场经济乃至所有市场经济的一般规律，如价值规律、资本积累规律、平均利润率下降规律等，在现代依然具有指导意义，依然能够指导我国的社会主义改革和建设实践"。

党的十八大以来，习近平总书记高度重视马克思主义政治经济学的学习和应用。在主持十八届中央政治局第二十八次集体学习时的讲话中，总书记指出，在我们的经济学教学中，不能食洋不化，还是要讲马克思主义政治经济学，当代中国社会主义政治经济学要大讲特讲，不能被边缘化。作为马克思主义最厚重、最丰富的著作，习近平非常重视《资本论》的教学与研究。早在2012年6月，他在中国人民大学调研时就特地考察了该校的《资本论》教学研究中心，并发表重要讲话，他指出：马克思主义中国化形成了毛泽东思想和中国特色社会主义理论体系两大理论成果，追本溯源，这两大理论成果都是在马克思主义经典理论指导之下取得的。《资本论》作为最重要的马克思主义经典著作之一，经受了时间和实践的检验，始终闪耀着真理的光芒。

福建师范大学一直以来都非常重视《资本论》以及马克思主义政治经济学的教学与研究。即便在《资本论》研究处于低潮时，我们都始终坚持给经济学专业的本科生开设《资本论》课程。几代人薪火相传，几十年砥砺奋进。我们在政治经济学教学研究尤其是《资本论》研究领域取得了蜚声学界的研究成果，被誉为"南方坚持马克思主义经济学教学与科研的重要阵地"。显然，这一地位的取得与陈征和李建平两位"大先生"长期潜心于《资本论》教学、研究和传播是分不开的。陈征先生的《〈资本论〉解说》是"我国第一部对《资本论》全三卷系统解说的著作"。李建平先生的《〈资本论〉第一卷辩证法探索》是国内最早运用文本分析研究马克思经济理论和方法的专著。一代又一代福建师大经济学人在马克思主义经济学领域辛勤耕耘，奠定了学校作为政治经济学学术重镇的地位。

2021年9月，经济学院成立了《资本论》的理论、方法和结构及其当代价值研究团队。在李建平先生的倡议和指导下，鲁保林教授开始组织团队的骨干力量编写一套新的《资本论》教学研究参考资料，旨在反映改革开放以来中国学者在《资本论》研究对象、劳动价值论、生产力理论、资本主义基本矛盾理论、工资理论、重建个人所有制、社会再生产理论、一般利润率趋向下降规律研究上所取得的代表性成果。这套丛书由李建平先生和黄瑾教授担任主编，一共八册。各分册的负责人为：（1）陈晓枫：《资本论》研究对象；（2）陈美华：劳动价值论；（3）陈凤娣：生产力理论；（4）许彩玲：资本主义基本矛盾及其当代表现；（5）杨强、王知桂：工资理论；（6）孙晓军：重建个人所有制；（7）魏国江：社会再生产理论；（8）鲁保林：一般利润率趋向下降规律。

为保持入选论文原貌，入选论文的作者简介以论文发表时为准。我们对作者的授权和支持表示衷心感谢！不过，由于工作单位变动等因素的影响，一些入选论文未能联系到原作者，敬希望作者见书后及时与我们联系，以便奉寄样书和支付稿酬。由于本书篇幅有限，还有许多佳作尚未入选，我们深表遗憾。经济科学出版社孙丽丽编审为本套书的出版付出了辛勤劳动，在此一并感谢。

2023 年是马克思逝世一百四十周年。本套丛书历经一年半的编写和审改也即将问世，这套丛书的编写饱含了我们对马克思这位伟大思想家的崇高敬意和深厚感情。跟随马克思的足迹前进，是对这位伟大革命导师最好的缅怀和纪念。作为"南方坚持马克思主义经济学教学与科研的重要阵地"，我们将进一步增强责任感和使命感，做《资本论》研究的继承者和发展者，为繁荣发展中国马克思主义经济学贡献力量。

福建师范大学《资本论》的理论、方法和结构及其当代价值研究团队

2023 年 3 月